이 책은 성서의 권위와 무오성을 믿는 복음주의 신학자들이 창세기 1-2장에 대해 개진한 다양한 해석을 발제와 토론의 형식으로 소개하고 있다. 독자들은 이 책을 통해 창세기 1-2장을 해석하는 다양한 관점을 접하고, 각각의 차이를 분명히 이해할 수 있을 것이다. 아울러 현대 과학과 성서 본문의 관계에 대한 논의보다는 성서 본문의 주해와 관련된 문제에 집중했다는 점도 이 책의 특징이다. 서로 다른 관점을 가진 학자들이 한곳에 모여 이렇게 대화하기란 쉽지 않은 일인데, 이 책은 매우 보기 드문 대화의 장을 제공한다. 창세기 1-2장에 나타나는 창조 신앙을 폭넓게 이해하기 원하는 모든 이들에게 추천한다.

김구원 개신대학원대학교 구약학 교수

본서는 창세기 1-2장을 이해하는 다섯 가지 대표적인 관점을 소개할 뿐 아니라, 각각의 관점에 대한 나머지 네 학자들의 논평을 함께 소개해 어떤 주장에 대해 우리가 궁금해하고 납득하지 못하는 점을 제대로 짚어주고 있다. 이 책 2부 첫 번째 글은 실제로 학교 현장에서 어떻게 창세기를 가르칠지에 대한 흥미로운 방법을 제시하고 있으며, 마지막에 실린 글은 오늘날 구약학자들의 대세라 여겨지는 "창세기의 문자적 읽기에 대한 반대"가 지닌 문제점이 무엇인지를 조목조목 나열하면서, 1부에서 문자적 읽기를 일관되게 주장하며 홀로 고립되어 보이는 토드 비일과 맥을 같이하여 문자적으로 읽으면서도 과학과 어느 정도 조화를 이룰 수 있는 "오래된 것처럼 보이는 젊은 지구" 이론을 제시한다. 독자들은 이 책을 읽으면서 "성서의 권위"가 무엇을 의미하는지, 성서를 하나님의 말씀이라 고백하는 것이 반드시 문자적 읽기여야 하는지, 오늘날의 우리 역시 바울의 구약 이해를 규범적으로 받아들여야 하는지를 고민하게 될 것이다. 그 고민을 함께 나누고 이야기할 수 있는 공동체가 있다면 이 책은 더욱 유용할 것이다.

김근주 기독연구원 느헤미야 구약학 교수

최근 한국 기독교에서도 "성서와 과학"에 관한 논쟁이 한창이다. 현대 천체물리학, 생물학, 지질학의 발견과 고대 문헌인 성서의 창조 기사는 어떻게 조화를 이룰 수 있겠는가? 아울러 창조와 진화, 지구의 나이, 빅뱅과 창조 등 중요한 질문이 줄을 잇는다. 이 책은 과학을 잠시 옆으로 밀쳐두고 성서의 창조 기사만을 연구한다. 창조 기사를 담고 있는 창세기 1-2장은 도대체 어떤 종류의 글인가? 신화인가, 역사인가? 시인가, 내러티브인가? 문자적으로 해석해야 할까, 아니면 문학적으로 해석해야 할까? 창조의 "날"은 24시간인가, 세대인가? 창조 기사는 "무로부터의 창조"를 가르치는가? 아담은 실제 인물인가, 아닌가? 이 책에서는 다섯 명의 복음주의 구약학자가 창세기 1-2장을 놓고 다층적으로 분석하며 토론한다. 가히 오인 오색이다. 우파로부터 좌파에 이르기까지 복음주의자들의 신학적 스펙트럼이 꽤나 넓어 보인다. 독자들은 해석의 다양성이 주는 고민 속에서도 풍요로움을 만끽할 수 있을 것이다. 성서의 첫 두 장을 진지하게 이해하지 않은 채 그 다음 장들로 넘어갈 수는 없다.　　　　　　　　　　류호준 백석대학교 신학대학원 구약학 교수

천지 창조를 수천 년 전의 사건으로 이해했던 전통적 성서 해석은 지구의 긴 연대를 밝힌 과학의 도전을 받아왔다. 이에 대한 반응은 전통적 해석을 고수하고 과학을 부정하는 견해, 전통적 해석을 넘어 새로운 해석을 시도하는 견해, 그리고 전통적 해석을 수용하지만 창조 기사에는 과학적 질문에 답하려는 의도가 없다고 보는 견해로 크게 나눌 수 있다. "복음주의자들의 대화"라는 부제가 붙은 이 책은 창조 기사 본문을 다양하게 비교분석하는 성서신학자들의 진지한 노력을 담고 있다. 창조 기사 해석의 난제들과 복음주의권의 넓은 스펙트럼을 배울 수 있는 이 책을 통해 독자들은 성서가 하나님의 영감으로 기록되었지만 우리의 해석은 같은 영감을 받은 것이 아니라는 사실을 철저히 깨닫게 될 것이다.

　　　　　　　　　　우종학 서울대학교 물리천문학부 교수

창세기 1-2장은 주석가의 로망이자 공포다. 소박해 보이는 텍스트가 실상은 해석자 개인의 내면을 드러내는 거울이요, 지식과 상상력을 소진하는 블랙홀이기 때문이기도 하지만, 창조 이야기가 공교회의 신앙이 세워진 기초이며 모든 세대가 경험하는 신앙의 위기를 극복하기 위한 영감의 원천이라는 사실을 자각할 때 느끼는 무게감이 더 크기 때문이다. 『창조 기사 논쟁』은 창세기 1-2장이 던져주는 복잡하고도 매혹적인 주제를 다루는 탁월한 복음주의 학자들의 진지하고 격정 어린 대화의 장으로 독자들을 초대한다. 신학과 공교회의 난맥상 앞에 고통하며 그것을 극복할 실제 방안을 고민하는 성도들이 이 책을 통해 창조의 의미를 깨닫고 새 힘을 얻어 "전능하사 천지를 만드신 하나님 아버지"를 고백하며 손잡고 나아가기를 꿈꾸어본다.　　　　　　　　　　유선명 백석대학교 신학대학원 구약학 교수

성서의 영감과 무오성을 지킨다는 미명 아래 우주가 6천 년 전에 창조되었다고 주장하는 "창조 과학"만이 유일하게 옳은 해석이라고 우길 수 있는 시대는 끝났다. 이 책에 글을 기고한 학자들은 창세기 1-2장을 서로 다르게 해석하지만, 그들은 모두 성서의 무오성을 믿으며 역사적 기독교의 정통 신조들을 고백하는 복음주의자들이다. 같은 성서관과 신앙 고백을 공유하면서도 창조 기사에 대한 해석이 다른 이유는 무엇보다 창조 기사의 장르와 고대 근동 문헌과의 관계에 대한 이해가 다르기 때문이다. (다양한 필자들이 창조 기사의 장르가 무엇이라 생각하는지, 그리고 그 차이가 어떤 해석의 차이를 만드는지를 살펴보는 일은 매우 흥미롭다.) 사실 역사적 배경을 살피고 장르를 파악하는 것은 성서 해석학의 기본이다. 이제 우리는 자신의 해석을 떠나면 신앙을 잃어버리는 것이라며 성마른 목소리로 겁주는 조야한 해석 속에 고립되는 대신, 탄탄한 성서 해석학의 기반 위에 놓인 면밀하고 책임감 있는 여러 해석과 함께 사랑과 지혜로 대화할 수 있게 되었다. 그런 대화를 통해 우리는 두 거대 블랙홀이 13억 년 전에 충돌하며 만들어낸 중력

파를 검출했다는 소식을 들으면서도 태초에 하나님이 천지를 창조하셨다는 선언을 어떻게 여전히 믿을 수 있는지, 그 실마리를 찾을 수 있을 것이다.

전성민 밴쿠버기독교세계관대학원 세계관 및 구약학 교수

창세기 1-2장은 기독교 교회 안에서 매우 오랜 기간 논쟁이 된 본문이고 지금도 여전히 그러하다. 이 본문을 해석하는 일은 교리주의와 교권주의가 득세하는 곳에서는 신실한 구약학자조차도 교수직을 내걸어야 할 만큼 뜨거운 감자다. 이 책은 성서의 무오성을 확신하면서도 각자의 성서 해석이 절대적이지 않음을 인정하는 온건한 복음주의 구약학자들의 진심 어린 학문적 대화를 한데 모았다. 이 모음집은 미국의 대표적인 복음주의 구약학자들의 창조 기사에 대한 논문과 논평을 한자리에서 음미하고 배울 수 있는 절호의 기회를 제공한다. 창조 기사에 관한 대부분의 궁금증을 해소해주는, 창조 기사 해석의 완결판이라고 할 수 있다.

차준희 한세대학교 구약학 교수

Reading Genesis 1–2
An Evangelical Conversation

Victor P. Hamilton / Richard E. Averbeck / Todd S. Beall
C. John Collins / Tremper Longman III / John H. Walton
Kenneth J. Turner / Jud Davis

edited by
J. Daryl Charles

창조 기사 논쟁

복음주의자들의 대화

빅터 P. 해밀턴 / 리처드 E. 에이버벡 / 토드 S. 비일 / C. 존 콜린스
트렘퍼 롱맨 / 존 H. 월튼 / 케네스 J. 터너 / 주드 데이비스 지음

J. 대릴 찰스 편집

최정호 옮김

Holy
WavePlus

► 차례 ◄

► 편집자 서문

► J. 대릴 찰스

우리에게는 창세기 서두에 대한 흥미로운 논의가 펼쳐져 있다. 예컨대 고대 근동 문헌을 기반으로 창조 기사의 문학 장르와 스타일을 새롭게 해석한다든가, 창조 기사 본문을 제2성전기 및 유대교 문헌과 깊이 연관 지어 해석하는 일 등이 그러한데, 이 모두는 창세기의 창조 기사를 새롭게 "인식하고 해석하는" 기회를 제공한다. 교계와 학계의 복음주의자들도 고대이스라엘이라는 배경 안에서 어떻게 창세기를 읽을 것인가를 두고 건전한 토론에 활발하게 참여하고 있다.

말할 필요도 없이, 창세기의 앞 장들은 삶과 실재에 대한 유대인과 기독교인의 서로 다른 이해의 틀과 외형을 구성하는 기초가 된다. 따라서 창조 교리는 자연 세계와 역사의 구성과 목적을 설명하는 데 필수다. 창조 교리는 우주의 시작부터 끝까지를 살펴보는 데 일관된 관점을 제공해주며, 통합된 감각을 선사하여 진리와 의미를 추구하는 데 도움을 준다. 또한 하나님의 형상(*imago Dei*)을 소유한 인간이 사유하는 존재로서 우주를 탐구하고 연구하는 능력을 촉진시킴으로써 왜 우리가 지성을 통해 우주를 이해할 수 있는지를 설명해준다. 창세기의 창조 기사를 해석한다는 것은, 성서와 과학 안에서 서로 얽힌 문제뿐 아니라 성서에 대한 인식과 성서 텍스트의 권위에 흥미로운 도전을 제기하는 행위다.

교회는 오랫동안 사도신경과 니케아 신조를 기독교 신앙의 전형으로서 합의된 고백으로 간주했다. 따라서 그것들 자체가 성서를 요약한 권위 있는 진술이자 성서 해석이었다. 기독교 내 합의를 통해 권위를 인정받음으로써 사도신경과 니케아 신조는 다른 것들과 타협할 수 없는 가치를 지켜낼 뿐 아니라 정통과 이단의 가르침을 구별하는 잣대를 재확인하는 필수 수단이 되었다. 창세기의 창조 내러티브와 관련해서라면, 이러한 공적 신앙고백서는 자신을 드러내시는 하나님에 의해 이루어진 창조에 관한 사실을 보여준다. 그러나 하나님께서 모든 물질과 비물질을 창조하셨다는 사실이 시간과 공간 안에서 어떻게, 언제, 어떤 방식으로 창조의 과정이 일어났는가에 대해 공동의 (혹은 일치된) 신앙고백을 강요하는 것은 아니다. 신앙고백은 창조주와 창조 세계 사이에 필연적으로 놓인 존재론적 차이를 드러내므로, 인간 및 인간 외 모든 것을 포괄하는 창조 영역 전체에는 하나님의 다스림이 필요하다. 더욱이 창조주 하나님에 대한 교리는 하나님의 창조가 원래 선했음을 보여준다. 이러한 신앙고백은 우리 인간의 본성을 이해하는 데 매우 중요하다. 왜냐하면 인간은 하나님의 형상과 모양을 따라 빚어진 존재이므로, 그분의 대리자로서 창조의 탁월성을 반영하며 창조 세계를 위한 청지기의 사명을 부여받았기 때문이다. 인간이 "하나님의 형상을 따라 창조"되었으며 하나님의 성품을 부여받았다는 사실을 고려할 때, 인간의 창조는 양과 질의 측면에서 다른 모든 생명체의 창조와 엄청난 형이상학적 차이가 있다고 봐야 한다. "선하지 못한" 것들은 인간의 악을 통해 세상에 들어왔다. 인간의 타락은 과학 이론이나 탐구 혹은 분석에 따른 결과가 아니라 인간의 기본 상태다. 인간의 타락은 계시된 신학의 토대가 되는 양상 가운데 하나이며, 심지어 인간의 본성에 대한 철학적·심리학적 반성도 이를 확증해준다.

이 책에 실린 글들은 2011년 가을에 "비평적 사고와 실천을 위한" 브라이언 연구소(Bryan Institute for Critical Thought & Practice)에서 주최하고 맥클레런 재단(Maclellan Foundation)의 후원을 통해 테네시 주 채타누가에서 개최된 심포지엄 "창조 기사 읽기: 복음주의자들의 대화"(Reading Genesis 1-2: An Evangelical Conversation)의 결과물이다. 창세기의 창조 내러티브를 다루면서 나타나는 기원에 대한 논의나 본문의 해석과 관련된 여러 견해를 놓고 생생한, 때때로 논쟁을 불러일으키는 토론이 근래 제기되는 현실을 고려하여(그 논란의 중심에 때때로 복음주의 구약 학자들도 참여하고 있다), 브라이언 연구소는 창세기 연구에 중요한 성과를 거둬온 다섯 명의 학자를 초청하여 창세기 1-2장의 창조 내러티브에 대한 해석 및 신학 문제를 다루는 토론의 장을 열었다. 이 다섯 명은 각각 휘튼 칼리지(Wheaton College)의 존 H. 월튼(John H. Walton), 웨스트몬트 칼리지(Westmont College)의 트렘퍼 롱맨(Tremper Longman), 커브넌트 신학교(Covenant Theological Seminary)의 C. 존 콜린스(C. John Collins), 캐피탈바이블 신학교(Capital Bible Seminary)의 토드 S. 비일(Todd S. Beall), 트리니티 복음주의 신학교(Trinity Evangelical Divinity School)의 리처드 E. 에이버벡(Richard E. Averbeck)이다. 이들은 각각 창세기 1-2장을 해석하는 다양한 관점을 대변한다(출판된 글의 순서는 글의 중요성과는 상관없이 기고자들 성의 알파벳 순서를 따랐다). 이들은 복음주의 진영을 폭넓게 반영하면서 중요한 관점을 공유하고 있지만, 동시에 각자의 관점에 서로 큰 차이가 있음을 인식하고 있다. 한편 두 권으로 구성된, 중요한 창세기 주석(*The Book of Genesis*, NICOT 시리즈)의 저자이자 애즈버리 대학교(Asbury University)의 교수인 빅터 P. 해밀턴(Victor P. Hamilton)이 이틀간에 걸친 이 세미나의 조정자로 수고해주었는데, 그는 이 책의 서론을 맡아줄 적임자였다.

이 책의 목적은 2011년에 열린 동명의 세미나가 지닌 목적과 정확하게 일치한다. 즉 해석학과 신학에서 중요한 위치를 담당하는 창세기 1-2장에서 기인하는 문제에 대해 온건한 대화를 장려하는 것이다. 다양한 분야에서 나타나는 불일치를 인식하면서도, 브라이언 연구소와 이 책의 기고자들은 심지어 가장 논쟁이 되는 주제에 대해서조차도 평화로운 대화가 서로를 배려하는 방식으로 진행될 수 있다는 확신을 잃지 않았다. 그리고 2부의 기고문(브라이언 칼리지의 교수인 케네스 J. 터너[Kenneth J. Turner]와 주드 데이비스[Jud Davis]가 맡아주었다)을 통해 독자들은 창조 기사의 해석에서 주목할 만한, 때때로 충격적이고 다양한 견해차가 존재함을 보게 될 것이다. 이 책의 모든 기고자가 성서의 무오성을 확신하지만, 동시에 우리는 각자의 성서 해석에는 오류가 없을 수 없음을 인정한다. 그러므로 그리스도인으로서, 그리고 신앙고백의 진실성이라는 범위 안에서 정직하고도 열린 대화가 필요하다.

브라이언 연구소는 브라이언 칼리지 공동체를 대표하며, 칼리지에 소속된 교수들은 성서의 권위 아래 열정적으로 학생들을 가르치고 있다. 우리는 전통 신조들과 교회사를 통해 드러나는 신앙고백, 아울러 모든 시대에 존재했던 교회의 스승들이 전해준 가르침에 깊이 영향을 받은 신앙고백을 추구한다. 아울러 우리 연구소는 창세기의 창조 기사를 통해 하나님께서 드러내시는 바를 읽고 해석하며 실천하는 그리스도인 가운데서 일어나는 건설적인 대화를 장려하려 힘쓰고 있다. 심사숙고하며 자신의 신앙고백 안에서 정직하고 신실하게 성서를 해석하는 학자들과 교회의 역사적 전통에서 비롯된 견해를 받아들이는 일반 성도들 사이에서, 우리는 하나님께서 만물을 창조하셨으며 물질세계와 비물질세계를 구성하는 모든 것이 하나님에 의해 고안되었고 만들어졌음을 믿으며 또 그렇게 고백한다.

기독교 인문학 기관으로서 브라이언 연구소는 하나님의 창조가 어떻게 일어났으며 또한 그 과정이 얼마나 걸렸는가를 놓고 어떤 특정 해석을 지지하지는 않는다. 동시에 우리는 유대교·기독교 전통, 즉 역사적 아담과 하와가 하나님께 불순종함으로 죄가 시공간과 인류에게 등장하게 되었음을 굳게 믿는다. 기독교 신학의 발전을 이끌어온 "창조·타락·구속·완성"이라는 신앙고백은 그리스도인 공동체로 하여금 하나님의 목적이 성육신을 통해 구체화되었음을 고백하게 하는데, 이러한 특성은 시공간과 인간의 역사 안으로 파고드는 초역사적 양상을 전제한다.

　비록 성서의 창조 기사가 시적·예술적·신학적으로 풍부한 인간의 언어로 기록되었지만, 이러한 문학성이 고대 근동의 맥락 안에 놓여 있다고 해도 하나님의 계시가 가진 권위와 신뢰성은 전혀 감소하지 않는다. 비록 우리 그리스도인들이 창세기의 창조 기사를 해석하는 데 다양한 차이를 보이며 때때로 그 차이가 매우 크기도 하지만, 교회와 학교에서 창조 기사에 대해 건설적으로 토론하는 것을 금해서는 안 된다. 오히려 우리는 기독교 공동체 안에서 일어나는 이러한 토론을 장려해야 한다. 토론을 통해 신학, 인문학, 자연과학은 성서 텍스트를 해석하는 데 상호 동의의 과정을 추구하게 될 것이며, 하나님과 그분이 창조하신 세상을 위한 그분의 말씀에 헌신하게 될 것이다. 이러한 이유로 창세기 해석에 대한 토론이 반드시 있어야 하며, 그 토론은 이성, 평온함, 그리스도인의 관용이라는 맥락 안에서 진행되어야 한다. 이를 위해 "창조 기사 읽기: 복음주의자들의 대화" 심포지엄이 개최되었으며, 이 책은 그 결과물이다. 마지막으로 우리는 이 책의 독자들이 이 비전을 공유하기를 깊이 희망한다.

기고자 정보

리처드 E. 에이버벡(Richard E. Averbeck, BA Calvary Bible College; MDiv Grace Theological Seminary; PhD Dropsie College for Hebrew and Cognate Learning)은 일리노이 주 디어필드에 있는 트리니티 복음주의 신학교의 구약학 및 셈어 교수이며 동 대학 박사 과정의 책임자다. 그는 마크 차발라스(Mark W. Chavalas)와 데이비드 와이스버그(David B. Weisberg)와 공동 편집자로서 *Life and Culture in the Ancient Near East* (Bethesda, MD: CDL Press, 2003)를 출간했으며, 고든 영(Gordon D. Young)과 차발라스와 함께 *Crossing Boundaries and Linking Horizons* (Bethesda, MD: CDL Press, 1998)를 출간했다. 그는 "The Sumerian Historiographic Tradition and Its Implications for Genesis 1-11," in *Faith, Tradition, and History* (Winona Lake, IN: Eisenbrauns, 1994), "Factors in Reading the Patriarchal Narratives: Literary, Historical, and Theological Dimensions," in *Giving the Sense: Understanding and Using Old Testament Historical Texts* (Grand Rapids, MI: Kregel, 2003), "Ancient Near Eastern Mythography as It Relates to Historiography in the Hebrew Bible: Genesis 3 and the Cosmic Battle," in *The Future of Biblical Archaeology: Reassessing Methodologies and Assumptions* (Grand Rapids, MI: Eerdmans, 2004), "Temple Building among the Sumerians and Akkadians," in *From the Foundations to the Crenellations: Essays on Temple Building in the Ancient Near East and Hebrew Bible* (Münster: Ugarit-Verlag, 2010)과 같이 창세기 창조 내러티브의 고대 근동 배경을 밝혀 주는 수많은 글을 학술지에 기고하거나 단행본 형태로 출간했다. 그와 그의 아내 멜린다는 위스콘신 주 플레전트 프레어리에 거주하고 있으며, 두 명의 아들과 두 명의 손자손녀를 두고 있다.

토드 S. 비일(Todd S. Beall, BA Princeton University; ThM Capital Bible Seminary; PhD The Catholic University of America)은 캐피탈바이블 신학교의 구약학 교수이며 동 대학 구약 프로그램의 학장이다. 그는 윌리엄 뱅크스(William A. Banks), 콜린 스미스(Colin Smith)와 함께 *Old Testament Parsing Guide* (Nashville, TN: B&H, [rev.] 2000)를 공동 편집했으며, *Josephus' Description of the Essenes Illustrated by the Dead Sea Scrolls* (Cambridge: Cambridge University Press, 1988)의 저자이다. 비일은 "Contemporary Hermeneutical Approaches to Genesis 1-11," in *Coming to Grips with Genesis: Biblical Authority and the Age of the Earth* (ed. Terry Mortenson and Thane Ury; Green Forest, AR: Master Books, 2008)를 기고하기도 했다. 그는 Holman Christian Standard Bible (editor, Jeremiah-Malachi; translator, Isaiah 36-66)의 편집자 가운데 한 명이며, 2016년 출간 예정인 이사야 주석(Evangelical Exegetical Commentary 시리즈)의 저자이다. 그의 에세이 "Christian in the Public Square: How Far Should Evangelicals Go in the Creation-Evolution Debate?"는 www.biblearchaeology.org/file.axd?file=Creation+Evolution+Debate+Beall.pdf 사이트에서 열람 가능하다. 비일과 그의 아내 샤론은 메릴랜드에 거주하고 있으며, 결혼한 두 명의 자녀와 세 명의 손자손녀를 두고 있다.

J. 대릴 찰스(J. Daryl Charles)는 브라이언 연구소의 책임자이며 선임 연구원이다. 데이비드 코리(David D. Corey)와 함께 *The Just War Tradition: An Introduction* (American Ideals and Institutions Series; Wilmington, DE: ISI Books, 2012), 데이비드 케이프스(David B. Capes)와 함께 *Thriving in Babylon: Essay in Honor of A. J. Conyers* (Princeton Theological Monograph Series; Eugene, OR: Wipf & Stock, 2011), *Retrieving the Natural Law: A Return to Moral First Things* (Critical Issues in Bioethics; Eerdmans, 2008); *Virtue amidst Vice* (Sheffield: Sheffield Academic

Press, 1997)를 출간하는 등 12권에 달하는 책의 (공동) 저자이자 편집자로 활동해왔다. 그는 번역가로서 클라우스 베스터만(Claus Westermann)의 *The Roots of Wisdom* (Louisville, KY: Westminster John Knox, 1994; original: *Wurzeln der Weisheit: Die ältesten Sprüche Israels und anderer Völker* [Göttingen: Vandenhoeck & Ruprecht, 1990])을 독일어에서 영어로 번역하기도 했다. *Journal of Religious Ethics*, *Journal of Church and State*, *First Things*, *Pro Ecclesia*, *Books and Culture*, *Cultural Encounters*, *The Weekly Standard*, *National Catholic Bioethics Quarterly*, *Philosophia Christi*, *Christian Scholar's Review*, *Touchstone* 등의 정기 간행물을 통해 자연법, 생명윤리학, 형사 정의 윤리학으로부터 전쟁과 평화, 공적 영역의 신앙 등 폭넓은 분야에서 학문성과 대중성을 동시에 만족시키는 저술 활동을 펼쳐왔다.

C. 존 콜린스(C. John ["Jack"] Collins, BS and MS Massachusetts Institute of Technology; MDiv Faith Evangelical Lutheran Seminary; PhD University of Liverpool)는 미주리 주 세인트루이스에 있는 커브넌트 신학교에서 1993년부터 구약학 교수로 학생들을 가르쳤을 뿐 아니라 리서치 엔지니어, 교회 개척 등의 일을 담당해왔다. 초창기에는 히브리어와 그리스어 문법 연구에 중점을 두었으나 점차 과학과 신앙, 신약의 구약 사용, 성서 신학 등 여러 분야에까지 영역을 확장하였으며, ESV와 *English Standard Version Study Bible*의 구약 부분 책임자이기도 했다. 그는 *The God of Miracles: An Exegetical Examination of God's Action in the World* (Wheaton, IL: Crossway, 2000); *Science and Faith: Friends of Foes?* (Wheaton, IL: Crossway, 2003); *Genesis 1-4: A Linguistic, Literary, and Theological Commentary* (Phillipsburg, NY: P&R, 2006); *Did Adam and Eve Really Exist? Who They Were and Why You Should Care* (Wheaton, IL: Crossway, 2011) 등의 저자이기도 하다. 그의 최근 기고문인 "Reading Genesis: The Historicity of Adam and Eve, Genomics, and Evolutionary Science"는 2010년 9월에

출간된 *Perspectives on Science and Christian Faith*에 실리기도 했다. 콜린스와 그의 아내는 1979년에 결혼했으며 슬하에 두 자녀를 두고 있다.

주드 데이비스(Jud Davis, BA University of Georgia; MA Trinity Evangelical Divinity School; PhD University of Sheffield)는 브라이언 칼리지의 그리스어 교수이며, 신약 안에서 구약이 어떻게 기독론적으로 사용되었는지를 주로 연구하고 있다. 그의 박사 논문 *The Name and Way of the Lord: Old Testament Themes, New Testament Christology* (JSOTSS 129; Sheffield: Sheffield Academic Press, 1996)는 이를 반영한다. 데이비스와 그의 아내 린은 다섯 명의 자녀를 두고 있다.

빅터 P. 해밀턴(Victor P. Hamilton, BA Houghton College, BD&ThM Asbury Theological Seminary, MA; PhD Brandeis University)은 1971년부터 2007년까지 36년 동안 애즈버리 대학교에서 가르쳤으며, 은퇴 후에는 2012년까지 5년간 같은 학교에 머물며 연구 활동을 계속했다. *Handbook on the Pentateuch* (Grand Rapids, MI: Baker, 1982; 2002 [2nd ed.]); *Handbook on the Historical Books* (Grand Rapids, MI: Baker, 2005); *The Book of Genesis Chapter 1-17* (NICOT; Grand Rapids, MI: Eerdmans, 1990); *The Book of Genesis Chapter 18-50* (NICOT; Grand Rapids, MI: Eerdmans, 1995); *Exodus: An Exegetical Commentary* (Grand Rapids, MI: Baker, 2011) 등의 책을 저술하였다. *Anchor Bible Dictionary, An Evangelical Commentary on the Bible* (Genesis and Ezekiel), *The Wesley Study Bible, A Theological Wordbook of the Old Testament,* the *NLT Study Bible* (1&2 Samuel) 등에 기고하였으며, NLT 레위기 번역 팀의 일원이었다. 그와 그의 아내 쉬얼리는 네 명의 결혼한 자녀와 13명의 손자손녀를 두고 있다.

트렘퍼 롱맨(Tremper Longman III, BA Ohio Wesleyan University; MDiv Westminster Theological Seminary; MPhil&PhD Yale University)은 웨스트몬트 칼리지의 교수이며 성서 신학 분과에서 가르치고 있다. 그는 잠언, 전도서, 아가, 예레미야, 예레미야애가, 다니엘, 나훔 등의 주석을 비롯하여 *An Introduction to the Old Testament* (Grand Rapids, MI: Zondervan, 1994); *Foundations of Contemporary Interpretation* (Grand Rapids, MI: Zondervan, 1996); *Reading the Bible with Heart and Mind* (Colorado Springs: NavPress, 1997) 등 20여 권이 넘는 책의 (공동) 저자이기도 하다. 아울러 그는 NLT의 주 번역자 가운데 한 명이자 *The Message*, NCV, Holman Standard Bible 등의 자문을 담당했으며, 편집자이자 기고자로서 수많은 스터디 바이블, 성서 사전, 구약 참고 문헌 등을 편집하고 저술 활동을 해왔다. 그는 피터 엔즈(Peter Enns)와 함께 *Dictionary of the Old Testament: Wisdom, Poetry and Writings* (Downers Grove, IL: InterVarsity Press, 2008)를 냈으며, *Expositor's Bible Commentary* (rev. ed.; Grand Rapids, MI: Zondervan)의 구약 부분 편집자이기도 하다. 2010년에는 물리학자 리처드 칼슨(Richard F. Carlson)과 함께 *Science, Creation, and the Bible: Reconciling Rival Theories of Origins* (Downers Grove, IL: InterVarsity Press)를 출간하였다. 롱맨과 그의 아내 앨리스는 세 명의 아들과 두 명의 손녀를 두고 있다.

케네스 J. 터너(Kenneth J. Turner, BAE Arizona State University, MDiv&PhD Southern Baptist Theological Seminary)는 브라이언 칼리지의 성서학 교수다. 그는 *The Death of Deaths in the Death of Israel: Deuteronomy's Theology of Exile* (Eugene, OR: Wipf & Stock, 2011)을 비롯하여 학술지에 서평과 글을 기고하기도 하였다. 최근에는 공동 편집자이자 기고자로서 신명기에 대한 연구 모음집(Winona Lake, IN: Eisenbrauns, 2013)을 출간하기도 했으며, 현재 하박국 주석을 집필하고 있다(2015-16년

Zondervan 출간 예정).

존 H. 월튼(John H. Walton, BA Muhlenberg College; MA Wheaton Graduate School; PhD Hebrew Union College-Jewish Institute of Religion)은 휘튼 칼리지의 구약학 교수다. 1981년부터 2001년까지는 무디 바이블 신학교의 구약학 교수이기도 했다. 그는 *The Lost World of Genesis One: Ancient Cosmology and the Origins Debate* (Downers Grove, IL: InterVarsity Press, 2009); *Ancient Near Eastern Thought and the Old Testament* (Grand Rapids, MI: Baker, 2006); *Genesis One as Ancient Cosmology* (Winona Lake, IN: Eisenbrauns, 2011); *Genesis* (NIV Application Commentary; Grand Rapids, MI: Zondervan, 2001) 의 저자이며, 빅터 매튜스(Victor Matthews), 마크 차발라스와 함께 *IVP Bible Background Commentary: Old Testament* (Downers Grove, IL: InterVarsity Press, 2000)를 공동 저술했다. *Zondervan Illustrated Bible Background Commentary: Old Testament* (Grand Rapids, MI: Zondervan, 2009)의 책임 편집자이며 NLT의 이사야, NCV의 사무엘 상/하, *The Message*의 사무엘상/하 번역 팀을 담당했다. 또한 *The New International Dictionary of Old Testament Theology and Exegesis* (ed. W. VanGemeren; Grand Rapids, MI: Zondervan, 1997)를 포함해 여러 책에 구약에 관한 글을 기고하기도 했다. 2008년에는 *Calvin Theological Journal* 에 "Creation in Genesis 1:1-2:3 and the Ancient Near East: Order Out of Disorder after Chaoskampf"와 "Interpreting the Bible as an Ancient Near Eastern Document"를 기고했으며, *Israel: Ancient Kingdom or Late Invention? Archaeology, Ancient Civilizaitons, and the Bible* (ed. Daniel Block; Nashville, TN: Broadman & Holman, 2008)을 출간하였다. 그와 그 의 아내 킴은 세 명의 자녀를 두고 있다.

일러두기

1. 한글 성서는 주로 개역개정을 사용했으며, 때때로 의미 전달을 위해 표준새번역이나 공동 번역 성서를 사용했다(후자의 경우 표시함).
2. 번역을 위해서 성서 원문을 다듬은 경우 [ ]로 표기했다.
3. 우리말 성서가 저자의 의미를 전달하기 어려울 때는 사역을 사용했다.
4. 히브리어/그리스어 알파벳 음역은 주로 학계의 규정을 따랐으며, 한글 음역은 소리 나는 대로 적었다.
5. 고대 문헌의 경우 「」로 제목을 표기했고, 현대 저자의 책은 『』를 사용했다.
6. 고대 근동 문헌의 [ ]는 원본이 파손되어 재구성을 통해 복원한 텍스트를 나타낸다.

▶ 출판사 서문

우리는 본문의 통일성을 높인다는 이유로 각각의 기고문에 등장하는 고대 언어 표기와 이에 대한 각 학자의 음역을 임의로 편집하는 일은 피하고자 하였다. 오히려 독자들이 스스로 각 저자의 문맥을 따라 해당 용어를 이해할 수 있도록 배려하였다. 예를 들어 "세대들"(톨레도트)에 해당하는 히브리어는 모음을 포함하여 תוֹלְדוֹת로 표기될 수도 있고, 모음 없이 תולדות로 사용될 수도 있으며, 학계에서 쓰는 방식을 사용하여 *tôlĕdôt*로 음역되거나, 혹은 더욱 대중적 방식인 *toledot*(혹은 *toledoth*)로 음역될 수도 있다(우리말 표기는 "톨레도트"로 통일함—역주). "그리고"에 해당하는 히브리어는 학계의 방식을 따를 경우 "와우"(*waw*)나 "바브"(*vav*)로 음역되는데, 이 역시 임의로 통일시키지 않고 각 저자의 표기법을 따랐다("바브"로 통일함—역주). 히브리어 동사의 한 형태인 "와(바)익톨"(*w[v]ayyiqtol*)이나 "와우[바브]연속법"(*waw[vav]-consecutive*)은 문법학자들에게는 중요한 용어지만, 히브리어 성서 텍스트에서 이 용어들이 갖는 기능에 대해 일반인의 완벽한 이해를 요구하는 것은 아니기에 이 역시 각 저자의 표기법을 유지하였다(번역은 "바익톨"이나 "바브연속법"을 사용함—역주).

약어

일반 약어

ANE	ancient Near Eastern	Heb.	Hebrew
ca.	circa	lit.	literally
ch.	chapter	n(n).	note(s)
col.	column	n.s.	new series
ET	English translation	Sum.	Sumerian
Gk.	Greek	v(v).	verse(s)

성서: 부분, 고대 버전, 현대 번역본

ASV	American Standard Version
CB	Century Bible
ESV	English Standard Version
HB	Hebrew Bible
HCSB	Holman Christian Standard Bible
KJV	King James Version
LXX	Septuagint
MT	Masoretic Text
NAB	New American Bible
NASB	New American Standard Bible
NCV	New Century Version
NET	New English Translation
NIV	New International Version
NJPS	New Jewish Publication Society (Tanakh)

NKJV	New King James Version
NLT	New Living Translation
NRSV	New Revised Standard Version
NT	New Testament
OT	Old Testament
RSV	Revised Standard Version
TNIV	Today's New International Version

히브리어 성서

Gen	Genesis	Jer	Jeremiah
Exod	Exodus	Lam	Lamentations
Lev	Leviticus	Ezek	Ezekiel
Num	Numbers	Dan	Daniel
Deut	Deuteronomy	Hos	Hosea
Josh	Joshua	Joel	Joel
Judg	Judges	Amos	Amos
Ruth	Ruth	Obad	Obadiah
1·2 Sam	1·2 Samuel	Jonah	Jonah
1·2 Kgs	1·2 Kings	Mic	Micah
1·2 Chr	1·2 Chronicles	Nah	Nahum
Ezra	Ezra	Hab	Habakkuk
Neh	Nehemiah	Zeph	Zephaniah
Esth	Esther	Hag	Haggai
Job	Job	Zech	Zechariah
Ps/Pss	Psalm/Psalms	Mal	Malachi
Prov	Proverbs		
Eccl	Ecclesiastes		
Song	Song of Songs (Song of Solomon)		
Isa	Isaiah		

신약

Matt	Matthew	1·2 Thess	1·2 Thessalonians
Mark	Mark	1·2 Tim	1·2 Timothy
Luke	Luke	Titus	Titus
John	John	Phlm	Philemon
Acts	Acts	Heb	Hebrews
Rom	Romans	Jas	James
1·2 Cor	1·2 Corinthians	1·2 Pet	1·2 Peter
Gal	Galatians	1·2·3 John	1·2·3 John
Eph	Ephesians	Jude	Jude
Phil	Philippians	Rev	Revelation
Col	Colossians		

탈무드

b. Hag. Babylonian Talmud, *Hagigah*

b. Naz. Babylonian Talmud, *Nazir*

사해 사본

1Q, 1Q frag.   Text from Qumran cave 1; text from Qumran, cave 1, fragment

고대 자료

Josephus *Ant.*	*Jewish Antiquities*
Philo *Migr.*	*De migratione Abrahami* (*On the Migration of Abraham*)
Philo *Somn.*	*De somniis* (On Dreams)

참고 자료

ABD	*Anchor Bible Dictionary*. Edited by D. N. Freedman. 6 vols. New York, 1992.
ANET	*Ancient Near Eastern Texts Relating to the Old Testament*. Edited by J. B. Pritchard. 3d ed. Princeton, 1969.
ANF	*Ante-Nicene Fathers*
CTA	*Corpus de tablettes en cunéiformes alphabétiques découvertes à Ras Shamra-Ugarit de 1929 à 1939*. Edited by A. Herdner. Mission de Ras Shamra 10. Paris, 1963.
COS	*The Context of Scripture*. Edited by W. W. Hallo and K. Lawson Younger Jr. 3 vols. Brill, 1997, 2000, 2002.
ETCSL	*The Electronic Text Corpus of Sumerian Literature*
FC	Fathers of the Church. Washington, DC: 1947–
HALOT	*The Hebrew and Aramaic Lexicon of the Old Testament*. Translated and edited by M. E. J. Richardson. 5 vols. Brill, 1994.
IDB	*The Interpreter's Dictionary of the Bible*. Edited by G. A. Buttrick. 4 vols. Abingdon, 1962.
NIDOTTE	*New International Dictionary of Old Testament Theology and Exegesis*. Edited by W. VanGemeren. 5 vols. Zondervan, 1997.
NPNF	*Nicene and Post-Nicene Fathers*
TWOT	*Theological Wordbook of the Old Testament*. Edited by R. L. Harris and G. L. Archer Jr. 2 vols. Chicago, 1980.

시리즈와 정기간행물

ACCS	Ancient Christian Commentary on Scripture
AOAT	Alter Orient und Altes Testament
AUSS	*Andrews University Seminary Studies*
BA	*Biblical Archaeologist*

BECNT	Baker Exegetical Commentary on the New Testament
Bib	*Biblica*
BSac	*Bibliotheca sacra*
BT	*The Bible Translator*
CBQMS	Catholic Biblical Quarterly Monograph Series
CSR	*Christian Scholar's Review*
CTJ	*Calvin Theological Journal*
EvQ	*Evangelical Quarterly*
FRLANT	Forschungen zur Religion und Literatur des Alten und Neuen Testaments
GTJ	*Grace Theological Journal*
IJS	Institute of Jewish Studies (IJS Studies in Judaica)
JANESCU	*Journal of the Ancient Near Eastern Society of Columbia University*
JETS	*Journal of the Evangelical Theological Society*
JOTT	*Journal of Translation and Textlinguistics*
JR	*Journal of Religion*
JSOT	*Journal for the Study of the Old Testament*
JSNTSS	Journal for the Study of the New Testament Supplement Series
JSOTSS	Journal for the Study of the Old Testament Supplement Series
JTS	*Journal of New Testament Studies*
LCL	Loeb Classical Library
NAC	New American Commentary
NCB	New Century Bible
NICNT	New International Commentary on the New Testament
NICOT	New International Commentary on the Old Testament
Them	*Themelios*
TNTC	Tyndale New Testament Commentaries
TOTC	Tyndale Old Testament Commentaries
TynBul	*Tyndale Bulletin*

VT	*Vetus Testamentum*
WBC	Word Biblical Commentary
WTJ	*Westminster Theological Journal*
ZAW	*Zeitschrift für die alttestamentliche Wissenschaft*

▶ 서론
▶ 빅터 P. 해밀턴

학자와 일반인을 막론하고 성서를 주의 깊게 읽는 사람이라면, 다양한 이유를 제시하면서 창세기 1-2장의 중요성을 강조하지 않는 사람은 거의 없을 것이다. 창세기 1장에서 발견되는 우주생성론(cosmogony)은 서술성을 띠는 만큼이나 규범성을 지닌다. 윌리엄 브라운(W. P. Brown)이 말했듯이, 우주의 기원은 "(하나의) 문명 혹은 문화가 물질·사회 세계를 설정하는 방식을 명백히 보여주는 지표"다.[1] 열렬한 자유주의로부터 극단적 근본주의에 이르기까지 서로 다른 관점을 막론하고 그렇다고 주장하지만, 그렇다고 해서 모든 진영이 성서의 첫 두 장의 의미와 해석과 적용에 대해 같은 결론에 도달한다는 말은 아니다.

따라서 창세기 1-2장을 서론으로 볼 수 있다 해도(창 1-11장까지의 서론인가, 창세기 전체의 서론인가, 아니면 구약 전체의 서론인가 하는 문제가 존재하긴 하지만), 단지 간략하거나 짧은 서문이라고만 간주할 수는 없을 것이다.

예를 들어 만약 창세기 1-2장이 존재하지 않는다면, 성서의 나머지 부

1_ W. P. Brown, *Structure, Role, and Ideology in the Hebrew and Greek Texts of Genesis 1:1-2:3* (Atlanta: Scholars Press, 1993), 207.

분을 이해하기란 쉽지 않다. 이는 구약뿐 아니라 신약도 마찬가지다. 적어도 창세기 1-2장과 요한계시록 21-22장을 보면, 성서는 더럽혀지지 않은 낙원에서 시작하여 도시로, 즉 에덴동산에서 시작하여 새 예루살렘성으로 마치는데, 장소의 변화를 제외하고는 오염되지 않은 순결한 낙원에서 시작하고 마친다는 점에서 같다. 창세기 1-2장이 중요하다는 데는 이견이 없지만, 성서의 이 첫 두 장만큼 논쟁의 중심에 서 있는 부분도 거의 없을 것이다.

물론 교회 자체보다 오래되지는 않았겠지만, 창세기 1-2장은 기독교 교회 안에서 매우 오래된 논쟁거리였다. 존경받는 교부 가운데 한 명이며, 종종 사도 이래로 기독교 신앙의 최고 해석자로 불리는 오리게네스(Origen, 기원후 184-253[254])는 「제1원칙들에 대하여」(On First Principles)라는 자신의 책에서 다음과 같이 말했다.

지성을 가진 인간이 첫째, 둘째, 셋째 날 및 저녁과 아침이 해와 달과 별 없이도 존재할 수 있었다는 사실을 믿을 수 있을까? 우리가 첫째 날이라고 부르는 그날이 과연 하늘 없이 존재할 수 있었을까? 하나님께서 농부들이 하듯이 그렇게 "에덴의 동쪽에 정원을 세웠다"라는 말이나 눈에 보이는 "생명나무"를 그 안에 심었다는 말을 우리 가운데 어떤 바보가 믿겠는가?…나는 이것들이 비유임을 추호도 의심하지 않는다. 이 표현들은 실제 사건이 아니라 역사적 유사성을 통해 어떤 신비를 드러내준다.[2]

초기 기독교의 거장 아우구스티누스(Augustine, 기원후 354-430)는 창세기에 대한 글을 많이 남겼다. 그는 (주로 창 1-3장을 다루는) 여러 권의 창세

2_ G. W. Butterworth, *Origen on First Principles* (London: SPCK, 1936), 288.

기 주석을 남겼으며, 「고백록」(*Confessions*)의 여러 장을 이 주제에 할애하기도 했다. 「창세기의 문자적 의미」(*The Literal Meaning of Genesis*)나 「창세기의 문자적 주석」(*Literal Commentary on Genesis*)은 이 주제에 대한 그의 통찰력을 가장 잘 보여준다.

아우구스티누스가 "문자적"이라는 제목을 사용했던 것은, 오늘날 우리가 "문자적"(literal)이란 말을 사용하듯 단순히 창세기 1-2장의 문자적 해석만을 정확한 것으로 취급했기 때문이 아니다. 오히려 그는 "문자적"이라는 용어를 통해 창세기 1-2장을 "창조 이야기"로 읽어야 한다고 주장했다. 이는 어떤 이들이 그렇게 하듯이 창조 기사를 "교회"나 "구원"에 대한 이야기로 읽지 말아야 함을 의미한다. 여러 부분에서 그는 "문자적" 해석이 창세기 1-2장에 맞지 않음을 인정하면서 풍유(allegory)에 의존하곤 했다. 그는 창세기 1:10을 주석하면서 다음과 같이 썼다.

> 나는 이 문제에 대한 과학 지식을 가진 사람들이나 이 사실을 인지하고 있는 사람들의 웃음거리가 될까 두렵다.…(1:11) 태양은 우리가 사는 곳이 저녁일 때조차 그 진 곳에서 다시 뜨는 곳으로 이동하면서 지나가는 지역들을 비출 것이다. 그러므로 24시간 동안 태양이 이동한 곳은 항상 낮일 것이고 그렇지 않은 곳은 밤이 될 것이다.

아우구스티누스는 풍유를 사용하여 첫째 날의 "빛"을 영적 진리의 빛으로 해석했기 때문에(1:9), 넷째 날의 "태양"이나 "달" 없이 첫째 날에 빛이 존재할 수 있었다는 데 문제를 제기하지 않았다.

이 주제를 오늘날로 가져오면, 우리는 이러한 문제들이 창세기 1-2장을 신화(myth)로 간주하는 사람들과 문자적 역사/실제 역사로 해석하는 사람들 사이에서 더는 논쟁이 될 수 없음을 알게 된다. 심지어 폭넓은 의미에서 복음주의 안에 있는 보수 개신교 진영에도 창세기 1-2장을 읽는 서로 다른 관점이 존재한다. 이는 어떤 사람들에게는 환영할 만한 일이 겠지만, 다른 사람들에게는 받아들이기 힘든 일이다. 이 책에 참여한 복음주의 구약 학계의 뛰어난 학자들 역시 이러한 해석의 다양성을 잘 보여준다.

다음에 내가 제시할 예시 중 몇 가지는 과학과 관련되며, 몇 가지는 신학과 관련된다. (1) (어떤 형태든) 진화에 대한 믿음은 창세기 1-2장을 진지하게 읽는 것과 양립할 수 있는가? (아니면 후자는 전자를 필요로 하는가?) (2) 소위 네 가지의 서로 다른 해석 방식을 지지하는 학자들, 즉 젊은 지구 창조론자들(young earth creationists), 오래된 지구 창조론자들(old earth creationists), 유신 진화론자들(theistic evolutionists), 지적 설계론자들(intelligent design, 이하 ID)은 각각 나름의 방식으로 과학과 성서로부터 증거를 찾을 수 있겠는가? (이들은 각자 아우구스티누스가 자신의 관점을 지지한다고 생각한다.) (3) 창세기 1장을 문자적으로 해석하기보다 문학적(literary)으로 해석하기를 선호할 때 나타나는 장단점은 무엇인가? 혹은 이 두 가지 해석 방식이 어떤 식으로든 조화를 이룰 수 있는가? (4) 어떻게 창세기 1-2장이 창세기 3-11장이나 창세기 3-50장과 조화를 이룰 수 있는가? (5) 성서에 등장하는 다른 창조 기사가—이를테면 천지 창조를 노래하는 시편 8, 19, 104편이나 하나님께서 욥에게 말씀하시는 욥기 38-41장과 같은 부분들이—창세기 1-2장을 해석하는 데 영향을 미칠 수 있는가? 만약 그렇다면 어떤 영향을 줄 수 있는가? (6) 창세기 1장은 물질에 관한 기원인가, 혹은 그 밖의 다른 것에 관한 기원인가? 물질의 기원에 관한 이야기가 아니라면 무엇에 관한 기원인가?

다음 두 가지 주요 논점은 앞에서 언급한 여섯 가지보다 더 중요하다고 할 수 있다. 첫째, 아담과 하와는 실제 인물인가, 혹은 문학적 허구의 인물인가? 만약 둘 다에 해당한다면, 어느 한쪽에 해석상 우선순위를 꼭 두어야 하는가? 인간이라는 종은 한 쌍의 남녀로부터 기원한 것이 아니라 10,000여 명의 집단에서 시작되었다는 인간 게놈 프로젝트(human genome project, 복음주의 그리스도인이자 뛰어난 과학자인 프랜시스 콜린스 [Francis Collins] 박사의 지휘 아래 진행 중인 프로젝트)로부터 우리가 내릴 수 있는 결론은 무엇인가? 특히 모든 성서는 하나님의 감동으로 기록되었으며 온전한 권위를 가진다고 믿는 사람들에게 (특히 바울 서신이 그러하듯) 신약에서는 창세기의 창조 기사가 다르게 해석되고 암시된다는 점이 어떻게 아담과 하와의 역사성에 대한 논의에 이바지할 수 있겠는가?

둘째, 다른 고대 근동의 창조 기사들이 창세기 1-2장의 형성에 얼마나 영향을 미쳤는가에 대한 논의다. 창세기 1-2장의 저자는 (그가 모세, 제사장 학파, J문서 저자, 혹은 알 수 없는 저자이든 상관없이) 다른 문학의 영향 없이 자신의(혹은 자신들의) 작품을 만들어낸 것인가, 또는 주변 문화권에 속한 우주의 기원에 관한 전승을 알고 있었던 것인가? 그리고 그는(혹은 그들은) 그러한 주변 문화권에 반대하여 하나님의 영감을 받은, 독립된 문학인 자신(들)만의 창조 기사를 만들려는 목적으로 그렇게 하였는가? 천지 창조 내러티브가 새해를 축하하려는 목적으로 만들어졌다면(아카드 신화인 「에누마 엘리쉬」[Enuma Elish]가 바빌로니아의 새해 축제인 아키투 축제[Akitu festival] 때 매년 낭독되었음을 생각하면), 고대 유대인들도 (비슷한 방식으로) 새해를 축하했던 것일까? 창세기 1장의 7일은 문자 그대로 축제 기간인 7일을 암시하려는 의도였을까?

복음주의 일각에서는 일부 복음주의 학자들이 이러한 새로운 해석의 가능성을 제기할 뿐 아니라 이를 수용한다는 사실에 우려를 표명하고 있다. 더욱이 (심지어 정년을 보장받은) 일부 유명한 학자조차 그들이 창세기 1-2장과 진화의 양립 가능성을 인정하거나 역사적 아담과 문학적 아담이 양립할 수 있다는 견해를 발전시켰다는 이유로 가르치던 학교에서 논쟁에 휘말리거나 조용히 그만둘 것을 종용당하기도 했다. 흥미롭게도 이렇게 쫓겨난 학자 대부분이 개혁주의 전통에 서 있는 학교에서 가르쳤다. 감리교나 아르미니우스주의나 더 중립적인 복음주의 학교에서 가르치는 학자들의 경우, 적어도 아직까지는 학교 경영진이나 동문의 분노를 사지는 않았다.

이 서문을 통해 나는 독자들에게 이 책의 모든 글을 강력하게 추천하고 싶다. 이 책에 기고한 모든 이들과 그들의 기고문에 대해 다음 두 가지를 강조하려 한다. 첫째, 모든 기고자는 온전히 그리고 의심의 여지없이 역사적 기독교의 전통에 서 있으며 기본 신조들과 거룩한 공교회의 역사적 신앙고백을 전심으로 포용한다. 혹여라도 이들의 글을 잘못 해석하여 이들 중 누구에게라도 이단이라는 딱지를 붙이는 행동은 불행한 일이자 잘못된 일이다. 더욱이 이들은 우리 모두가 흔히 그러하듯이 자신이 복음주의 전통 아래 있다고 주장하는 데 전혀 망설임이 없다.

둘째, 모든 저자가 복음주의 진영 안에 있으며 숙련된 구약 전문가지만, 어느 누구도 창세기 1-2장 해석에 대해 전적으로 같은 견해를 보이지 않는다는 사실을 강조하고 싶다. 때로는 차이점이 미세하지만, 때로는 매우 크기도 하다. 예를 들어 어떤 이는 진화를 옹호하기도 하고, 다른 이는 강하게 부정한다. 어떤 이는 아담이 실제 인물일 필요가 없다고 주장하지만, 다른 이는 그런 견해가 기독교 신앙의 주요 기초를 흔들고 파괴하는 주장이라고 반박한다.

일반 신자들 역시 성서 해석의 근본이 되는 창세기 1-2장의 해석에 대한 다양한 견해를 두고 서로 다른 반응을 보일지도 모른다. 우선, 독자들은 "만약 전문가들도 창세기 1-2장에 대해 서로 동의할 수 없다면, 우리는 어떻게 해야 하는가?"라는 질문을 제기하며 한숨을 쉴지도 모른다. 우리 중 어느 누구도 (마치 창 1:2과 같은) 이러한 혼돈과 공허를 야기하여 독자들을 더욱 혼란에 빠지게 할 의도가 없다. 마치 격자무늬 위의 카멜레온이 어느 색으로 변할까를 고민하듯이 만들고 싶지 않다는 말이다.

독자들의 두 번째 반응은 선호하는 의견을 선택하는 것이다. 아마도 일부 독자는 이미 동의하거나 가장 설득력 있다고 생각되는 의견을 택하고 다른 의견을 무시하거나 반대할 것이다. 하지만 우리는 당신이 뷔페에서 음식을 택하듯이 한 견해를 선택하라고 이 책을 쓰지 않았다. 브라이언 연구소와 칼리지에서 대릴 찰스의 주도하에 열린 심포지엄과 이때 제출된 논문들의 정수를 맛보려면, 독자들은 모든 저자의 글과 창세기 1-2장을 해석하는 다양한 관점을 포용해야 할 것이다.

세 번째 반응은 내가 가장 건전하다고 믿는 반응인데, 이 책이 제시하는 창세기 1-2장에 대한 서로 다른 해석을 각각 달리 이해하는 태도다. 성서가 하나님의 감동으로 기록되었으며 권위가 있다고 해서 성서에 대한 (나의) 해석도 동일하게 그런 것은 아니라는 사실을 기억해야 한다.

기독교 공동체는 성령의 인도하심을 따라 성서를 해석하기 위해 다른 이들과 함께 생각하고, 함께 이야기하고, 함께 대화하고, 함께 기도해야 하며, 상황이 그래야 한다면 상대방의 의견을 기꺼이 인정할 수 있어야 한다. 브라이언 연구소의 심포지엄 제목은 "창조 기사 읽기: 복음주의자들의 대화"였다. 우리 모두 이 대화를 지속하게 하자.

1

창세기 1-2장을 해석하는
다섯 가지 관점

► 1장
► 문학적으로 본 "날", 상호텍스트성과 배경

리처드 E. 에이버벡

이 책의 기고문과 이어지는 네 사람의 논평은 "과학" 문제에 집중하지 않는다. 우리는 과학자가 아니기 때문이다. 하지만 과학이 발견한 것들은 창세기의 해석에 관한 대화에 많은 영향을 미쳤다. 이 책에 기고한 다섯 명의 저자는 성서의 진리, 권위, 무오를 믿는다. 창세기 1-2장에 대해서도 마찬가지다. 우리는 모두 구약에 관해서라면 전문가라고 할 수 있지만, 성서의 이 첫 두 장을 해석하는 데는 서로 다른 시각을 보이기도 한다.

하나님은 우리가 창세기 1장을 어떻게 해석하기 원하실까? 창세기 1장을 바르게 읽으려면, 문자적(literal) 6일간의 창조와 7일째의 안식을 고려해야 한다. 그 이유는 잘 알려져 있다. 예를 들어 "저녁이 되며 아침이 되니"라는 공식이 1장 전체에서 계속 사용된다는 점이나, 제4계명(출 20:11)에서 7일째의 안식을 강조하기 위해 6일 창조를 언급한다는 점이 그렇다. 따라서 창조 기사의 6일은 보통의 문자적 6일로 보는 것이 타당하다. 나는 수년간 이 해석을 유지해왔으며 지금도 문자적 6일을 지지한다.

하지만 이 해석을 통해 우리가 (본문의 장르와 의도와 비유 언어를 적절히 고려하지 않은 채) 과도한 "문자주의"(literalism) 해석에 빠지게 되는 것은 아닐까? 이 "6일/7일" 구조는 사실상 성서뿐 아니라 고대 근동의 문학에서도 흔한 구성 방식이었다. 나는 성서와 고대 근동 문헌에 등장하는, 이와 관련된 예를 제시할 것이다. 그전에 먼저 다음의 질문을 생각해보자. 그렇다면 이렇게 잘 알려진 패턴은 하나님께서 실제로 6일이라는 과정을 통해 천지를 창조하셨다는 굳건한 진리를 알려주기 위해서가 아니라, 단순히 창조 이야기를 구성하기 위해 만들어진 것일까? 잘 알려진 대로 1~3일 창조("우주를 형성하는 과정")와 4~6일 창조("형성된 우주를 채우는 과정"; 참조. 창 1:2a "땅이 혼돈하고 공허하며")가 서로 잘 대응된다는 점과 그 밖에 창세기 1-2장에 나타나는 많은 특징은 성서의 창조 기사가 도식화되어 있음을 암시한다. 즉 창세기 1-2장의 창조 기사는 효과적인 전달을 위해 이와 같이 특정한 방식으로 우리에게 주어진 것이다.

기존 연구 개괄 및 방법론 고찰

이 글은 진화가 주장하는 광대한 시간을 창세기 1장에서 찾아보려는 시도가 아니다. 이 글은 창세기 1장을 문학적·주해적·역사적·신학적 관점으로 읽으려는 시도다. 이를 위해 나는 창세기 1장이 우주 전체에서 시작(창1:1 "태초에 하나님이 천지를 창조하시니라")하여 단계적으로 그 전체를 구성하는 각 부분을 보여준다고 주장한다(창 1:2-2:3). (그가 하나님이든 혹은 인간 저자를 의미하든) 창세기의 저자는 고대 이스라엘인들이 관측할 수 있고 이해할 수 있는 방식으로 창조 기사를 구성하였다. 본문이 그러하다면 관측 가능한 세계에서부터 우리의 사고를 시작해야 하며, 창조주 하나님과 관련하여 창조 기사가 관측 가능한 세계를 설명해준다고 간주해야 한다. 이 이야기의 가장 중요한 목적은, 하나님께서 그들의 세상을 조성하시고 만드신 방식을 통해 고대 이스라엘인들이 하나님을 그들의 생명을 조성하신 분으로 이해하도록 돕는 데 있다. 창세기 1장을 물질세계의 창조에 관한 이야기로 이해하는 만큼이나 그것은 세상이 움직이는 방식과 우리가 세상에 적응하는 방식에 대한 설명이기도 하다.

창세기 1장이 창조에 관해 이야기하는 방식은 하나님의 뜻에 따라 결정되고 형성되었다. 하나님의 뜻 안에서 이스라엘은 하나님만이 참되시고 선하시다는 사실을 깨달아 그분의 창조 세계 안에서 그분을 위해 살아야 했다. 예를 들어 인간은 하나님의 선한 창조 세계를 다스리는 청지기가 되어야 할 뿐 아니라(창 1:26-28; 2:15-17) 안식일을 지키는 데까지도 하나님을 닮음으로써(창 2:1-3과 출 20:11) 하나님의 형상과 모양으로 살아가야 한다. 하나님은 참으로 우주를 창조하셨다. 창세기 1장은 분명히 이를 가르친다. 하지만 창조 기사는 고대 이스라엘인들이 인식할 수 있을 뿐 아니라 그들이 요구하는 방식으로 구성되었다. 심지어 이 이야기는 오늘날 우리가 경험하는 방식의 세상과도 꽤 상응하도록 주어진 것이기도 하다. 창세기 1장의 "날들"(days)은 고대 이스라엘인들이 살았던 시대에 그들의 방식으로 식별할 수 있었던 세계를 보여주는 일종의 스냅사진이다. 하나님께서는 그들에게 하나님 자신과 그들 자신, 또한 그들의 세계에 사는 생명체에 관해 알아야 할 지식을 계시해주셨다. 그분은 오늘날의 우리도 창조 기사를 통해 동일한 지식을 얻기 원하신다.

창세기 2장으로 가면, 저자는 창세기 1장에서 전 우주를 창조하신 하나님이 바로 그들과 언약을 맺으신 야웨 하나님이심을 분명히 드러낸다(창 1장에는 "하나님"[ĕlōhîm]이라는 이름만 등장하지만, 창 2:4b, 5, 7에는 두 단어가 결합된 "야웨[yhwh] 하나님"이라는 이름이 등장한다. 아울러 출 3:15; 6:2-3 등을 보라). 그러나 이 특별한 창조 기사 안에서 우리는 더욱 역사성을 드러내는 지표를 발견할 수 있는데, 이를테면 티그리스와 유프라테스 강의 이름과 대략적인 위치에 대한 언급(창 2:14)이 그것이다. 이 실제 지명이 이미 모세 시대에 알려졌다는 점은 역사적 실존 인물로서 아담과 하와의 정체성을 드러내어준다고 생각한다(아울러 창 5:1-3 등을 참조하라). 이 이야기는 창세기 4장까지 계속 확장된다. 창세기 1장과 2-4장에 나타나는 이야기의 범위는 규모의 측면에서 서로 다른데, 창세기 1장이 전 우주를 다룬다면, 2-4장은 인간과 동물 세계로 한정된다. 창세기 1장과 2-4장은 하나님의 창조 행위를 기술하고 창조의 목적을 설명하는 방식에서도 서로 다르다.

이 연구의 방법론을 보면, 내가 제목에서 쓴 "문학적"이라는 말은 창세기 1-2장의 문법에서 장르와 담화에 이르기까지 드러나는 모든 문학적 특성을 강조하려는 용어다. 이는 단위별 접근 방식을 통해 창세기 1-2장에 대한 논의를 펼쳐나가는 이해의 틀을 제공할 것이다.[1] 다음으로 "상호 텍스트성"은 정경인 성서 내에서 나타나는 창세기 1장의 병행 본문에 대해 특별한 주의가 필요함을 언급하려는 용어다. 이를테면 다른 창조 기사나 창조의 다른 모습을 반영하는 성서 내 본문을 살펴야 한다는 뜻이다. 마치 신약 4복음서의 저자들이 그리스도의 삶을 서로 다른 방식으로 기술했듯이 하나님의 창조 행위를 묘사하는 서로 다른 방식이 존재하는데, 시편 104편은 이런 맥락에서 매우 유용한 문헌으로 여겨진다.

마지막으로 "배경"이라는 용어는 창세기 1-4장의 문학적 문맥을 의미할 뿐 아니라, 거기 나타나는 사건들의 배경이 되는 고대 근동의 상황을

1_ 주의가 필요한 성서 텍스트의 세 가지 측면, 즉 문학적·역사적·신학적 양상에 대한 간략한 안내는 Richard E. Averbeck, "Factors in Reading the Patriarchal Narratives: Literary, Historical, and Theological Dimensions," in *Giving the Sense: Understanding and Using Old Testament Historical Texts* (ed. David Howard Jr. and Michael A. Grisanti; Grand Rapids: Kregel, 2003), 115-17을 보라.

이해하는 데 필요한 성서 밖 문헌들을 가리킨다.[2] 안타깝게도 20세기 초를 기점으로, 고대 근동 문헌을 기반으로 성서 텍스트에 접근하려는 불합리한 시도가 많았다. 이는 여전한 숙제로서 어떤 이들은 당연하다는 듯이 그렇게 하지만 다른 사람에게는 부당한 강요이기도 하다. 반대로 복음주의 진영을 포함해 일부 학자는 창세기와 다른 고대 근동 문학의 관련성을 부정하기도 한다. 그렇지만 하나님은 고대 근동의 배경 안에서 자신의 계시를 주셨을 뿐 아니라 그 문화에 반대하는 방식으로도 그렇게 하셨다. 그분은 각자의 시대를 살아가는 독자들과 소통하실 뿐 아니라, 그들이 나아가야 할 곳으로 그들을 이끄시기도 한다. 이것이 소통이 이루어지는 방식이며, 하나님의 계시가 효력을 발휘하는 방식이기도 하다.

태초에: 창세기 1:1-2

학자들은 성서의 첫 두 구절(혹은 세 구절)의 문법 양상과 해석에 대해 활발히 토론해왔다. 전통적으로는 1절을 독립 구문으로 간주해서 이를 2절에 등장하는 물질이 "무로부터"(ex nihilo) 창조되었음을 증언하는 구절로 이해했다. 어떤 학자들은 여전히 이 견해를 지지한다.[3] 나 역시 하나님께서 태초의 물질을 무로부터 창조하셨다는 사실에 반대하지는 않지만, 창세기 1:1이 무로부터의 창조를 증명하는 구절은 아니라고 생각한다. 내가

2_ Richard E. Averbeck, "Sumer, the Bible, and Comparative Method: Historiography and Temple Building," in *Mesopotamia and the Bible: Comparative Explorations* (ed. Mark W. Chavalas and K. Lawson Younger Jr.; Sheffield: Sheffield Academic Press; Grand Rapids: Baker, 2002), 88-125을 보라. 아울러 거기 실린 논의와 성서를 비교 연구하는 방법론의 원리를 적용하는 방식도 참조하라.

3_ 관련된 해석에 대한 분석은 Gordon J. Wenham, *Genesis 1-15* (WBC 1; Waco, TX: Word, 1987), 11-15을 보라.

전통적인 해석에 반대하는 이유는 본문에 대한 문법 분석, 창세기 1:1과 창세기 전체 구조의 관계, 고대 근동 배경에 대한 고려에 근거한다. 나는 본문의 필수 요소를 배제하지 않은 채 가능한 한 간략하면서도 분명하게 히브리어 문법을 분석함으로써 내 의견이 정당함을 밝히려 한다.

히브리 서사 문학의 현저한 문법적 특징 가운데 하나는 접속사 "바브"(ו)가 절의 첫 번째 단어 앞에 붙어서 앞뒤 절을 연결해준다는 점이다. 보통은 단순히 "그리고"를 의미하지만, 때로는 "바브" 뒤에 붙는 단어의 종류나 서사의 흐름에 따라 "그렇다면", "그래서", "지금, 이제" 등을 의미하기도 한다. 일반적으로 "바브"가 정형동사(finite verb, 수·인칭·시제·서법 따위에 한정되는 동사 형태를 의미한다―역주)에 붙어서 절의 맨 앞에 등장할 경우, 이는 서사의 흐름을 계속 진행시켜준다. 만약 "바브"가 동사 외의 다른 품사(예. 명사, 형용사, 전치사, 혹은 다른 접사 등) 앞에 붙으면 이접(disjunctive) 접속사라고 불리며 서사에 필요한 정보를 알려준다. 이때, 서사의 흐름은 진행되지 않는다. 창세기 1:2은 이접 접속사 "바브"가 명사 "땅"에 붙어서 "[이제] 땅이 혼돈하고 공허하며"라는 절로 시작되며, 2절 끝까지 같은 형태를 갖는 두 개의 절이 다음과 같이 나타난다. "[그리고] 흑암이 깊음 위에 있고, [그리고] 하나님의 영은 수면 위에 운행하시니라."

"바브"가 접두어 형태로 정형동사에 붙을 경우 이를 바브연속법이라고 부르는데, 우리는 이를 단순과거동사(preterite)라 부르며 일반 내러티브에서 과거로 해석한다. 창세기 1:3의 앞부분은 이러한 바브연속법을 사용하여 "[그리고] 하나님이 이르시되"로 시작한다. 이는 성서에서 처음으로 평범한 과거 시제 내러티브 동사가 사용되는 부분이기도 하다. 그러므로 2절은 하나님이 자신의 첫 창조 사역을 시작하시는 상황(3절)에 대한 정보를 제공하는 역할을 한다. 하나님이 창조를 시작하실 때는 "땅이 혼돈하고 공허"했다. 이런 방식은 히브리어 성서에서 내러티브를 시작하는 흔한 형태다. 우선 필요한 상황에 대한 정보가 주어지고, 후에 행동이 시작된다. 창세기 3:1(그런데 뱀은 여호와 하나님이 지으신 들짐승 중에 가장 간교하니라. 뱀이 여자에게 물어 이르되…)과 16:1-2(아브람의 아내 사래는 출산하지 못하였고…[그리고] 사래가 아브람에게 이르되…)은 이러한 예에 해당한다. 창세기 1장의 모든 주요 단락은 "[그리고/그때에] 하나님이 이르시되"(1:3, 6 등)라는 언급으로 시작한다. 넷째 날과 다섯째 날뿐 아니라 첫째 날과 둘째 날도 이런 단락을 포함한다. 셋째 날의 경우 두 개의 단락으로 구성되며, 여섯째 날은 세 개의 단락으로 구성되어 있다. 그러나 일곱째 날은 다른 구성을 취한다.

그렇다면 창세기 1:1의 의도는 무엇일까? 나는 1절이 창세기 1장의 전체 주제를 언급하며 일종의 제목과 같은 역할을 하는 독립 구절이라고 생각한다. 다시 말해 전통적인 해석이 주장하듯이 하나님의 실제 창조 행위를 언급하는 구절이 아니라는 뜻이다. 1절은 "하나님이 이르시되"라는 말로 시작하는 단락과 다른 동사들이 그러하듯이 어떤 행동을 나타내는 구절이 아니다. 오히려 1절은 창조 기사 전체를 조망하는 출발점을 제공하는데, 이를 시작으로 창조 이야기가 형성되어 고대 이스라엘 백성이 그들의 하나님을 알며, 그 하나님이 유일하심을 알고, 그분이 세상을 창조하셨음을 알게 된다. 1절 끝에 등장하는 "천지"라는 표현은 일종의 양단법(merism)으로, 상반되는 두 경계가 함께 언급되어 창조 세계 전체를 가리킨다.

더욱이 1절은 창조 기사 전체의 제목이며, 창세기 전체에 자주 등장하여 각 단락을 나누는 역할을 감당하는 세대 구분 공식(이를 "톨레도트"[tôlĕdôt]라고 부른다. 히브리어로 "이것은 ~의 계보이다"[ʾēleh tôlĕdôt]라는 표현은 창 2:4; 5:1[약간의 변형이 나타난다]; 6:9; 10:1; 11:10, 27; 25:12, 19; 36:1, 9; 37:2에 등장한다)에 상응한다. 이 세대 구분 공식은 각 단락의 앞부분에 있었던 정보 중 일부를 나타내어 그 단락이 앞으로 어떻게 발전될지를 소개한다. 하지만 1절 앞에는 아무것도 나오지 않으므로 1절을 창세기 1장의 제목으로 간주하기는 적절치 않다.[4] 오히려 1절은 창세기 1:1-2:3이 창세기의 나머지 전체에 대한 일종의 서언 역할을 하도록 구분하는 기능을 한다고 볼 수 있다.

한편 1절의 히브리어 동사 "바라"(bārā')는 주로 "창조하다"로 번역되며 창조 기사 안에서 다섯 번 더 나타난다(1:21에 한 번, 1:27에 세 번, 2:3에 한 번). "바라"의 주어는 항상 하나님이며, 결코 사람이나 다른 대상이 주어가 되지 않는다.[5] 이 동사의 기본 뜻과 의미에 대해서는 학계의 관심이 상당히 집중되었다. "바라"는 하나님의 창조 사역이 시작됨을 알리는 제목인 창세기 1:1과 그 끝을 알리는 창세기 2:3에 등장하여 창조 기사 전체를 감싸는 중요한 역할을 담당한다. 더욱이 이 동사는 창조 사역 전체의 핵심인 남자와 여자의 창조를 설명하는 구절(1:27)에 세 차례나 등장한다. 흥미롭게도 "바라"는 식물이나 땅의 짐승을 창조하는 묘사에는 사용되지 않는다. 다만 이들은 하나님의 명령을 통해 "땅"에서 나온 것으로 묘사될 뿐이다(1:11-12, 24-25).

창세기 5:1-2에서 "바라"는 다시 세 번 사용되어 하나님께서 인간, 즉 남자와 여자를 창조하셨다는 창세기 1:26-28의 기사를 되짚어준다. 이 때

4_ 이 세대 공식과 그 의미에 관해서는 Averbeck, "Factors in Reading the Patriarchal Narratives," 117-20, 127-30, and nn. 2, 22을 보라. John H. Walton, *Genesis 1 as Ancient Cosmology* (Winona Lake, IN: Eisenbrauns, 2011)에 있는 유사한 해석도 참조하라. 아울러 Ellen J. van Wolde, *Reframing Biblical Studies: When Language and Text Meet Culture, Cognition, and Context* (Winona Lake, IN: Eisenbrauns, 2009), 185을 보라.

5_ *HALOT* 153-54. 단지 "바라"의 칼(Qal)과 니팔(Niphal) 어간만이 창 1-2장에 나타난다. 한편 피엘(Piel)과 히필(Hiphil) 어간은 *HALOT* (154)에서 다른 어근을 가진 동사로 취급된다. Walton, *Genesis 1 as Ancient Cosmology*, 130-31의 방식과는 달리, 창 1-2장에서 전혀 나타나지도 않고 어떤 방식으로도 적용되지 않는 이질적인 자료들을 창 1-2장 관련 논의에 뒤섞는 위험을 피하기 위해서는 이러한 구분을 유지하는 것이 아마도 가장 좋을 듯하다.

의 "바라"는 창세기 1:26-27의 경우처럼 "아사"('āsāh, 주로 "만들다", "하다"에 해당함) 동사와 함께 사용된다. 두 동사는 서로 다른 동사이므로, 이 둘을 구분하는 방식에 대해 수많은 의견이 제시되었지만,[6] 두 동사의 용법에 나타나는 주요한 차이는 다음과 같다. "아사"는 무엇을 하거나 어떤 것을 만드는 행위와 관련되며 그 대상이 새로 만들어졌는지 아닌지 알 수 없지만, "바라"는 지시 대상이 사물이든 사건이든 혹은 다른 현상이든 관계없이 대상의 시작을 강조하는 동사로 사용된다(지면 관계상 모든 용법에 대한 논의는 생략하기로 한다).

창세기 1:1-2의 문법 분석, 번역, 해석에 대한 각자의 견해가 어떻든지 간에 "[그리고] 하나님이 이르시되"라는 표현이 창세기 1:3부터 시작되어 2절에서 언급된 땅의 상태를 해소하는 방향으로 창조가 진행됨을 잘 보여준다는 것은 분명한 사실이다. 이러한 방식은 고대 근동 문헌에서도 창조 기사가 흑암 혹은 어두움, 심연으로도 불리는 대상이 선재함을 전제한다는 점에서 서로 일치한다고 할 수 있다. 이와 관련된 자료는 많이 알려져 있는데, 예를 들면 바빌로니아 창조 신화인 「에누마 엘리쉬」의 출발점도 깊음, 어두움, 심연이다.

하늘이 존재하지 않았던 때,

그리고 땅이 존재하지 않던 시절,

첫 번째로 그들의 아버지인 압수(Apsû)와

그들을 낳은 조물주 티아마트(Tiamat)가 있었다.

그들은 그 물들을 한데 섞었다.

6_ Walton, *Genesis 1 as Ancient Cosmology*, 127-38에 있는 관련 논의를 참조하라. Walton은 "바라"가 "어떤 것을 새로운 존재로 나타나게 하다"를 의미한다고 결론짓는다. 하지만 그에게 "새로운" 대상이란, 존재론적으로 그 기능을 가리킨다.

목초지가 하나로 합쳐지고 갈대 습지가 발견되기 전에,

한 명의 신도 만들어지기 전에,

혹은 존재하기 전에, 어떤 운명도 선포되기 전에,

신들은 그들 안에서 창조되었다.[7]

티아마트는 깊음의 바다("[그리고] 흑암이 깊음 위에 있고"[창 1:2b]의 "깊음"
에 해당하는 히브리어 단어 *těhôm*은 이 바다를 의미한다)를 관장하는 여신으로
알려져 있고, 압수는 지하수를 관장하는 신으로 묘사된다. 「에누마 엘리
쉬」라는 명칭은 바빌로니아 신화의 첫 두 단어에서 따온 제목으로서 "위
엣 [하늘들이] ~할 때"(when [the heavens] above)를 의미한다. 이 부분이
창세기 1장의 시작과 유사하다는 사실은 분명하다(창 1장도 히브리어 *běrēšît*
로 시작하는데, 이 역시 "태초에" 혹은 "하나님께서 ~을 시작하셨을 때"로 해석된다).
그리고 두 내러티브는 시간을 나타내는 절로 시작하며, 태초에는 오직 물
만 존재했다고 묘사한다는 공통점이 있다. 물론 「에누마 엘리쉬」에는 신
들의 계보(theogony, 다양한 신의 창조를 의미함)가 세계 창조 이후에 등장하
지만, 창세기 1장은 전혀 그렇지 않다는 점에서 서로 다르다. 다른 신은
존재하지 않는다. 깊음, 흑암, 심연의 바다는 이집트의 창조 신화에도 등
장하는 전형적인 출발점인데, 예를 들어 이집트의 「관 문서」(*Coffin Text*)
에는 "아톤(Atum, 창조주로서 창조 사이클이 완성되면 혼돈의 바다로 되돌아가는
신을 가리킴—역주)이 나타나기 이전에 홍수에서, 물들에서, 어두움에서, 잃

7_ 이 부분은 「에누마 엘리쉬」의 시작으로 W. G. Lambert, "Mesopotamian Creation Stories," in
Imagining Creation (IJS Studies in Judaica 5; ed. Markham J. Geller and Mineke Schipper;
Leiden: Brill, 2008), 37에서 인용되었다. Lambert는 이 책에서 메소포타미아 창조 기사에 관한 최
대한의 논의뿐 아니라 「에누마 엘리쉬」 전문에 대한 새 번역(15-59)을 소개한다. 「에누마 엘리쉬」에
대해 Wayne Horowitz, *Mesopotamian Cosmic Geography* (Mesopotamian Civilizations 8;
Winona Lake, IN: Eisenbrauns, 1998), 107-29에 있는 유용한 논의 역시 참고하라.

어버린 곳에서"라는 표현이 등장한다.[8]

고대 이스라엘인들은 깊음, 흑암, 심연의 바다를 가장 자연스럽고 쉽게 이해할 수 있는 창조의 출발점으로 받아들였다. 따라서 창세기 1장에서 우리는 하나님이 천지 창조와 우주라는 문학적 그림을 단계적으로 그리시는 모습을 볼 수 있다. 그분은 고대 근동 사람들이 일반적으로 받아들였던 창조 배경과는 반대되는 그림을 그리셨다. 그 그림 자체는 여러 가지 중요한 차이점을 보여주지만, 고대 근동의 창조 기사들과 유사한 점을 보여주기도 한다는 점 역시 고려해야 한다.

고대 근동 문서들과 창세기 1장의 첫 3일

창세기 1장의 창조 기사와 고대 근동의 창조 및 우주론(cosmology)에 대한 문서들을 비교하는 요점 가운데 하나는 세계가 3개의 층으로 이루어졌다는 개념인데, 이 개념은 창세기 1장의 첫 3일에 대응된다. 고대인들은 흔히 세계가 3개의 층으로 이루어졌다고 생각했는데, 이 사실은 여러 문헌에 다양한 형태로 나타나곤 한다. 이는 한 문명이 다른 문명으로부터 세계관을 일방적으로 수용했다는 주장이 아니다. 오히려 이 개념은 세계 안에서 살았던 그들이 자기 삶의 자리에서 관측할 수 있었던 실재들을 반영한다. 우리는 그때와 지금의 모든 인간이 관측 가능한 세계로 들어가기 위해 고대 근동의 문화라는 자리로 되돌아가야 한다. 인간은 항상 자연스럽게 우리의 머리 위에 존재하는 것과 아래 존재하는 것과 그 두 곳 사이,

---

8_ 이집트의 "Cosmologies"(*COS* 1.5-31)와 함께 특별히 여기 인용된 텍스트를 보려면 "From Coffin Texts Spell 76," translated by James P. Allen (*COS* 1.10:3d-4d)을 참조하라.

즉 우리가 서 있는 장소에 관심을 두고 관측해왔기 때문이다.[9]

메소포타미아

오늘날 우리는 (수메르 문명을 포함해) 메소포타미아인의 창조 및 우주론을 다루는 많은 양의 1·2차 문헌을 접할 수 있다.[10] 잘 알려져 있듯이 아카드 문학은 그 이전에 태동한 수메르 문학 양식을 종종 따르곤 하는데, 이는 창조 기사와 우주론을 다루는 문학에서도 그렇다.[11] 그러나 수메르 문학에는 이후에 기록된 아카드 신화인 「에누마 엘리쉬」만큼 우주 창조에 대해 종합적인 관점을 보여주는 문학 작품이 존재하지 않는다. 수메르 문헌은 주로 그들의 우주론을 보여주는 서론격의 작품만이 다양하게 존재할 뿐이며, 신들의 의무가 어떻게 배분되었는지를 알려주는 문헌들만이 남아 있다.[12] 이렇게 제한된 문헌만이 남았음에도 수메르인들의 우주론이 지닌 몇 가지 특징이 아카드인들의 우주론을 나타내는 문학 작품에 반영되어 창조와 세계를 이해하는 핵심 요소를 이룬다.

학자들은 이러한 자료들이 고대인들의 실제 믿음을 반영하는 것인지를 두고 계속 의문을 제기하고 있다. 웨인 호로위츠(Wayne Horowitz)

9_ 고대 근동 자료 중 중요한 자료들에 대한 번역과 서지 정보를 잘 모아놓은 책으로는 W. W. Hallo and K. Lawson Younger Jr., eds., *The Context of Scripture* (3 vols.; Leiden: Brill, 1997, 2000, 2002)가 있다. 아울러 Markham J. Geller and Mineke Schipper, eds., *Imagining Creation* (Leiden: Brill, 2008); Kenton L. Sparks, *Ancient Texts for the Study of the Hebrew Bible* (Peabody, MA: Hendrickson, 2005), 305-22; 및 Walton, *Genesis 1 as Ancient Cosmology*를 참조하라.

10_ Horowitz의 중요한 연구를 담은 *Mesopotamian Cosmic Geography*를 보라. 최근의 연구로는 Lambert의 "Mesopotamian Creation Stories"를 고려해야 한다. http://etcsl.orinst.ox.ac.uk/는 수메르 문헌을 총체적으로 다루는 사이트다.

11_ Sparks, *Ancient Texts for the Study of the Hebrew Bible*, 306과 함께 거기에 수록된 자료들도 살펴보라.

12_ Horowitz, *Mesopotamian Cosmic Geography*, 134.

역시 자신의 저서 『메소포타미아의 우주 지리』(*Mesopotamian Cosmic Geography*)에서 이를 경고하고 있다.[13] 예를 들어 고대인들이 정말로 단단한 돔형으로 된 하늘에 별들이 박혀 있다고 생각했는지, 혹은 그저 별들이 하늘을 따라 움직이는 모습을 보고 단지 일종의 유비(analogy)로 표현한 것인지 오늘날의 우리로서는 알 수 없다. 고대인들의 글을 읽거나 관련 그림들을 고려해볼 때, 그들은 자기들이 유비를 사용하고 있다는 사실을 스스로 인식했을 것이다. 고대인들은 깊은 물들을 가리켜 다른 신들을 낳기 위해 동침한 두 명의 신으로 비유했다(앞에서 인용한 「에누마 엘리쉬」를 참조하라). 고대인의 유비는 결혼, 가족, 집, 세대에 대한 인간의 경험에 근거하는데, 이러한 경험은 모든 사람이 자신의 경험과 동일시할 수 있는 유비이자, 그들이 가족 관계의 형태(이러한 형태는 신들의 가족 공동체와 그 공동체가 소유한 재산과도 연결된다)를 사용하여 신들과 우주에 대해서까지 확장할 수 있는 유비로 발전한다.[14] 그들의 종교 의식은 신들에게 양식을 바치고 그들의 관심사를 제의 축제를 통해 관철시키는 방식과 같은 양상으로 이루어졌다. 대개 신화(mythology)는 유비를 통한 사고방식이며, 제의는 유비를 통한 행위다. 때때로 이 둘은 서로 직접 연결되어 있으나 때로는 그렇지 않기도 하다.

　　고대인들의 추론에 관한 우리의 추론이 어느 정도 진척되었든지, 우

13_ Horowitz, *Mesopotamian Cosmic Geography*, xiii-xiv.

14_ 신화가 삶과 우주에 관한 추론을 담은 일종의 유비임을 다루는 논의는 Mary Douglas, *Leviticus as Literature* (Oxford: Oxford University Press, 1999), 13-65; Richard E. Averbeck, "Ancient Near Eastern Mythography as It Relates to Historiography in the Hebrew Bible: Genesis 3 and the Cosmic Battle," in *The Future of Biblical Archaeology: Reassessing Methodologies and Assumptions* (ed. James K. Hoffmeier and Alan R. Millard; Grand Rapids: Eerdmans, 2004), 328-56; idem, "Temple Building among the Sumerians and Akkadians (Third Millennium)," in *From the Foundations to the Crenellations: Essays on Temple Building in the Ancient Near East and Hebrew Bible* (ed. Mark J. Boda and Jamie R. Novotny; AOAT 366; Münster: Ugarit-Verlag, 2010), 6-8을 보라.

리에게는 단지 특정한 사람들이나 집단이 우주의 기원과 특성에 대해 추론했던 내용을 담은 특정 문서가 남아 있을 뿐이다. 하지만 적어도 창조와 우주론에 관해 수메르인들이 생각했던 세 가지 요소가 오랜 세월을 거쳐 아카드인들에게 전승된 것으로 보이는데, 그 세 가지는 이렇다. (1) 압수라는 신이 선재(先在)하고 엔키(Enki, 기술, 지능, 물, 창조 등을 관장하는 신—역주)가 관장하는 지하수가 있으며, 남부 수메르에 속한 도시인 에리두 (Eridu)의 창조주가 나타난다.[15] (2) 북부 수메르의 창조주로 여겨지는 니푸르의 엔릴(Enlil of Nippur)이 하늘과 땅을 분리한다.[16] (3) 따라서 하늘-육지-압수(지하수) 혹은 하늘-땅-지하세계(때때로 하늘과 지하세계는 각각 여러 층으로 구성되기도 한다)의 세 단계로 구성된 우주가 나타난다.[17] 특히 하늘과 땅의 분리는 식물과 동물, 그리고 인간이 거주하는 공간을 창출하는 행위다(수메르 신화 「괭이의 노래」[The Song of the Hoe]에는 "그곳에서 인간이 솟아나왔다"라는 표현이 나타난다).[18] 후대의 몇몇 아카드 신화는 수메르 신화의 기본 패턴을 여러 형태로 간직해왔다(예를 들어 「에누마 엘리쉬」를 보면 마르두크가 티아마트의 몸을 쪼개어 하늘과 땅을 만드는 행위가 4-5번째 서판에 나타난

15_ Horowitz, *Mesopotamian Cosmic Geography*, 335.

16_ Horowitz, *Mesopotamian Cosmic Geography*, 112-14, 134-42에 있는 자료와 언급을 살펴보라. Ellen J. van Wolde, "Why the Verb *br*' Does Not Mean 'to Create' in Genesis 1:1-2:4a," *JSOT* 34 (2009): 8-13은 이런 텍스트들을 창 1:1과의 관련성 가운데 연구하면서, 메소포타미아의 자료가 "태초에 하나님이 천지를 나누셨다(혹은 '구분하셨다')"라는 언급의 배경을 제공한다고 주장한다. Van Wolde의 견해가 갖는 주요 문제점은 그녀가 해당 표현 사이에 존재하는 차이점을 설명하지 못한다는 점이다. 수메르 문헌은 "하늘을 땅으로부터(혹은 땅을 하늘로부터) 구분했다"를 의미하는 전치사 "~(으)로부터"를 일관되게 사용한다. 히브리어 성서에서 이를 나타내려면 "하늘"과 "땅" 사이에 "~(으)로부터"를 의미하는 전치사 *mîn*이 사용되든가, 혹은 (더 가능성 있는 경우가 되려면) 창 1:4b처럼 전치사 *bên*이 "하늘"과 "땅" 앞에 각각 위치해야 하지만, 원문은 그렇지 않다.

17_ Horowitz, *Mesopotamian Cosmic Geography*, 113-14, 125-26, 134-42에 있는 자료와 언급을 살펴보라.

18_ *COS* 1.511.6-7.

다). 위의 세 가지 특징과 3층으로 구성된 우주는 창세기 1장의 창조 기사와 병행을 이룬다.

앞에서 논의한 대로 창세기 1:1을 독립절로서 창조 기사 전체의 제목으로 이해한다면, 창조 이야기 자체는 1:2에 나타나는 깊음, 어두움, 심연의 바다로부터 시작하며, 창조 행위가 시작되면서 점차 그 요소들이 제거된다고 말할 수 있다. 둘째 날의 궁창은 하늘과 땅의 분리에 상응한다고 여겨지는데, 이는 셋째 날에 물에서 뭍이 드러나 동식물이 살아갈 땅이 되기 위한 공간을 미리 확보하는 것으로 볼 수 있다. 이렇게 3층으로 구성된 세계가 형성된다. 따라서 창세기 1장의 창조 기사가 진술되는 방식의 근간을 형성하는 고대 근동의 특정한 기본 패턴이 존재한다고 할 수 있다. 하나님은 고대 근동 지역의 한 민족인 이스라엘 백성이 이해할 수 있도록 창조 기사를 허락해주셨다.

우가리트

비슷한 형태의 3층 우주가 주요 우가리트 문헌에도 나타난다. 서로 다른 방식으로 묘사하기는 하지만, 이런 문헌들이 레반트 지역으로부터 메소포타미아의 서쪽 및 팔레스타인 북부에 걸쳐서 발견된다. 우가리트 바알 신화는 비록 그들의 우주론을 직접 다루지는 않지만, 신들 사이에 일어나는 하늘의 왕권에 대한 이야기와 인간 사이에 존재하는 왕권과 안녕에 관한 이야기를 통해 이를 충분히 반영하고 있다.[19] 오늘날 우리가 아는 바알 신화는 이스라엘의 출애굽 시기와 비슷한 때에 형성된 작품으로 생각되는데, 여기서 바알은 비, 즉 풍요를 상징하는 신으로 등장한다. 그에게는

19_ 바알 신화를 잘 다루는 자료로는 특별히 "The Ba'lu Myth" (trans. Dennis Pardee, *COS* 1.241-74) 및 Mark S. Smith and Wayne T. Pitard, *The Ugaritic Baal Cycle* (vol. 2; Leiden: Brill, 2009)이 있다.

세 명의 딸이 있는데, 그들은 한편으로는 메소포타미아 문헌에 등장했던 3층 구조 우주에 각각 대응한다고 여겨지지만, 더 가깝게는 창세기 1장의 첫 3일에 상응하는 것 같다. 그들은 각각 빛과 하늘(첫째 날), 윗물과 아랫물(둘째 날), 곧 나타날 짐승과 인간을 위한 땅과 식물(셋째 날)에 대응된다. 이는 성서와 바알 신화에 등장하는 하나의 예시로서, 그 저변에 동일한 우주론을 나타내는 패턴을 반영한다. 그 패턴은 두 문헌이 기록된 당시 관측 가능했던 세계와 문화권에서 흔하게 나타난다.

바알 신화는 세 이야기가 하나로 엮인 형태다. 간략히 살펴보면, 첫 번째 이야기는 하늘과 풍요의 신 바알과 바다의 신 얌(Yamm)이 패권을 겨루는 전쟁을 다룬다. 이 이야기에서 바알은 선을 상징하며 얌은 악을 상징한다. 바알 신화의 첫 두 서판에 이 이야기가 새겨져 있다. 두 번째는 바알이 얌을 물리치고 신들의 주권자로 등극하는 이야기를 다룬다. 바알은 신들의 우두머리인 엘(El)에게 자신의 권력을 드러낼 신전을 짓게 해달라고 요청한다. 엘이 그의 요청을 받아들인 후에 바알을 위한 하늘 신전이 건축된다. 세 번째와 네 번째 서판이 이 두 번째 이야기를 다루는데, 이 이야기가 바로 우리가 다루고자 하는 핵심 부분이다. 마지막 세 번째 이야기는—다섯 번째와 여섯 번째 서판이 이에 해당하는데—바알과 죽음의 신 모트(Mot)가 누가 더 전능한지를 두고 싸우는 이야기를 다룬다. 이 싸움에서 바알은 패배하고 사자의 세계로 내려가지만, 다른 신들의 도움으로 후에 다시 부활하게 된다.

이야기의 한 지점을 살펴보면, 바알은 얌을 물리치고 둘 사이의 분쟁 영역인 인간이 사는 땅의 지배권을 차지하게 되지만, 얌이 지배하는 깊음의 바다는 여전히 얌의 영역으로 남아 있다. 여전히 얌의 위협을 느낀 바알은 신전의 건축을 맡은 대장장이 신에게 자신의 궁전에 창문을 내는 것을 금지한다. 이 시점에서 바알의 세 딸이 등장하는데, 그들은 각각 빛을 의미하는 피드라이(Pidray, 우가리트어 'ar는 히브리어 'ôr, 즉 빛에 해당함), 비(비를 의미하는 우가리트어 어근 rbb는 히브리어와 같은 어근으로서, 이를테면 rĕbîbîm은 "소나기"를 뜻함)를 의미하는 탈라이(Tallay, 히브리어 tal은 "이슬"을 뜻함), 광활한 세계(?)를 의미하는 아르차이(Arṣay, 히브리어 ereṣ, 즉 "땅"을 뜻함)로 불린다. 마지막 어구인 아르차이의 표기에는 논란의 여지가 있지만, 그녀 이름의 의미에 대해서는 학자들 사이에 이견이 없다. 바알 신화가 기록된 서판이 비록 파손되어 온전히 보존되진 않았으나, 바알은 얌이 부활하여 창문을 통해 자기의 궁전으로 침입해 두 딸 피드라이와 탈라이, 즉 빛과 비를 유괴할까(이 부분의 텍스트가 불확실하다) 두려워했음이 틀림없다.[20] 이들은 모두 천상의 영역이며 바알의 영역이기도 하다.

여기서 바알 신화의 모든 부분을 다룰 수는 없지만, 이 부분은 명백하게 자연 현상에 관한 고대인들의 유비임을 알 수 있다. 바알이 마침내 자신의 궁전에 창문을 내야겠다고 결심했을 때, 다음과 같이 선포하기 때문이다. "내가 [대장장이 신에게] 명령하노니…(내) 집에 창문을 내되 격자로 된 창문을 내고, 구름들 사이에 틈을 내어 그렇게 하라."[21] 이때 지시어가 가리키는 유비의 대상은 명백하다. 창문은 구름 사이의 틈을 가리킨다. 다시 말해 바알 신전에 창문을 내는 것은 구름 사이에 틈을 내는 것을 뜻한다.

바알 신화는 추측을 통해 세계를 구성하는 거대한 환경 체계에 대한 유비를 제공하는데, 이는 빛, 비, 땅이라는 세 가지 요소에 기초를 두고 있다. 이 세 가지는 식물과 동물, 그리고 사람에게 필수 불가결한 요소다. 바

20_ 여기 포함된 주요 단락은 CTA 1.4.vi.7-13; 1.4.vii.13-20; and 1.4.vii.25-29 (COS 1.261-62를 보라)에 포함되어 있다. 이에 관한 전문적인 세부 사항과 완전한 논의를 살펴보려면 곧 출간될 Richard E. Averbeck, "Pidray, Tallay, 'Arsay, and the Window in Baal's Palace" (paper presented at the annual meeting of the SBL, Atlanta, 20 November 2010)를 보라.

21_ CTA 1.4.vii.15-19; vii.15-19 (COS 1.262).

알이 (즉 자연이) 효과적으로 기능하려면, 바알의 세 딸로 비유된 세 가지 환경 요소가 서로 조화를 이루며 함께 일해야만 한다. 따라서 바알의 궁전에 창문을 내는 놀라운 행위는 기본 환경 체계가 자연 재해 없이 안정을 유지하는 일과 관련된 행동이다. 재해는 관측 가능한 인간 세계의 전체 환경 체계에 대한 위협을 의미할 수도 있다.

창세기 1장의 첫 3일은 한 부분을 이루며 바알의 세 딸로 비유되는 세 가지 기상 체계, 즉 빛, 하늘/비, 땅에 해당한다. 두 번째 부분에 해당하는 다음의 3일(넷째~여섯째 날)은 첫 3일의 기본 틀을 유지하면서 이를 정교하게 발전시킨다. 요점은 창세기 1장의 6일 창조 형태가 고대 근동에 널리 퍼져 있던 3층 구조 우주론을 출발점으로 하여 의도적으로 세워졌다는 점이다. 물론 많은 이들이 두 개의 3일 구조 사이에 존재하는 병행에 주목해온 것도 사실이다.

이집트

최근 이집트의 우주론과 창세기 1-2장의 우주론을 다루는 병행 구절에 대한 관심이 다시 고조되고 있다.[22] 실제로 둘 사이에는 비교 가능한, 흥미로운 측면이 많이 존재한다. 어떤 이들은 그러한 비교를 통해 창세기의 창조 기사가 이집트 자료에서 직접 유래되었다고 주장하지만, 만약 실제로 창세기의 창조 기사가 이집트 기사를 배경으로 기록되었다 하더라도, 이는 이스라엘의 하나님이 이집트의 신들과 어떻게 다른지를 드러내려는 의도였다고 볼 수 있다. 그는 유일한 하나님이시며, 자연은 수많은 신이

22_James K. Hoffmeier, "Some Thoughts on Genesis 1 & 2 and Egyptian Cosmology," *JA-NESCU* 15 (1983): 39-49은 이러한 관심이 부흥하는 데 선구자 역할을 했다. 내가 알기로 두 우주론 사이의 병행 구절과 대조를 다루는 최근의 연구로는 Gordon H. Johnston, "Genesis 1 and Ancient Egyptian Creation Myths," *BSac* 165 (2008): 178-94 및 Walton, *Genesis 1 as Ancient Cosmology*, 17-121이 있다.

현현한 장(場)이 아니라 그분의 목적을 위해 주어진 물질세계일 뿐이다. 사람이 창조의 정점이지, 태양신이 그 정점이 아니다.

앞서 언급했듯이, 메소포타미아 문헌이나 창세기 1장의 창조 기사처럼 이집트 창조 신화들 역시 대개는 깊음, 어둠, 심연의 바다가 먼저 존재하면서 시작된다. 창세기 1:2c이 "하나님의 영(혹은 바람)은 수면 위에 운행하시니라"라고 언급하듯이, 물 위를 움직이는 아문(Amun, 바람의 신이자 테베의 수호신—역주)의 바람 혹은 숨결이 존재한다. 이 구절은 하나님의 창조 명령이 나타나는 창세기의 창조 기사를 연상시키는데, 하나님께서 "그의 숨결로" 말씀하시고 모든 것이 그대로 이루어지는 모습을 생각나게 한다. 같은 관념이 이집트 우주론에도 잘 드러나 있다.[23] 이집트 신화에서는 어둠이 특히 강조되는데, 왜냐하면 빛을 주관하는 신이 그만큼 중요하기 때문이다. 이집트 신화 역시 빛이 태양이 창조되기 이전에 존재했다고 간주한다.[24]

앞에서 논의된 고대 근동의 창조 기사 전체에 나타나는 가장 두드러진 특징 하나는, 심지어 가장 높은 신들을 포함해 신들이 창조 세계의 일부로 등장한다는 점과 나머지 기사의 대부분이 신들의 계보로 구성되어 있다는 점이다. 사실 그들은 세계와 자연의 힘이라는 관측 가능한 현상

23_ Hoffmeier, "Some Thoughts on Genesis 1 & 2 and Egyptian Cosmology," 44와 Richard E. Averbeck, "Breath, Wind, Spirit, and the Holy Spirit in the Old Testament," in *Spirit and the Missio Dei: The Spirit of God in the Old Testament* (ed. David G. Firth and Paul D. Wegner; Downers Grove, IL: InterVarsity Press, 2011), 31-34에 있는 창 1:2의 "영/바람/숨결"에 대한 확장된 논의를 살펴보라. 아울러 Mark S. Smith, *The Priestly Vision of Genesis 1* (Minneapolis: Fortress, 2010), 52-57 및 John H. Walton, "The Ancient Near Eastern Background of the Spirit of the Lord in the Old Testament," in *Spirit and the Missio Dei: The Spirit of God in the Old Testament* (ed. David G. Firth and Paul D. Wegner; Downers Grove, IL: InterVarsity Press, 2011), 40-48에 있는 유용한 논의도 보라.

24_ *COS* 1.22-23 및 Johnston, "Genesis 1 and Ancient Egyptian Creation Myths," 183-84, 186-87을 보라.

안에 존재하거나 혹은 그 현상이 구체적으로 현시된 존재 자체다. 하지만 창세기 1장의 하나님은 자연의 일부로서 그 안에 놓인 분이 아니라, 자연의 존재, 기능, 목적의 외부 원인으로서 스스로 거하신다. 그분은 유일한 하나님이시다. 그는 세계를 창조하셨으며, 창조된 세계를 보시고 세계 바깥에서 기뻐하셨다.

시편 104편: 창세기 1장의 "날들"을 다루는 상호텍스트

앞에서 우리가 고대 근동 문헌, 즉 성서 외부 자료의 도움을 통해 창세기 1장을 이해했다면, 지금부터는 창세기 1장의 6일 창조에 대응하는 시편 104편을 통해 어떻게 성서 내부 자료가 창세기 1장을 이해하는 데 도움을 주는지 살펴보고자 한다.[25] 시편 104편은 창세기 1장의 외형을 주목할 만한 방식으로 반영하고 있다. 이는 한 문헌이 다른 문헌의 구성 방식에 의존한다는 뜻이 아니다. 사실 학자들은 두 본문에서 어떤 것도 서로 의존하지 않음을 인정한다. 핵심은 이 두 본문이 눈으로 관측한, 같은 실재를 반영하고 있다는 점이다. 물론 두 본문에는 중요한 차이점도 존재한다.

창세기 1장은 우주의 창조뿐만 아니라 그 형성 과정도 드러내지만, 시편 104편보다는 더욱 우주생성론에 가깝다. 반대로 비록 시편 104편의 일부가 하나님의 행동을 창조 활동 안에서 언급하기는 하지만, 전체적으로 그것은 우주의 기원보다 우주론에 더욱 관심을 보인다. 시인은 우주 창조

25_ 창 1장과 관련하여 시 104편에 관한 더 자세한 분석과 논의는 Richard E. Averbeck, "Psalms 103 and 104: Hymns of Redemption and Creation," in *Interpreting the Psalms for Teaching and Preaching* (ed. Herbert W. Bateman IV and D. Brent Sandy; St. Louis, MO: Chalice, 2010), 132-48, 274-76(특히 141-46)을 보라.

의 기원을 언급하지는 않지만, 우주가 계속 유지된다는 경이로운 사실을 주로 노래하고 있다. 한편 시편 104편은 창세기 1장의 6일 창조 패턴을 따르기는 하지만, 날들 사이의 구분이 창세기 1장만큼 선명하게 나타나지는 않는다.

다음은 창세기 1장과 시편 104편에서 상응하는 부분에 대한 목록이다.

창세기 1:3-5 **첫째 날**—시편 104:1b-2a, 빛

창세기 1:6-8 **둘째 날**—시편 104:2b-4, 하늘과 구름, 바람, 번개

창세기 1:9-13 **셋째 날**—시편 104:5-18, 마른 땅과 채소(다음과 같이 확장됨)

> 1. 시편 104:5-9, 물이 후퇴하고 마른 땅이 드러남(참고. 창 1:9-10 "하나님이 이르시되"가 처음으로 언급됨)
> 2. 시편 104:10-13, **동물**에게 물을 공급하는 시내와 개울
> 3. 시편 104:14-18, **동물**을 위한 먹이이자 거주지인 초목의 성장, **인간**이 먹고 살기 위해 재배하는 작물들(참조. "하나님이 이르시되"가 두 번째로 언급되는 창 1:11-13)

창세기 1:14-19 **넷째 날**—시편 104:19-23, 해와 달(다음 두 용어로 언급됨)

> 1. 시편 104:20-21, **동물**이 먹이를 찾아 배회하는 밤
> 2. 시편 104:22-23, **인간**이 자기들의 일을 수행하는 낮

창세기 1:20-23 **다섯째 날**—시편 104:24-26, 바다와 바다 생물(리워야단 포함)

창세기 1:24-31 **여섯째 날**—시편 104:27-30, 땅의 짐승과 사람

이 목록은 창세기 1장을 이해하는 데 중요하다. 예를 들어 동물과 사람은 셋째 날 뒷부분에 등장하기 시작하여 넷째 날의 창조물로도 나타난

다(시 104:10-23). 하지만 창세기 1장에서는 하나님께서 이 둘을 바다와 하늘, 그리고 육지를 채우기 위해 다섯째 날과 여섯째 날에 창조하셨다고 묘사한다.(창 1:20-31) 따라서 동물과 사람이 바다, 하늘, 육지를 채우는 것은 두 본문이 같지만, 그 방식을 묘사하는 데는 서로 다름을 알 수 있다. 사실 창세기 2장(혹은 2-4장)에 등장하는 기사들이 시편 104편에서도 묘사된다고 볼 수도 있다(예컨대 땅을 경작하는 인간에 대한 묘사는 창 2:15과 시 104:14 둘 다에 등장한다). 이 두 본문은 창조 기사의 첫 3일에 등장하는 기본 환경 요소들을 바탕으로 출발하지만, 시편 104편의 경우는 사람을 위해 만들어진 이러한 환경 요소들을 묘사할 때 동물이나 사람 같은 생명체도 포함한다는 점에서 창세기의 창조 기사와 구별된다고 할 수 있다.

창세기 1장은 우주의 창조를 묘사하면서 엿새를 각각 분명하게 구분하는데, 이러한 구분은 창세기가 기록된 당시 세계의 문학에서 매우 흔했던 "6일 창조/7일 안식" 패턴을 형성하기 위함일 뿐 아니라, 고대 이스라엘인에게 안식일의 중요성을 강조하기 위함이기도 하다. 우리가 앞에서 언급했듯이, 3층으로 구성된 우주에 대한 고대 근동 사람들의 관념은 첫째~셋째 날과 넷째~여섯째 날의 창조 패러다임을 서로 대응시키는 데 유용한 역할을 한다.

첫째 날: 창세기 1:3-5

창조 기사의 첫째 날은 하나님의 창조 명령을 표현하기 위해 규칙적으로 사용된 공식인 "[그리고] 하나님이 이르시되"(3a절)라는 표현과 함께 시작된다. 첫째 날 하나님은 "빛이 있으라"(3b절)라고 명령하셨다. 이 첫 창조 행위는 하나님의 창조 명령을 통해 분명히 성취되었는데, 다음 절은 "[그래서] 빛이 있었고"(3c절)라고 증언해준다. 4-5절은 이를 더욱 발전시킨다. "빛이 하나님이 보시기에 좋았더라"(4a절). 그러므로 첫째 날 하나님은 자신의 명령을 통해 깊은 어둠(2절)을 몰아내는 빛이 존재하게 하셨다. 사실 3절부터 시작하는 창세기 1장의 모든 날은 2절에서 언급된 상태를 해소하는 방식으로 진행된다. 첫째 날 사역의 일부로서 하나님은 먼저 밝은 때와 어두운 때를 나누신 뒤, 5절에서 전자를 "낮"이라 부르시고 후자를 "밤"이라 부르셨는데, 이들은 그분께서 창조하셨던 창조 질서의 실체였다. 그러므로 빛과 태양빛은 창세기 1장에서 같은 실체를 나타내지 않는다. 해, 달, 별의 창조는 넷째 날 일어난 일이기 때문이다.

많은 것이 넷째 날의 태양빛 없이 첫째 날의 빛만으로 만들어졌다. 이러한 사실 때문에 창세기 1장의 창조 기사를 물리적 시간의 틀로 이해하면 안 된다는 주장이 제기되었다. 이는 얼핏 보면 설득력이 있어 보이지만, 우리는 고대인들이 그런 방식으로 생각하지 않았을 가능성을 배제할 수 없다. 아마도 그들은 "빛"의 창조가 "빛들"의 창조에 우선한다고 생각했을 수 있다. 또한 그들은 첫째 날의 "빛"을 하나님의 임재와 관련지었을 수도 있다. 마찬가지로 시편 104:1-2a도 하나님을 창조주이자 우주를 유지하시는 분으로 다음과 같이 묘사했다. "주는 심히 위대하시며 존귀와 권위로 옷 입으셨나이다. 주께서 옷을 입음 같이 빛(ʾôr)을 입으시며"(1b-2a절). 우가리트 바알 신화에서 언급했던 "빛의 딸" 피드라이를 다시 생각해보라. 우가리트 신화의 태양신은 샤파쉬(Shapash)이지 피드라이가 아니다.

창세기 1장은 넷째 날에 "하나님이 그것들을 하늘의 궁창에 두어 땅을 [빛으로] 비추게 하시며"(17절)라고 말하지만, 사실 우리는 "큰 광명"과 "작은 광명"이 계절, 날, 해를 정하기 위해 창조되었음을 알 수 있다(14절). 이는 태양이 첫째 날의 "빛"과 같은 대상으로 인식되지 않았음을 보여주는 듯하다. 이 부분에서 우리는 다시 한번 요한계시록 21:22-24에 등장하는 새 하늘과 새 땅 개념을 언급해야 한다. 그곳은 하나님과 어린양이 빛이 되셔서 태양과 달이 필요치 않은 곳이다. 마찬가지로 시편 104:1-2도 비슷한 증거를 제시하는데, 태양과 달은 19-22절에 이르기까지 시인의 그림에 등장하지 않는다.

둘째 날: 창세기 1:6-8

둘째 날은 특히 이 논의에서 중요한 역할을 차지한다. 둘째 날 역시 "물 가운데 **라키아**(*rāqîaʻ*, '창공' 혹은 '궁창')가 있어 물과 물로 나뉘라"라는 주님의 명령으로 시작된다. 이 명령 다음에는 "[그래서] 하나님이 라키아를 만드사 라키아 아래의 물과 라키아 위의 물로 나뉘게 하시니 그대로 되니라"(7절)라는 설명이 따른다. 그리고 8절은 "하나님이 라키아를 하늘이라 부르시니라"(8a)라고 진술한다. "라키아"가 무엇인지에 관한 질문은 오랫동안 학자들의 논의 대상이었다. NIV, NASB, ESV, NET, Tanakh는 "라키아"의 번역으로 "창공"(expanse)을 취하지만(NLT의 "공간"[space]에 해당한다), KJV, NKJV, RSV, ASV은 "궁창"(firmament, NRSV의 "천장"[dome]에 해당한다)을 택하고 있다(개역개정은 "궁창"을 택했지만, 무엇을 의도하고 번역했는지 분명하지 않다―역주).

우선 "라키아"는 하늘 윗물을 고정시킬 뿐 아니라 태양, 달, 별들이 매달려 있는 둥근 돔형 천장이었을 것이라는 주장을 논의의 출발점으로 삼아보자. 이때 오늘날 우리가 바다라고 부르는 일종의 대양이 하늘 위에도 존재했으리라는 것이 고대인들의 생각이었다.[26] 예를 들어 시편 148편은

26_ 이런 관점을 따르는 논의로는 Paul H. Seely, "The Firmament and the Water Above," *WTJ* 54 (1992): 31-46; idem, "The Geographical Meaning of 'Earth' and 'Seas' in Genesis 1:10,"

이러한 독법을 지지하는데,[27] 4절은 다음과 같이 노래한다. "하늘의 하늘도 그를 찬양하며, 하늘 위에 있는 물들도 그를 찬양할지어다." 4절은 하늘을 주된 배경으로 하는 1-6절 사이에 등장하며, 7-12절에서는 그 배경이 하늘에서 땅(구름을 포함한다)으로 전환된다. 오늘날의 학자들은 이를 일종의 예술적 표현으로 여기는데, 이를테면 별들이 돔형 천장에 박혀 있고 그 별들 위에는 물이 존재하여 돔에 있는 수문이 열리면 빗물이 그 수문을 통하여 땅에 내리는 그런 모습 같은 것을 말한다.[28]

그게 아니라면, 창세기 1:7은 단지 하늘을 육안으로 관측한 방식이라고 해석하는 것이 더 적절할 수 있다. 창세기 1:6-8은 "라키아"가 윗물과 아랫물을 나누는 어떤 것이라고 설명하면서, 하나님이 그것을 가리켜 "하늘"이라 부르셨다고 말한다. 이때 "하늘"이란 번역은 히브리어 "샤마임"(*šāmayim*)을 어떻게 번역하느냐에 의존한다. 계속해서 14-15, 17절에 따르면 넷째 날에 하나님이 빛들(해, 달, 별들)을 "하늘의 라키아에" 두셨다고 진술한다. 고대인들은 하늘을 따라 움직이는 광명체들을 보았을 것이고, 따라서 그들의 눈에 "라키아"는 해, 달, 별이 박혀 있는 일종의 원형 고체 돔으로 보이지 않았음이 분명하다. 윗물들은 심지어 넷째 날과 다섯 째 날의 창조 과정에서 언급되지도 않으며, 하나님은 "땅 위 하늘의 라키아에는 새가 날으라"라고 명령하신다(20b절). 20절에서 "라키아"는 일종의 배

WTJ 59 (1997): 231-55을 보라. 아울러 궁창을 가리키는 이집트 여신 누트(Nut)가 윗물을 지탱하고 있는 모습을 담은 고대 이집트의 그림을 참조하라(그 그림은 Walton, *Genesis 1 as Ancient Cosmology*의 앞표지에 나와 있다. 또한 Walton의 책 35-37을 보라).

27_ 예컨대 Leslie C. Allen, *Psalms 101-150* (WBC 21; Waco, TX: Word, 1983), 312을 보라. 하지만 Derek Kidner(*Psalms 73-150: A Commentary on Books III-V of the Psalms* [TOTC; London: InterVarsity Press, 1975], 447-48)는 시 148:8을 주석하면서 여기서 나타나는 "하늘 위엣" 물은 비구름을 가리킨다고 주장한다.

28_ 예컨대 Alan P. Dickin, *On a Faraway Day...: A New View of Genesis in Ancient Mesopotamia* (Columbus, GA: Brentwood Christian Press, 2002), 122 및 T. H. Gaster, "Cosmogony," *IDB*, 1:703을 보라.

경으로서, 고대인들은 이를 배경으로 하여 새들이 하늘 위를 나는 모습을 보았으리라 생각된다. 그렇다면 둘째 날은 지구의 물 체계의 창조에 관해 이야기하는 장면이 된다. 구름이나 안개가 하늘빛을 희미하게 보이게 하거나 안 보이게 하듯이, 지표면과 하늘의 "라키아"에 있는 광명들 사이에는 물이 위치해 있었다.

더욱이 우리가 시편 104편을 창세기 1장을 이해하기 위한 보조 수단으로 사용한다면, 둘째 날의 "윗물"이라는 표현은 땅의 풍요를 위한 구름과 비를 나타낸다고 이해해야 한다. 시편 104편은 빛(2a절)으로 시작해서 물(2b-4절)로 진행하는데, 이 물은 빗물을 의미할 뿐 고대 근동의 배경이 말하듯이 "궁창" 위의 물들을 의미하지 않는다. 여호와는 "하늘을 휘장 같이 치시며, 물에 자기 누각의 들보를 얹으시며, 구름으로 자기 수레를 삼으시고, 바람 날개로 다니시[는]" 분이시다(2b-3절).

더 나아가 우리가 앞에서 다루었던 바알 신화 역시 창세기 1장의 둘째 날을 이와 같은 방식으로 읽어야 함을 뒷받침한다. 바알의 궁전 창문을 여는 것은 땅에 비를 내리기 위해 구름 사이를 여는 것과 같다. 물론 문자적인 의미에서 비를 내리기 위한 창문이나 문 같은 것이 있을 리 없다. 고대인들은 비가 오기 위해서는 항상 구름이 있어야 한다는 사실을 몰랐다(구름이 무엇인지도 잘 몰랐다). 윗물은 구름이었음이 **틀림없다**. 성서의 저자들 역시 바알 신화나 다른 고대 근동 문헌들처럼 이런 비유를 알고 있었다(예를 들어 창 7:11을 보면 "하늘의 창문들이 열려"라는 표현이 등장한다. 왕하 7:2도 참조하라). 이러한 이미지는 고대 근동 시대를 살았던 이스라엘인들의 관점에서 볼 때도 유비였다. 고대인들이 하늘에 창문이나 수문 같은 것이 있다고 믿었다고 주장하는 것은 본문을 과도하게 신화로 읽는 태도이며, 본문뿐 아니라 고대인들의 사고방식도 오해하는 것이다. 하나님에 관한 지식은, 고대 이스라엘인들이 눈으로 보는 것을 통해 실재를 이해하고 그렇게 이해한 지식을 창조 기사를 해석하는 데 사용했다는 점에 의존했다. 그러므로 오늘날 우리는 이런 지식을 염두에 두고 본문을 읽어야 한다.

물론 본문을 신화로 읽기보다 지나치게 과학으로 해석할 수도 있다. 어떤 이들은 홍수 이전(창 6-9장)에 실제로 물로 이루어진 "증기 덮개"가 지구를 둘러싸고 있다고 생각했다. 그들은 이 막이 붕괴되어 전 지구상에 홍수가 나서 물로 가득하게 되었다고 주장한다. 이러한 붕괴는 홍수 이후에 지구 대기의 급격한 변화를 가져왔고, 따라서 많은 생명체의 변이와 멸종이 일어나서 지구와 그 안에 사는 생명체의 급격한 쇠락을 가져왔다는 것이다. 하지만 창세기 본문을 통해서든 과학적 관점에서든 관계없이, 최근에는 창조 과학자들조차도 대부분 이 "증기 덮개" 이론의 정당성을 더는 주장하지 않는다. 과학적으로 볼 때 명백히 그러한 덮개는 대기에 존재하기 힘들며, 만약 그런 덮개가 존재했다면 지표면 온도가 너무 높아져서 생명체가 살기 불가능했을 것이다.[29] 이러한 해석은 얼핏 보기에도 무리가 있으며, 그 문제점을 알기 위해 깊은 수준의 과학이 필요한 것도 아니다.

셋째 날: 창세기 1:9-13

셋째 날은 두 개의 창조 명령을 포함하는데, 각각 "[그리고] 하나님이 이르시되"(9, 11절)라는 말로 시작한다. 첫째, 하나님은 "천하의 물이 한 곳으로 모이고 뭍이 드러나라"(9a절)라고 명령하신다. 다음 구절은 그것이 "그

29_ Andrew A. Snelling, *Earth's Catastrophic Past: Geology, Creation, and the Flood* (2 vols.; Dallas: Institute for Creation Research, 2009), 2,661-67에 있는 논의를 보라.

대로 되니라"라고 선포한다. 그리고 첫째 날처럼 셋째 날도 하나님의 명령에 의한 창조임이 드러난다. 둘째 날이 그러하듯(7절) "하나님께서 만드셨다"라는 말이 다른 어떤 방식으로도 본문에서 언급되지 않는데, 시편 104:7 역시 이를 지지한다(아래를 참조하라). 다음 절은 하나님께서 마른 지면을 "땅"('ereṣ)이라고 부르시고 모인 물들을 "바다"라고 부르셨다고 기술하는데(10절), 여기서 바다가 단수(sea)가 아닌 복수(seas)로 표현된 것은, 고대 이스라엘인들이 바빌로니아의 지도(이 지도는 때때로 "세계지도"로 간주된다)처럼 지구를 큰 바다 하나가 둘러싸고 있는 대륙으로 생각하지 않았음을 보여준다.[30]

시편 104편은 이에 해당하는 창조 순서를 다음과 같은 일반 진술로 묘사하며 시작한다. "땅('ereṣ)에 기초를 놓으사 영원히 흔들리지 아니하게 하셨나이다"(5절). 계속해서 6-9절은 그 세부 과정을 다음과 같이 묘사한다. "옷으로 덮음 같이 주께서 땅을 깊은 바다(tĕhôm, 창 1:2)로 덮으시매 물이 산들 위로 솟아올랐으나, 주께서 꾸짖으시니 물은 도망하며 주의 우렛소리로 말미암아 빨리 가며, 주께서 그들을 위하여 정하여 주신 곳으로 흘러갔고 산은 오르고 골짜기는 내려갔나이다. 주께서 물의 경계를 정하여 넘치지 못하게 하시며 다시 돌아와 땅('ereṣ)을 덮지 못하게 하셨나이다." 창세기 1:2은 지구가 깊음, 어두움, 심연의 바다로 덮여 있는 상태였음을 보여준다. 따라서 마른 땅의 "창조"는 물들이 물러나 땅을 드러나게 하는 방식으로 이루어졌음을 알 수 있다.

물론 창세기 6-9장의 홍수 기사는 물들이 다시 지표 위를 덮어서 마치 창세기 1:2의 천지 창조가 시작되던 때를 보여주는 듯하다. 이것은 때때로 해석상의 혼란을 야기하곤 하는데, 일부 학자는 시편 104:6이 노아

30_ Horowitz, *Mesopotamian Cosmic Geography*, 20-42, 특별히 27-30에 있는, 지도와 본문에 관한 논의를 살펴보라.

의 홍수, 즉 두 번째 홍수를 의미한다고 생각한다(첫 번째 홍수는 창 1:2의 상태를 의미한다-역주). 두 번째 홍수 후에 주께서 다시 물들을 물러나게 하셨다는 말이다(창 8:1-3을 참조하라).[31] 하지만 주석가 대부분은 이 구절이 노아의 홍수 이후가 아니라 그 이전의 천지 창조를 언급한다는 데 동의한다.[32] 아울러 시편 104:6을 노아의 홍수와 관련짓는 학자들은 (위에서 논의된 사항이) 바알이 얌을 물리치는 우가리트 바알 신화의 장면과 자연스럽게 연결된다고 주장하지만(이러한 주장은 시 104편에 언급된 어휘들, 이를테면 주께서 "꾸짖으시니", "물이 도망하며", "빨리 가며"와 같은 표현에 근거한다), 실제로 창세기 1장의 창조 기사에는 하나님과 "바다들"(yammîm) 사이의 전쟁에 대한 어떤 암시도 나타나지 않는다. 하나님께서는 명령하시고, 물들은 그저 명령에 따라 움직일 뿐이다.

셋째 날에 있었던 하나님의 두 번째 창조 명령은 땅이 식물과 나무를 내라는 것이다. "땅은 풀과 씨 맺는 채소와 각기 종류대로 씨 가진 열매 맺는 나무를 내라"(11b절). 11절의 마지막 부분은 다시 한 번 "그대로 되어"라고 진술한다. 12절은 땅이 하나님의 명령을 그대로 실행하여 그 명령을 성취하였음을 보여주면서 다음과 같이 결론 맺는다. "하나님이 보시기에 좋았더라"(12b절, 4a절도 참조하라). 시편 104:10-18은 물들이 그들의 경계면까지 물러간 이후의 일들을 조금 더 자세히 설명해준다(위에 인용된 5-9절을 참고하라). 이 글의 앞에서 내가 언급했듯이, 시편 104편에서

31_ David G. Barker, "The Waters of the Earth: An Exegetical Study of Ps 104:1-9," *GTJ* 7 (1986): 57-80 및 Andrew D. Sargent, "Wind, Water, and Battle Imagery in Genesis 8:1-3," (Ph.D. diss., Trinity Evangelical Divinity School, 2010)을 보라.

32_ 예를 들어 Willem A. VanGemeren, "Psalms," in vol. 5 of *The Expositor's Bible Commentary* (ed. Frank E. Gaebelein; 12 vols.; Grand Rapids: Zondervan, 1991), 659-60; John Goldingay, *Psalms* (3 vols.; Grand Rapids: Baker, 2008), 3:185-86; 및 Hans-Joachim Kraus, *Psalms 60-150: A Commentary* (trans. Hilton C. Oswald; Minneapolis: Augsburg, 1989), 300을 보라.

공중의 새와 땅의 짐승 및 사람은 물과 땅, 식물과 나무에 대한 이야기 안에 포함되는데, 이는 창세기 1장이 그들을 다섯째 날과 여섯째 날에 개별적으로 다룬다는 점과 차이를 보인다. 시편 104편에서 이 부분은 어떻게 땅이 바다로부터 출현했는가를 다루는 노래, 즉 땅의 수문학(水文學, hydrology)에 관한 노래다. 동물과 사람에게는 이 환경 체계가 생존에 매우 중요한 역할을 한다. 바다의 물고기가 이 부분에 포함되지 않는 것은 시편 104:24-26이 이를 집중적으로 다루기 때문이다(다섯째 날을 참조하라).

넷째 날: 창세기 1:14-19

넷째 날도 "하나님이 이르시되"라는 도입부와 함께 시작되는데(14a절), 첫째·둘째 날과 마찬가지로 오직 하나의 창조 명령만이 나타난다(셋째 날은 두 개의 명령이 나타난다). 그 명령은 첫째·둘째 날과 같은 방식인 "~가 있[으라]"(14b절) 형태를 취한다. 하지만 14절의 동사는 나중에 나오는 동사의 부정사 형태인 "나누는 것"(to divide)과 구문론적으로 연결되어 있어서 밤과 낮을 위해 나눠진 광명들의 기능이 처음부터 강조되고 있다. 더욱이 14c-15절은 그 명령에 "그것들로 징조와 계절과 날과 해를 이루게 하라. 또 광명체들이 하늘의 궁창(rāqîaʿ)에 있어 땅을 비추라"라는 기능을 더 추가한다. 그리고 16절에서 큰 광명(해), 작은 광명(달), 별들이 언급됨을 볼 수 있다.

이렇게 광명들의 특정 이름을 언급하지 않는 이유는(즉 "해", "달"과 같은 명칭을 직접 쓰지 않고 "광명"이라는 표현을 쓰는 것을 말한다. 아마도 특정한 이름을 갖고 있는 별들도 그러했을 것이다), 아마도 이스라엘이 속해 있었던 고대 근동 세계에서 해, 달, 별을 신으로 취급하는 흔한 관행에 대해 반박하기 위해서였을 것이다(이를테면 이집트 신들의 우두머리인 레[Re]는 태양신이며, 신 [Sin]은 달의 신으로서 메소포타미아의 주요 신 중 하나다. 참고로 그리스-로마의 베누스[Venus; 행성] 역시 별과 관련된 여신으로, 바빌로니아의 이난나[Inanna] 혹은 이쉬타르[Ishtar]에 해당한다). 창세기 1장에서 그것들은 신이 아닌 물리 현상으로 강등되어 천체로서 지닌 본래 목적을 나타내고 있으며(즉 날짜와 날씨의 일반 주기를 설명하기 위한 역할), 많은 학자들이 주장하듯이 전례와도 관련되어 있는 듯하다. 즉 "계절"(season)은 고대 근동의 다양한 지역에서 매년 열리는 경축일을 알려주는 주기와 관련된 것 같다. 특히 고대 이스라엘에서 매년 열린 경축일의 주기와 관련되었을 것이다(레 23:2과 다른 부분에서 같은 용어가 사용됨을 참조하라). 넷째 날에 상응하는 시편 104:19-23 역시 같은 용어를 사용하고 있다.

창세기 1:16-17은 광명들이 물질로 창조되었으며(16절) 그것들을 "라키아"에 두어 땅을 비추게 하였다고 묘사함으로써(17절) 넷째 날의 명령이 어떻게 성취되었는지를 묘사한다. 18절은 낮과 밤을 주관하고 빛과 어두움을 구별하는 광명들의 기능을 다시 한 번 설명해준다. 18절의 마지막 부분은 이렇게 말한다. "하나님이 보시기에 좋았더라"(참조. 4, 10, 12절). 광명들이 물질로 창조되었음을 설명하는 역할이 넷째 날 서사에 부여되었다는 점은 다음과 같은 정형 동사의 사용과 그 순차적 진행을 보면 분명해진다. "하나님이 두 큰 광명체를 만드사('āśāh) 큰 광명체로 낮을 주관하게 하시고, 작은 광명체로 밤을 주관하게 하시며, 또 별들을 만드시고 하나님이 그것들을 하늘의 궁창에 두어(nātan) 땅을 비추게 하시며, 낮과 밤을 주관하게 하시고 빛과 어둠을 나뉘게 하시니, 하나님이 보시기에(rā'āh) 좋았더라"(창 1:16-18). 이 동사들은 우리가 앞에서 살펴본 단순과거동사(단순과거형 동사에 대해서는 창 1:1-2에 관한 이전 설명을 참조하라)들로서 이러한 문맥과 배열에서는 실질적으로 일반적인 과거 시제 내러티브(과거에 일어난 일을 차례대로 기술하는 것)를 나타낸다.[33] 때때로 "아사"
는 "~을 하다"로 번역되기도 하지만, 이 문맥에서는 부적절한 표현이다
("하나님이 두 큰 광명체를 '하셨다'"라는 문장은 매우 어색하다. 26절을 "우리의 모양
대로 사람을 '하자'"로 읽으면 역시 우스꽝스러운 번역이 되고 만다). 어떤 이들은
"아사"를 "~를 배분하다"로 번역하자고 제안하지만, 이 역시 본문의 뜻과
는 거리가 멀다.

다섯째 날: 창세기 1:20-22

다섯째 날은 "물들은 생물을 번성하게 하라. 땅 위 하늘의 궁창(rāqîa')에
는 새가 날으라"(20절)라는 하나님의 명령과 함께 시작된다. 21절은 일반
적인 과거 시제를 나타내는 서사 동사 형태를 사용하여 20절의 명령이 성
취되는 양상을 보여준다. "하나님이 큰 바다 짐승들(tannînim)과 물에서
번성하여 움직이는 모든 생물을 그 종류대로, 날개 있는 모든 새를 그 종
류대로 창조하시니(bārā') 하나님이 보시기에 좋았더라"(21절). 22절에는
또 다른 명령이 등장하는데 이는 앞의 명령과는 조금 다른, 축복 명령이
다. "하나님이 그들에게 복을 주시며 이르시되 '생육하고 번성하여 여러
바닷물에 충만하라. 새들도 땅에 번성하라' 하시니라"(22절). 이 구절은 성
서에서 하나님이 직접 언급하신 첫 축복이기도 하다(참조. 28절과 창2:3).
　　시편 104:24-26이 다섯째 날에 상응한다. 시인은 주님의 경이로운 창
조 기사들을 찬양하면서 특별히 바다와 그 생명체들, 배들(이는 분명히 사
람도 포함하는 내용이라고 간주해야 한다), 리워야단(성서의 다른 곳에서는 창세기

33_ Wolde, *Reframing Biblical Studies*, 186-87에 있는 유용한 논의를 참고하라.

1:21에서 언급된 큰 바다 짐승 가운데 하나로도 알려짐; 사 27:1; 시 74:13-14을 보라)으로 그 시선을 옮겨 간다.

> 여호와여, 주께서 하신 일(ma'ăśîm)이 어찌 그리 많은지요. 주께서 지혜로 그들을 다 지으셨으니('āśāh), 주께서 지으신 것들이 땅에 가득하니이다.
>
> 거기에는 크고 넓은 바다가 있고, 그 속에는 생물 곧 크고 작은 동물들이 무수하니이다.
>
> 그 곳에는 배들이 다니며, 주께서 지으신 리워야단이 그 속에서 노나이다.
>
> (시104:24-26)

여섯째 날: 창세기 1:24-31

여섯째 날은 "하나님이 이르시되"로 시작하는 세 개의 단위로 구성된다 (24, 26, 29절). 첫째, 하나님께서는 "땅은 생물을 그 종류대로 내[라]"라고 명령하시는데(24절), 이것은 땅에 거하는 서로 다른 세 부류의 동물을 창조하는 명령이다(세 부류는 각각 다양한 하부 "종류"를 갖는다). 24절에서 이 세 부류는 각각 가축(주로 인간이 길들일 수 있으며, 네 발을 가진 짐승), 기어 다니는 동물, 야생 동물을 지칭한다(이 순서대로 24절에 등장한다). 이어서 25절은 하나님께서 이 세 가지를 모두 만드셨다고 말하는데, 이때는 서로 다른 순서로 기록되어 있다. 마찬가지로 이 단락 역시 "하나님이 보시기에 좋았더라"라는 평가로 마치고 있다.

여섯째 날의 두 번째 명령은 하나님께서 사람을 창조하시는 기사인데, 다음 단락에서 다시 언급하기로 하자. 세 번째 명령은 아마도 우리가 선포라고 부르는 것일 텐데, 역시 "하나님이 이르시되"라는 서두로 시작한다. 하지만 이 단락은 "~이 있으라"라는 3인칭 간접명령(jussive) 형태나 창조 기사 안에서 변형되어 언급되는 다른 모든 형태의 명령문으로 시작하지 않는다. 이 단락에는 창조와 관련된 어떤 종류의 어휘도 등장하지 않지만, 그 대신 "내가 온 지면의 씨 맺는 모든 채소와 씨 가진 열매 맺는 모든 나무를 너희에게 주노니 너희의 먹을거리가 되리라"(29절)라는 하나님의 말씀이 선포된다. 다음 절은 그것들이 땅의 짐승과 새들의 먹이도 될 것이라는 설명을 덧붙인다.

여기서 우리는 창세기 1장의 넷째 날에 대응되는 시편 104:20-21에 주목할 필요가 있다. 시편 104:20-21은 새들이 먹이를 찾아 밤에 배회하는 모습을 묘사하는데, 이 새들은 창조의 원래 질서를 부분적으로 반영한다. 이 시를 통해 찬양받으시는 하나님을 생각할 때, 이러한 먹이 사냥은 창조물에 대한 하나님의 자비로운 공급 방식으로 간주해야 한다. 만약 그렇다면, 창세기 1장의 여섯째 날 마지막 부분을 증거로 하나님께서 원래 천지를 창조하셨을 때는 모든 종류의 동물과 사람이 오직 식물만을 먹었을 것이라고 주장하는 것은 아마도 창세기 1장을 잘못 해석한 결과라고 할 수 있을 것이다(창 1:29-30을 보라). 물론 식물은 동물과 사람의 생명을 유지하기 위해 존재했으며 이것이 식물의 명백한 존재 목적이라고 할 수 있다. 그러나 본문은 원래 창조 때는 육식 동물이 없었다고 직접 말하거나 그러한 암시를 주려는 의도가 전혀 없다. 이 문제는 본문에 드러나지 않는다. 1장의 마지막 절은 좀 더 확장된 형태로 하나님이 만드신 모든 것이 보시기에 좋았다고 말한다(4, 10, 12, 18, 21, 25절을 보라). "하나님이 지으신 그 모든 것을 보시니 보시기에 심히 좋았더라"(31a절).

이제 다시 여섯째 날의 두 번째 명령으로 돌아오자. 좀 더 명확한 이해를 위해 두 번째 명령이 나오는 단락 전체를 여기에 인용한다.

> 하나님이 이르시되 "우리의 형상(ṣelem)을 따라 우리의 모양(dĕmût)대로 우리가 사람을 만들고, 그들로 바다의 물고기와 하늘의 새와 가축과 온 땅과 땅에 기는 모든 것을 다스리게 하자" 하시고,

> [그래서] 하나님이 자기 형상,
> 곧 하나님의 형상대로 사람을 창조하시되
> 남자와 여자를 창조하시고,

> 하나님이 그들에게 복을 주시며 하나님이 그들에게 이르시되 "생육하고 번성하여 땅에 충만하라. 땅을 정복하라. 바다의 물고기와 하늘의 새와 땅에 움직이는 모든 생물을 다스리라 하시니라."

구문론과 수사 기법의 관점을 통해서 볼 때 26-28절은 자연스럽게 두 개의 주기로 나뉜다. 첫째, 26절은 하나님의 형상과 모양대로 사람을 창조하시는 첫 명령이다.[34] 둘째, 27-28절은 26절에서 하나님이 선포하신 명령을 이루시는 모습을 보여준다. 27절은 창조 행위 자체를 노래하는 시적 묘사로서 "남자와 여자를 창조하시고"라는 중요한 설명이 덧붙여져 있다(27c절, 시 구조를 나타내기 위해 인용문에서는 들여쓰기를 사용했다). 그리고 "생육하고 번성하[라]"(28절)라는 하나님의 축복 선포가 즉시 이어지는데,

---

34_ 이 부분에서 하나님이 "우리"라는 복수로 지칭된다는 사실을 가장 그럴듯하게 설명하는 방법은 하나님이 그의 천군(heavenly council)에게 이 창조 명령을 선포하신다고 말하는 것이다(하나님의 천군에 대해 언급하는 본문으로는, 이를테면 시 89:6-7; 욥 1:6-12; 2:1-6; 사 6장; 왕상 22:19-23이 있다). 예컨대 Bruce K. Waltke, with Cathi Fredricks, *Genesis: A Commentary* (Grand Rapids: Zondervan, 2001), 64-65을 보라.

이는 남자와 여자 둘 다 이 명령을 준행해야 한다는 측면으로 이해할 수 있다.

그동안 창세기 1:26-28의 의미를 담고 있다고 간주되는 고대 근동 문서, 그림, 기념물을 두고 수많은 학문적 토론이 있었지만, 그중 아람어와 아카드어로 기록된 기원전 9세기의 메소포타미아 북부/북부 시리아 지역의 「텔 페케리예」(Tell Fekheriye) 비문에 관한 논의가 두드러진다. 이 비문이 중요한 이유는 아람어 부분에서 창세기 1:26-27에 등장하는 형상과 모양에 대응되는 똑같은 두 단어를 사용하고 있기 때문이다. 이 두 단어는 비문에 새겨진 왕의 "조상"(彫像, statue)을 가리키는 용어로서 상호 교환적으로 사용되고 있다.

> (1) 하닷-이시(Hadad-yith'i)의 조상(dmwt')은 그가 시칸의 하닷(Hadad of Sikan) 앞에 세운 것으로서,…

> (12) 하닷-이시의 형상(ṣlm)은, 구잔(Guzan)과 시칸(Sikan) 및 아즈란(Azran)의 왕이 그의 왕위를 높이고 지속하기 위해,…

> (15-16) 이 조상(dmwt')은 그가 이전보다 더 잘 만들었다. 시칸에 거주하는 하닷, 하부르(Habur)의 주인 앞에서 그는 그의 형상(ṣlm)을 세웠다.…[35]

조상 자체는 세워진 곳에서 신 앞에서 왕을 대리하는 역할을 했다. 그

35_ 아람어는 히브리어와 가깝게 연결된 셈족(Semitic) 언어 중 하나다. "형상"(ṣlm)=히브리어 첼렘이며 "조상"(dmwt)=히브리어 데무트다(셈족 언어들은 초창기에 모음 없이 기록되었다). Ali Abou-Assaf, Pierre Bordreuil, and Alan R. Millard, *Le Statue de Tell Fekherye* (Paris: Editions Recherche sur les civilizations, 1982), 23 및 plates XIII-XIV를 보라. 번역된 비문은 Alan Millard의 *COS*, 2.153-54을 보라.

의미는 분명하다. 물론 우리가 무생물체인 조상은 아니다. 성서는 이 부분에서 비유 언어를 사용하고 있음이 분명하다. 왕의 조상처럼 우리도 한 왕, 즉 왕이신 하나님의 "조상"이다. 우리는 하나님의 피조물 한 가운데에 세워져서 그분과 그분의 관심사를 대표하는 역할을 한다.

이 말은 우리가 하나님과 물리적 형태로 닮았다는 뜻이 아니라, 물질로 창조된 육체를 가진 존재로서 하나님의 청지기임을 의미한다. 우리는 하나님 앞에 서서 "그의 형상과 그의 모양을 따라" 이 땅에 그의 권위를 대표하는 일에 헌신한다. 우리는 이 땅에서 그분의 관심사를 구현하기 위해 책임감을 갖고 적절히 반응한다. 이것은 다음 명령을 통해 분명하게 진술된다. "우리의 형상을 따라 우리의 모양대로 우리가 사람을 만들고, **그들로** 바다의 물고기와 하늘의 새와 가축과 온 땅과 땅에 기는 모든 것을 **다스리게 하자.**"(26절) "우리의 형상을 따라 우리의 모양대로"라는 용어를 이해하려면, 우리는 하나님이 우리를 창조하신 목적과 이를 직접 관련지어야 한다. 우리에게 부여된 목적은 하나님을 대신하여 (하나님의 "형상"으로서) 모든 땅을 다스리는 것인데, 이는 하나님께서 모든 것을 다스리시는 방식과 어떤 면에서 유사한 방식이기도 하다(즉 우리는 하나님의 "조상"으로서 그렇게 한다). 26절에 대한 이러한 이해는 27-28절을 통해 확증될 수 있다.

일곱째 날: 창세기 2:1-3

창조 기사의 마지막 단락인 창세기 2:1-3은 다른 날과는 매우 다르게 묘사된다. 일곱째 날은 "저녁이 되고 아침이 되니 이는 여섯 째 날이니라"라는 어구 뒤에 시작되는데, 하나님의 명령이 나타나지 않고 "천지와 만물이 다 이루어지니라"(창 2:1)라는 진술로 문을 연다. 하나님께서 창조를 마치시고 모든 사물이 완성되었을 때, 그분은 일을 멈추셨다. "멈추다"라는 뜻을 가진 히브리어 동사 "샤바트"(šābat)는 이런 상황을 정확히 묘사하는 단어다. 사실 일곱째 날에는 하나님이 직접 말씀하시는 표현이 등장하지 않는다. 더욱이 다른 날과는 달리 "저녁이 되고 아침이 되니"라는 표현이 날을 마치는 공식으로 사용되지 않고 있다. 일을 마치셨기 때문에 쉬셨던 것이다. 그가 쉬셨기 때문에 "그 일곱째 날을 복되게 하사 거룩하게 하셨[다]."(3절, 즉 일곱째 날을 거룩한 목적을 위해 다른 날과 분리해두셨다.) 문학적 관점에서 볼 때, 일곱째 날에 "저녁이 되고 아침이 되니"라는 공식을 더하는 것은 뒤따르는 여덟째 날을 요구할 수 있다.

이 글의 앞부분에서 우리는 6일/7일 혹은 7일과 관련된 패턴이 성서와 고대 근동 문헌 안에 잘 정립되어 있음을 보았다. 이에 대한 증거도 많다. 예컨대 잠언 6:16-19의 "여호와께서 미워하시는 것 여섯 가지, 아니 역겨워하시는 것 일곱 가지가 있으니"라는 표현이 그렇다(공동번역. 욥 5:19도 참조하라. 잠 30:15, 18, 21, 29에서 3/4의 패턴도 확인할 수 있을 것이다).[36] "여호와의 영광이 시내 산 위에 머무르고 구름이 엿새 동안 산을 가리더니 일곱째 날에 여호와께서 구름 가운데서 모세를 부르시니라"도 이에 해당할 것이다(출 24:16). 7에 관한 패턴은 널리 퍼져 있다. 솔로몬의 성전 봉헌식이 (장막이 있는) 숙곳에서 치러지는데, 이는 일곱째 달에 7일 동안 열린 축제였다(왕상 8:2, 65, 대하 7:8-10; 겔 45:21-25에서는 에스겔의 성전 봉헌식에 나타나는 7의 패턴을 확인할 수 있다).

솔로몬은 성전 봉헌식에서 7가지 간구를 하나님께 올린다(왕상 8:31-53). 성전을 완성하는 데는 7년이 걸렸다(왕상 6:38). 장막에 대한 지시 사

36_성서에는 일반적인 x/x+1 패턴이 등장한다. 이에 관해 W. M. W. Roth, "The Numerical Sequence x/x+1 in the Old Testament," *VT* 12 (1962): 301-11을 보라.

항은 7개의 단위로 이루어져 있고, 각각은 서사 도입부를 가지고 있으며 (출 25:1; 30:11, 17, 22, 34; 31:1, 12), 마지막 단위는 안식일에 대한 내용을 담고 있다(출 31:12-17).[37] 레위기 8:33-35에서 제사장을 성별하고 임명하는 데도 7일이 걸렸다. 그 밖에 많은 부분에서 7의 패턴이 등장한다. 이러한 패턴은 또한 고대 근동 문헌에서도 흔하게 발견된다. 수메르 문헌을 예로 들면, 「구데아 원주 문서」(*Gudea Cylinder*, 정확한 문헌 번호는 Gudea Cylinder B xvii 12-xxiv 8이다)에는 신들이 모두 성전에 들어온 뒤에 그들을 위한 성전 봉헌 축제가 7일 동안 개최되었다고 기록되어 있다.[38] 그 밖에도 다양한 예를 찾을 수 있다.

그러나 7일 동안 천지를 창조하는 이야기는 성서 외의 다른 고대 근동 문헌에서는 찾아볼 수 없다. 왜 이렇게 특정한 창조 이야기가 이런 방식으로 형성되었는가? 내 생각에 이는 유비이거나 일종의 의인화 (anthropomorphism)라고 생각된다. 두 가지의 유비가 여기서 하나로 수렴하는데, 그것들은 고대 근동 이스라엘의 삶을 형성하고 구체적 설명을 제시하는 기능을 한다. 첫째로 엿새 동안 일하시고 일곱째 날에 그 일을 쉬시는 하나님의 모습은 고대 이스라엘인들이 안식일을 준수해야 함을 강조하는 유비적 표현이라고 할 수 있다.[39] 이러한 유비 (혹은 의인화) 패턴은 특히 출애굽기 31:17에서 조금 더 강제성을 띠는 방식으로 잘 드

37_ 금송아지 사건을 둘러싸고 나타나는 안식일 프레임(출 32-34; 즉 32:12-17; 35:1-3)에 관한 유용한 접근은 Daniel C. Timmer, *Creation, Tabernacle, and Sabbath: The Sabbath Frame of Exodus 31:12-17; 35:1-3 in Exegetical and Theological Perspective* (FRLANT 227; Gttingen: Vandenhoeck and Ruprecht, 2009)를 보라.

38_ *COS* 2.432 n. 74; Averbeck, "Temple Building among the Sumerians and Akkadians," 32-33을 보라. Walton, *Genesis 1 as Ancient Cosmology*, 118, 182 및 거기에 인용된 문헌들도 참조하라.

39_ C. John Collins, *Genesis 1-4: A Linguistic, Literary, and Theological Commentary* (Phillipsburg, NJ: P&R, 2006), 77-78에 있는 유용한 논의를 보라.

러난다. 하나님께서는 안식일을 가리켜 다음과 같이 말씀하셨다. "이것은 나와 이스라엘 자손 사이에 세워진 영원한 표징이니, 이는 주가 엿새 동안 하늘과 땅을 만드시고, 이렛날에는 쉬면서(*šābat*) 숨을 돌리셨기(*wayyinnāpaš*) 때문이다."(출 31:17, 표준새번역)[40] 이 때 "숨을 쉬다" 동사가 나타나는 다른 두 본문을 살펴보면, 이 동사는 어떤 사람이 체력이 다해 쉬어야 할 상황에 이르렀음을 가리키는 표현으로 사용된다(삼하 16:14; 출 23:12). 이 동사는 하나님께는 유비이며, 사람에게는 실제 표현이다.

두 번째 유비는 다음과 같다. 고대 근동 문헌에서 성전은 신들의 안식처이자 휴식 장소다.[41] 이는 이스라엘에게도 똑같다. 장막과 성전은 하나님이 자기 백성 사이에 거주하시는 장소로 표현된다. 광야에서 이스라엘은 자기를 위해 성막을 쳤으며, 하나님도 자신을 위해 성막을 치셨다(출 40:34-레 1:1; 레 9:23; 16:2; 민 9:15-23). 유사한 방식으로, 이후에 나타나는 성전 봉헌식에서 하나님의 영광스러운 임재를 나타내는 구름이 성전 위에 머물렀다(왕상 8:10-11; 대하 5:13-14; 7:1-2). 구약의 여러 본문은 이러한 패턴을 취하고 있으며, 유비를 통해 이를 하나님께서 우주를 창조하시고 모든 만물을 다스리시는 모습에 적용하고 있다. 이사야 66:1-2은 특별히 이를 잘 보여준다. "여호와께서 이와 같이 말씀하시되, 하늘은 나의 보좌요 땅은 나의 발판이니 너희가 나를 위하여 무슨 집을 지으랴? 내가 안식할 처소가 어디랴? 나 여호와가 말하노라. 내 손이 이 모든 것을 지었으므로 그들이 생겼느니라"(대상 28:2; 시 99:5-6; 132:7-9. 신약에서는 마 5:34-35; 행 7:46-50을 보라).

그러므로 일곱째 날은 고대 근동과 이스라엘의 성전이 완성되고 그 성전 안에 신이 머무르는 패턴을 바탕으로 기록된다. 이 유비는 두 가지

40_ 후자의 동사를 살펴보려면 *HALOT* 711: "to breathe freely, recover"를 보라.
41_ Walton, *Genesis 1 as Ancient Cosmology*, 178-92에 있는 유용한 논의 및 인용된 문헌을 보라.

방식으로 진행된다. 성전과 우주는 서로를 반영한다. 하지만 성전은 우주가 아니며 우주도 성전은 아니다. 이것은 유비이자 의인화다. 사람들은 집(혹은 장막) 안에 머물며, 이것은 하나님께도 (혹은 고대 근동의 남신이나 여신에게도) 똑같다. 하지만 솔로몬의 고백을 기억하자. "하나님이 참으로 땅에 거하시리이까? 하늘과 하늘들의 하늘이라도 주를 용납하지 못하겠거든, 하물며 내가 건축한 이 성전이오리이까?"(왕상 8:27) 이러한 유비가 설명을 제시할 뿐 아니라 잠재적으로는 삶을 변화시키기도 하는데, 창세기 1장은 그렇게 축적된 효과를 보여주기에 충분하다. 하나님은 이런 창조 기사를 통해 고대 이스라엘인들에게 그분의 인격, 계획, 목적을 보여주신다. 창조 기사는 그들의 삶을 형성하는 데 영향을 미쳤을 뿐 아니라, 결과적으로 오늘날 우리에게도 같은 영향력을 미친다.

에덴동산에 대한 서언: 창세기 2:4-7

앞에서 언급했듯이, 창세기 1:1-2:3 단락에서 창세기 2:4-25(그리고 창 3-4장) 단락으로의 전환은 "이것은 천지가 창조될 때에 하늘과 땅의 내력(톨레도트)이니"(창 2:4)라는 톨레도트 공식을 통해 이루어진다. 성서에서 톨레도트라는 단어가 사람에게 적용되지 않은 경우는 이 본문이 유일하다. 사실 이 단어를 문자 그대로 하늘과 땅에 적용하는 것은 좀 어색하다.[42] 톨레도트 공식은 족장 시대의 가족 역사를 나타내는 문맥에서 파생되었으며, 거기에 자연스럽게 어울린다. 창세기 1-11장에서 톨레도트 공식은 목축을 하며 유목민으로 살아온 족장들의 계보에 관한 역사를 이전 문맥

42_ Averbeck, "Factors in Reading the Patriarchal Narratives," 119, 127-30 및 각주 2, 22번.

인 원시 이야기(primeval account)로까지 거슬러 올라가도록 확장한다. 더나아가 이 공식은 창세기 2:4에서 사용되어 그 역사를 창세기 1장으로까지 연결할 수 있게 한다. 이 공식이 창세기 2:4에서 부자연스럽게 사용되는 것은, 앞뒤 기사가 연결되어 있을 뿐 아니라 그 연결이 독특한 성격을 떤다는 점을 시사한다. 창세기 1장은 창세기의 나머지와 다른 주안점을 보인다. 창세기 1장은 단지 인간 세계 영역만을 다루지 않고, 우주의 창조에 대한 전반적 양상을 다룬다.

창세기 2:4-7의 모든 문법 사항을 여기서 다루기란 불가능하지만, 이 단락이 앞에서 다룬 창세기 1:1-3과 문법상 상당한 일치를 보인다는 점에 주의하는 것이 좋다. 예를 들어 5-6절에서 이접 접속사가 사용된 부분은 첫 사람의 창조를 다루는 7절에 대한 배경 정보를 제공하는데(참조. 창 1:2-3), 7절은 이 단락에서 하나님의 첫 번째 창조 행위로 등장한다. 많은 학자가 지적하듯이, 이 단락은 창세기 1장의 관점에서 보면 여섯째 날의 확장으로 여겨지곤 한다. 하지만 얼핏 보더라도, 땅에 식물이 아직 존재하지 않았다는 사실(5절)은 땅의 식물이 셋째 날에 등장하는 창세기 1장의 관점과 어긋난다. 이러한 모순 때문에 몇몇 학자는 "구조 가설"(framework hypothesis)을 제시하기도 한다.[43] 이 견해에 따르면, 식물이 아직 존재하지 않았다는 창세기 2:5의 언급은 창세기 1장을 문자적으로, 다시 말해 창조가 엿새 동안 순서대로 이루어졌다고 해석하지 말아야 함을 의미한다. 창세기 2:5은 오히려 하나님의 창조 행위를 주제별로 묘사하는 문학적 구조를 띤 본문으로 창세기 1장을 해석하도록 요구한다.

그러나 여기서 우리는 창세기 2:4-6이 창세기 1장을 반추할 뿐만 아

43_ 예. Meredith G. Kline, "Because It Had Not Rained," *WTJ* 20 (1958): 146-57 및 Mark D. Futato, "Because It Had Rained: A Study of Gen 2:5-7 with Implications for Gen 2:4-25 and Gen 1:1-2:3," *WTJ* 60 (1998): 1-21.

니라 창세기 4장까지 확장되는 단락의 도입부라는 점을 기억해야 한다. 이 점에서 볼 때 식물을 가리키는 표현(5절)에 주목할 필요가 있다.[44] 5a절의 "[들의] 초목"에서 "초목"(*sîaḥ*)이라는 단어는 성서에서 창세기 21:15과 욥기 30:4, 7에만 등장한다. 모든 용례에서 이 단어는 황량한 들판에서 자라는 관목을 가리키는 용어로 쓰인다(창 21:15에서 하갈이 이스마엘을 눕혔던 나무를 가리킬 때 이 단어가 쓰였다). 5b절의 "[밭의] 채소"(*ēśeb baśśādeh*)는 창세기 3:18에서 타락 후 인간이 땀 흘려 일해서 얻은 곡식을 가리키는 표현으로 사용된다.

이를 바탕으로 5-6절의 나머지는 땅이 제 기능을 시작했다는 설명에까지 이른다. 첫째, "여호와 하나님께서 땅에 비를 내리지 아니 하셨고," 둘째, "땅을 갈 사람도 없었[다]". 만약 비가 없었고 땅을 경작할 사람이 없었다면, 어떻게 그런 상황에서 그렇게 특정한 종류의 식물이 경작 없이도 존재할 수 있었을까?(참조. 창 2:15-17과 3:17-19) 핵심은 이렇다. 창세기 1장의 셋째 날이 언급하듯이, 이미 땅에는 식물과 나무가 존재했다(창 1:11-13). 하지만 광야나 잡초, 경작물과 같은 개념은 존재하지 않았던 것이다. 창세기 2:5-6은 이러한 사실을 말해준다.

한편 6절의 땅을 적시는 물이 무엇을 가리키는 표현인지는 사실 분명하지 않다. 본문은 "안개(*ēd*)만 땅에서[혹은 육지에서] 올라와 온 지면을 적셨더라[혹은 물을 공급했다]"라고 말할 뿐이다. 내 생각에는 아마도 땅속에 물이 있어서, 정기적으로 땅을 적셔서 풀이 어려움 없이 자라게 하는 자연 체계가 있었던 것 같다. 아니면 매일 생기는 안개나 아침에 나타나 땅을 적시고 그 후 사라지는 이슬 같은 것을 가리키는 듯하다(개역개정은 이 관점을 취한다―역주). 이슬은 한 해의 특정 시기에 나타나는 식물의

44_ Futato, "Because It Had Rained," 2-5을 보라.

중요한 물 공급원이었다.

중요한 것은 타락 이전의 상태가 타락 이후와 같지 않았음을 이스라엘 백성에게 알려주기 위해 이 구절들이 기록되었다는 점이다. 창세기 3장은 인간에게 생존을 위해 힘써야 할 저주가 부과되었다고 말하는데, 이 저주는 인간의 본래 환경에 포함된 요소가 아니었다. 이 첫 번째 톨레도트 단락은 우리가 원래 낙원을 위해 창조된 존재였음을 부각시킨다. 이것이 하나님의 원래 의도였다. 본래 이 텍스트는 광야에 거주하던 이스라엘 백성을 위해 기록되었다. 따라서 에덴은 생존을 위해 그들이 광야에서 경험했던 투쟁의 현장이나 그 이전에 머물렀던 이집트가 아니라 일종의 오아시스, 즉 천국이었다.[45]

"땅의 흙으로 사람을 지으시고(formed, yāṣar) 생기를 그 코에 불어넣으시니 사람이 생령이 되니라"라는 7절의 언급은 이러한 원시 환경을 배경으로 나타난다. "짓다"(yāṣar)라는 용어는 주로 "옹기장이"(yôṣēr)가 진흙으로 옹기를 빚는 모습을 가리키는 단어다(렘 18:2-6을 보라). 남자의 창조와 달리 여자의 창조에 대해서는 다른 동사가 사용되었다. "여호와 하나님이 아담에게서 취하신 그 갈빗대로 여자를 [세우시고](built, bānāh) 그를 아담에게로 이끌어 오시니"(창 2:22절). 즉 갈빗대는 모양이나 형태를 짓거나 형성하는 데 필요한 물질이 아니다. 그것은 무언가를 세우기에 적절하다.

아마도 이 본문에서 가장 중요한 신학적 질문은 처음부터 세상에 한 남자와 한 여자, 즉 아담과 하와만 존재했는지의 여부일 것이다. 다시 말해 이 두 사람이 모든 인류의 시조인가에 관한 질문이다. 위에서 언급한 대로, 창세기 1:26-28은 하나님의 모양과 형상을 따라 사람이 창조되었다

45_ 5a절에 나타나는 들의 초목은 아마도 이스라엘 백성이 전에는 다녀보지 못했던 황량한 광야에서 만난 식물군에 속할 수도 있다.

고 말할 때 그 인간을 복수 명사로 표현한다. 복수 대명사 "그들"에 주의하라. "우리의 형상을 따라 우리의 모양대로 우리가 사람을 만들고 그들로…다스리게 하자"(26절). 창세기 2-4장의 기사는 남자와 여자에 대해 단수 동사와 대명사를 사용해서 마치 그들이 개별 존재였던 것처럼 진술한다. 정경인 성서 전체 역시 창세기 5:1-3을 시작으로 뒤따르는 모든 텍스트에서 역사적·신학적 의의에 대해 언급할 때 이 논의를 따른다(대상 1:1; 눅 4:38; 롬 5:14을 보라). 그렇다. 실제로 아담과 하와가 있었고, 그들은 모든 인류의 조상이었다. 나는 아담과 하와에 대해 그 외 다른 무엇이 진실인지는 알지 못한다.[46] 하지만 적어도 우리는 그들이 실존했던 역사적 개인들이었다는 믿음을 간직해야 한다. 본문을 있는 그대로 읽으면, 이 믿음이 확실함을 보여줄 충분한 이유가 있음을 알게 된다.

에덴동산에서: 창세기 2:8-25

창세기 2장 기사의 역사성을 입증하는 표지들은 고대 이스라엘인들의 실제 세계와 좀 더 관련성이 있었을 것으로 생각된다. 특히 두드러지는 한 가지는 에덴에 있는 네 개의 강에 대한 언급이다. 우리는 비손과 기혼의 존재 여부를 정확히 알지는 못하지만, 티그리스와 유프라테스(개역개정 성서에서는 각각 힛데겔, 유브라데로 표시된다―역주)의 경우에는 고대 이스라엘인들의 실제 역사와 우리 사이에 연결점이 있음을 잘 보여준다(14절). 물론 그들도 그 사실을 알았을 것이다. 티그리스는 아시리아와 관련이 있었

46_ 이 때 서로 비교할 필요가 있는 가상 시나리오들에 대한 유용한 논의로는 C. John Collins, *Did Adam and Eve Really Exist? Who They Were and Why You Should Care* (Wheaton, IL: Crossway, 2011)를 보라.

고, 유프라테스는 별다른 부연 설명이 없더라도 당시 모든 사람이 그 위치를 어쨌든 알았을 것이기 때문이다. 에덴은 그들이 살았던 땅에서 동쪽에 위치한 평야에 있었다. 이것은 이스라엘이 위치했었던 고대 근동 세계의 역사적 지리 배치와도 잘 들어맞는다. 지금까지 우리는 장대하면서도 총괄적이고, 보편적이면서도 우주를 포괄하는 창세기 1장의 창조 기사에서 "땅의 흙," 즉 인간 세상까지 내려온 창세기 2장의 역사 이야기를 마주해왔다. 이것은 우리가 역사적 아담과 하와가 실제로 있었던 동산에 살았다고 믿을 만한 근거를 제공해준다. 그들은 하나님의 손에 의해 직접, 그리고 특별하게 형성되고 세워진 두 명의 인간이었다. 말하자면, 야웨께서 자신의 손에 직접 흙을 묻히셨다는 말이다. 그분은 그렇게 하기를 기뻐하셨다!

아울러 창세기 1장과 2장의 창조 기사 사이에는 분명한 차이점도 존재하는데, 이러한 사실은 우리가 창세기 1장을 읽는 방식에 영향을 미친다. 그중 하나는 창세기 2:19일 것이다. ("심히 좋았더라"라는 창 1:31의 언급과는 반대로) 하나님은 "사람이 혼자 사는 것이 좋지 아니하니"라고 말씀하신 뒤에 "내가 그를 위하여 돕는 배필을 지으리라"(창 2:18)라고 선포하신다. 하지만 여자를 창조하기 이전에 "여호와 하나님은 흙으로 각종 들짐승과 공중의 각종 새를 지으시고 아담이 무엇이라고 부르나 보시려고 그것들을 그에게로 이끌어 가[셨다]"(창 2:19a). 이때 NIV는 공중의 새들이 다섯째 날에 창조되었다고 말하는 창세기 1장의 내용과 조화를 이루기 위해 2:19a의 "지으시고"를 과거완료인 "여호와 하나님이 이미 지으셨던"("the Lord God had formed")으로 번역하였다(개역개정은 단순과거인 "지으시고"를 택했다―역주). 하지만 이 확장된 여섯째 날(창 2장) 기사를 다룰 때, 우리는 하나님이 여섯째 날 처음으로 새들을 지으셨다고 해석할 수 없다. 틀림없이 새들은 이미 거기 있었을 것이다. 내 생각에 19절은 특주와 같아서 본문이 말하려는 핵심이 아닌 듯하다. 히브리어에는 과거완료를 나타내는 명백한 방식이 있다. 그것은 이 문맥 안에서도 쉽게 발견되는데, 이를테면 8b절의 "지으신"[had formed]과 22a절의 "취하신"[had taken]이 이에 해당한다(히브리어에는 과거완료를 나타내는 별다른 문법 요소가 없다. 일반적으로 과거로 해석되는 카탈이나 바익톨 형태가 문맥에 따라 과거 완료로 해석될 따름이다—역주). 창세기 2:19를 있는 그대로 번역한다면, 사실상 창세기 1장과 덜 어울린다고 할 수 있겠다.

요약과 결론

여기에서 내가 제시한 관점은 소위 앞에서 언급한 "구조 가설"과 유사성을 보인다고 할 수 있지만, 중요한 해석상의 차이 역시 존재한다. 고대 근동의 배경 자료 역시 많이 다루었지만, 나는 그런 자료를 창세기 1-2장의 해석에 지나치게 사용하는 다른 학자들의 결과물과는 사뭇 다른 방식을 취했다. 성서 안에서 비교 연구할 수 있는 부분에도 많이 의존했는데, 특별히 시편 104편에 대한 병행 연구가 그렇다. 이러한 바탕 위에서 이 글에 나타나는 내 견해는 창세기 1-2장의 창조 기사에 대한 문법, 구문, 어법 및 더 큰 단락에 대한 상세한 읽기(close reading)에 의존하고 있다. 이 방법론을 통해 나는 창세기 1-2장이 실제 창조 기사라고 결론짓는다. 창세기 1-2장은 일종의 작동 원리로서 우주가 물리적으로 어떻게 실제 물질로 창조되었는지를 이야기하고 있다. 이를 통해 우리는 우주의 기원을 다루는 우주생성론의 관점에서 물질 창조를 접하게 된다. 창조 기사는 우주가 고대 이스라엘인들이 육안으로 볼 수 있는 것에 들어맞는 방식, 즉 관측 가능한 실재를 따라 물질 창조를 묘사했다. 아울러 그들이 관찰했던 방식, 다시 말해 세계가 움직이는 원리와 구조가 바로 그들의 우주론이었다. 정리하자면, 창세기 1-2장은 (고대 이스라엘인들의) 관찰에 입각한 우주 생성론과 우주론을 형성한다.

창세기 1장은 이를 7일 과정으로 묘사한다. 우주 창조가 하나님의 일이었으며, 말하자면 이것이 하나님께서 일하신 한 주간이었기 때문이다. 따라서 7일 구조는 하나님께서 이스라엘이 준수하기를 원하신 패턴, 다시 말해 엿새 동안 일하고 일곱째 날에 쉬는 노동 주간(workweek)이라는 일반 패턴에서 파생되었을 뿐 아니라, 그것을 강화하는 하나의 유비다(출 20:11; 23:12; 31:12-17; 35:1-3; 신 5:12-15). 7일 구조는 이스라엘에게 안식일 모델을 제시하고 이를 준수하도록 하려고 형성되었다. 창세기 1장의 도식화는 고대 이스라엘인들에게조차 문자적으로 읽도록 의도되지 않았으며, 그들도 그 사실을 알았을 것이다. 더욱이 창세기 1장은 그들도 이해하고 있었을 방식으로 시작하고 있다. 창세기 1장은 표제 문장과 함께 시작되는데, 이 표제는 우주 전체에 대한 인상을 제공하며(창 1:1), 그 후에는 하나님의 창조 역사의 시작점이 되는 흑암, 어두움, 심연을 보여준다(2절). 우리는 이러한 시작점이 고대 근동 세계의 배경 안에서 공통으로 나타나는 방식임을 알았다.

창조의 각 날은 공통의 문학적 패턴을 가진다. 첫째, 하나님의 명령이 나타난다("하나님이 이르시되"라는 패턴이 반복 사용되는데, 셋째 날에는 2번, 여섯째 날에는 3번 나타난다). 둘째, 명령의 성취를 묘사하는 담화가 나타난다(예를 들어 "그대로 되니라", "하나님이 ~를[을] 만드셨다", "하나님이 ~를 창조하셨다", "땅은 ~를 내라" 같은 것들이다). 셋째, 각 날은 "저녁이 되고 아침이 되니"라는 공식으로 끝난다. 하지만 일곱째 날은 다르다. 왜냐하면 그날은 쉬는 날이기 때문이다. 이 날에는 다른 차이점뿐 아니라 하나님의 1인칭 명령도 존재하지 않으며 "저녁이 되고 아침이 되니"라는 공식도 나타나지 않는다.

비록 이 7일이 문자적으로 해석되지 않을뿐더러 하나님께서 실제로 우주를 얼마나 오랫동안 창조하셨는지 혹은 지구의 나이가 얼마나 되었는지에 대해서도 말해주지 않지만, 6일에는 창조를 설명하는 데 필요한 구조와 순서가 다 녹아 있다. 인간을 포함해 모든 창조물은 빛, 물, 땅, 식물이 잘 결합된 자연 환경 없이는 생존할 수 없을 것이다. 이것이 우리가 살아가는 우주의 구조다(첫 3일을 보라). 고대 이스라엘인들 및 고대 근동 전역의 모든 사람뿐 아니라 오늘날의 우리도 이를 깨닫고 있다. 그것은 관측 가능하며 가장 기본적인 사실이다. 고대 근동 자료들은 이러한 배경을 반영하며, 창세기 1장은 같은 패턴을 따라서 창조 기사를 배열한다. 첫 3일이 지난 후에 하늘, 물, 땅이라는 세 권역이 모두 채워진다. 하늘에는 광명체와 새가, 물에는 물고기와 물에 사는 생명체가, 땅에는 인간과 짐승이 그 자리를 차지한다(마지막 3일을 보라).

창세기 2장은 창세기 1장의 이런 구조를 염두에 두고 기록되었다. 이때 창세기 1장에서 이미 세워진 더욱 큰 우주 환경을 기반으로, 땅 위의 식물과 동물 가운데 있는 인간의 존재와 생존, 목적의 기원과 기본 원칙이 관심의 초점이 된다. 우리가 살아가는 오늘날의 세계와는 다르겠지만, 고대 이스라엘인들이 살았던 세계는 분명히 존재했다. 예를 들어 티그리스와 유프라테스 강은 거기에 존재했고, 다른 강도 마찬가지였다. 지구의 첫 조건이 달랐던 것은(창 2:5-6) 아직 인간의 타락이 일어나기 전이었기 때문이다(창 3:1-13). 그때는 심각한 싸움(창 3:14-4:25)이 아직 일어나지 않은 시기였다. 하나님은 첫 번째 사람을 만드시고 그를 이스라엘이 있었던 지역의 동쪽에 있는 동산에 두셨으며, 그를 위해 첫 번째 여자를 만드셨다. 그들에게 부여된 목적은 생육하고 번성하며 땅에 충만하여, 만물의 창조주이시며(창 1:16-18) 그 동산을 만드신(창 2:15-17) 하나님을 위해 그 땅을 다스리는 것이었다.

창세기 2장은 창세기 4장 끝까지로 확장된다. 첫 번째 남자와 여자, 하나님의 창조 질서가 파괴되는 창세기 3-4장과 이후의 일에 대해 더 많은 논의가 제기될 수 있겠지만, 이 글의 목적상 더 나아갈 필요는 없겠다. 하지만 우리는 창세기 3-4장의 재앙에 대해 실제로 단 한 가지 대답만이 있음을 주목해야 한다. 창세기 2-4장 이야기의 마지막 부분에 나타나는 그 대답은 다음과 같다. "그 때에 사람들이 여호와의 이름을 부르기 시작했다"(창 4:26b. 참고로 창 12:8; 시 116:2, 4, 13, 17, 욜 2:32a; 행 2:21; 롬 10:13, 그리고 다른 많은 부분이 그러하다). 이것은 성서 전체를 관통하는 표현으로, 다른 대답은 존재하지 않는다. 지금까지도 없었을뿐더러 앞으로도 절대로 존재하지 않을 것이다.

오늘날 과학의 관점으로 우주의 근원을 보았다면, 고대 이스라엘인들은 어떻게 하나님이 실제로 자신의 창조 사역을 수행하셨는지를 결코 이해할 수 없었을 것이다. 하나님께서 그들에게 그 원리를 직접 말씀해주셨다고 해도 말이다. 그리고 만약 모든 진리가 있는 그대로 언급된다 해도, 오늘날의 우리조차 그것을 모두 이해할 수는 없을 것이다. 우리 중 어느 누구도 마찬가지다. 과거, 현재, 미래의 모든 사람에게 우주의 근원에 대한 신비는 여전히 존재한다. 과학의 눈으로 보든 성서의 눈으로 보든, 오늘날 우리가 그것을 전부 이해할 수는 없으며, 앞으로도 그러할 것이다. 우리와 관계를 맺고 있는 창조주 하나님 앞에 설 때, 우리는 영원히 작은 존재일 수밖에 없다. 그러나 그가 우리를 그의 형상과 모양을 따라 이 세계 안에 만드셨으며, 그분의 말씀 안에 이 세계를 알 수 있는 희미한 지식을 주셨다. 그래서 과학자들이 창조주의 손길 아래 그들의 방식으로 이 세계를 자유롭게 연구할 수 있는 것이다.

참고문헌

Abou-Assaf, Ali, Pierre Bordreuil, and Alan R. Millard, *Le Statue de Tell Fehkerye*. Paris: Editions Recherche sur les civilizations, 1982.

Allen, Leslie C. *Psalms 101-150*. WBC 21. Waco, TX: Word, 1983.

Averbeck, Richard E. "Ancient Near Eastern Mythography as It Relates to Historiography in the Hebrew Bible: Genesis 3 and the Cosmic Battle." Pages 328-56 in *The Future of Biblical Archaeology: Reassessing Methodologies and Assumptions*. Edited by James K. Hoffmeier and Alan R. Millard. Grand Rapids: Eerdmans, 2004.

_____. "Breath, Wind, Spirit, and the Holy Spirit in the Old Testament." Pages 25-37 in *Spirit and the Missio Dei: The Spirit of God in the Old Testament*. Edited by David G. Firth and Paul D. Wegner. Downers Grove, IL: InterVarsity Press, 2011.

_____. "Factors in Reading the Patriarchal Narratives: Literary, Historical, and Theological Dimensions." Pages 115-37 in *Giving the Sense: Understanding and Using Old Testament Historical Texts*. Edited by David M. Howard Jr. and Michael A. Grisanti. Grand Rapids: Kregel, 2003.

_____. "Pidray, Tallay, ʾArsay, and the Window in Baal's Palace." Paper presented at the annual meeting of the SBL. Atlanta, 20 November 2010.

_____. "Psalms 103 and 104: Hymns of Redemption and Creation." Pages 132-48, 274-76 in *Interpreting the Psalms for Teaching and*

Preaching. Edited by Herbert W. Bateman IV and D. Brent Sandy. St. Louis, MO: Chalice, 2010.

_____. "Sumer, the Bible, and Comparative Method: Historiography and Temple Building." Pages 88-125 in *Mesopotamia and the Bible: Comparative Explorations*. Edited by Mark W. Chavalas and K. Lawson Younger Jr. Sheffield: Sheffield Academic Press; Grand Rapids: Baker, 2002.

_____. "Temple Building among the Sumerians and Akkadians (Third Millennium)." Pages 3-34, 448-50 in *From the Foundations to the Crenellations: Essays on Temple Building in the Ancient Near East and Hebrew Bible*. AOAT 366. Edited by Mark J. Boda and Jamie R. Novotny. Münster: Ugarit-Verlag, 2010.

Barker, David G. "The Waters of the Earth: An Exegetical Study of Psalm 104:1-9." *GTJ* 7 (1986): 57-80.

Collins, C. John. *Did Adam and Eve Really Exist? Who They Were and Why You Should Care*. Wheaton, IL: Crossway, 2011.

_____. *Genesis 1-4: A Linguistic, Literary, and Theological Commentary*. Phillipsburg, NJ: P&R, 2006.

Dickin, Alan P. *On a Faraway Day...: A New View of Genesis in Ancient Mesopotamia*. Columbus, GA: Brentwood Christian Press, 2002.

Douglas, Mary. *Leviticus as Literature*. Oxford: Oxford University Press, 1999.

Futato, Mark D. "Because It Had Rained: A Study of Gen 2:5-7 with Implications for Gen 2:4-25 and Gen 1:1-2:3." *WTJ* 60 (1998): 1.21.

Gaster, T. H. "Cosmogony." Pages 702-9 in *IDB*. Vol. 1. Edted by G. A.

Buttrick. Nashville: Abingdon, 1962.

Goldingay, John. *Psalms*. Baker Commentary on the Old Testament Wisdom and Psalms. 3 vols. Grand Rapids: Baker, 2008.

Hallo, W. W., and K. Lawson Younger Jr., eds. *The Context of Scripture*. 3 vols. Leiden: Brill, 1997, 2000, 2002.

Hoffmeier, James K. "Some Thoughts on Genesis 1 & 2 and Egyptian Cosmology." *JANESCU* 15 (1983): 39–49.

Horowitz, Wayne. *Mesopotamian Cosmic Geography*. Mesopotamian Civilizations 8. Winona Lake, IN: Eisenbrauns, 1998.

Johnston, Gordon H. "Genesis 1 and Ancient Egyptian Creation Myths." *BSac* 165 (2008): 178–94.

Kidner, Derek. *Psalms 73-150: A Commentary on Books III-V of the Psalms*. TOTC. London: Inter-Varsity Press, 1975.

Kline, Meredith G. "Because It Had Not Rained." *WTJ* 20 (1958): 146–57.

Koehler, Ludwig, and Walter Baumgartner. *The Hebrew and Aramaic Lexicon of the Old Testament*. 5 vols. Translated and edited by M. E. J. Richardson. Leiden: Brill, 1994.

Kraus, Hans-Joachim. *Psalms 60-150: A Commentary*. Translated by Hilton C. Oswald. Minneapolis: Augsburg, 1989.

Lambert, W. G. "Mesopotamian Creation Stories." Pages 15–59 in *Imagining Creation*. IJS Studies in Judaica 5. Edited by Markham J. Geller and Mineke Schipper. Leiden: Brill, 2008.

Roth, W. M. W. "The Numerical Sequence x/x+1 in the Old

Testament." *VT* 12 (1962): 301-11.

Sargent, Andrew D. "Wind, Water, and Battle Imagery in Genesis 8:1-
3." Ph.D. diss., Trinity Evangelical Divinity School, 2010.

Seely, Paul H. "The Firmament and the Water Above." *WTJ* 54 (1992):
31-46.

_____. "The Geographical Meaning of 'Earth' and 'Seas' in Genesis
1:10." *WTJ* 59 (1997): 231-55.

Smith, Mark S. *The Priestly Vision of Genesis 1*. Minneapolis: Fortress,
2010.

Smith, Mark S., and Wayne T. Pitard. *The Ugaritic Baal Cycle*. Vol. 2.
Leiden: Brill, 2009.

Snelling, Andrew A. *Earth's Catastrophic Past: Geology, Creation, and
the Flood*. 2 vols. Dallas: Institute for Creation Research, 2009.

Sparks, Kenton L. *Ancient Texts for the Study of the Hebrew Bible*.
Peabody, MA: Hendrickson, 2005.

Timmer, Daniel C. *Creation, Tabernacle, and Sabbath: The Sabbath
Frame of Exodus 31:12-17; 35:1-3 in Exegetical and Theological
Perspective*. FRLANT 227. Göttingen: Vandenhoeck und Ruprecht,
2009.

VanGemeren, Willem A. "Psalms." Vol. 5. *The Expositor's Bible
Commentary*. Edited by Frank E. Gaebelein. 12 vols. Grand Rapids:
Zondervan, 1991.

Waltke, Bruce K., with Cathi J. Fredricks. *Genesis: A Commentary*.
Grand Rapids: Zondervan, 2001.

Walton, John H. "The Ancient Near Eastern Background of the Spirit of the Lord in the Old Testament." Pages 38–67 in *Spirit and the Missio Dei: The Spirit of God in the Old Testament*. Edited by David G. Firth and Paul D. Wegner. Downers Grove, IL: InterVarsity Press, 2011.

_____. *Genesis 1 as Ancient Cosmology*. Winona Lake, IN: Eisenbrauns, 2011.

Wenham, Gordon J. *Genesis 1-15*. WBC 1. Waco, TX: Word, 1987.

Wolde, Ellen J. van. *Reframing Biblical Studies: When Language and Text Meet Culture, Cognition, and Context*. Winona Lake, IN: Eisenbrauns, 2009.

_____. "Why the Verb *br'* Does Not Mean 'to Create' in Genesis 1:1–2:4a." *JSOT* 34 (2009): 3–23.

논평

토드 S. 비일

에이버벡의 글에는 추천할 만한 요소가 많다. 그는 본문에 충분한 주의를 기울이고 있으며, 본문을 해석하는 정보를 제공하는 고대 근동의 문헌과 성서의 주요 병행 문헌(특히 시 104편)에 대해서도 그렇게 하고 있다. 나는 우선 본문 해석에 매우 도움이 된다고 생각되는 그의 관점을 살펴보고, 동의하기 어려운 부분에 대해서도 논의하고자 한다.

첫째, 나는 고대 근동 문헌을 다루는 에이버벡의 방식이 적절하다고 생각한다. 그는 창세기 1-2장의 해석에 유용한 고대 근동의 병행 문헌들을 적절히 인용하면서도 그들의 사고 구조를 성서 텍스트에 강요하는 방식을 대체로 배제하고 있다. 특별히 나는 진심으로 다음과 같은 그의 관찰에 동의한다. "안타깝게도 20세기 초를 기점으로 성서 텍스트를 고대 근동 문헌을 기반으로 접근하려는 불합리한 시도가 많았다.…그렇지만 하나님은 고대 근동의 배경 안에서 당신의 계시를 주셨을 뿐만 아니라 그 문화에 반대하는 방식으로도 그렇게 하셨다." 그 밖에도 에이버벡은 고대 근동 문헌에 적절하게 반대하며 다음과 같이 말한다. "하지만 창세기 1장의 하나님은 자연의 일부로서 그 안에 놓인 분이 아니라 자연의 존재, 기능, 목적의 외부 원인으로서 스스로 거하신다." 전반적으로 에이버벡은 고대 근동 문헌을 다루는 데 균형 잡힌 접근을 보여준다.

에이버벡은 그 외에도 여러 곳에서 성서 본문에 대해 주의 깊은 관찰을 보여준다. 예를 들어 에이버벡은 첫째 날에 있었던 빛의 창조(넷째 날의 해와 달 창조 이전의 빛 창조)가 창세기 1장을 시간적 순서대로 해석하는 견해를 반박하는 타당한 증거라는 주장을 다음과 같이 잘 논박하고 있다. 우선 그는 시편 104편이 하나님 자신이 빛이라는 선언으로 시작한다고 언급한 뒤, 우가리트 바알 설화의 병행 본문을 제시한다. 다음으로 그는 요한계시록 21:22-24의 새 하늘과 새 땅을 언급하면서, 그곳은 하나님께서 빛의 근원이 되시므로 태양이나 달이 필요 없다고 말한다. 그러므로 그는 태양이 첫째 날의 "빛"과 같은 빛이 아니라고 결론짓는다. (그리고 나도 그렇게 믿는다.)

아울러 그의 견해 중 도움이 되는 것은, 둘째 날에 소개되는 "라키아"에 관한 논의다(창 1:6-8). 그는 이 단어가 해, 달, 별들이 고정되어 있는 원형 돔을 가리킨다는 견해를 적절히 반박하면서, 오히려 그것을 관측되는 무언가와 관련된 표현으로 여긴다. 따라서 그가 보기에 궁창은 나중에 "하늘"이라 불리는 무언가를 가리킨다.

창세기 2장에 대한 에이버벡의 설명도 마찬가지로 매우 세밀하다. 그는 창세기 2장이 창세기 1장을 되돌아볼 뿐 아니라 창세기 3-4장을 향해 나아가는 텍스트라는 요점을 잘 파악하고 있다. 창세기 2:5의 식물에 대한 그의 논의 역시 도움이 된다. 창세기 2장의 모든 기사는 창세기 3장에서 인간의 타락이 가져올 재앙의 결과를 향해 나아간다.

마지막으로 나는 아담과 하와가 "실제 역사적 인물"이며 "모든 인류의 조상"이라는 그의 견해에 동의한다. 이제까지 복음주의자들은 창세기 1-5장과 신약의 증거를 근거로(특히 행 17:26; 롬 5:12-19; 고전 15:20-23, 42-49) 아담의 역사성에 대해 의문을 품지 않았다. 그러나 최근 일부 학자들이 아담의 역사성에 의문을 품기 시작했다(피터 엔즈의 『아담의 진화』[The Evolution of Adam, CLC 역간] 및 이 책에 실린 트렘퍼 롱맨의 글을 보라). 따라서 아담의 역사성에 대한 에이버벡의 명확한 견해 표명은 고무적이다.

물론 나는 에이버벡의 글에서 우려가 되는 부분도 있다고 인정한다. 첫째, 그는 아무런 증거도 제시하지 않은 채, 창세기 1장의 "날"에 대한 "구조 가설"을 수용하고 있다. 그는 "1~3일 창조("우주를 형성하는 과정")와 4~6일 창조("형성된 우주를 채우는 과정")가 서로 잘 대응된다"라고 말하면서 바알의 딸들에 대한 논의에서도 이 표현을 단정적으로 계속 사용하고 있다. 다른 책에서도 다루었지만, 나는 1~3일과 4~6일 사이의 관련성이 사실상 많지 않다고 주장한다. 예를 들어 넷째 날의 "빛"은 둘째 날 창조된 "궁창"에 놓여 있다. 즉 넷째 날의 빛은 첫째 날을 채우지 않는다. 다섯째 날 창조된 바다의 생물은 둘째 날이 아니라 셋째 날 창조된 "바다에서 번성하라"라는 명령에 대응된다. 여섯째 날 창조된 인간은 셋째 날의 식물이 아니라 같은 날, 즉 여섯째 날 창조된 땅의 짐승과 다섯째 날 창조된 바다의 물고기 및 새를 다스리도록 창조되었다.[47] 나는 에이버벡이 이러한 결점에 대해 아무런 문제도 제기하지 않은 채 창세기 1장에 관한 "구조 가설"을 수용하는 데 동의할 수 없다.

둘째, 비록 시편 104편을 병행 본문으로 제시하는 에이버벡의 견해가 유용함에도 불구하고, 나는 그것을 창세기 1장과 같은 방식으로 다루는 데 동의할 수 없다. 에이버벡은 창세기 1장과 시편 104편을 "4복음서의 저자들이 그리스도의 삶을 서로 다른 방식으로 기술"한 것과 유사한 방

47_ Todd S. Beall, "Contemporary Hermeneutical Approaches to Genesis 1-11," in *Coming to Grips with Genesis: Biblical Authority and the Age of the Earth* (ed. Terry Mortenson and Thane Ury; Green Forest, AR: Master, 2008), 157을 보라. 이에 대한 더욱 상세한 비판은 Robert McCabe, "A Critique of the Framework Interpretation of the Creation Week," *Coming to Grips with Genesis*, 211-49을 보라.

식으로 접근한다. 하지만 예수에 대한 복음서의 기사는 모두 같은 장르로 기록되었다. 그와 달리 시편 104편이 천지 창조를 시라는 장르로 표현한다면, 창세기 1장은 분명히 산문의 형태를 띤다. 이렇게 볼 때 창세기 1장과 시편 104편 사이의 유비는 홍해를 건너는 사건을 다룬 출애굽기 14장과 출애굽기 15장에 나타나는 모세의 노래 사이의 유비와 비슷하다. 출애굽기 14장에서는 홍해에서 베푸신 하나님의 구원 역사에 대한 역사적 세부 사항을 알 수 있지만, 시 형태의 노래로 주어진 15장으로는 그렇게 할 수 없다. 이 사실은 무엇보다 중요한데, 왜냐하면 어떤 이들은 창세기 1장을 역사 내러티브가 아닌 일종의 시(혹은 창 1장 자체를 독특한 장르로 취급함)로 보기 때문이다. 하지만 시편 104편은 천지 창조를 시의 형태로 노래하는 운문일 뿐, 창세기 1장과 같지 않다. 두 장르(산문인 창 1장과 운문인 시 104편)의 차이는 출애굽기 14장(산문)과 15장(모세의 노래, 즉 운문)의 차이만큼이나 크다.

셋째, 나는 에이버벡이 창세기 1:1을 "하나님의 실제 창조 행위를 언급하는 구절"이 아니라 "창세기 1장의 전체 주제를 언급하며 일종의 제목과 같은 역할을 하는 독립 구절"로 간주하는 데 반대한다. 창세기 1:1-3의 히브리어 동사들에 대한 에이버벡과 콜린스의 광범위한 분석은 매력적이지만, 둘은 서로 전혀 다른 결론에 도달하고 있다. 이 부분에서 나는 콜린스의 견해를 지지한다. 그는 창세기 1:1을 첫 번째 창조 행위로 간주하고 1장의 제목으로 보지 않는다(비록 어떤 면에서 창 1:1이 둘 다를 포함할 수 있다 해도, 그것은 첫 번째 창조 행위를 언급하는 것이 분명하다. 다른 면에서, 다시 말해 **부수적 측면**에서 제목이 될 수는 있겠다). 히브리어 시제를 제3의 어떤 시간으로 고치지 않더라도, 창세기 1:1의 완료 시제(창 1:1의 "창조하다"라는 동사가 완료 시제임을 나타낸다—역주)는 창세기 1:3 이후의 과거 시제(바익톨)에 잘 연결될 수 있다. 이 논의에서 가장 중요한 것은, 출애굽기 20:11("이는 엿새 동안에 나 여호와가 하늘과 땅과 바다와 그 가운데 모든 것을 만들고 일곱째 날에 쉬었음이라. 그러므로 나 여호와가 안식일을 복되게 하여 그 날을 거룩하게 하였느니라")과 31:17을 통해서 볼 때, 하늘과 땅의 창조(창 1:1)는 6일 동안 일어났으며 그 외의 시간에 일어나지 않았다는 점이다. 따라서 출애굽기 20:11과 31:17은 창세기 1:1에 대한 명확한 설명이며, 내 생각에는 창세기 1:1을 첫째 날의 첫 번째 창조 행위로 봐야 할 정당성을 제공해주는 역할을 한다.

마지막으로, 에이버벡의 창세기 1장 해석에 내가 가장 반대하는 측면은 "하나님께서 이스라엘이 준수하기를 원하신 패턴, 다시 말해 엿새 동안 일하고 일곱째 날에 쉬는 노동 주간이라는 일반 패턴"을 형성하고 그것을 강화하기 위해 창세기 1장이 순차적 7일 구조로 형성되었다고 가정하는 부분이다. 에이버벡은 창세기 1장이 안식일의 모델을 보여주기 위해 형성되었을 뿐, "고대 이스라엘인들에게조차도 문자적으로 읽히도록 의도되지 않았으며, 그들도 그 사실을 알았을 것"이라고 결론짓는다. 계속해서 그는 (고대 근동 문헌을 포함해) 성서에서 7의 패턴과 관련된 많은 텍스트를 제시하는데, 나도 텍스트 자체에는 동의할 수 있다. 그리고 그는 다른 고대 근동 사회에서는 7일에 관련된 창조 이야기가 알려진 바 없다고 단언한다. 그것은 사실이다! 그러나 이 부분에서 나는 그가 원인과 결과를 혼동하고 있음을 발견한다. 그의 결론에 따르면, 창세기 1장은 성서 및 고대 근동 문헌의 7과 관련된 패턴을 따라서 형성되었으며, 특히 성서의 안식일이 그러하다. 그러나 그도 인정하듯이, 다른 고대 근동 문헌에는 7일 패턴의 창조 이야기가 존재하지 않으며, 따라서 창세기 1장도 그런 이야기를 기반으로 7일 패턴을 취할 수는 없는 셈이다.

성서를 있는 그대로 받아들여서, 창세기 1장이 6일 창조를 말하는 것은 실제로 창조가 6일 동안 일어났기 때문이며 하나님께서는 일곱째 날에 쉬셨다고 왜 말하지 못하는가? 이것이야말로 출애굽기 20:8-11이 정확하게 가리키는 내용이다. 이스라엘은 안식일을 거룩하게 지켜야 한다. "이는 엿새 동안에 나 여호와가 하늘과 땅과 바다와 그 가운데 모든 것을 만들고 일곱째 날에 쉬었음이라. 그러므로 나 여호와가 안식일을 복되게 하여 그 날을 거룩하게 하였느니라." 다시 말해 히브리인들의 노동 주간과 안식일은 창조 주간의 패턴을 따라 형성되었을 뿐, 그 반대가 아니다. 히브리 달력에는 7과 관련된 날짜가 매우 많다. 아마도 그것은 창세기 1장에 처음 표현된 하나님의 창조 주간과 관련된 기본 진리를 강화하는 한 방법일 것이다. (성서에 따르면) 모든 인류는 아담에게서 유래했으므로, 고대 근동 문서에 나타나는 7에 관한 패턴은 같은 창조 주간에 대해 다소 멀고도 불완전한 그들의 이해 방식을 보여준다고 할 수 있겠다. 어떤 경우에라도 우리는 출애굽기 20장으로부터 안식일이 창조 주간을 따라 형성되었으며, (에이버벡이 제안하듯) 반대 순서로 형성되지 않았음을 알 수 있다.

요약하자면, 창세기 1장을 "한 주간 동안 일어난, 단순한 창조 기사" 이외의 다른 방식으로 볼 타당한 근거는 존재하지 않는다. 이스라엘의 안식일은 창조 주간을 본떠서 형성되었으며, 우리에게는 주께서 이 모든 창조를 주관하셨고 모든 이스라엘에 대해서도 그러하다는 사실을 상기하도록 해주는 역할을 하는 것이다.

논평

C. 존 콜린스

나는 에이버벡의 글에 거의 반론을 제기할 일이 없다는 데 깊이 감사하고 싶다. 글의 진행 방식과 목적, 그가 우선적으로 여기는 가치에 대해 내가 할 유일한 말은 그저 "아멘!"일 것이다.

여기에서 내가 제시한 관점은…고대 근동의 배경 자료 역시 많이 다루었지만, 나는 그런 자료를 창세기 1-2장의 해석에 지나치게 사용하는 다른 학자들의 결과물과는 사뭇 다른 방식을 취했다. 성서 안에서 비교 연구할 수 있는 부분에도 많이 의존했는데, 특별히 시편 104편에 대한 병행 연구가 그렇다. 이러한 바탕 위에서 이 글에 나타나는 내 견해는 창세기 1-2장의 창조 기사에 대한 문법, 구문, 어법 및 더 큰 단락에 대한 상세한 읽기에 의존하고 있다.

나는 다음과 같은 그의 결론에도 공감한다.

여기에서 내가 제시한 관점은 소위 앞에서 언급한 "구조 가설"과 유사성을 보인다고 할 수 있지만, 중요한 해석상의 차이 역시 존재한다.…이 방법론을 통해 나는 창세기 1-2장이 실제 창조 기사라고 결론짓는다. 창세기 1-2장은 일종의 작동 원리로서 우주가 물리적으로 어떻게 실제 물질로 창조되었는지를 이야기하고 있다. 이를 통해 우리는 우주의 기원을 다루는 우주생성론의 관점에서 물질 창조를 접하게 된다. 창조 기사는 우주가 고대 이스라엘인들이 육안으로 볼 수 있는 것에 들어맞는 방식, 즉 관측 가능한 실재를 따라 물질 창조를 묘사했다. 아울러 그들이 관찰했던 방식, 다시 말해 세계가 움직이는 원리와 구조가 바로 그들의 우주론이었다. 정리하자면, 창세기 1-2장은 (고대 이스라엘인들의) 관찰에 입각한 우주생성론과 우주론을 형성한다.

에이버벡과 나의 가장 큰 차이점은, 창세기 1:1이 나머지 창조 기사와 연결되는 방식에 관한 문제와 창세기 2:4-7에 대한 이해일 것이다. 나는 로버트 롱에이커(Robert Longacre), 랜달 부스(Randall Buth), 알비에로 니카치(Alviero Niccacci) 등이 주장하는 담화 문법(discourse grammar)이라는 틀로 본문을 주해하고 문학적 논의를 전개한다.[48] 뒤에 실린 내 글에서 나는 주해와 문학적 논의를 통해 왜 창세기 1:1이 6일 창조 이전의 창조를 묘사하는지 설명하였다. 창세기 1:1에서 하나님은 세상의 모든 물질을 존재하게 하셨다. 비슷한 방식으로 나는 이 방법론을 따를 때 창세기 2:5-7이 1장의 여섯째 날에 대한 조건을 언급하는 단락이라는 점을 간략하게 보여주었다. 이 해석이야말로 창세기 2:5-7이 지닌 해석상의 난점을 푸는 가장 좋은 방안이라고 생각한다.

물론 모든 세부 사항이 중요하겠지만 그것들을 굳이 언급하여 내가 에이버벡의 견해에 대해 마음 깊이 전반적으로 동의한다는 사실을 무색하게 할 필요는 없을 것이다.

48_ 내 글에서 참고한 자료뿐 아니라 Robert Bergen, ed., *Biblical Hebrew and Discourse Linguistics* (Dallas: Summer Institute of Linguistics, 1994)에 있는 글을 보라.

논평

트렘퍼 롱맨

비록 창세기 1장에 대한 내 분석이 에이버벡과 유사하지는 않다고 하더라도, 나는 그의 해석에 거의 동의한다. "문자적 6일간의 창조와 7일째의 안식을 고려해야 한다. 그 이유는 잘 알려져 있다"라는 그의 주장이 처음에는 조금 혼란스러웠다. 하지만 그의 글을 통해 나는 그 역시 천지 창조에 관한 창세기 1장의 묘사가 하루 24시간인 실제 한 주간의 창조를 나타낸다고 이해하지 않음을 알 수 있었다. 오히려 그의 핵심은 "문자적 한 주간"이란 개념이 창조 주간을 묘사하기 위해 일종의 유비로 사용된다는 데 있다. "문자적 한 주간" 개념은 일종의 수사 장치이며, 이 부분에서 나는 그의 견해에 온전히 동의한다. 그의 해석은 창조 주간을 문자적으로 해석하면 안 된다는 점을 보여주는 또 다른 방식이기도 하다. 아울러 에이버벡은 창세기 1장이 하나님의 천지 창조를 알려주기는 하지만, 적어도 현대 과학의 어떤 관점에서 보더라도 그 방식을 알려주는 것은 아니라고 주장하는데, 이 부분 역시 우리의 견해가 일치하는 지점이다. "하지만 창조 기사는 고대 이스라엘인들이 인식할 수 있을 뿐 아니라 그들이 요구하는 방식으로 구성되었다"라는 그의 주장에서, 나는 우리가 성서를 통해 접하는 창조에 대한 묘사는 고대인들의 "인지 환경"(cognitive environment)에서 유래한다는 존 월튼(John Walton)의 견해에 그가 부분적으로나마 동의한다고 생각한다(나는 월튼의 주장이 창세기 1장을 이해하기 위해 명심해야 할 가장 중요한 관점이라고 믿는다).

그러나 나는 창세기 1장의 창조 순서가 "필수" 요소라는 에이버벡의 주장에 그리 동의하지 않는다. 그는 7일이라는 기간이 문자적 의미를 갖지 않는다고 말하면서도 6일 패턴을 문자적으로 이해하고 있다. 물론 인간과 다른 동물은 "빛, 물, 땅, 식물이 잘 결합된 자연 환경" 없이는 존재할 수 없다. 하지만 빛(첫째 날)이나 땅과 바다(둘째 날과 셋째 날)가 해, 달, 별의 창조(넷째 날) 없이 존재할 수 있는가? 에이버벡은 창세기 1장의 "구조와 순서"가 "필수"라고 주장하기 위해 창세기 1장과 2장의 창조 순서를 일치시키려 애쓰지만, 나를 포함해 많은 이들은 그 둘이 긴장을 이룬다고 여긴다. 솔직히 말해서 이 부분에서 그가 제시하려는 논거가 무엇인지 나로서는 이해하기 어렵다. 그는 분명히 창세기 2장이 "고대 이스라엘인들의 실제 세계"와 좀 더 관련되어 있다고 주장하고 있으며, 내가 보기에 그는 이 용어를 통해 창세기 2장이 창세기 1장보다 인간 창조를 더 문자적으로 그리고 있다고 주장하려는 것 같다. 이런 관점에서 에이버벡은 "에덴에 있는 네 개의 강"을 예로 들어 "창세기 2장의 역사성을 입증하는 표지"로 지칭한다. 강들의 이름은 비손, 기혼, 티그리스, 유프라테스이며, 그의 말대로 티그리스와 유프라테스는 우리 모두가 아는 지명을 가리키는 것이 분명하다. 하지만 그 강의 이름들이 언급된다고 해서 "고대 이스라엘인들의 실제 역사와 우리 사이에 연결점이 있[다]"라고 말할 수 있을까? 에이버벡의 주장은 티그리스와 유프라테스가 실존하는 강임을 모두 알았으므로 에덴도 실존했던 역사적 장소이어야 한다는 말로 들린다. 아울러 창세기 2장은 우리에게 "'땅의 흙' 즉 인간 세상에까지 내려온 역사 이야기"를 전해준다는 말인 듯하다. 이러한 믿음 때문에 그는 다음과 같이 말한다. "이것은 우리가 역사적 아담과 하와가 실제로 있었던 동산에 살았다고 믿을 만한 근거를 제공해준다. 그들은 하나님의 손에 의해 직접, 그리고 특별히 형성되고 세워진 두 명의 인간이었다. 말하자면, 야웨께서 자신의 손에 직접 흙을 묻히셨다는 말이다. 그분은 그렇게 하기를 기뻐하셨다!" 나는 그의 표현 중 "말하자면"이라는 어구가 아마도 하나님께서 문자 그대로 땅의 진흙을 빚어서 말 그대로 코에 숨을 불어넣어서 아담을 창조한 것은 아니라는 의도를 나타낸다고 추측하지만, 그럼에도 나는 이 부분에 대한 그의 논의를 받아들이기 힘들다.

첫째, 에이버벡은 에덴의 네 강에 대해 "우리는 비손과 기혼의 존재 여부를 정확히 알지 못하지만"이라고 말함으로써 의도적으로 이 문제를 피하려 한다. 가장 기본적인 전제는, 우리가 설사 티그리스와 유프라테스 강의 위치를 안다고 하더라도 그것이 에덴의 위치를 알려주기에는 분명치 않다는 점이다. 본문은 에덴을 가로질러 흘러나가서 비손, 기혼, 티그리스, 유프라테스를 이루는 한 강을 묘사한다. 이 묘사는 에덴의 위치가 (다른 이들이 주장하듯 페르시아만이라기보다) 오늘날의 아르메니아 어디쯤일 것이라는 추측을 가능케 하는데, 이는 오늘날의 티그리스와 유프라테스 강의 원류가 만나는 지점, 즉 토로스 산맥(Taurus Mountains)에서 약 33킬로미터 남짓 떨어진 어느 지점일 것으로 생각된다. 아울러 본문은 기혼이 구스 땅을 순환한다고 언급한다. 구스는 종종 에티오피아로 여겨지며, 따라서 아마도 이 강은 이집트에 있는 어떤 강을 가리킨다고 생각된다(아마도 청나일[Blue Nile] 강일 수도 있다). 또한 비손은 하윌라 땅 전체를 둘러서 흐른다고 묘사하는데, 성서의 다른 본문은 하윌라가 아프리카 혹은 아라비아 연안에 위치한다고 말한다(창 10:7; 25:18; 삼상 15:7). 따라서 에덴의 위치를 둘러싼 논의는 대단히 복잡하여 분명하게 밝히기 어렵고, 에이버벡의 견해와 달리 "역사성을 입증하는 표지"라고 말하기 힘들다.

둘째, 설사 본문이 에덴의 위치가 어디인지를 정확하게 언급한다고 하더라도 엄격하게 역사적 묘사를 의도하는 것은 아닐 수도 있다. 한마디로 문학의 모사적(mimetic) 특성을 고려해야 한다. 문학 작품에 "실제" 지명이 언급된다고 해서 그 작품이 실제 역사를 나타내려고 기록된 것은 아니다. 우리가 할 수 있는 것은 비유라는 장르를 언급하는 일뿐이다. 예를 들어 선한 사마리아인의 비유(눅 10:29-37)가 이 비유를 듣는 사람들에게는 단지 하나의 비유일 뿐이며 실제 사람들에 관련된 실제 이야기가 아니라는 점은, 사마리아인들이 실제로 존재했고 여리고라 불리는 장소가 있어서 한 유대인이 거기로 가는 도중에 강도를 만났다는 사실로 인해 왜곡되지는 않는다. 이것은 창세기 1-2장이 비유라는 말이 아니라, 티그리스와 유프라테스 같은 실제 지명을 언급한다고 해서 그 지명이 창세기 2장이 실제 역사임을 입증하는 분명한 표지가 되는 것은 아님을 의미한다. 그러므로 나는 "그렇다. 실제로 아담과 하와가 있었고, 그들은 모든 인류의 조상이었다.…하지만 적어도 우리는 그들이 실존했던 역사적 개인들이었다는 믿음을 간직해야 한다. 본문을 있는 그대로 읽으면, 이 믿음이 확실함을 보여줄 충분한 이유가 있음을 알게 된다"라는 그의 주장이 적절하다고 생각하지 않는다. 물론 본문을 "있는 그대로 읽[자는]" 그의 주장은 우리가 읽는 본문의 문학 장르에 대한 이해에 달렸다. 에이버벡은 창세기 2장을 단순히 문자적으로 이해하면 1장과 조화를 이루지 않는다는 점을 암묵적으로 인지하고 있으므로, 마지못해 "나는 아담과 하와에 대해 그 밖에 다른 무엇이 진실인지는 알지 못한다"라고 말하면서도 여전히 각주에서는 콜린스가 『아담과 하와가 실제로 존재했는가?』(Did Adam and Eve Really Exist?)에서 제시한 "가상의 시나리오들"을 언급하는 것이다. 에이버벡은 이에 대해 상술하지 않지만, 이 가상의 시나리오들은 아담과 하와가 수천 명의 원시 인류 가운데 고유하게 태어난 무리를 대표했을 것이라는 주장을 포함한다. 다시 말해 에이버벡이 말하듯이 가장 "자연스러운 독법"을 적용해서 그들을 하나님에 의해 특별하게 창조된 유일한 한 쌍의 부부로 간주하지 않는다는 뜻이다.

논평의 목적에 따라 에이버벡의 글에서 일부분만을 집중해서 다뤘다. 하지만 결론적으로 나는 본문에 대한 그의 해석에 전반적으로 동의할 뿐 아니라 성서 신학자이자 고대 근동 문헌의 전문가인 그를 존경한다. 특별히 시편 104편과 그것이 창세기의 창조 기사와 맺는 연관성에 대한 분석뿐 아니라 고대 근동 문헌에 대한 그의 연구도 도움이 되리라 확신한다. (내 글에서 보겠지만, 창조를 다룬 구약의 다른 텍스트들 역시 창조 기사와 관련된다.)

논평

동의하는 것들

주의 깊은 독자라면 내가 에이버벡의 논의 대부분에 동의한다는 점을 눈치챘을 것이다. 우리는 둘 다 아담과 하와의 역사성에 동의할 뿐 아니라, 창세기 1장이 도식화되어 6일 형태로 배열된 것은 단순히 목격자 역할을 하려는 것이 아니라는 데도 의견이 일치한다. 우리는 고대 근동의 배경이 창세기 1-2장을 이해하는 데 중요할 뿐 아니라 필수라는 데도 동의한다. 따라서 우리는 창조 기사가 육안으로 관측한 사실을 기반으로 형성된 고대 세계의 과학을 반영한다는 점도 인정한다. 창세기 1장은 고대의 이야기가 시작된 지점에서 출발하여 그 기저에 놓인 우주론 패턴을 반영한다. 그러므로 나는 "따라서 창세기 1장의 창조 기사가 진술되는 방식의 근간을 형성하는 고대 근동의 특정한 기본 패턴이 존재한다고 할 수 있다. 하나님은 고대 근동 지역의 민족 중 하나인 이스라엘 백성이 이해할 수 있도록 창조 기사를 허락해주셨다"라는 에이버벡의 진술에 찬성한다. 우리는 둘 다 이스라엘의 관점과 고대 근동 관점의 중요한 차이에 대해서도 같은 견해를 보인다. 그 차이 가운데 가장 중요한 것은 하나님께서 우주

110   1부_ 창세기 1-2장을 해석하는 다섯 가지 관점

안에 계시기보다 바깥에 거하신다는 이스라엘인들의 관념이다. 하나님의 형상에 관한 에이버벡의 견해는 나와 매우 비슷하며, 우리는 둘 다 창조 기사의 핵심이 하나님을 알고 그분의 형상인 인간이 이 세상에서 어떻게 살아야 할지를 아는 데 있다고 주장한다.

이렇게 기본 뼈대를 형성하는 문제 외에도, 에이버벡과 나는 특정한 많은 문제에 대해서도 비슷한 결론을 공유하고 있다. 우리는 창세기 1:1 이 문학적 도입부라는 데 동의하며, 또한 나는 그가 주의 깊게 분석한 문법 사항에도 동의한다. 창세기 1:2에 등장하는 성령의 역할을 고대 이집트의 관념으로 이해하려는 그의 해석은 내 견해와 비슷하다. 아울러 그는 "라키아"를 자신이 "물 체계"라 부르는 것과 동일시하는데, 나는 이를 기상 체계와 관련된 표현으로 간주한다. 왜냐하면 오늘날 증발이나 응축과 같은 과학 개념을 통해 물 체계를 이해하는 것과 같은 방식으로 고대인들이 "라키아"를 이해했을 것이라는 오해를 방지하기 위해서다. 우리는 동물을 위한 먹이로 식물을 제공했다는 점이 육식을 배제하는 것은 아니라는 데도 동의한다.

나는 창세기 1장과 시편 104편을 비교하는 내용에도 대체로 동의한다. 아울러 에이버벡은 두 본문 사이의 유사성을 살피면서 시편 104편이 창조의 기능에 집중한다고 주장하는데, 이는 창세기 1장이 기능에 중점을 둔 창조를 다룬다는 내 관점과도 일치한다. 기능이라는 관점에서 에이버벡은 기꺼이 창세기 1장에 나타나는 강력한 기능적 요소들을 받아들이는데, 다음과 같은 그의 진술이 이를 증언한다. "창세기 1장을 물질세계의 창조에 관한 이야기로 이해하는 만큼이나 그것은 세상이 움직이는 방식과 우리가 세상에 적응하는 방식에 대한 설명이기도 하다." 하지만 이런 그의 언급에서조차 그는 내가 주장하듯 그렇게 창조의 물질적 양상이 간과될 수는 없다고 여기는데, 이 부분이야말로 우리 둘의 견해가 서로 다름을 보여주는 주요 지점 가운데 하나일 것이다(이에 대해서는 내 글을 참조하라).

앞부분에서 그는 자기 글의 방향을 간략히 소개하면서 "하나님께서 우주를 참으로 창조하셨다"라는 믿음을 고백한다. 우리 가운데 그 말을 허탄하다고 여길 사람은 아무도 없을 것이다. 하지만 그가 "창조하셨다"라는 단어를 사용함으로써 의도한 바와 창세기 1장의 어느 부분이 이를 말하는지에 대해서는 명료하지 못한 듯하다.

반대하는 것들

방법론, 용어, 혹은 관점의 차이

에이버벡이 제안하는 내용의 일부는 흥미롭지만, 그것들이 충분히 입증될 만하거나 중요하다고 말할 수는 없다. 예를 들어 우가리트 텍스트에 등장하는 바알의 딸들에 대한 분석은 흥미롭지만, 우리가 그녀들의 이름과 그 역할들을 정확하게 해석하고 있는지는 여전히 매우 의심스럽다. 만약 그의 해석이 설득력을 얻는다면, 이는 창조의 첫 세 날이 각각 시간, 날씨, 먹을 것과 관련된다는 내 견해에 힘을 실어주게 되겠지만, 사실 나는 바알의 딸들에 관한 그의 해석에 아직 동의할 수 없다. 더구나 나는 그가 창세기 1장의 우주론이 "고대 근동에 널리 퍼져 있던 3층 구조 우주론을 출발점으로 하여 의도적으로 세워졌다"라고 결론짓는 그의 용어를 수용하기 힘들다. "의도적으로 세워졌다"라는 말이 내게는, 이스라엘 저자들이 그들 주변 민족의 문학과 세계관을 연구하여 자신들의 문학과 세계관을 형성했다는 말로 들린다. 나는 이스라엘 민족이 의도적으로 그들의 문학을 형성한 것이 아니라, 당시 고대 근동 세계에 살았던 모든 이들이 떠올렸던 우주관을 공유했을 뿐이라는 주장에 좀 더 마음이 기운다.

두 번째 예는 그가 6일/7일 패턴을 언급하는 데서 발견된다. 나 역시 일부 텍스트에서 그 패턴이 발견된다는 사실에 동의하지만, 그리고 그 패턴이 창세기 1장에도 반영되었을 가능성이 있지만, 그것이 본문을 해석하는 결정적 요소라고 간주하진 않는다. 어떤 의미에선 각각의 날이 일종의 "스냅사진"처럼 보이지만, 이들이 단순히 안식일의 의미를 강화하기 위해 설정되었다는 주장에는 동의하기 어렵다. 더 나아가 에이버벡은 하나님의 "노동 주간"과 이스라엘 백성의 그것을 비교하면서 안식일이 "유비"라고 제안한다. 이런 방식으로 그는 7일이 안식일에 관한 패턴이라고 주장하지만, 내 생각에 이스라엘이 안식일을 준수하는 것은 7일의 낙성식을 통해 우주가 성소(sacred space)로 형성되었음을 인식하는 행위라고 여겨진다. 즉 안식일은 우주적 성소의 형성과 관련된다. 그러나 우리는 안식일이 하나님께서 제정하신 법칙과 관련되어 있다는 데 참으로 동의한다. 에이버벡이 창세기 1장을 물질 창조 이야기로 간주하면서도 7일을 물질과 관련짓지 않는다는 점은 흥미롭지만, 아마도 논리적으로는 모순되는 듯하다(아래를 좀 더 참조하라).

사소한 불일치에 대해 두 가지만 더 언급하자. 먼저 에이버벡은 "바다들"(*yammîm*)이라는 단어를 설명하면서, 이스라엘인들이 한 덩어리로 된 우주의 물이 하나의 대륙을 둘러싸고 있다고 믿었던 것은 아니라고 말한다. 그렇게 주장할 수도 있겠지만, 사실 그럴 가능성은 거의 없다. 윗물과 아랫물이 있다는 성서의 언급은 둘 다 바다를 고려한 것이 분명하므로, 그의 견해에는 대안이 필요할 것이다.

또한 에이버벡은 본문이 "해"와 "달"이라는 단어 대신 "큰 광명"과 "작은 광명"이라는 명칭을 사용하는 것은, 다른 민족이 전자의 단어들을 신들의 이름에 대응시키는 데 맞서 창세기 저자가 변증을 위해 일종의 수동적·공격적 태도로 그렇게 했다는 일반 견해를 받아들인다. 비록 이런 단어들이 다른 문화권에서는 신들의 이름을 가리키는 데 사용되기는 하지만, 성서 텍스트 역시 우리가 "해"와 "달"이라고 번역하는 그 단어들을 사용하는 데 전혀 주저하지 않는다는 점을 고려할 때, 나는 이러한 변증적 해석에 동의할 수 없다. 사실 나는 창세기 1장을 변증으로 간주하는 데 다소 회의적이다. 참된 변증은 올바른 사고 체계에 의해 지지받을 뿐 아니라, 우리가 제시하는 요점 가운데 오류가 있다고 여기는 상대방의 주장에 대해 구체적 논거를 제시할 수 있어야 하기 때문이다. 창세기는 다른 이들이 믿는 바에 관심을 기울이지 않는다. 내가 알기로 창세기가 "광명들"이라는 단어로 해, 달, 별을 묘사하는 이유는 그것들이 실제로 빛이기 때문이었다. 고대 이스라엘인들은 해, 달, 별을 일종의 물질로 이해하지 않았다. 그들에게 해, 달, 별은 물체가 아니라 빛이었다. 이것이야말로 내가 인식하듯이 창조 기사가 기능에 대한 서술임을 잘 보여주는 부분이다.

마지막으로, 에이버벡은 창세기 1장에는 우주와 성전의 관계가 함축되어 있다는 내 견해에 동의하지만, 이를 필수 양상으로 간주하기보다 일종의 "유비" 혹은 "의인화" 관계로 본다는 점에서 나와 다르다. 따라서 그는 "성전은 우주가 아니며 우주도 성전이 아니다"라고 말한다. 하지만 나는 우주와 성전이 상호 일치(homology)라는 측면에서 연결되며 본질상 같다고 주장한다. 고대 세계에서 우주와 성전은 신이 어떻게 자기 형상과 연결되어 있는지를 보여준다는 점에서 유사하기 때문이다.

결정적 차이

비록 내가 몇몇 부분에 대해 에이버벡과 어느 정도 같은 견해를 보인다고 언급했지만, 아마도 우리는 유비를 사용하는 고대 근동 세계의 사고방식과 창세기 1장의 물질 창조라는 주제를 두고 결정적인 차이를 보인다고 할 수 있다. 첫째, 에이버벡은 "[그]들이 유비를 사용하고 있음을 인식했다"라고 단언한다. 그는 이 관점을 고대인들이 신화를 이해하는 방식에 적용할 뿐 아니라, 일반적으로 오래된 지구 창조론이라고 불리는 견해가 보이는 여러 양상에도 그렇게 한다. 계속해서 그는 "대개 신화는 유비를 통한 사고방식이며, 전례는 유비를 통한 행위"라고 주장한다. 고대인이 실재를 인식할 때 그들에게는 우주의 물질적 양상에 대한 충분한 정보가 있었을 것이며, 그들이 물질적 양상에서 유비를 형성할 만큼 그것에 흥미를 느꼈을 것이라는 에이버벡의 주장에 대해 나는 그만큼 낙관적이지 않다.

둘째, 에이버벡과 나는 창세기 1장이 우주의 물질 창조와 관련된 이야기를 제공하는지를 놓고 서로 다른 의견을 내놓는다. 그는 창세기 1장의 기능적 요소를 인정하지만, 동시에 창세기 1장이 물리적 우주가 실제로 물질로 창조되었음을 언급한다고 주장한다. 그는 첫째 날의 빛은 하나님의 임재를 반영하므로 해나 달이 불필요했을 것이라는 전형적인 견해를 수용함으로써 물질적 창조관이 가진 오래된 문제의 일부에 답변하려 애쓰지만, 나는 여전히 하나님의 임재인 빛이 저녁이 되고 아침이 될 때 뜨고 지는 이유를 이해할 수 없다. 또한 히브리어에 구름을 의미하는 다른 여러 개의 단어가 있음에도 그는 "라키아"(궁창)와 윗물이 구름으로 이해되어야 한다고 주장한다. 내가 보기에 그는 과도하게 신화로 해석하려는 태도를 경계하는 만큼이나 과도하게 과학에 근거하여 본문을 대하려는 태도를 피하려 하지만, 이 부분에서 그는 실질적으로 후자의 오류에 빠진 듯하다.

나는 내 글을 통해 창세기 1장이 물질적 관점과 기능적 관점을 둘 다 보여준다는 주장을 유지하기가 불가능함을 명확히 제시했으므로, 여기서 다시 논하지는 않으려 한다. 결론적으로 말하면, 물질세계의 창조와 관련하여 창세기 1장을 문자적으로 읽어야 한다고 주장함과 동시에 7일 패턴을 일종의 도식으로 해석하기 위해 그동안 이루어진 물질 창조에 대해서는 시간 체계를 의도적으로 포기하는 에이버벡의 견해에는 일관성이 없다. 이는 "어떤 것을 문자적으로 읽어야 하며 어떤 것을 그렇게 하지 말아야 하는지를 어떻게 결정할 수 있는가?"라는 종류의 모든 질문을 피할 여지가 없다.

2장
문자적 해석

토드 S. 비일

창세기 1-11장과 특별히 창세기 1-2장을 해석하는 일은 항상 논쟁을 수반한다. 과거 20여 년 전부터 복음주의 학계에서 일어난 주목할 만한 변화는, 이 본문들을 문자적으로 해석해오던 경향이 점차 비유적(figurative)으로 해석하는 방향으로 바뀌게 되었다는 점이다. 비유적 해석은 유신 진화를 허용한 계기가 되었다. 사실 시계추가 이미 기울어서, 창세기 1-11장을 문자적으로 해석하는 것은 종종 단순하고 고지식하고 학문적이지 못하다고 여겨지곤 한다. 때로는 "나는 성서가 문자적으로 6일 창조를 말한다고 믿었다. 하지만…"이라는 말과 함께 자신의 최근 관점을 드러내는 경우도 있다. 창세기 1-11장의 장르와 고대 근동의 병행 문헌에 대한 새로운 이해를 바탕으로, 그들은 비유적 해석을 위해 문자적 해석을 포기한다.[1]

나는 여전히 비유적 해석을 지지하지 않는다. (창 1-11장도 그렇지만) 창

1_ 예를 들어 David Buller, "Following God's Path, Part I" (6 March 2012), http://biologos.org/blog/following-gods-path-part-1#comments 및 Dennis Venema, "From Intelligent Design to BioLogos, Part 5:Epilogue," (21 August 2011), http://biologos.org/blog/from-intelligent-design-to-biologos-part-5-epilogue를 보라.

세기 1장을 역사 내러티브로 간주해 문자적으로 해석해야 한다는 것이 내 생각이다. 문자적 읽기는 창조 이야기를 다루는 가장 기본 방식이며, 학자라면 대부분 인지하는 내용이다. 본문의 핵심 사항을 이해하기 위해 고대 근동 문헌에 호소하거나 특정 장르 혹은 특별한 비유 해석을 적용할 수 있는 박사 학위를 가진 전문가가 필요한 것은 아니다. 창세기 1-11장 전체에 걸쳐 일관된 해석학이 필요할 따름이다. 과연 해당 본문을 문자적으로 읽는 것이 이를 가장 잘 이해하는 방식일까? 나는 본문과 관련된 다섯 가지 핵심 질문을 통해 창세기 1-11장에 대한 문자적 접근 방식이 사실은 정확한 방식임을 보여주려 한다.

질문 1: 창세기 1-11장과 12-50장을 해석하는 데 서로 다른 두 가지 해석 방식을 사용해야 하는가?

첫 번째 질문은 주석가들이 창세기 1-11장과 12-50장에 서로 다른 해석학 전략을 사용해야 하느냐는 것이다. 『창세기와 씨름하기』(*Coming to Grips with Genesis*)라는 책에서 나는 창세기 1-11장을 해석하는 데 사용될 수 있는 네 가지 방식을 다음과 같이 제시했다. (1) 역사성이 거의 없거나 전혀 없는 신화, (2) 거의 비유지만 신화는 아닌 문헌, (3) 부분적으로 비유가 섞인 문헌 (신화도 아니지만 전적으로 문자적이지도 않음), (4) 문자적 텍스트.[2] 이 중에서 (1)과 (4)만이 창세기 전체에 대해 일관된 해석 방식을

2_ Todd S. Beall, "Contemporary Hermeneutical Approaches to Genesis 1-11," in *Coming to Grips with Genesis: Biblical Authority and the Age of the Earth* (ed. Terry Mortenson and Thane Ury; Green Forest, AR: Master, 2008), 132. 이 글에 제시한 내 논의의 대부분은 *Coming to Grips*에서 가져왔다.

보인다. (다행히도) 아직 신화적 관점이 복음주의자들 사이에서 인기를 얻지는 못했다. 피터 엔즈(Peter Enns)의 관점이 이와 유사한데,[3] 창세기 전체를 해석하는 데 일관된 해석 방식을 적용한다는 점에서는 추천할 만하다. 많이 폄하되고 있지만, 이는 문자적 관점도 마찬가지다.

이 글에서 각각의 비유적 관점을 세밀하게 살펴보기에는 지면이 부족하다. 하지만 비유적 관점을 택하는 모든 이들의 기본 문제점을 다음과 같이 생각해볼 수 있다. 이들은 모두 창세기 1-11장(혹은 적어도 창 1-2장)을 해석하면서 창세기의 나머지 장을 해석할 때와 다른 방식을 택한다. 이를테면 하워드 반 틸(Howard Van Till), 클라우스 베스터만(Claus Westermann), 그 밖에 다른 이들은 창세기 1-11장이 원시 역사(primeval history)이므로 창세기의 나머지 및 구약의 나머지 전체와 다르게 해석해야 한다고 주장한다.[4] 다시 말해 창세기 1-11장은 "역사"[5]가 아니므로 이를 해석하려면 어떤 특정한 해석 전략이 사용되어야 한다는 뜻이다. 따라서 학자들은 창세기 1-11장을 비유로 (혹은 반 틸을 따라 우화로) 대함과 동시에 창세기의 나머지 사건(아브라함, 이삭, 야곱, 요셉에 대한 기사들)을 역사로 대하고 있다.

하지만 본문을 철저히 분석한다면 창세기 1-11장과 12-50장을 그렇게 구분할 수는 없다. 아브람, 사래, 롯이 처음 언급되는 창세기 11장이 조

3_ Peter Enns, *Inspiration and Incarnation* (Grand Rapids: Bakers, 2005), 41-55. "Contemporary Hermeneutical Approach," 140-46에 있는 Enns에 대한 내 비평을 참고하라.

4_ Howeard J. Van Till, *The Fourth Day* (Grand Rapids: Baker, 1986), 79-82; Claus Westermann, *Genesis 1-11: A Commentary* (Minneapolis: Augsburg, 1984), 1-5.

5_ 비록 창세기 기사에 한정하기는 하지만, Bruce Waltke는 이들과 같은 논의를 보여준다. 그는 "창조 기사는 다른 역사와 다르다. 역사는 일반적으로 인류가 그 경험을 진술해온 것이다. 창세기의 창조 기사는 창조 행동에서 인간이 등장하지 않기 때문에 인간 역사의 기록이라 할 수 없다." (*Genesis: A Commentary* [Grand Rapids: Zondervan, 2001], 76). 그러나 창세기의 창조 기사는 "역사"이며, 단순히 인간의 역사가 아니다. 왜 "역사"를 단순히 인간의 역사와 관련된 용어로 정의하고 단순히 인간이 존재하지 않는다는 이유로 창조 기사를 "역사"가 아니라고 하는가?

상의 계보를 미리 보여주지 않았다면, 12장 자체는 거의 의미가 통하지 않는다. 창세기 11장은 셈의 계보를 보여주는데, 이는 창세기 10장의 계보, 창세기 6-9장의 홍수 기사, 궁극적으로는 노아, 셈, 함, 야벳이 처음 언급되는 창세기 5장의 계보로 이어진다. 그리고 창세기 5장은 아담 자신으로부터 시작되는 계보를 포함하는데, 이는 곧바로 아담이 처음 언급되는 창세기 1-2장의 창조 기사로 돌아간다고 할 수 있다. 어떤 종류의 해석 담론이 아브라함, 이삭, 야곱은 역사적 인물로 간주하면서도 아담, 노아, 셈, 함, 야벳은 그렇지 않은 인물로 보게 하는가?[6]

계보뿐 아니라 2개의 서로 다른 구조 지시어 역시 창세기 1-11장을 12-50장과 비슷한 방식으로 이해해야 함을 보여준다. 첫째, 창세기 12:1은 바브연속법인 "그리고 그가 말했다"(wayyōmer)로 시작하는데, 이 표현은 창세기 11장 다음에 나오는 내용이 연속됨을 보여준다. 따라서 내러티브 사이에 주요한 휴지(休止)가 존재하지 않는다. 둘째, 창세기 전체의 구조는 본문 전체에 걸쳐 10번 등장하는 톨레도트, 즉 "이는 ~의 계보다"(혹은 "이는 ~의 역사다")라는 문구에 기초한다.[7] 각각의 문구는 초점을 해당 문맥에서 이미 언급된 대상 가운데 하나의 대상으로 좁히는 기능을 한다. 그 초점은 각각 하늘과 땅(2:4), 아담(5:1), 노아(6:9), 노아의 자녀들(10:1), 셈(11:10), 데라(11:27), 이스마엘(25:12), 이삭(25:19), 에서(36:1), 야곱(37:2)

6_ 흥미롭게도 Westermann은 창 1-11장의 계보들이 가진 중요성을 인정한다. 그는 창 1-11장의 "주제"로서 창조와 타락에 너무나 많은 관심이 기울어졌다고 주장하면서 계보들이 무시되어왔다고 말한다(Genesis 1-11, 2-5). 그는 "계보들은 원시 역사를 구성하는 필수 요소이며 창 1-11장에서 서술되는 모든 사건의 토대를 형성한다"라고 결론짓는다. D. J. A. Clines 역시 "원시 역사와 족장 역사 사이에는 아무런 분리도 존재하지 않는다. 11:10(셈의 후예들)은 10:21-31(셈의 가족)에서 재개되며 곧바로 11:27-30(아브람과 사래)를 향한다"라고 말한다. "Theme in Genesis 1-11," in *I Studied Inscriptions Before the Flood: Ancient Near Eastern, Literary, and Linguistic Approaches to Genesis 1-11* (ed. Richard Hess and David Tsumura; Winona Lake, IN: Eisenbrauns, 1994), 305을 보라.

7_ 만약 에서에 대한 창 36:9의 두 번째 언급을 포함한다면 11번이 된다.

이다.[8] 이 가운데 여섯 개가 1-11장 사이에 있고 네 개가 12-50장에 등장하므로, 저자는 두 부분이 같은 방식으로, 즉 연속되는 역사로 해석되기를 의도했음이 분명해 보인다.[9] 그러므로 창세기 11장을 나머지 부분과 다르게 다루는 해석에는 정당성이 없다.

질문 2: 창세기 1장을 위한 별도의 해석학이나 장르가 존재하는가?

두 번째 질문은 논리적으로 첫 번째 질문에서 기인한다. 만약 한 단위인 창세기 1-11장을 다르게 해석하는 별도의 해석 전략이 없다면, 창세기 1장에 대해서는 어떨까? 많은 복음주의자가 창세기 3-11장을 문자적으로 다루어야 한다는 데 동의하겠지만, 그런 그들조차 여전히 창세기 1장(혹은 창 1:1-2:3)에 대하여 별도의 해석 방식을 주장한다. 존 스텍(John Stek)은 창세기 1:1-2:3을 창세기의 나머지 부분에서 분리하여 이를 "서론"이

8_ Victor P. Hamilton, *The Book of Genesis: Chapter 1-17* (NICOT: Grand Rapids: Eerdmans, 1990), 2-8; Gordon Wenham, *Genesis 1-15* (WBC1; Waco, TX: Word, 1987), xxii. Walter Kaiser는 "난제에 속하는 이 성서 본문의 문학 장르를 파악하는 열쇠는, 저자가 '~의 계보'라는 문구를 반복해서 사용한다는 데 있다. 이 문구는 창세기 저자의 구성과 자료에 대한 저자의 이해를 보여준다"라고 말한다. Walter C. Kaiser Jr. "The Literary Form of Genesis 1-11," in *New Perspective on the Old Testament* (ed. J. Barton Payne; Waco, TX: Word, 1970), 61.

9_ Walter C. Kaiser Jr., "Legitimate Hermeneutics," in *Inerrancy* (ed. Norman L. Geisler; Grand Rapids: Zondervan, 1979), 145. 다른 글에서 Kaiser는 이러한 직선적(linear) 관점의 역사 기술은 순환적(cyclical) 관점을 보여주는 고대 근동의 우주론과 매우 다르다고 말한다. "역사라는 학문이 실제로 시작되는 것은 [창 1-11장에서 발견되는] 사건들과 발생하는 일들에 대한 직선적 관점이다." Walter C. Kaiser Jr., *The Old Testament Documents: Are They Reliable and Relevant?* (Downers Grove, IL: InterVarsity Press, 2001), 83. 또한 G. Ch. Aalders, *Genesis*, vol. 1 (trans. William Heynen; 2 vols.; The Bible Student's Commentary; Grand Rapids: Zondervan, 1981), 45: "[창세기의] 전체 구조는 실제 역사를 알리는 것이야말로 창세기 저자가 긍정적으로 의도한 바였음을 보여준다."

라 부른다.[10] 비슷한 방식으로 고든 웬함(Gordon Wenham)은 창세기 1장이 톨레도트 구조의 바깥에 있으므로 나머지 이야기의 "서곡"이며 따라서 같은 방식으로 해석할 필요가 없다고 말한다.[11]

그러나 다시 한 번 말하지만, 창세기 1:1-2:3을 나머지 부분과 분리하는 해석의 근거는 없다. 브루스 월키(Bruce Waltke)의 경우 비록 창세기 1:1-2:3을 서론으로 간주하지만, 그는 이 부분이 나머지와 굳게 연결되어 있음을 다음과 같이 인정한다. "창세기 저자는 이 서론과 창세기의 나머지 부분을 연결한다. 두 창조 기사와 그것에 뒤따르는 10개의 역사 이야기를 연결함으로써 말이다. 첫 번째 이야기(2:4-4:26)는…'주 하나님이 땅과 하늘을 만들었을 때에'라는 구문이 덧붙여져서 서론과 연결된다."[12] 사실 각각의 톨레도트는 앞부분에서 언급된 인물에 대한 이야기를 지속하는 방식으로 구성된다.[13] 그러므로 웬함의 견해와 달리 창세기 2:4의 첫 번째 톨레도트는 창세기 1장과 연결된다. 이는 창세기 5:1의 두 번째 톨레도트가 창세기 1-4장에 등장하는 아담의 기사와 연결되는 것과 같은 방식이다. 같은 패턴이 다른 모든 톨레도트 구조에서도 나타난다. 따라서 창세기 1:1-2:3을 창세기의 나머지 전체에서 분리하는 것은 창세기 1-11장을 나머지 전체에서 분리하는 것이 불가능하듯이 해석학적으로 불가능하다.[14]

많은 사람이 창세기 1장을 비문자적으로 읽어야 한다고 주장한다. 창

10_ John H. Stek, "What Says the Scripture?" in *Portraits of Creation* (ed. Howard J. Van Till; Grand Rapids: Eerdmans, 1990), 241.

11_ Wenham, *Genesis 1-15*, 40.

12_ Waltke, "The Literary Genre of Genesis, Chapter One," *Crux* 27 (1991): 6.

13_ Andrew Kulikovsky, *Creation, Fall, Restoration: A Biblical Theology of Creation* (Fearn, Ross-shire, Scotland: Mentor, 2009), 87.

14_ 이혼에 대한 질문에 답할 때 창 1, 2장을 둘 다 인용하면서 예수 역시 둘 사이를 구분하지 않았다(마 19:4-6; 막 10:6-8).

세기 1장이 나머지와 다른 장르이기 때문에 그렇다는 논리다. 그러나 창세기 1장을 별개의 장르로 보는 학자들 사이에서도 창세기 1장의 장르를 정확히 분류하는 데는 합의점이 거의 없다. 어떤 이들은 창세기 1장을 시로 간주한다.[15] 웬함은 그것을 일종의 "찬송"이라 부른다.[16] 만약 창세기 1장이 시라면, 우리는 그 안에서 많은 비유 표현을 관찰할 수 있을 것이다. 그러나 월키조차 다음과 같이 창세기 1장을 시나 찬송으로 분류하는 데 반대한다. "창세기 1장이 찬송인가? 아니다. 창세기 1장에 시적 양식, 언어 관습, 고대 근동 찬송시에 담긴 송영의 곡조 등이 존재하지 않는다는 점은 명백하다."[17] 창세기의 장르를 "전설"로 간주했던 헤르만 궁켈(Hermann Gunkel)은, 창세기 49장을 제외한 "창세기 전체는 형태상 산문"이라고 말했다.[18] 심지어 베스터만 역시 궁켈에 동의하여 창세기 1:1-2:4은 "내러티브다"라고 말했다.[19] 창세기 1장은 히브리어 평행법을 사용하지 않고 일반 산문의 구조를 취한다. 하나님의 창조를 송축하는 시편 104편 같은 시와 창세기 1장을 대조해보면 그 차이는 두드러진다. 시편 104편은 창조 기사

15_ 예컨대 Walter Brueggemann, *Genesis: A Bible Commentary for Teaching and Preaching* (Interpretation; Atlanta: John Knox, 1982), 26-28. 또한 Bill Arnold, *Encountering the Book of Genesis* (Grand Rapids: Baker, 1998), 23: "문체가 점차 고취되는 것을 보면, 창세기 1장은 마치 시와 같다."

16_ Wenham, *Genesis 1-15*, 10. 그러나 Wenham은 창 1장이 시로 이루어진 고대 근동의 창조 이야기들과는 다르다고 지적한다. "창 1장은 전형적인 히브리 시가 아니다." 그는 이를 "점차 고조되는 산문이며 순수한 시는 아닌" 무언가로 부르는데, 그 이유는 "대부분의 내용이 산문이기" 때문이다. (10)

17_ Waltke, "Literary Genre," 6.

18_ Hermann Gunkel, *The Legends of Genesis* (1901; repr., Eugene, OR: Wipf & Stock, 2003), 37-38.

19_ Westermann, *Genesis 1-11*, 80. 또한 창 1장의 장르에 대한 Gerhard Hasel의 유용한 요약을 다음에서 확인할 수 있다. Gerhard Hasel, "The 'Days' of Creation in Genesis 1: Literal 'Days' or Figurative 'Periods/ Epochs' of Time?" *Origins* 21 (1994): 15-21.

를 시적으로 묘사하지만, 창세기 1장은 그렇지 않다.[20]

　사실 창세기 1장은 평범한 내러티브다. 히브리 산문에서 연속해서 순서대로 일어나는 일을 묘사하는 내러티브는 기본적으로 바브연속법을 써서 미완료로 표현한다.[21] 내가 세어본 결과로는, 창세기 1장은 50개의 바브연속법 미완료 동사를 31개의 절에 걸쳐서 포함하고 있는데, 이는 한 구절 당 평균 1.6번 사용되었음을 의미한다. 창세기의 첫 20장 가운데 세 개의 장을 제외하면, 바브연속법 형태 동사가 가장 많이 나타나는 것은 창세기 1장이다.[22] 반대로, 시 형태를 띠는 창세기 49:1b-27(야곱이 그의 아들들을 축복하는 본문)에는 바브연속법 동사가 단지 8번 나온다(이는 구절 당 0.30번이다).[23] 다시 말해 창세기 49장의 시 부분과 비교하여 창세기 1장에는 순차 내러티브임을 지시하는 표지가 대략 5배 이상 나타난다는 뜻이다. 의심의 여지없이 창세기 1장의 저자는 이 내러티브가 순서대로 나타나는 일반 행동을 나타내는 것으로 이해되기를 바랐다. 창세기 1장의 장르는 분명 내러티브이지, 시가 아니다.[24]

20_ 더 참고할 만한 자료로는, Stephen Boyd, "The Genre of Genesis 1:1-2:3: What Means This Text?" in *Coming to Grips with Genesis: Biblical Authority and the Age of the Earth* (ed. Terry Mortenson and Thane Ury; Green Forest, AR: Master, 2008), 163-92.

21_ Bruce K. Waltke and Michael O'Connor, *An Introduction to Biblical Hebrew Syntax* (Winona Lake, IN: Eisenbrauns, 1990), 543.

22_ 창 1-20장을 기준으로 했을 때, 창 1장보다 바브연속법 미완료 동사가 더 많이 나타나는 세 개의 장은 창 5장(60번), 11장(51번), 19장(64번)이다.

23_ Todd S. Beall, William A. Banks, and Colin Smith, *Old Testament Parsing Guide* (Nashville: Broadman & Holman, 2000), 1-15, 46.

24_ Hasel, "'Days' of Creation," 20: "창 1장의 창조 기사는 역사적 산문이다." 마찬가지로 Kaiser는 이렇게 말한다. "기본적으로, 본문을 배열하는 두 개의 광범위한 범주가 있는데, 시와 산문이다. 결정하는 문제는 어렵지 않다. 창 1-11장은 산문일 뿐, 시가 아니다. 연속하는 행동을 묘사하기 위해 바브연속법 동사가 사용된다는 점, 직접목적어를 나타내는 표현이나 관계 대명사의 잦은 사용, 정의(定義)에 대한 강조, 창조 사건들이 순서대로 펼쳐진다는 점은 우리가 읽는 텍스트가 시가 아니라 산문임을 잘 보여준다. 그러므로 우리는, 저자가 12-50장을 기록한 방식을 그대로 창 1-11장에서도 적용할 것임을 명백하게 의도하고 있다고 말해야 한다." Kaiser, "Literary Form of

하지만 몇몇 학자는 창세기 1장이 내러티브 형태의 산문이라고 마지 못해 주장하면서도 여전히 창세기 1장을 특별한 장르로 명명함으로써 본 문을 문자적으로 다루기보다 비유적으로 해석하는 데 정당성을 부여하려 한다. 존 콜린스(John Collins)는 창세기 1장이 한편으로는 시가 아님을 인 정하면서도 이를 "고양된 산문 내러티브"(exalted prose narrative)로 명명 하고 "우리가 다루는 것은 산문 내러티브다"라고 말하지만, 다른 한편으 로는 여전히 비문자적 해석이 가능하다고 주장한다.[25] 월키 역시 비록 창 세기 1장이 내러티브라고 인정하면서도 이를 "창조에 대한 문학적·예술 적 묘사"로 간주한다.[26] 그의 표현은 사실상 장르가 없다고 말하는 셈이다. 스텍이 할 수 있는 최선은 창세기 1장을 **고유한** 장르로 가정하고 그 독특 성을 강조하는 것이었다. 결국 창세기 1장의 경우, 주제상 독특하지만 형 태상 독특한 것은 아니라는 스텍의 언급에 모두 분명히 동의하리라 생각 한다.[27]

질문 3: 창세기 1장은 고대 근동의 세계관을 보여주는가?

하지만 주석가들이 창세기 1-2장을 이해하는 데 핵심이 되는 세 번째 질

Genesis 1-11," 59-60을 보라.

25_ C. John Collins, *Genesis 1-4: A Linguistic, Literary, and Theological Commentary* (Phillipsburg, NJ: P&R, 2006), 44.

26_ Waltke, "Literary Genre," 9. Waltke는 이 문구를 Henri Blocher에게서 가져왔다. 그것은 "The Literary Genre of Genesis, Chapter One"이라는 글 안에 매혹적으로 드러난다. Waltke는 결국 창 1장을 일반 장르로 분류하기를 거부하고, 그 내용을 묘사할 문구를 만들어낼 필요성을 발견한 것이다.

27_ Hasel, " 'Days' of Creation," 20도 보라. 그는 이렇게 말한다. "창 1장은 고유한 장르일 수 없다. 창 1장의 사실성, 정확성, 역사성 전달이라는 측면을 제외하고 극도로 문학적 측면에서만 접근한다 면 그렇다는 말이다."

문이 존재한다. 창세기 1장은 고대 근동의 세계관을 나타내는가? 만약 그렇다면, 그것은 본문에 대한 우리의 이해에 영향을 미치는가? 많은 복음주의 학자들은 창세기 1-11장을 (혹은 적어도 1-2장을) 고대 근동의 사회 환경이라는 틀로 이해해야 한다는 관점을 유지한다. 예를 들어 엔즈는 대담하게도 이렇게 언급한다.

> 창세기 1장의 날들이 문자적인지 비유적인지, 그것들이 현대 과학과 같은 선상에 있는지, (노아의) 홍수 기사가 지엽적이었는지 혹은 전 지구에 걸친 것이었는지, 현대 세계관에 따라 생성된 이러한 질문에 창세기가 해답을 준다고 기대하는 것은 근본적으로 오해다. 창세기가 대답하려는 질문은 야웨, 곧 이스라엘의 하나님이 경배받기에 합당하신 분인가 같은 문제다.…수천 년 전에 하나님이 단지 수천 년 후의 서구인만이 이해할 수 있는 방식으로 말하지 않을 수 없었다고 생각하는 것은 어처구니없는 행동이다. 그런 사고방식은 현대 서구 세계의 오만에 가깝다.[28]

이런 독단적인 접근 방식이 엔즈에게서만 나타나는 것은 아니다. "창조"(Creation)라는 글에서 월튼은 자신의 글 대부분을 성서 텍스트에 할애하는 대신, 고대 근동 문서에 대한 논의에 할당한다. 그는 이렇게 말한다.

> 성서의 신학적 메시지는 고대 근동 세계의 사람들에게 전달되었다. 만약 본문의 신학적 메시지를 이해하기 원한다면, 해당 본문을 단순히 우리 문화의 관점에 적용하기보다 고대 근동 세계관 안에 놓음으로써 유익을 얻을 수 있다.[29]

28_ Enns, *Inspiration and Incarnation*, 55.
29_ John H. Walton, "Creation," in *Dictionary of the Old Testament: Pentateuch* (ed. T. Desmond Alexander and David W. Baker; Downers Grove, IL: InterVarsity Press, 2003),

후에 월튼은 이렇게 말하기도 한다.

고대 근동 어디에서도 사람들은 창조를 생각할 때 무엇인가를 만드는 행위로 간주하지 않았다. 그것은 단지 계몽주의의 후손인 우리 서구인의 사고방식이다. 우리는 물리적 구조와 물질 형성의 역사에만 계속 집중한다.…우리 사회가 가르쳐온 바가 물질의 기원이라는 점은 중요하지만(참으로 그 문제가 중요하긴 하지만), 우리의 사회 관념 때문에 핵심에서 벗어날 수는 없다. 물질은 창세기 저자의 관심 대상이 아니었다.[30]

자신의 창세기 주석에서 월튼은 "하나님이 첫째 날 어떤 **것**을 만드셨냐고 묻는 것은 무의미하다. 본문은 **그것**에 관심을 기울이지 않기 때문이다. 본문은 그런 질문에 대답하지 않을 것이다"라고 덧붙인다.[31] 사실 자신의 다른 책에서 월튼은 "우주의 창조는 곧 우주적 성전의 낙성식임을 보여주기" 위해 창세기 1장이 7일 구조를 취한다고 결론짓는데, 이는 고대 근동의 우주론과 일치한다.[32]

비슷한 방식으로 반 틸(Van Till)은 창세기 1장을 "이야기로 표현된 신

156.

30_ Ibid., 161-62.

31_ John H. Walton, *Genesis* (NIV Application Commentary; Grand Rapids: Zondervan, 2001), 84.

32_ John H. Walton, *Genesis 1 as Ancient Cosmology* (Winona Lake, IN: Eisenbrauns, 2011), 190. Walton은 고대 근동 문헌에서 성소 건축과 관련된 제의적 의미를 찾아낸다. 그는 창세기 안에 있는 7일이라는 창조의 주기는 "창조 내러티브를 즉위식/성전 봉헌 배경이라는 상황 안에 둔다"라고 결론짓는다. (*Genesis*, 157). 같은 관점을 더 대중적으로 제시하는 자료로는, John H. Walton, *The Lost World of Genesis One: Ancient Cosmology and the Origins Debate* (Downers Grove, IL: InterVarsity Press, 2009), 77-100을 보라. 이 부분에서 언급된 세 개의 제안은 특별히 다음과 같다. "제안 8: 우주는 성전이다," "제안 9: 창세기 1장의 7일은 우주적 성전의 낙성식과 관련된다," "제안 10: 창세기 1장의 7일은 물질 기원과 관계없다."

학"의 형태를 띠는 "예술적 묘사"로 읽어야 한다고 주장하면서, "고대 근동의 예술 문학 형태로 기록된 예로서…창세기 1장은 고대 근동의 **원시 역사 문학이다**"라고 말한다.[33] 다른 책에서 그는 원시 역사(창세기 1-11장)와 족장 역사(12-50장)를 구분한다. 반 틸에 따르면 기억된 역사를 구전 전승으로 기록한 것이 족장 역사라면, 원시 역사는 "고대 근동 문화의 문학 전통 안에서 기록된 히브리 문학"이다.[34] 그에게 원시 역사 이야기는 "메시지가 담긴 내용물을 포함하는 '포장지'"일 뿐, 내용물 자체가 아니다.[35]

> (그 이야기들이 참인지 여부는) 서구의 관심사일 뿐, 고대 근동이나 히브리인들의 궁금증이 아니다. 그런 의문은 이 문제의 핵심을 주변 문제로 옮기는 것이며, 내러티브의 범위를 넘어서는 것들에 관심을 두게 한다.…고대 히브리 문학에서 구체적 이야기의 사실성은 세부 사항에 있다기보다 그 이야기가 그려내는 영원한 진실에 담겨 있다.[36]

그러므로 이 관점에 따르면 창세기 1-11장의 세부 사항에서 진리를

33_ Howard J. Van Till, "The Fully Gifted Creation," in *Three Views on Creation and Evolution* (ed. J. P. Moreland and John Mark Reynolds; Grand Rapids: Zondervan, 1999), 209-11. 비록 나는 Van Till의 결론에 전적으로 반대하지만, 오래된 지구 창조론자들에 대해 다음과 같이 비판하는 데는 동의한다. "그들은 (특별 창조 이야기로 해석되는) 창세기 내러티브의 묘사적 요소들을 역사적 세부 사항으로 해석하려는 매우 서투른 관점을 보이면서도 창조 내러티브의 7일 도식을 비유로 간주한다. 나는 이러한 2중 해석의 근거를 도무지 발견할 수 없다"(211). 이 앞부분에서 Van Till은 젊은 지구 창조론에 대해 "창세기 앞부분에 대한 일관된 해석을 시도하는 장점"을 가졌다고 평가한다(211).

34_ Van Till, *The Fourth Day*, 79-82.

35_ Ibid., 82.

36_ Ibid., 82-83. Van Till은 그것들이 우화와 비슷하다고 결론 내린다. "비록 문자적으로 받아들이지 않더라도, 중요하게 여길 것이다."

찾으려는 사람은 순진한 사람이며, 심지어 거만한 사람이 될지도 모른다. 창세기 저자가 1-11장이 문자적으로 해석되기를 의도하지 않았다고 주장하게 되면, 수많은 난제에 대해서도 방종하게 될 것이다. (이 관점에 따라) 본문이 언급하지 않는다고 여겨지는 문제들에 대해 그렇게 된다는 말이다.

그러나 이 관점은 많은 문제를 안고 있다. 첫째이자 가장 중요한 것은, 성서가 하나님의 권위 있는 말씀이라는 점이다. 이것은 기록되어야 할 내용을 하나님께서 감독하시고 지시하셨음을 뜻한다. 모세 혹은 다른 저자가 고대 근동 세계에 너무 깊이 함몰되어 있었으므로 그가 다른 고대 근동의 문학 작품과 같은 방식으로 창세기 1-11장을 기록했다고 주장하는 것은 성서 기록의 유일성을 부인하는 행동이다. 물론 모세가 그런 방식으로 쓰도록 하나님이 지시하셨을 수도 있다는 점은 분명하지만, 그분은 그렇게 하실 의무가 없었다.

사실 아이러니하게도 창조 기사는 (그것이 구전으로 전해졌든 직접 주어졌든 관계없이) 모세에게 초자연적으로 계시되어야 했다. 왜냐하면 첫 5일 동안 일어난 창조 행위를 증언할 사람이 없었기 때문이다! 왜 하나님이 고대 근동 신화를 사용하여 이 독특한 사건에 담긴 자신의 진리를 모세에게 전달하셨겠는가?

창세기에 나타나는 성서의 기록과 고대 근동의 신화가 약간 유사하기는 하지만, 다른 점이 훨씬 많다고 할 수 있다.[37] 성서 본문의 상당 부분이 고대 근동의 영향을 받았다는 주장을 선호하는 사람들조차 성서의 기록이 독특하다는 점을 인정한다.[38] 주님은 구약의 이스라엘 자손에게 다른

37_ "Contemporary Hermeneutical Approaches," 134-40 안에 있는 내 논의를 더 참조하라.

38_ *Creation and Chaos in the Primeval Era and the Eschaton* (1895 [German]; repr., Grand Rapids: Eerdmans, 2006), 80에서 Hermann Gunkel조차 바빌로니아 창조 기사를 "완전히 마구

신을 섬기지 말고 그들의 세계관을 따르지 말며 다른 열방처럼 되지 말라고 거듭 경고하신다. 그들은 유일한 백성이며, 예배와 신뢰와 순종을 받기에 홀로 합당하신 하나님을 섬기기 때문이다. 이스라엘은 고대 근동의 사고방식을 따르라는 명령을 받지 않았다. 다만 철저히 거부하라는 명령을 받았을 뿐이다.[39] 사실 창세기의 기사는 다른 고대 근동의 문학들과 매우 달라서, 많은 학자들은 창조 기사를 고대 근동의 다른 창조 신화들에 대한 일종의 반론으로 간주한다.[40] 만약 창세기 1-11장의 관점이 고대 근동의 세계관과 반대된다면, 왜 그 세계관을 따라 작성되었다고 말해야 하는가? 모든 부분에서 창세기 1-11장은 고대 근동의 세계관과 동떨어져 있으며, 이 세상의 신은 여럿이 아닌 오직 한 분, 곧 하나님뿐임을 드러낸다는 점에서 분명히 다르다. 그분은 영원하시고, 창조된 존재가 아니며, 질서대로 만물을 창조하셨고, 목적을 갖고 창조하셨다.[41]

월키, 스텍, 월튼은 모두 창세기 1장의 7일 패턴이 고대 근동의 유형론

잡이이고 터무니없이 거대하며 미개한 시"로 평가절하하면서, "절제된 산문"인 창세기의 "엄숙하면서도 점증하는 고요함"을 강조하고 두 기사 사이의 엄청난 차이에 주목했다.

39_ 참조. 신 18:9-14은 이스라엘로 하여금 이웃 나라들의 종교 풍습을 따르지 말라고 경고한다.

40_ 예컨대 Conrad Hyers, *The Meaning of Creation: Genesis and Modern Science* (Atlanta: John Knox, 1984), 42-46; Stek, "What Says the Scripture?," 229-31; Waltke, *Genesis*, 76; Gerhard F. Hasel, "The Polemic Nature of the Genesis Cosmology," *EvQ* 46 (1974): 81-91; Gordon H. Johnston, "Genesis 1-2:3 in the Light of Ancient Egyptian Creation Myths" (paper delivered at the annual meeting of the ETS, 15 November 2006), 10-14; 53-73; Tony Shetter, "Genesis 1-2 in Light of Ancient Egyptian Creation Myths" (paper delivered at the annual meeting of the ETS, 15 November 2006), 30-33; and Wenham, *Genesis 1-15*, xlv, 9을 보라.

41_ Van Groningen은 창 1-11장의 신학적 "사실들"을 역사적 사실이 아닌 텍스트로부터 도출하려는 시도는 "일종의 뒤바뀐 풍유적 주해"라고 지적한다. 풍유적 주해가 역사적 사건들로부터 영적인 진리들을 도출해내는 방식인 반면, "현대 주석가들은 다양한 이교적 자료들로부터 교묘하게 유도된 상징적·신화적·종교적 이야기들로부터 역사적 사실들을 유도해내려 한다." Gerard Van Groningen, "Interpretation of Genesis," *JETS* 13 (1970): 217을 참조하라.

(typology)에 기반을 두므로 문자적으로 해석되면 안 된다고 주장한다.[42] 그러나 그들에 의해 인용된 "7"과 관련된 어떤 문헌도 창조와는 관련이 없으며, 고대 근동의 어떤 창조 기사도 7일 창조를 언급하지 않는다. 월튼의 분석과 다르게 창세기 1장에는 성전(혹은 성전 우주론)이 언급되지 않는다. 오히려 7이라는 숫자가 고대 근동 문헌에서 창조와 관련이 없는 텍스트에 자주 나타나는 이유는 창세기가 묘사하는 문자적 창조 주간에 대한 그들의 오래된 기억 때문이라는 설명이 훨씬 개연성이 있다.

질문 4: 신약 저자들은 창세기 1-2장(과 창세기1-11장)을 어떻게 다루는가?

네 번째 질문은 창세기 앞부분에 대한 우리의 접근 방식과 관련된 모든 문제를 다루는 데 중요한 통찰을 제공한다. 즉 신약 저자들이 창세기 1-11장을 다뤘던 방식에 대한 질문이다. 창세기 1-2장이나 1-11장을 비문자적으로 해석하는 방식이 홍수를 이루면서, 몇몇 복음주의 학자는 이 본문에 대한 신약 저자들의 태도를 간과했던 것 같다. 만약 창세기 1-2장이나 창세기 1-11장이 비문자적으로 해석된다면, 신약 저자들은 이러한 해석 방식에 대해 중요한 증거를 제공해야 한다. 실은 이와 정반대의 경우가 나타난다고 할 수 있다. 신약에서 적어도 25단락이 창세기 1-11장을 언급하는데, 이 모든 단락은 창조 기사를 문자적으로 해석한다.[43]

42_ Waltke, *Genesis*, 77; Stek, "What Says the Scripture?" 239; Walton, *Genesis*, 155. 이에 대한 더 깊은 논의는, Beall, "Contemporary Hermeneutical Approaches," 158-59을 참조하라.

43_ Terry Mortenson, "Jesus' View of the Age of the Earth," and Ron Minton, "Apostolic Witness to Genesis Creation and the Flood," in *Coming to Grips with Genesis: Biblical Authority and the Age of the Earth* (ed. Terry Mortenson and Thane Ury; Green Forest,

이 논의에서 특히 주의해야 할 것은 신약성서에서 창세기 1-2장을 인용하는 부분이다. 창조 기사는 먼저 마태복음 19:4-6에서 예수에 의해 언급된다(병행 본문은 막 10:6-8에 등장한다). 이 단락은 매우 중요하다. 예수가 이 단락에서 이혼 문제에 대답하기 위해 창세기 1:27과 2:24을 권위 있는 성서 본문으로 인용하기 때문이다. 이 본문에서 예수가 창세기 1장의 남자 창조 이야기나 창세기 2장의 여자 창조 이야기를 일종의 풍유나 비유로 간주했다는 언급은 존재하지 않는다. 그뿐 아니라 창세기 1-2장을 인용하면서 예수는 자신의 요점을 확증하기 위해 창조 기사의 세부 사항을 가져온다. 마태복음 19:5에서 예수는 창세기 2:24("이러므로 남자가 부모를 떠나 그의 아내와 합하여 둘이 한 몸을 이룰지로다")를 인용하면서 "그런즉 이제 [그들은] 둘이 아니요 한 몸"이라고 결론짓는다. 예수는 인류의 창조라는 관념이나 개념을 사용한 것이 아니라, 아담의 갈비뼈에서 만들어진 하와에 대한 이야기를 그대로 인용한다. 다시 말해 예수는 창세기 1-2장의 전체 기사를 문자적으로 해석하고 있다.

사도 바울의 서신에서도 창세기 1-2장을 비슷하게 이해하는 부분이 나타난다. 에베소서 5:31에서 바울은 결혼에 대해 말하는데, 한 육체로의 연합을 언급하면서 창세기 2:24("둘이 한 몸을 이룰지로다")을 권위 있는 지지 본문으로 인용한다. 성적 부도덕에 대한 논쟁이 담긴 고린도전서 6:16에서 바울은 한 육체로의 연합을 강조하면서 다시 한 번 창세기 2:24을 그의 논의를 뒷받침하는 구절로 인용한다. 더욱이 남성의 권위를 언급하는 고린도전서 11:7-12에서 바울은 두 번이나 창세기 2장의 창조 기사로 거슬러 올라가 여자는 남자에게서 창조되었다고 강조한다(고전 11:8, 12). 그러므로 바울이 창조를 개념이나 관념으로만 다루고 있다고 주장하는

AR: Master, 2008), 315-46, 347-71을 참조하라.

것은 불가능하다. (여자는 남자의 창조 이후 남자의 몸에서 나왔다는) 창조 기사의 구체적 세부 사항을 바울이 인용하기 때문이다. 이 점은 창세기 1-2장을 문자적으로 해석하는 사람들을 제외한 모든 이들이 의문을 제기하는 부분이기도 하다.[44]

요점은, 창세기 나머지 부분(12-50장)에서 사용된 해석 방법과 다른 방식의 해석 전략을 창세기 1장이나 1-2장에만 적용하려는 시도는 어떤 정당성도 누릴 수 없다는 점이다. 신약 저자들은 분명히 해석상의 차이를 보이지 않았다. 이것은 다음과 같이 창세기 3-11장에 대한 신약 저자들의 사용 방식을 간략히 분석해봄으로써 알 수 있다.

신약 저자들은 창세기 1-2장의 창조 기사와 마찬가지로 창세기 3장의 타락 기사를 문자적으로 해석한다. 고린도후서 11:3에서 바울은 교활한 방식으로 하와를 유혹한 뱀에 대해 언급한다. 디모데전서 2:11-14에서 바울은 남자와 여자의 역할에 대해 논하면서, 왜 여자가 남자 위에서 권위를 가질 수 없는지 두 가지 이유를 다음과 같이 제시한다. 첫째, "아담이 먼저 지음을 받고 하와가 그 후"였다(창 2:20-23을 인용함. 하와가 아담보다 늦게 창조되었다고 분명히 언급하는 부분이다). 둘째, "아담이 속은 것이 아니고 여자가 속아 죄에 빠졌[기 때문]"이다(창 3:1-13을 인용함. 하와를 유혹하는 사탄에 대한 기사로 13절에서 하와가 뱀에게 속았다고 언급한다).[45] 다시 말하면, 창조 기사를 인용함으로써 바울은 타락 이야기의 세부 사항을 강조할 뿐이지 타락에 대한 어떤 일반 관념을 강조하지 않는다. 또 하나의 중요한 본문은 로마서 5:12-14인데, 이 단락은 죄의 기원을 아담이라는 특정한 개

44_ 아울러 고후 4:6은 "어두운데 빛이 비치라"라는 하나님의 말씀을 인용하는데, 이는 창 1:2-5을 암시할 가능성이 있다. 히 4:4(일곱째 날에 쉬시는 하나님)은 창 2:2을 권위 있는 본문으로 인용한다.
45_ 모든 세상을 속이는 뱀에 대한 계 12:9의 언급을 또한 참조하라(계 20:2-3).

인으로 추정한다. 바울은 "아담으로부터 모세까지 사망이 왕 노릇[했다]" 라고 설명한다. 여기에서 아담과 그의 죄는 모세의 경우와 동일한 표현으로 언급되어 있다. 만약 아담이 역사적 존재가 아니라면, 그렇게 생각하는 사람은 모세의 역사성에도 의문을 가져야만 한다.[46]

비슷한 방식으로, 가인(창 4장)이 아벨을 살해한 사건은 신약에서 실제로 일어난 사건으로 언급된다. 요한1서 3:12은 가인이 "악한 자에게 속하여 그 아우를 죽였으니"라고 언급한다.[47] 예수도 죽임을 당한 예언자들에 대해 언급하며 누가복음 11:51과 마태복음 23:35에서 "의로운 아벨의 피"를 언급한다. 이는 분명히 창세기 4:10-11절을 언급한 것인데, 거기서 야웨는 가인에게 아우의 피가 땅에서부터 호소한다고 말한다.[48]

창세기 6-8장의 홍수 기사에 대한 언급은 어떤가? 신약 저자들은 종종 이 사건을 언급할 때, 홍수나 노아 중 그 어떤 부분에서도 역사성에 대한 의문의 여지를 남기지 않는다. 예수는 자신의 재림이 노아의 때와 비슷하다고 말하면서 "노아의 때와 같이…홍수 전에 노아가 방주에 들어가던 날까지 사람들이 먹고 마시고 장가들고 시집가고 있으면서…"(마 24:37-38)라는 문장을 인용한다. 이 부분에서 놀라운 것은 노아와 방주를 언급했다는 사실이 아니라, 결혼에 대한 세부 사항을 언급했다는 점이다. 창세기 6:2-4로부터 홍수 사건 당시의 정확한 배경 말이다. 신약 저자들은 시간과 세부 사항을 언급했을 뿐, 창세기 1-11장에 나타나는 어떤 관념에 대해 말하지 않는다. 누가복음 17:26-27에서 예수는 노아와 방주,

---

46_ 또한 고전 15:22은 "아담 안에서 모든 사람이 죽은 것 같이 그리스도 안에서 모든 사람이 삶을 얻으리라"라고 말한다. 한편 롬 8:19-22은 창조 세계에 미친 타락의 영향을 잘 설명해준다.

47_ 유 1:11도 "화 있을진저! 이 사람들이여, 가인의 길에 행하였으며, 삯을 위하여 발람의 어그러진 길로 몰려갔으며, 고라의 패역을 따라 멸망을 받았도다"라고 말한다. 가인은 발람과 고라 자손처럼 역사적 인물로 간주되었다.

48_ 히 12:24를 보라.

홍수, 롯과 소돔, 소돔에 대한 하나님의 심판과 롯의 아내 이야기를 성서의 순서와 비슷한 방식으로 계속해서 언급한다(눅 17:28-29). 해당 본문은 노아와 그의 방주를 롯과 소돔의 이야기와 마찬가지로 역사적 사실로 다룬다.[49] 창세기 6-8장과 창세기 19장에 대한 예수의 사고방식에는 어떤 해석상의 차이도 존재하지 않는다. 마찬가지 방식으로 베드로 역시 베드로전서 3:20, 베드로후서 2:5, 3:5-6에서 노아와 홍수 기사를 언급한다.

믿음 장으로 유명한 히브리서 11장의 저자는 세상을 만드신 하나님(창 1장)을 언급하면서 시작한다. 다음으로 아벨이 가인보다 더 나은 제사를 드렸음을 언급하고(창 4:3-7의 세부 사항), 에녹이 죽음을 보지 않고 옮기심을 받은 사건(특별히 창 5:24를 인용함)과 방주를 지은 노아의 믿음을 언급한다(히 11:3-7). 뒤따르는 구절에서 저자는 아브라함, 사라, 이삭, 야곱, 요셉, 모세, 라합, 사사들, 다윗, 사무엘과 예언자들을 계속 언급한다(히 11:8-32). 8-32절에 언급된 인물들을 역사적 인물들로 간주하면서도 3-7절의 기사에 등장하는 인물들과 사건들을 실제 역사로 다루지 않는 태도는 해석학적으로 정당화될 수 없다. 히브리서 기자는 구약성서 전체를 역사적으로 정확한 문헌으로 간주한다.

마지막으로, 앞에서 언급했듯이 창세기 1-11장은 단순히 창조, 타락, 홍수에 대한 기사가 아니다. 그것은 광범위한 계보들을 포함한다.[50] 누가복음 3:23-38에 나오는 예수의 계보에는 창세기 1-11장에서 취한 20명의 이름이 (데라부터 아담까지) 등장하는데, 계보에서 먼저 언급된 55명의 이름이 역사적 인물로 간주되는 것과 마찬가지로 이 20명의 이름 역시 역

49_ John W. Wenham, "Christ's View of Scripture," in *Inerrancy* (ed. Norman Geisler; Grand Rapids: Zondervan, 1980), 9도 보라. Wenham의 기고문 전체는 같은 책에 있는 Edwin A. Blum, "The Apostles' View of Scripture," 39-53처럼 매우 뛰어나다.

50_ 창 1-11장의 계보들이 갖는 중요성에 대한 Westermann의 언급을 참조하라(46쪽 각주 6번에 언급되어 있다.)

사적 인물로 취급된다.[51] 그렇다면 마지막에 언급되는 이 20명은 "원시 역사"에 속하는 인물이므로 역사적이지 않고, 앞에서 언급된 55명만 역사적 인물이라고 어떻게 말할 수 있겠는가? 그런 방식은 해석학적으로 말이 안 된다. 단지 창세기 1-2장이나 1-11장만을 비역사로 간주하기보다는, 차라리 오경 전체를 비역사로 보는 편이 훨씬 더 논리적이다. 벨하우젠(Wellhausen)과 몇몇 비평주의 학자가 그랬듯이 말이다. 신약 저자들이 20명과 55명을 다르게 취급했다는 언급이 없으므로, 그들을 마땅히 함께 취급해야 한다.[52]

신약 저자들이 창세기 1-2장과 1-11장을 역사 문헌으로 간주했다는 압도적 증거를 회피하려는 학자들은 예수, 바울, 베드로 및 다른 신약성서의 저자들이 그들의 가르침을 당시 사람들의 관점에 맞췄다고 믿는다.[53] 그런 관점은 받아들일 수 없다. 첫째, 위에서 언급된 모든 경우를 보면, 예수, 바울, 베드로 및 히브리서 저자는 그들의 요점을 정당화하기 위해 창세기 단락을 가져왔다. 예수는 이혼에 대한 자신의 논의를 강화하기 위해 굳이 창세기 1-2장을 언급할 필요가 없었는데도 그렇게 했다. 바울은 남성의 머리됨에 대한 논의에서 아담의 몸에서 하와가 창조되었다는 사실을 언급할 필요가 없었는데도 그렇게 했다. 신약성서 저자들이 당시의 잘못된 관점에 자신들을 맞췄다고 주장하는 것은 성서의 무오성 교리와도 맞지 않다. 더욱이 예수가 그렇게 자신의 일부를 일부러 당시 사

51_ 유 1:14에서 에녹은 "아담으로부터 7대손"으로 표현되므로, 창 5:1-18의 계보를 입증한다.
52_ Van Groningen은 창세기 해석의 문제에서 신약의 증언이 가진 중요성을 다음과 같이 적절하게 강조한다. "만약 신약 저자들을 영감 받은 저자들로 적절하게 간주한다면, 참으로 그러하다면, 우리는 그들이 창세기 기사들을 사실이자 역사적 사건으로 고려하고 있다는 점을 수용하고 따라야 한다"("Interpretation of Genesis," 215을 보라).
53_ 예컨대 H. R. Boer, *Above the Battle? The Bible and Its Critics* (Grand Rapids: Eerdmans, 1975), 95에서 Boer는 "예수는 반복해서 자신을 당시에 존재했던 가치에 맞추었다. 현대의 우리가 더는 받아들이기 힘든 가치로 말이다"라고 주장한다.

람들에게 맞췄다고 주장하는 것은, 성서의 무오성 교리뿐 아니라 예수의 완전함과 죄 없음에도 문제를 일으킨다. 예수는 그 시대의 잘못된 교훈을 지적하고 고치는 데 주저하지 않았다.[54] 사실 산상수훈에서 예수는 다섯 번이나 당시 종교 지도자들이 말하는 바("너희가…라고 말하는 것을 들었으나")와 자신이 가르치는 바("그러나 내가 말하노니…")를 대조했다.[55] 한 저자가 예수의 구약 인용에 대해 관찰했듯이 "그것들은 결코 피할 수 없으며 축적된 증거로 뭉쳐진 큰 덩어리를 형성한다."[56] 예수와 사도들은 창세기 1-2장과 1-11장을 역사적 사실로 보았을 뿐, 신학적 사실이 담긴 부정확한 모음집 같은 것으로 여기지 않았다.[57] 앨리스테어 맥키터릭(Alistair McKitterick)이 적절히 기록했듯이 "역사적으로 교회는 '태초에', 즉 죽음이 세상을 지배한 그곳에서 얼마 길지 않은 시간이 지난 후에 아담과 하와가 창조되었다고 창세기를 해석한 예수의 관점을 항상 따랐다. 창세기의 언어는 암호화되어 있거나 비신화화되어 있지 않다. 창세기의 언어는 역사적이고 연대기적이며 의도를 지닌다."[58]

54_ John Wenham은 다소 비꼬듯이 "그는 당시의 기반을 형성했던 신념에 대해 과도하게 자신이 민감한 것처럼 보이려 하지 않았다"라고 관찰한다("Christ's View of Scripture," 14).

55_ 마 5:21-22, 27-28, 33-34, 38-39, 43-44.

56_ Wenham, "Christ's View of Scripture," 29.

57_ 몇몇 복음주의 학자가 창 1-11장에 대한 예수의 관점에 거의 주의를 기울이지 않는다는 점은 매우 슬픈 일이다. 예를 들어 Enns의 *Inspiration and Incarnation*에는 내가 다룬 본문이 하나도 논의되지 않고 있다(비록 Enns가 유 1:14을 언급하긴 하지만, 완전히 다른 문맥에서 그렇게 한다).

58_ Alistair McKitterick, "The Language of Genesis," in *Should Christians Embrace Evolution? Biblical and Scientific Responses* (ed. Norman C. Nevin; Phillipsburg, NJ: P&R, 2009), 42.

질문5: 최신 과학 이론에 타협하는 행동이
최근의 비문자적 관점을 낳았는가?

창세기 1-2장과 관련하여 논의해야 할 다섯 번째 질문이 있다. 왜 비문자적인 방식으로 창세기 1-2장을 읽으려는 다른 시도가 그렇게 많이 존재하는가? 앞에서 제기된 많은 증거, 특히 신약의 증거에도 불구하고, 왜 많은 복음주의 학자는 창세기 1-2장의 문자적 해석을 회피하는가? 내 생각에는, 최근의 과학 이론과 성서 본문을 조화시키려고 많은 학자가 비문자적 해석을 제안하는 것 같다. 하지만 그들이 그렇게 생각하는 것은 창세기 1장의 주해와 아무런 관련이 없다. 창세기 1장을 있는 그대로, 가장 단순한 방식으로 읽어보면, 하나님이 세상을 (하루가 24시간인) 6일 동안 창조하셨음을 알 수 있다. 이는 많은 복음주 학자들도 인정하는 부분이다.[59] 많은 복음주의자가 진화론이나 (기껏해야) 지구의 나이에 대한 지질학 증거를 신봉하고 있다. 이러한 이해는 그들이 창세기 1장을 해석하는 방식에 영향을 미치게 된다. 2009년에 월키는 (창 1-2장을 해석하는 주된 근거는 진화론이라는) 자신의 전제를 바이오로고스(Biologos) 재단이 배포한 영상을 통해 분명하게 밝혔으나, 사실 그 이전에 출간된 창세기 주석에서부터 이미 그의 견해는 명백히 드러났다.[60] 최근 엔즈는 창세기 1-3장과 관련하

59_ 예를 들어 R. Laird Harris, "The Length of the Creative Days in Genesis 1," in *Did God Create in Six Days?* (ed. Joseph Pipa Jr. and David Hall; 2d ed.; White Hall, WV: Tolle Lege, 2005), 103은 이렇게 말한다. "나는 하루를 24시간으로 보는 견해가 창 1장을 읽는 가장 자연스러운 방식이라고 솔직하게 인정한다." 또한 Todd S. Beall, "Christians in the Public Square: How Far Should Evangelicals Go in the Creation-Evolution Debate?" (paper delivered at the annual meeting of the ETS, 15 November 2006 [www.biblearchaeology.org/file. axd?file=Creation+Evolution+ Debate+Beall.pdf]), 3-4에 언급된 Mark Ross, Victor P. Hamilton, Wenham의 견해를 참조하라.

60_ 이 주석에서 Waltke는 창 1장의 하루를 24시간으로 간주하는 문자적 견해를 포기하면서 각주를 통해 다음과 같이 설명한다. "대부분의 과학자는 문자적인 24시간 주기를 거부한다"(*Genesis*, 61

여 월키와 비슷한 견해를 표명한 바 있다.[61] 나는 이러한 복음주의 학자들이 최신 진화론이나 지질학을 지나치게 신뢰하면서 잘못된 방향으로 빠지고 있다고 생각한다. 왜냐하면 이 두 사람은 입증되지 않은 가설인 동일과정설(uniformitarianism)에 정초하여 창조 기사를 해석하기 때문이다. 동일과정설은 우리가 관찰할 수 있는 우주에서 지금 일어나는 지질학 과정이 항상 같은 속도와 같은 방식으로 일어난다는 견해다. 이러한 동일과정설에 따르면 물질의 반감기는 시간에 따라 일정하기 때문에, 이를테면 우리는 탄소-14를 사용하여 화석의 나이를 결정할 수 있다. 하지만 예컨대 창세기 6-8장의 대홍수(참조. 벧후 3:3-6)처럼 큰 격변을 동반한 사건은 이러한 동일과정설의 가정을 무용지물로 만든다. 사실 동일과정설은 여느 기적 사건과도 곧바로 충돌할 수밖에 없다. 공립학교와 대학에서 수십 년 동안 여전히 진화론을 가르치고 있으므로 우리가 이런 대가를 치러온 셈이다. 다윈의 진화론을 반박하는 더 많은 증거가 나타나고 있지만, 많은 복음주의 신학자들은 이 주제에 대한 최근의 경향을 제대로 반영하지 못하는 듯하다.[62]

---

n. 29). 그가 다른 많은 주석에서 보여주었듯이 그렇게 뛰어난 수준의 주해가 어디 있겠느냐고 반문할 사람들이 있을지도 모르겠다. 하지만 과학자들이 문자적 견해를 거부하기 때문에 성서 본문이 무엇이라고 말하는지를 먼저 묻지도 않은 채, 우리도 그들을 따라 성서의 무오성을 포기해야 하는가?

61_ 이하 논의를 참고하라.

62_ 예를 들어 Stephen C. Meyer, *Signature in the Cell: DNA and the Evidence for Intelligent Design* (New York: HarperOne, 2009); Michael Behe, *Darwin's Black Box: The Biochemical Challenge to Evolution* (New York: Simon & Schuster, 2006); Norman C. Nevin, ed., *Should Christians Embrace Evolution? Biblical and Scientific Responses* (Phillipsburg, NJ: P&R, 2009); and Suzan Mazur, *The Altenberg 16: An Exposé of the Evolution Industry* (Berkeley, CA: North Atlantic, 2009).

결론: 미끄러운 비탈길에서

(창 1-11장뿐 아니라) 창세기 1-2장을 가장 단순하고 정확하게 대하려면, 예수와 신약 저자들이 그러했듯이 이를 문자적·역사적 사건으로 취급해야 한다. 이러한 접근 방식 때문에 미안해할 필요는 없다. 제임스 바르(James Barr)는 『근본주의』(*Fundamentalism*)라는 책에서 보수 복음주의자들을 가리켜 성서에 대한 문자적 해석을 강요하면서 정작 창세기의 창조 기사에서는 이를 포기하는 자들이라고 평가하였다. 바르는 "근본주의자 자신이 이미 과학적 방법론에 대해 더욱더 동의하기 때문에, 그들은 성서의 무오성을…수호하기 위해 문자적 해석에서 비문자적 해석으로 해석 방식을 전환하였다"라고 설명한다. 성서 해석의 오류가 가져올 결과를 피하기 위해, 근본주의자는 "문자적 해석만 아니라면 가능한 모든 해석을 시도하려 했다." 하지만 바르가 적절하게 지적했듯이, "사실 유일하게 자연스러운 주해는 문자적 주해다. 문자적 주해야말로 저자가 의미했던 바라는 점에서 그러하다."[63]

바르가 맥을 정확히 짚었다. 그리고 창세기 1-2장이나 1-11장을 해석하려고 창세기의 나머지 부분과 일관성 없는 해석 방식을 적용하게 되면, 더 큰 위험이 존재한다. 과연 어디에서 비유적 해석이 종결되는가?[64] 앞에서 언급했듯이, 비평학자들은 창세기 전체가 비유적 신화라는 견해를 오랫동안 유지했다. 만약 우리가 창세기 1장을 비유 언어로 이해한다면, 어디에서 그 비유가 종결되는가?[65] 우리는 앞에서 월키가 아담이 역사적

63_ James Barr, *Fundamentalism* (Philadelphia: Westminster Press, 1977), 42.

64_ 2011년 가을에 나는 Richard Averbeck, C. John Collins, Walter Kaiser, Tremper Longman, Bruce Waltke, John Walton과 함께 이 논의에 참여했으나, 이런 필수 질문에 해답을 제시하는 학자를 보지 못했다.

65_ Wayne Grudem은 진화와 성서를 조화시키면 수많은 것이 위험에 처한다고 지적해준다. "무엇

인물이라는 견해를 조심스럽게 피력하고 있음을 보았다. 다른 복음주의자인 트렘퍼 롱맨(Tremper Longman)도 마찬가지였다.[66] 그러나 이제는 그렇지 않다. 바이오로고스 웹사이트에 올라온 롱맨의 글을 보자.

아담이 창조된 방식에 대한 묘사는 분명히 비유다. 아담이라 불렸던 사람이 실제로 존재했고 첫 인간이었는지를 묻는 말에 대한 대답은 열려 있다. 아마도 하나님이 적절한 때에 인류를 발전시키실 때, 첫 번째 남자와 첫 번째 여자로 지목하신 아담과 하와가 있었을 것이다. 혹은 아마도 아담—그의 이름은 히브리어로 "인간"을 뜻한다—자신은 인류 일반을 나타내는 비유일 것이다. 나는 아직 이 부분에 대한 해결책을 찾지 못했다. 다만 명백히 비유적 묘사로 가득 찬 창세기 1장에서 아담을 문자적으로 이해해야 한다고 주장하는 것은 무의미하다는 점을 깨달았을 따름이다. 어떤 이들은 아담을 인용하는 신약성서 단락(롬 5장과 고전 15장)을 언급하면서 이 문제를 해결할 수 있다고 주장하곤 한다. 하지만 역사적 인물과 문학적 (허구) 인물 사이의 유비는 가능할 뿐만 아니라 심지어 자연스러우므로, 이에 대한 해결책이라 할 수 없다.[67]

이 위험에 빠졌는가? 많다. 성서 전체의 기반이 되는 첫 세 장(창 1-3장)이 참되다는 믿음, 인류가 단일하다는 믿음, 인간이 하나님의 모든 피조물 가운데 독특한 존재라는 믿음, 하나님의 형상으로 특별히 창조된 아담과 하와가 실존했다는 믿음, 아담으로 대표되는 저주와 그리스도로 대표되는 구원이 서로 병행을 이룬다는 믿음, 하나님의 원래 창조가 선했다는 믿음, 오늘날의 고통과 죽음이 죄의 결과일 뿐, 하나님이 원래 창조하신 부분이 아니라는 믿음, 오늘날의 자연 재앙이 타락의 결과일 뿐, 하나님의 원래 창조하신 부분이 아니라는 믿음, 진화가 이러한 기초를 무너뜨린다고 믿는 믿음이 그것이다." Wayne Grudem, "Foreword," in *Should Christians Embrace Evolution? Biblical and Scientific Responses* (ed. Norman C. Nevin; Phillipsburg, NJ: P&R, 2009), 10.

66_ Tremper Longman III, *How to Read Genesis* (Downers Grove, IL: InterVarsity Press, 2005), 106-15에서 Longman은 아담과 하와를 역사적 인물로 취급한다. 그들을 다른 방식으로 다뤄야한다는 암시는 Longman의 글 어디에도 없다.

67_ Tremper Longman III, "Is There a Historical Adam?" (14 August 2010), http://biolo- gos.

사실 내가 이 기고문을 마칠 때쯤, 로마서 5:12-21에 등장하는 죄의 보편성을 다루는 바울의 논증에서 아담의 역사성은 "필수 요소가 아니다" 라는 주장을 자세히 밝히려는 엔즈의 책이 출간되었다.[68] 엔즈는 "인간의 기원에 대해 우리가 지닌 과학적 증거와 그 기원을 다루는 고대 이야기들의 특성에 대해 우리가 가진 문학적 증거는 압도적으로 설득력이 있다. 따라서 바울이 아담을 이해했던 방식으로 아담을 첫 번째 인간이라고 믿는 믿음은 필수 요소가 아니다"라고 결론짓는다.[69]

창세기 1-11장의 일부나 전체를 비유로 해석하는 모든 사람에게 내가 던지고 싶은 질문은 이렇다. 창세기의 나머지 부분보다 창세기 1-11장이나 1-2장을 더 비유적으로 해석하는 것이 가능하다는 주장의 정당성은 어디서 나오는가? 앞에서 인용된 롱맨과 엔즈의 결론에서 볼 수 있듯이, 쉬운 해답은 없다. 이들도 창세기의 나머지 부분에 대한 해석 방식과 다른 틀을 창세기 1-11장이나 1-2장에 적용하는 것을 가능케 하는 어떤 정당성이 있다고 믿는 것은 아니다. 노엘 웍스(Noel Weeks)가 관찰했듯이 "기본 질문은 성서에 대한 우리의 해석이 성서 자체에 의해 결정되느냐, 혹은 그 밖의 다른 권위로부터 그렇게 되느냐다. 과학이 자율적 권위로 한번 자리 잡게 되면 그것은 결국 우리가 성서를 해석하는 방식을 결정하게 되는 경향이 있다."[70] 내 결론은, 창세기 1-2장이나 1-11장을 적절하게 해석할 유일한 해석 전략은 그것들을 문자적으로 해석하도록 의도

---

org/blog/is-there-a-historical-adam/#. 아울러 Richard Carlson and Tremper Longman III, *Science, Creation and the Bible: Reconciling Rival Theories of Origins* (Downers Grove, IL: IVP Academic, 2010)을 보라. 거기서 Carlson과 Longman은 유신 진화론(theistic evolution)을 옹호한다.

68_ Peter Enns, *The Evolution of Adam: What the Bible Does and Doesn't Say About Human Origins* (Grand Rapids: Brazos, 2012), 82.

69_ Ibid., 122.

70_ Noel Weeks, "The Hermeneutical Problem of Genesis 1-11," *Them* 4 (1978): 16.

된 역사 내러티브로 보자는 것이다. 어떤 다른 접근 방식을 사용하고 문자적 해석을 일부분에서 약간 사용하는 것은 우리 주님, 신약 저자들, 창세기 텍스트 자체에 주어진 명백한 증거를 무시하는 미끄러운 비탈길에 발을 들여놓는 행동이다.

참고문헌

Behe, Michael. *Darwin's Black Box: The Biochemical Challenge to Evolution*. New York: Simon & Schuster, 1996.

Davis, John J. *Paradise to Prison: Studies in Genesis*. Salem, WI: Sheffield, 1998.

Jordan, James. *Creation in Six Days: A Defense of the Traditional Reading of Genesis One*. Moscow, ID: Canon, 1999.

Kelly, Douglas F. *Creation and Change: Genesis 1:1-2:4 in the Light of Changing Scientific Paradigms*. Fearn, Ross-shire, Scotland: Mentor, 1999.

Kulikovsky, Andrew S. *Creation, Fall, Restoration: A Biblical Theology of Creation*. Fearn, Ross-shire, Scotland: Mentor, 2009.

Meyer, Stephen C. *Signature in the Cell: DNA and the Evidence for Intelligent Design*. New York: HarperOne, 2009.

Mortenson, Terry, and Thane Ury, eds. *Coming to Grips with Genesis: Biblical Authority and the Age of the Earth*. Green Forest, AR: Master, 2008.

Nevin, Norman C., ed. *Should Christians Embrace Evolution? Biblical and Scientific Responses*. Phillipsburg, NJ: P&R, 2009.

Sarfati, Jonathan. *Refuting Compromise*. Green Forest, AR: Master, 2004.

Snelling, Andrew A. *Earth's Catastrophic Past: Geology, Creation, and the Flood*. 2 vols. Dallas: Institute for Creation Research, 2009.

Spetner, Lee. *Not by Chance*. Brooklyn, NY: Judaica Press, 1998.

Young, E. J. *Studies in Genesis One*. Phillipsburg, NJ: P&R, 1999.

논평

리처드 E. 에이버벡

개인적으로 비일의 기고문에 동의하는 점이 많다. 예를 들어 그가 텍스트에 대해 제시하는 네 가지 접근 방식(신화적, 비유적, 부분적으로 비유적, 문자적 해석)은, 전적으로 적절하지는 않다고 해도 유용하다. 창세기 1장이 시가 아닌 내러티브라는 점 역시 수용할만하다. 비록 본문이 바브연속법을 아주 많이 사용하더라도, 이를 "내러티브의 시학"(poetics of narrative)으로 볼 수 있더라도 그렇다는 말이다.[71] 또한 비일은 신약성서가 창세기 1-2장을 사용하는 방식의 중요성에 대해 관심을 기울이고 논의하는데, 실제로 아담과 하와가 첫 번째 인류로 존재했으며 그들로부터 우리 모두가 유래되었다고 주장한다. 우주의 기원에 대한 현대 과학 이론이 성서의 창조 기사에 대한 우리의 해석을 좌우하는 것을 적합한 해석 원리라고 말하지 않고, 오히려 그 위험성을 경고하는 태도 역시 적절하다고 할 수 있다.

비일은 창세기 1-2장의 해석에 고대 근동의 신화 문학과 문화를 강요

71_ 예를 들어 Adele Berlin, *Poetics and Interpretation of Biblical Narrative* (Sheffield: Al-mond Press, 1983). 창 1장은 병행이 되는 패턴을 많이 보여준다. 예를 들면, "[그리고] 하나님이 이르시되"라는 표현과 "저녁이 되며 아침이 되니 이는 ~날이니라" 같은 표현이 6일 동안 각 날에 등장하며, 그 외에도 많은 병행이 나타난다.

하는 몇몇 학자의 방법론에도 이의를 제기한다. 이러한 그의 지적은 타당하다. 하지만 불행하게도 "창세기에 나타나는 성서의 기록과 고대 근동의 신화가 약간 유사하기는 하[다]"라는 비일의 인정은 다소 공허하다. 자신이 말하는 유사성이 의미하는 바와 그렇지 않은 것에 대해 구체적인 증거를 전혀 제공하지 않았기 때문이다. 비일은 고대 근동 신화들을 반박하는 성서 텍스트 내의 변증이 있다고—이는 내가 비일에 동의하는 또 하나의 요소다—주장하지만, 그 점이 창세기 1장이 "모든 부분에서…고대 근동의 세계관과 동떨어져 있[다]"라는 그의 주장을 뒷받침하는 것은 아니다. 창세기 1장은 고대 근동 세계 내에 있을 뿐 아니라, 이에 대항하여 존재하기도 한다. 마치 그리스도인인 우리가 인간으로서 자연스럽게 이 세상에 속해있을 뿐 아니라, 죄로 오염된 이 세상의 에토스와 사상의 기준과 행동에 대항하도록 부르심을 받은 것처럼 말이다. 신자들이 우리 주변의 불신자들과 공유하는 사고방식과 삶의 특성이 존재할 뿐 아니라(이를테면 우리는 모두 아이를 가진다), 우리가 그들과 다르다고 여기는 방식도 존재한다 (이를테면 신자는 아이들이 주님을 사랑하도록 키우려고 한다).

그의 글 첫 단락에서 비일은 "나는 성서가 문자적으로 6일 창조를 말한다고 믿었다. 하지만…"이라고 말할 법한 나와 같은 사람을 비판하고 나서, 왜 그들이 더는 문자적 해석을 지지하지 않는지를 설명한다. 그는 이러한 언급에 담긴 교만과 우월성을 감지할 뿐 아니라 성서의 진리와 신뢰성에 충실하기보다 과학의 압박에 굴복하는 태도를 인식한다. 내 생각에는 어느 편이라 해도 이런 태도가 들어설 여지는 없다고 본다. 어떤 경우든지, 한 사람이 생각을 바꾸는 것이 미덕의 문제일 수는 있어도 범죄의 문제일 수는 없다. 우리는 이에 대해 역사적 예를 발견할 수 있으며, 그것은 우리가 다루는 주제와 직접 관련된다.

독자들은 16-17세기에 일어난 코페르니쿠스의 혁명을 기억할 것이다. 대략 마르틴 루터(Martin Luther)와 장 칼뱅(John Calvin)이 활동했던 종교개혁 시대의 일이었다. 간단히 말하자면, 코페르니쿠스는 태양이 지구를 도는 것이 아니라 지구가 태양을 돈다는 사실을 밝혀냈다. 이 사실을 훨씬 전에 알았던 사람들도 있었지만, 이를 수학적으로 증명한 것은 그가 처음이었다.[72] 그 시대 대부분의 사람은 지구가 물리적 우주의 중심이며, 모든 것은 지구를 중심으로 돈다고 믿었다. 그들은 그것이 성서의 가르침이라고 믿었다. 루터도 그중 한 명이었다.

오늘날의 우리는 그 시대의 사람들이 이 점에 대해 잘못 이해했음을 안다. 비록 그들이 다른 많은 부분을 바르게 해석했다고 해도 말이다. 문제는 성서 자체가 아니라, 많은 선한 그리스도인이 성서의 특정 부분을 해석했던 방식에 달려 있었다. 성서는 태양이 지구의 주위를 돈다고 전혀 말하지 않았다. 성서는 그것에 대해 아무것도 말하지 않는다. 우리가 "평평한 지구 학회"(Flat Earth Society)나 다른 비주류 학파에 속하는 것이 아닌 한, 일반적으로 태양이 "뜨고" "진다"라는 표현을 사용한다 해도 오늘날 우리는 지구가 평평하다거나 태양이 지구의 주위를 돈다고 믿지는 않는다. 내가 말하려는 것은, 우리가 성서를 읽어온 방식이 물리적 우주의 실체를 정당화하지도 않을뿐더러 창세기 1-2장과 성서의 다른 텍스트들이 그것에 대해 말하려 하지도 않는다는 점에 대해 우리 중 누군가는 다시 한 번 인식해야 할 필요가 있다는 점이다.

과거 수년에 걸쳐 나도 6일 동안 천지가 창조되었다는 젊은 지구 창조론을 믿고 가르쳤다. 나는 여전히 이 해석에 깊은 존중심을 갖고 있다. 사

72_ 이 문제에 대해 광범위한 연구를 요청할 수는 없지만, 독자들은 "코페르니쿠스의 혁명"(Copernican Revolution)이라는 키워드를 통해 이 주제와 관련된 역사와 다양한 요소를 담은 유용한 글을 찾을 수 있다. http://physics.ucr.edu/~wudka/Physics7/Notes_www/node41.html.을 참고하라.

실 지금까지는 아마도 그것이 정확한 해석이라고 말할 수 있을지도 모르 겠지만, 해당 텍스트를 다룬 최근 몇 년간의 연구를 토대로 생각해보면, 적어도 내가 보기에는 그렇지 않은 것 같다. 심지어 초창기 시절에도 내 마음 한편에는 문자적 해석에 대해 지워지지 않는 해석상의 의문이 자리 잡고 있었다. 그중 일부는 젊은 지구 창조론자들이 성서 텍스트를 지나치 게 과학적으로 읽으려는 태도 때문이었고, 다른 일부는 텍스트 자체가 갖 는 문학적 특성 때문이었다.

후자와 관련하여 예를 들면, 나는 점차 6일/7일 패턴이 성서와 고대 근동 텍스트에 흔하게 등장하며 고대 이스라엘인들에게 문학 장치(그중 일부는 내 기고문에 소개되어 있다)로 잘 알려져 있었다는 점이 입증된다는 사실의 중요성을 깨닫게 되었다. 아마도 창세기 1장이 이런 패턴으로 형 성되었다는 점은 (그리고 다른 요소도 마찬가지지만) 심지어 고대 이스라엘인 에게조차 창조 이야기 자체가 문자적으로 해석될 여지를 감소시킬 것이 다. 아마도 천지 창조 이야기는 고대 이스라엘인에게 더욱 효과적으로 전 달하기 위해 형성되었을 것이다. 다시 말해 그들이 과학적으로 무지했다 기보다 천지 창조 기사 자체가 진리를 전달하기에 유용했던 방식이었을 것이다. 그리고 내가 이에 대해 생각하면 할수록, 세상을 창조하실 때 하 나님이 6일/7일 패턴을 구상하셨으므로 그 패턴이 고대 근동 세계에서 매우 흔하게 나타나게 되었고, 따라서 성서가 진리를 향해 바로 돌진하기 보다 텍스트상의 관련 자료들과 어울리기에 더욱 편한 방식으로 기록되 었다는 점을 깨닫게 되었다.

그러나 성서나 고대 근동 텍스트에서 7일 창조 이야기가 등장하는 곳 은 창세기 1-2장뿐이다. 그렇다면 왜 이렇게 특정한 창조 이야기가 이런 방식으로 형성되었는가? 이 책에 실린 내 기고문에서 이미 답하였으므로 여기서 다시 반복할 필요는 없겠다. 간략히 말하면, 첫째, 고대 근동에는 몇몇 형태의 우주론이 있었는데, 그 우주론은 결국 고대 근동의 일반 대중이 세상을 관찰한 데서 연유한다. 그리고 그들은 자기들이 관찰한 바를 토대로 "두 쌍의 3일"과 같은 종류의 패턴을 형성하게 된다. 둘째, 더 중요한 것은, 창세기 1장의 이야기가 일종의 유비이거나 6일 동안 일하고 일곱째 날에 쉬는 패턴과 관련하여 (아마도 이 용어를 더 선호할 사람들도 있겠지만) 의인화되었다는 점이다. 하나님은 고대 이스라엘 백성이 안식일을 준수하도록 예를 제시하고 강화하기 위해 6일 노동/7일 휴식이라는 유비 패턴을 사용하셨다. 출애굽기 20:11은 이를 지지한다. 이스라엘 백성들은 대응되는 요점을 쉽게 알 수 있었을 것이다.

출애굽기 31:17은 "주가…이렛날에는 쉬면서 숨을 돌리셨기 때문이다"(표준 새번역)라는 표현을 통해 6일/7일 패턴 전체에 담긴 의인화라는 특성을 분명하게 나타내준다("숨을 돌리다"라는 표현은 "쉬었다", "자유롭게 숨을 쉬었다", "한숨 돌렸다" 등을 의미할 수도 있다). 성서의 다른 두 곳에서 사용된 "회복되었다"라는 히브리어 동사는 모두 잠시 멈추고 휴식을 취해야 하는 사람의 상태를 나타낸다(삼하 16:14; 출 23:12. 후자의 경우 다른 안식일 텍스트 가운데 한 부분으로 나타난다). 하나님께 이것은 유비이며, 사람에게 이것은 실제다. 하나님께서 고대 이스라엘인들이(혹은 우리가) 이것을 문자적으로 이해하기를 원하셨다고 우리가 믿어야 한다면, 또한 그가 창조 사역을 마쳤을 때 탈진했고 고갈되었으므로 쉬셔야만 했다고 생각해야 할까? 나는 아니라고 본다. 같은 논리가 단지 일곱째 날뿐 아니라 창세기 1:1-2:3 안에 있는 6일/7일 패턴 전체에도 적용될 수 있다.

장르에 대해서라면, 텍스트를 비유로 보려는 시도를 기초로 해석의 기준을 바꾸려는 시도에 대해 비일이 의문을 제기하는 것은 옳다고 할 수 있다. 특별히 창세기 1장에 적합한, 설득력 있는 장르 구분이 없기 때문이다. 그렇다고 해서 창세기 1-2장의 창조 기사와 역사 장르의 용어 사이에 차이가 없는 것은 아니다. 특히 창세기 2장은 창세기 1장에는 없는 역사 지표가 등장한다. 이를테면 티그리스와 유프라테스 강을 언급하는 것인데—특별히 유프라테스 강의 경우—이 둘은 고대 근동 세계 및 모세 시대의 이스라엘인들에게도 잘 알려진 지명이었다(창 2:14). 창세기 1장에는 이러한 지표가 존재하지 않는다.

더욱이 창세기 1:1-2:3에서 2:4-25로의 전환은 창세기 2:4a의 톨레도트 공식—"이것이 하늘과 땅의 세대들(이야기들)이다"—을 통해서 이루어진다. 약간의 변형은 있지만, 이 공식은 창세기 전체를 구성하는 장치로 사용되고 있다. 그러나 중요한 사실은, 창세기 2:4a를 제외하고 창세기나 성서 전체에서 톨레도트 공식이 인간의 "세대들"을 나타내는 표현이 아닌 다른 것과 관련된 표현으로 사용되는 경우는 없다는 점이다. 이 공식은 족장 시대 가족의 계보를 나타내는 문맥에서 도출되며 자연스럽게 이에 어울린다(예. 창 11:27; 25:12, 19; 36:1, 9). 창세기 2:4a에서 이를 "하늘과 땅"에 적용하는 것은 독특하며 이것은 고대 이스라엘인들에게는 매우 이상하게 여겨졌을 것이다. 창세기 1장은 독특하며 보통의 인간 역사와는 매우 동떨어진 곳에 위치함을 의미한다고 할 수 있겠다.

논평

C. 존 콜린스

비일은 특히 창세기 1-2장의 창조 기사가 우리에게 역사적 사건에 대해 이야기한다고 주장하기를 열망한다. 그는 창세기 1-11장을 창세기의 나머지 부분과 관련지을 때 이는 당연한 결과이며, 신약 저자들이 이 이야기 안에 있는 사건들을 분명히 실제 사건으로 언급했다고 생각한다.

만약 위의 언급으로 내가 그의 전체 주장을 적절히 요약했다면, 나는 마음속으로 단순히 "아멘"이라고 대답했을 것이다. 그러나 그는 이 논의에 몇 가지 견해를 추가하는데, 이 때문에 전반적인 그의 논의는 심각한 문제에 빠지고 만다. 근본적으로 그는 역사성과 "문자적" 해석의 견고한 관련성을 가정한다. 나는 그것이 (줄잡아 말해도) 철저하게 과도한 단순화임을 밝히려 한다.

내가 이해하는 "역사적"이라는 말은 어떤 이야기가 실제 사람 및 실제 사건과 관련된다는 뜻이다. 문학 장르에 관한 것이 아니며, 따라서 해석의 세부 사항에 관한 것도 아니다. 오히려 "역사적"이라는 말은 종류에 관계없이 텍스트가 실제 세계 안에 존재하는 대상에 대해 언급하는 것을 의미한다. 그것은 "문자적·역사적"과 "비유적"이라는 말 사이의 대조가 아니라, 역사와 관련이 있는지 혹은 그렇지 않은지에 관한 대조를 가리킨다. 역사와 관련된 텍스트인지를 구별하는 기준은 텍스트의 역사적 상황, 장르, 문체, 저자가 지시하는 대상에 관해 저자가 말하는 내용과 상호 작용하는 방식 등을 포함한다.

(창세기 1장을 포함해) 창세기 1-11장이 주요 줄거리를 구성하는 바익톨 시제를 표준으로 하는 내러티브 장르라는 점은 분명한 사실이다. 이 사실을 두고 심각하게 논쟁할 사람은 아무도 없을 것이다. 그럼에도 우리는 창세기 1장의 문체 자체가 독특하다는 점을 인정해야만 한다. 따라서 나는 창세기 1장을 "고양된 산문 내러티브"라고 불러왔다(이전의 몇몇 학자는 창세기 1장의 형태상 특징이 아닌, 이러한 문체상 특징을 언급하면서 해당 문단을 시로 잘못 구분했다). 창세기 2장에서 시작되는 담화는 더욱 평범하지만, 첫 독자들과 기록된 사건들 사이의 시간적 거리(일정한 정도의 이상화와 시대착오를 허용하는 거리로, 이는 역사가들이 마치 골동품을 수집하듯이 역사를 기록하지 않았기 때문이다.) 때문에 여전히 그 자체로 독특한 성격을 가진다.

내가 주장하듯이, 창세기 1-11장과 12-50장을 구별할 문법적 분기점은 없다. 하지만 창세기 텍스트의 문학성을 아울러 고려한다면, 만약 다른 이유가 없다면, 적어도 본문의 화자가 아브라함 이야기에서 갑자기 속도를 늦추는 방식 때문에라도 우리는 두 단락 사이를 구별해야 한다. 여기에는 또 다른 이유가 있는데, 창세기 1-11장과 병행하는 메소포타미아의 텍스트가 있다는 점에서 그러하다. 아시리아학 학자(Assyriologist)들은 이를 선역사(prehistory) 혹은 원역사(protohistory)라고 부른다. 사실 비일이 고대 근동 병행 텍스트의 오용에 대해 적절한 반대를 제기했을 수도 있지만, 그의 주장이 병행 텍스트가 적절하게 사용되었을 가능성마저 무효화하지는 못한다. 다시 말해 창세기 1-11장의 첫 청중이 익숙하게 여겼을 문학적·수사적 관습을 우리가 이해할 수 있도록 돕는 병행 텍스트들을 무시하는 행동이라는 말이다. 이렇게 보았을 때, 충분한 근거를 가진 병행 텍스트들은 저자의 의도와 상호 작용하는 것을 도우므로 우리도 이를 잘 사용해야 한다. 이러한 특성은 비록 창세기 1-11장이 역사적 주장을 하려고 기록되었으나 문자적으로 해석되지는 말아야 한다는 점을 보여준다. 마치 수메르 왕들의 통치 기간을 문자 그대로 해석하면 안 되듯이 말이다(「수메르 왕 명부」를 보면, 홍수 이전에 다스린 왕들의 제위 기간은 각각 수만 년에서 수백 년에 이른다─역주).

물론 히브리어 성서가 내러티브를 자주 사용하는 것은 실제 사건을 보도하기 위해서다. 하지만 성서 내 역사 문헌(historiography)에 실린 최고의 작품들은, 심지어 "일반" 내러티브 안에서조차 저자들이 지시 대상과 그것을 표현하는 방식 사이에 단순한 관계만을 설정하는 것이 아니라 문학적 기교를 사용한다는 사실을 보여준다.[73] "역사적"이라는 단어를 이렇게 설정한다고 해서 그것이 지시 대상의 역사성을 떨어뜨리는 것은 결코 아니다. 이러한 관심사는 창세기 1-11장 안에서, 특별히 창세기 1장 안에서 더욱 예리하게 적용된다.

이는 성서의 나머지 부분 전체가 창세기 1-11장의 사건과 사람들을 어떻게 암시하는지에 대해서도 똑같이 적용된다. 로마서 5장에서 바울이 아담을 언급하는 장면을 두고 톰 라이트(N. T. Wright)는 이렇게 말한다.[74]

바울은, 한 부부가 존재했으며 그중 남자인 아담이 계명을 받았고 그 계명을 어겼다고 믿었던 것이 확실하다. 바울은 우리가 그 이야기의 신화적 혹은 비

73_ V. Philips Long in Iain Provan, V. Philips Long, and Tremper Longman III, *A Biblical History of Israel* (Louisville: Westminster John Knox, 2003), 4장을 참조하라: 『이스라엘의 성경적 역사』(기독교문서선교회 역간).

74_ N. T. Wright, "Romans," *New Interpreter's Bible* (ed. Leander Keck et al.; 12 vols.; Nashville: Abingdon, 2002), 10:393-770, at 524ab(강조는 내 것이다): 『로마서』(에클레시아북스 역간).

유적 차원이라고 부를 수 있는 내용을 인식하고 있었던 것이 분명하다고 할 수 있지만, 그렇다고 해서 그 내용 때문에 역사상 최초의 부부의 존재 자체나, 그 부부의 원죄에 의구심을 가졌던 것은 아니다.…"죄"가 인류 초기의 여명기에 무슨 의미였는지 말하는 것은 불가능하다. 하지만 사랑하는 창조주와의 개방적이고 순종적인 관계로부터 돌아서서, 그를 대신하여 아름답고 유혹적이지만 하나님이 아닌 대상으로 향하는 일은 너무나 다방면으로 발생하는 현상이어서, 인류의 발달 단계 어디에서든 그 현상을 상상하는 일은 그다지 어렵지 않다.

비일은 이러한 문학적 기교를 허용하는 것이 우리를 미끄러져 넘어지게 만들 것이라고 걱정한다. 우리가 다른 방식을 좇아 전통적으로 선호했던 방식을 버리면 그렇게 될 것이라는 주장이다. 그럴 수도 있겠지만, 올바른 대답은 이렇다. 본문에 분명히 드러나는 문학 기교를 거부하지 말고, 오히려 텍스트의 가장 밑바닥에 놓인 역사적 진리를 확증하기 위해 대략의 윤곽을 결정하는 기준을 형성해야 한다. 나는 아담과 하와의 역사성을 다루는 책을 통해 그 기준을 형성하려는 시도를 했다. 그 세부 사항은 롱맨의 글에 대한 내 논평에서 더 다룰 만한 내용이 많으므로, 여기서는 단지 내가 시도한 원칙이 있다는 사실만을 언급하고 넘어가려 한다.[75]

마지막으로 나는 "비문자적 해석"이라 부르는 관점의 동기가 "최근의 과학 이론과 조화"를 이루려는 것이라는 비일의 문제 제기에 답하려 한다. 이 책에 실린 기고문에 관해 말하자면, 분명한 대답은 "아니오"다. 흔히 말하는 "날-시대 이론"(day-age theory)에서 진즉 나타난 오래된 형태의 강한 일치주의(concordism), 또는 "시대 이론"(age theory)의 출현과 함

75_ C. John Collins, *Did Adam and Eve Really Exist? Who They Were and Why You Should Care* (Wheaton, IL: Crossway, 2011), 16-19을 참조하라.

께 드러난 심각한 반일치주의(anti-concordism)는 의심의 여지없이 그들 시대의 과학 이론에 대한 응답이었다. 이 책에 기고한 학자 가운데 이러한 견해를 옹호하는 사람은 없다.[76] 하지만 성서에 대한 기존의 익숙한 해석과 현대 과학의 관점 사이에 존재하는 명백한 충돌이 성서 주해의 일부에 대한 재평가를 촉발했음이 분명하다. 기존의 익숙한 해석이 과연 과거에도 그랬듯이 지금도 일반적인 호의를 얻을 수 있는지를 가늠해보기 위해서 그렇게 했던 것이다. 하지만 몇몇 경우를 보면, 최근의 해석이 과거의 해석보다 더욱 명백하게 과학에 굴복하는 일치주의인 경우가 있었다. 이를테면 창세기 1:11, 24이 고유한 자연의 특질을 드러냄으로써 진화가 사실임을 "가르쳐준다"라고 주장하는 경우인데, 이런 관점 또한 이 책에 기고한 학자 중 누구도 옹호하지 않는 관점이다. 그렇다 해도 성서는 무언가를 지칭하는 텍스트이고, 하나님께는 과학이 연구하는 내용과 같은 모습을 보이는 세계를 언급하실 권한이 있다는 확신으로부터 이러한 재평가가 연유했다고 간주하는 편이 더 좋을 것이다. 이를 단순히 굴복으로 받아들이지는 말자는 뜻이다. 그러므로 적절한 태도는 텍스트의 언어·문학적 특성을 고려함과 동시에 과학자들도 인간으로서 사유하고 실수를 저지르기도 하며 부당한 추론을 제기하기도 한다는 사실을 기억하는 것이라 할 수 있겠다. 주석가들이 그렇게 하듯이 말이다.

76_ 소위 일치주의의 "날-시대 이론"이 지닌 문제점에 대한 내 평가는, *Did Adam and Eve Really Exist?*, 106-16을 보라. 반일치주의의 시대 이론이 보인 문제점에 대해서는, C. John Collins, *Science and Faith: Friends or Foes?* (Wheaton, IL: Crossway, 2003), 237-42을 참조하라.

논평

트렘퍼 롱맨

먼저 나는 이 토론에 참여하여 창조 기사를 엄격하게 문자적으로 해석하는 관점을 대표해준 비일을 칭찬하고 싶다. 그는 젊은 지구 창조론을 수용하면서 창조 과정의 하루를 문자적 24시간으로 간주하는 해석을 옹호한다. 그의 관점이 대다수 일반인에게 폭넓게 수용되고 있지만, 몇 가지 이유로 이 관점을 수용하는 학자들은 다른 관점을 수용하는 우리 같은 사람들과 거의 소통하려 하지 않는다. 때때로 그들이 그렇게 한다고 해도, 그 대화는 신랄한 것이 되고 만다. 따라서 열정적이면서도 정중하게 자신의 관점을 제시하는 비일과 논의할 수 있다는 것은 큰 기쁨이었다. 자신이 우리의 견해를 극렬하게 반대한다는 사실을 우리에게 각인시켰지만, 그는 다른 이들처럼 대화 자체를 단절하지는 않았다. 비일의 견해에 나도 극렬하게 반대하지만, 내 논평을 제시하는 태도에서는 그와 같은 어조를 유지할 수 있기를 희망한다.

그렇지만 나는 그의 첫 번째 질문에 관한 대답에는 동의한다. 창세기 1-11장과 12-50장을 해석하는 데 두 개의 서로 다른 해석 방법을 사용해야 할까? 아니라는 데 분명히 동의한다. 우리는 역사적·문법적 해석 방법을 저자가 의도한 본래 의미를 규명하는 데 사용해야 한다. 이것이 내 글에서 시도한 방법이다. 물론 첫 번째 질문을 통해 비일이 의도한 바는 아마도 이런 식으로 표현해야 더욱 정확할 것이다. "창세기 1-11장과 12-50장이 서로 다른 두 개의 장르라고 결론지어야 할까?" 내 글에서도 밝혔지만 여기서 다시 이 질문에 대답하자면 대답은 "아니오!"일 것이다. 둘은 서로 같은 문학 장르이며 신학적 역사다. 비일은 둘 사이의 연속성을 논증하기 위해 바브연속법 형태가 계속 사용된다는 점과 톨레도트 공식을 지적하는데, 이는 정당한 지적이다. 내 글에서 지적했듯이, 참으로 창세기 1-11장은 역사적 충동(historical impulse, 조지 오웰[George Orwell]이 사용한 용어로 사건을 있는 그대로 관찰하고 그것을 그대로 보존하려는 욕구를 가리킨다-역주)을 지니고 있다. 내가 묻고 싶은 것은 그럼 어느 정도까지의 세부 사항이 역사로 취급되도록 기록되었느냐는 점이다. 하나님이 인간을 창조하셨다는 점은 창조 기사 텍스트가 역사적 사실이라고 주장하는 내용이다. 그러나 그가 문자 그대로 첫 번째 인간을 땅의 흙으로 빚으셔서 자신의 숨을 불어넣으셨다는 말은 사실이 아니다. 이는 분명히 비유다. 하나님이 육체를 갖고 계시지 않으므로 말 그대로 폐를 통해 흙에 숨을 불어넣으시는 하나님이라는 장면을 상상하기 힘들기 때문이다. 따라서 창세기 1-11장과 12-50장 사이에는 차이가 있다(간단히 말하자면, 두 텍스트는 데라의 톨레도트가 시작되는 창 11:27에서 나뉜다).[77] 또한 내 글에서 언급했듯이, 이러한 차이는 전자가 비유 언어를 자주 사용하며 고대 근동 문헌과 상호 관련성을 보인다는 점과 창세기 1장과 2장의 두 창조 이야기가 서로 다른 순서를 보인다는 데서 드러난다. 비일은 나처럼 해석하는 이들

77_ 나는 많은 이들이 그렇게 하듯이, 창 1-11장과 12-50장을 창 1:1-11:26과 11:27-50:26을 나타내는 간략한 표현으로 사용한다. 그러므로 비일이 "아브람, 사래, 롯이 처음 언급되는 창세기 11장이 조상의 계보를 미리 보여주지 않았다면, 12장 자체는 거의 의미가 통하지 않는다"라는 말을 통해 내 견해를 비판할 때, 그는 흔히 사용되는 간략한 표현이 나타내는 범위를 고려하지 않은 것이다.

에게 다음과 같이 묻는다. "과연 어디에서 비유적 해석이 종결되는가?" 계속해서 그는 우리에게서 만족스러운 대답을 전혀 듣지 못했다고 주장한다. 나 자신의 경우로 한정하면, 제일 먼저 할 말은 아마도 내가 "비유적 해석"이라는 표현 자체를 사용하지 않는다는 점일 것이다. 사실 나는 그 말이 무엇을 지칭하는지도 잘 모른다. 아마도 그래서 그가 우리에게서 만족스러운 해답을 듣지 못했을 것이다. 나는 적절히 잘 사용한다는 전제하에 비유 언어를 인지하고 적합하게 해석하는 역사적·문법적 해석 방식을 사용한다. 따라서 그의 질문에 대해 내가 할 수 있는 최선의 답은, 본문이 덜 비유적인 언어를 사용하면서 내러티브의 세부 사항에 더욱 관심을 보이는 창세기 11:27이 새로운 단락의 시작이라고 말하는 것이다. 다시 말해 데라의 톨레도트가 시작되는 부분을 말한다. 그가 이 대답에 만족할지는 잘 모르겠지만, 이것이 그의 질문에 대한 내 대답이고, 나는 이를 내 글에서 논증하고 있다.

비일은 창세기 12-50장과 마찬가지로 창세기 1-11장을 문자적·역사적으로 해석해야 하며 창세기 1장도 2-11장과 같은 방식으로 해석해야 한다고 주장하면서, 대부분의 논거를 창세기 1장이 "일반 내러티브 형태"를 보인다는 점에서 가져온다.

다음과 같은 그의 말을 인용해보자. "히브리 산문에서 연속해서 순서대로 일어나는 일을 묘사하는 내러티브는 기본적으로 바브연속법을 써서 미완료로 표현한다. 내가 세어본 결과로는, 창세기 1장은 50회의 바브연속법 미완료를 31개의 절에 걸쳐서 포함하고 있는데 이는 한 구절 당 평균 1.6번 사용되었음을 의미한다. 창세기의 첫 20장 가운데 세 개의 장을 제외하면, 바브연속법 형태 동사가 가장 많이 나타나는 것은 창세기 1장이다." 이렇게 주장하면서 그는 창세기 1장이 내러티브이며 역사 서술이고, 시가 아니며 따라서 비유적이지도 않다고 주장한다. 내 글에서 다루긴 했지만, 이 부분은 특별한 주의를 요청한다. 핵심은 이렇다. 내러티브를 자동으로 역사 서술과 동일시하는 것은 오류이며, 비문자적이거나 정확한 역사 기록이 아니거나 시라고 해서 이를 비유나 허구로 간주하는 것은 오해다. 시도 역사일 수 있고(출 15장과 시 136편을 참조하라), 일반 산문 구조를 띠는 내러티브도 허구일 수 있다. 그리스 문학의 우화도 흔히 내러티브 동사를 사용하곤 한다. 내 글에서 다루겠지만, 나는 창세기 1장이 우화라고는 생각하지 않는다. 하지만 창세기 1장에서 묘사되는 하나님의 행위는 문자적으로 해석할 것이 아니라 비유로 간주해야 한다고 본다.

창세기 1장이 과연 고대 근동의 세계관을 나타내느냐는 그의 질문에 대해서는 월튼과 에이버벡이 대답할 말이 있을 것으로 생각한다. 지면 관계상 한마디만 덧붙이자면, 본문을 고대 근동 문헌의 빛 아래서 읽는 우리도 본문의 저자가 이교도들의 문화로부터 파생된 종교관을 빌려왔다고 생각하지는 않는다는 점을 밝히고 싶다. 오히려 그 반대다. 고대 근동 문헌을 고려하여 창세기 1장을 해석하는 우리가 보기에 "이스라엘은 고대 근동의 사고방식을 따르라는 명령을 받지 않았다. 다만 철저히 거부하라는 명령을 받았을 뿐이다"라는 비일의 비평은 정확하지 못하다. 이런 일반화는 명백하게 틀린 것이다. 이스라엘은 그들의 이웃이 지닌 우상숭배 신앙을 거부해야 했다. 성서의 지혜 문헌이 고대 근동의 지혜 문헌에서 습득되었다는 점[78]이나 솔로몬의 지혜 문헌이 이집트의 그것보다 뛰어났다는 점(왕상 4:30)[79]은, 이교도의 종교적 신앙과 그 행위를 거부하라는 명령이 고대 근동의 모든 분야에 걸친 금지가 아니었음을 보여준다. 이는

78_ Tremper Longman III, "Proverbs," in vol. 5 of *Zondervan Illustrated Bible Backgrounds Commentary: Old Testament* (ed. John Walton; 5 vols.; Zondervan, 2009), 464-503을 보라.

79_ 성서의 저자가 이집트인들이 지혜의 척도라고 인식했다는 전제가 성립해야만 이런 언급의 의미가 통한다.

그들의 우주론에도 마찬가지다.

아울러 신약의 저자들이 창세기 1-11장을 인용한다는 점에 대해 언급하자면, 예수와 신약 저자들이 해당 텍스트를 문자적으로 해석하고 있다는 것은 전혀 분명하지 않다. 그들이 세부 사항까지 포함하여 천지 창조 이야기를 언급하는 것은 그들의 요점을 확증하기 위해서다. 나는 비일이 왜 비유적 해석이 단지 폭넓은 개념적 의미만 전달한다고 믿는지 잘 모르겠다. 신약 저자들이 취한 세부 사항이 문자적·역사적 사건으로 이해되지 않았다 하더라도, 그것들이 보여주는 신학적·윤리적 가르침은 여전히 유효하다. 독자들은 내 글에서 이에 해당하는 예를 찾을 수 있을 것이다. 다시 말해 신약의 저자들이 구약 텍스트를 문자적 역사로 해석했다고 주장하는 것은 비일 같은 이들이 그것이 역사적이라고 믿을 때만 그렇게 명백할 따름이다. 비일은 어떤 저자를 가리켜 아담과 하와를 역사적 인물로 믿는다고 주장하지만, 나는 그의 주장이 오해라는 것을 어느 정도는 자신 있게 보여줄 수 있다. 예컨대 그는 자신의 글에서, 내가 『어떻게 창세기를 읽을 것인가』(How to Read Genesis, IVP 역간)를 쓸 때와 바이오로고스에 글을 기고할 때 아담과 하와에 관한 견해를 바꿨다고 비판했다. 내가 과학에 굴복했다는 뜻이다. 사실 나는 견해를 바꾸지 않았다. 그 책에서 창조 기사를 해석할 때, 나는 아담과 하와가 문자 그대로 실존했던 개인들이며 역사성을 띠는지 여부는 논의하지 않았다. 나는 그 책에서 했던 말을 한 단어도 바꾸지 않았다. 비일은 내가 아담의 역사성을 믿었다고 생각했기 때문에 말을 바꿨다고 믿은 듯하다. 아마도 내가 그 책에서 아담의 역사성에 대한 문제를 분명히 짚고 넘어가지 않았기 때문일 것이다. 다만 지적하고 싶은 것은, 예수와 신약 저자들이 천지 창조 이야기에 호소했다고 해서 그들이 창세기 1장과 뒤따르는 이야기들을 문자적으로 해석한 것이 분명하다고 주장하는 것은 근거가 희박하다는 점이다.

지면이 여의치 않으므로 마지막으로 한 가지만 더 말하자면, 나와 같은 사람을 과학을 수용하는 사람으로 취급하는 문제를 다루려 한다. 이 문제 역시 내 글에 언급되어 있다. 분명히 말하지만, 성서를 과학에 맞추는 해석을 금해야 한다. 성서는 하나님이 우리에게 직접 주신 계시이기 때문이다. 하지만 과학은 성서에 관한 우리의 해석을 재고하도록 도와준다. 우리의 해석이 무오한 것은 아니기 때문이다. "다윈의 진화론을 반박하는 더 많은 증거가 나타나고 있[다]"라는 그의 진술에는 문제가 많다. 과학자는 아니지만 나는 최신 과학 문헌을 더욱 많이 읽었고, 오히려 앞에서 말한 그의 진술과 정확히 반대되는 진술이 사실이라고 말하는 생물학자들과 대화를 나누었다. 배타적 집단에서 나온 자료가 아니라고 보더라도, 비일이 각주에서 인용하는 자료들은 주로 과학계의 폭넓은 동의를 이끌어내지 못한 사상가들의 모임에서 나왔다고 볼 수 있다. (이를테면 각주 62번에서 인용하는 스티븐 메이어의 책은 생명의 기원에 관한 문제를 다루지만, 진화에 관해서는 아무것도 말하지 않는다).

비일은 "우리가 미끄러운 비탈길에 서 있지 않은가?"라고 질문한다. 이런 식의 질문은 중요하고 어려우며 논쟁의 여지가 있는 질문을 탐구하려는 정직한 태도를 제한하기 위해 우리의 두려움에 호소하는 방책일 따름이다. 나는 지나치게 보수적이고 문자적인 해석이 둘 다 위험하다는 점을 지적하고 싶다. 이러한 해석 방식은 하나님의 말씀을 왜곡시키고 그것을 세상에 잘못 드러내기 때문이다.[80]

80_ 내 글 끝부분에는 바나 그룹(Barna Group)의 여론 조사 결과를 실었다. 그 여론 조사는 많은 고등학교 학생이 교회를 떠나는 주요 원인 가운데 하나로 과학과 성서의 충돌을 꼽았다(특히 우주와 인간의 기원에 대해 과학이 말하는 바와 성서에서 배운 내용이 일으키는 충돌을 말한다).

논평

존 H. 월튼

동의하는 점

비록 비일의 견해에서 상당히 많은 부분을 반대하지만, 나는 우리가 공유하는 점을 먼저 언급하는 것이 중요하다고 생각한다. 성서 텍스트를 읽을 때, 우리는 모두 그것에 대항하기보다는 진지하게 받아들이기를 원한다. 그러므로 우리는 창세기 1장이 참되며 실재를 언급한다는 점을 수용한다. 우리는 예수와 바울이 그렇게 믿었듯이 창세기가 권위 있는 텍스트임을 믿는다. 우리는 하나님이 창조주이며, 그분이 어떤 과정이나 절차를 사용하였든지 간에 아담과 하와가 실제로 과거에 살았던 실제 인물이라는 데 동의한다. 우리 가운데 성서가 허위의 해석을 통해 회피될 수 있다거나 과학이 우리가 성서를 해석하는 방식을 지배해야 한다고 믿는 사람은 없다. 구약에 나타나는 개념들이 일종의 파생된 신화로서 고대 근동의 주변 민족에게서 차용되었다고 믿는 사람도 없다. 우리는 해석학이 이 토론의 중심 문제이며 해석학적 일관성은 바람직할 뿐 아니라 필수라는 데도 동의한다. 다음 단락에서는 우리의 차이에 초점을 맞추는 논의를 제시하겠지만, 그것 때문에 이러한 전반적인 일치가 사라져서는 안 될 것이다.

반대하는 점

해석학, 장르, 문자적 해석

분명히 비일의 핵심 논의는 해석학이라는 토대 위에 세워져 있으며, 그의 비판은 자신과 다르게 창세기 1-3장을 해석하는 이들을 향한다. 그는 일관된 해석 방식을 계속 요청하면서 우리 중 어떤 이들이 일관된 해석을 보이지 못한다고 비판하고 있다. 그는 이러한 해석적 불일치가 창세기 1-11장을 12-50장과 다른 방식으로 해석하는 태도에 있음이 명백하다고 믿는다. 사실 이러한 차이는 해석학 때문이 아니라 텍스트의 특성에 기인한다. 성서 해석학은 성서의 저자가 의도했던 바를 이해할 수 있도록 우리를 돕기 위해 구상되었다. 해석 원칙은 우리 자신의 관념을 텍스트에 투사하여 본문이 전혀 의도하지 않았던 바를 의미하도록 성서를 읽는 것을 금하기 위해 고안되었다.

성서의 저자는 임의로 그가 사용하는 장르를 바꿀 자유가 있다. 창세기 같은 책은 계보, 내러티브, 족장의 축복 같은 장르를 포함한다. 적절한 해석이란, 항상 해당 문헌의 장르에 적합한 기존의 해석 방식을 따라서 문학 작품을 평가하는 것이다. 이를테면 사진, 조각, 그림 같은 매체가 같은 대상을 묘사하고 있다면, 각각은 진리를 나타낸다고 간주할 수 있다. 비록 그것들이 서로 다른 전형적 방식을 사용하여 진리에 대해 서로 다른 관점을 제공한다고 하더라도 말이다. 그 모든 것을 똑같이 취급하는 실수를 범하고 싶은 사람은 없을 것이다.

비일은 창세기 전체를 역사 내러티브로 이해하기를 원한다. 그러나 우리 모두는 우주론을 반영하는 내러티브와 가족의 내력을 다루는 내러티브 사이에 문학적 차이가 있음을 인식하고 있다. 둘 다 진실로 간주할 수 있지만, 그 방식은 서로 다르다. 아울러 "역사"는 진리를 나타내는 여러 방식 가운데 가장 정확한 것이 될 필요가 없다. 결국 "역사"는 우리가 사용하려는 장르라는 여러 이름표 가운데 하나일 뿐이며, 우리가 역사기술이라고 부르는 것은 고대 세계의 사람들이 사용했던 방식이 아니다. 비록 고대의 저자들이 종종 실제로 과거에 있었던 실제 사건과 사람들을 언급하려 한다는 것을 확신하기는 하지만, 나는 역사라는 이름표의 정확성을 신뢰하지 않는다. 우리는 과거를 기록하는 고대의 관습이 오늘날 우리의 방식과 어떻게 다른지를 주의 깊게 분별해야 한다. 현대의 범주를 고대 저자들의 기록물에 강요하기보다 이렇게 고대 관습에 깊은 관심을 두는 것은 그들의 글을 충실히 이해하기 위한 우리의 해석학 전략의 일부다.

비일이 혼란을 겪고 있다는 것은, 그가 창세기 1-3장의 장르를 구별하는 방식이 "신화"와 "역사"뿐이라고 믿는다는 점을 보면 알 수 있다. "역사"가 현대인의 기대를 따라 붙여진 이름표라면, "신화"는 오늘날 우리가 사용하듯이 고대 세계에서 사용되었던 용어가 아니다. 예를 들어 바빌로니아인들은 자기들의 신화를 허구적 환상으로 간주하지 않았다. 그들의 신화는 그들이 인식했던 심오한 실재를 나타내는 도구였다. 나는 오늘날 우리가 신화나 역사를 이해하는 방식을 따라 창세기 1-3장이 그 둘 중 하나여야 한다고 믿지 않는다. "우주론"을 잠재적인 하나의 장르로 간주할 수도 있겠지만, 우리가 이름 붙이는 장르의 명칭은 중요한 것이 아니다. 장르는 한 문학 작품의 형태 및 기능과 관련된다. 고대에는 존재하지 않았지만 오늘날 우리가 인식하는 장르 분류법이 존재하며, 오늘날 사용하지는 않지만 과거에 그들이 사용했던 장르 역시 존재한다. 우리는 "역사"라는 말을 여러 가지 다른 방식으로 사용한다. 우리는 "우주의 역사"를 이야기하는 것이 "게티즈버그 전쟁의 역사"를 이야기하는 것과 전혀 다름을 잘 안다. 자신의 글에서 비일은 "표준이 되는" 장르 분류가 필요하다고 역설하지만, 무엇이 "표준"인지를 누가 정할 수 있겠는가? 분명한 것은, 현대적 기준이 판단의 척도를 제공할 수 없다는 사실이다.

만약 우리가 창세기 12-50장을 다루는 저자의 방식이 1-11장과 다르다고 주장한다 해도, 그것은 일관되지 않은 해석학도 아니며, 창세기 1-11장이 만들어진 허구이자 거짓이라고 주장하는 것도 아니다. 창세기 1-11장을 다른 종류의 문학으로 간주하는 것은, 그것을 실제로 과거에 있었던 실제 사람과 실제 사건을 언급하는 것이 아니라고 말하는 것과는 다르다. 내가 보기에 창세기 1-3장이나 1-11장은 창세기의 나머지 장과는 다른 방식으로 소통하며 다른 장르를 사용하는 것 같다. 성서의 저자가 인도하는 대로, 그가 텍스트를 통해 우리에게 남긴 증거를 사용하는 것이 바로 일관된 해석이다. 비일에게는 성서의 저자가 서로 다른 부분에서 서로 다른 문학 장르를 사용할 자유가 없다고 주장할 권리가 없다.

이와 같은 문제들이 창세기 1-3장을 비유로 간주하기보다는 문자 그대로 읽어야 한다는 비일의 주장에 제기될 수 있다. 나는 역사와 신화라는 구분을 스펙트럼의 양 극단으로 대하거나 두 가지 선택 방식만을 가진 토글스위치로 취급하는 것이 부정확하다고 믿는다. 건전한 해석은 저자가 비유 언어를 사용하는지를 결정하려는 노력에 달려 있다. 문학 작품을 문자적으로 해석하는 것은 수사 장치를 액면 그대로 인식하는 결과를 가져올 것이다. 만약 저자가 은유를 사용한다면, 성실한 독자는 그것을 은유로 읽을 것이다. "문자적" 읽기를 사용하는 것은 어쩌면 은유를 놓치는 방식이 될 수도 있으며, 어느 누구도 그렇게 부주의한 독자가 되기를 원하지 않는다. (밖에 나가서 하늘에서 떨어지는 고양이와 개를 찾으려고 해봤자 헛수고다. [월튼은 "비가 억수같이 퍼붓는다"의 영어 표현인 "it rains cats and dogs"를 문자적으로 읽으려는 사람들을 빗대어 설명하고 있다―역주]) 비유적 해석은 만약 저자가 비유라는 수사 장치를 사용하여 소통하려고 의도했다는 사실이 밝혀진다면, 적절한 방법이 된다. 이러한 해석은 배신이 아니다. 오히려 이것이 성실한 독서 방식이다.

결과적으로, 비일은 창세기 1-3장을 비유적으로 읽지 말고 문자적으로 읽어야 한다고 계속 주장하지만, 그의 해석은 일관된 해석학을 적용했다고 보기도 어려울 뿐 아니라 성서의 권위에 충실하다고 간주하기도 어렵다. (격상된 내러티브든 아니든 상관없이) 창조 기사가 내러티브라고 해서 그것이 당연히 역사이어야 한다거나 저자가 비유 언어를 사용하지 않았어야 한다고 말할 수는 없다. 물론 나도 창조 기사를 "찬송시"나 "전설" 같은 장르로 구분하는 데는 반대한다. 그러나 내러티브인 산문에도 여전히 많은 장르상의 분류가 존재할 수 있다. 그것이 시적 특성을 갖는지 아닌지는 중요하지가 않다. 우리가 발견해야 할 것은 성서의 저자가 주장하는 내용이다. 단순히 한 텍스트가 내러티브임을 증명하는 것만으로 그것이 역사 문헌임을 입증할 수는 없다. 그것은 저자의 영역이다. 이것은 복음주의 학자들이 문자적 해석을 피한다는 말이 아니다. "문자적" 해석은 빌이 제안하듯이 유연하지 못한 개념이 아니다. 동료들이 성서의 저자가 의도한 바를 믿는 방식에 자신이 동의할 수 없다는 사실만으로, 우리가 진실을 회피한다고 비난하는 것은 정당하지 못하다. 그것은 실제로 우리가 성실성이 부족하다고 말하거나 숨은 동기가 있다고 비난하는 행동이다. 그가 말하는 미끄러운 비탈길, 즉 문자적·역사적 해석의 정반대 개념이 비유적·신화적 해석이라는 주장은 그릇된 이분법이다. 우리는 "비유적 해석"이란 말을 사용하지 않는다. 우리는 그저 할 수 있는 최선을 다해 성서의 저자가 소통하려고 했던 바를 이해하기 위해 애쓴다. 비일은 우리와 다른 의견을 보이겠지만, 그것은 우리의 해석 방식이 다르기 때문도 아니고 문자적·비유적 해석과 관련된 문제 때문도 아니다. 그 차이는 성서 텍스트의 권위에 대한 전제의 차이다. 다시 말해 하나님께서 인간 저자를 통해 세상에 자신을 드러내신 방식에 대한 전제의 차이인 것이다.

다음 주제로 넘어가기 전에, 우리는 비일이 신약을 기반으로 다루는 논점에 잠시 주목해야 한다. 비일은 우리 나머지 학자들의 관점을 반대하면서, 창세기 2:24이 신약에서 언급되었으므로 역사적 사실이라고 주장한다. 물론 우리도 창세기 2:24이 참임을 인정한다. 그렇지만 내 경우를 보더라도, 내가 믿는 바가 창세기 2:24이 진리임을 부인하는 것은 아니다. 나는 인류의 기원을 다루는 창세기 2장의 기사가 물질적 창조를 다루기보다는 원형적(archetypal) 역할을 담당한다고 믿기 때문이다. 마찬가지로 "원형적"이라는 말은 "비유적"이라는 말과 동의어가 아니다. 만약 저자가 "원형적" 이해를 의도했다면, 나는 본문을 원형적 의미로 읽는 것이 본문을 해석하기 위한 문자적 방식이라고 생각한다. (내 글에서 더 자세히 보이겠지만, 신약의 저자들도 원형적 문제에 매우 큰 흥미를 보였다.) "문자적"이라는 말은 아무것도 해결할 수 없으므로, 사실상 이 논의에서는 잘못된 분류법이다.

히브리서 11장에 관한 비일의 논의는 히브리서의 저자가 같은 방식으로 창세기의 모든 사건과 인물을 역사적으로 취급하고 있다고 확증한다고 결론내리면서 성서 해석의 일관성에 호소한다. 하지만 히브리서의 저자가 멜기세덱을 다루는 방식에 주목해야 한다. 멜기세덱의 모습에는 역사적·원형적·문학적 특성이 모두 나타나는데, 히브리서의 저자는 그 모든 특성을 구분하지 않고 하나로 통합하여 제시한다. 그렇다면 같은 저자가 구약에 등장하는 다른 인물들을 다루는 방식도 단순히 인물의 역사성만을 다루기보다는 문학적 인물상을 반영하는 것이 아닐까? 실상 저자가 그러한 구분까지 인지하고 있었을까?

나는 예수, 베드로, 바울이 수준을 그들의 청중에 맞추고 있다고 말하는 것이 아니다. 그들은 잘 알려진 구약 문헌을 사용하여 주장하려는 바를 발전시킨다. 그들은 장르 구분에 관심을 두지 않았을 것이다. 내가 말하려는 것은, 그들이 오류가 있거나 창작된 텍스트에서 인용했다는 점이 아니라 그들이 다루는 진실이 다양한 방식을 통해 소통된다는 점이다. "예수와 사도들은 창세기 1-2장과 1-11장을 역사적 사실로 보았을 뿐, 신학적 사실이 담긴 부정확한 모음집 같은 것으로 여기지 않았다"라는 말이나 "창세기의 언어는 암호화되어 있거나 비신화화되어 있지 않다. 창세기의 언어는 역사적이며 연대기적이고 의도를 지닌다"와 같은 비일의 주장을 고려해볼 때, 그는 전형적인 그릇된 이분법에 빠져 있다. 그가 언급하는 양극단은 유일한 선택 사항이 될 수 없다.

성서와 고대 근동

비일과 나는 고대 근동의 문화와 문학에 기반을 둔 비교 연구의 역할에 대해 상당히 다른 견해를 보인다. 그가 내 방법론에 반대하는 것은 많은 부분에서 내 요점을 오해하고 있기 때문이다. 비일이 "왜 하나님이 고대 근동의 신화를 사용하여 이 독특한 사건에 담긴 자신의 진리를 모세에게 전달했겠는가?"라고 반문할 때, 오해는 명백히 드러난다. 나는 하나님이 진리를 계시하기 위해 고대 근동의 신화를 사용한다고 주장한 적도 없고, 그런 주장을 펼치는 사람이 많은지도 잘 모르겠다. 나는 (단지 신화가 아니라) 모든 고대 근동 문학이 고대 세계에 살았던 사람들로 하여금 전형적으로 생각했던 방식에 접촉할 수 있도록 도와줄 뿐 아니라 이스라엘인들도 종종 그와 같은 방식으로 생각했음을 알려준다고 주장할 따름이다. 하나님은 자신을 드러내기 위해 신화를 사용하시지 않는다. 그분은 고대인들의 인지 환경 안에서 자신을 드러내신다. 물론 이스라엘도 그 환경에 속한다.

이 과정을 통해 하나님은 이스라엘 주변 세계가 신앙하는 열방의 신들과 자신이 다름을 보여주시고, 많은 부분에서 그들의 사고방식을 개정하게 하신다. 그러므로 유사성과 차이점이 둘 다 존재하지만, 하나님의 유효한 소통 방식은 심지어 대안이 되는 사고방식을 제시할 때조차도 유사성에 근거를 두고 있다. 따라서 성서는 유일하므로 어쨌든 고대의 세계관으로부터 완전히 고립되어야 한다고 주장하는 것은 극단적 대응이라고 생각한다. 이런 주장은 마치 "모세 혹은 다른 저자가 고대 근동 세계에 너무 깊이 함몰되어 있었으므로 그가 다른 고대 근동의 문학 작품과 같은 방식으로 창세기 1-11장을 기록했다고 주장하는 것은 성서 기록의 유일성을 부인하는 행동이다"라는 비일의 주장과 같은 맥락이기 때문이다. 성서의 유일성은 성서의 하나님 안에 있을 뿐이지, 이스라엘 안에 있거나 성서의 문학 장르 안에 있지 않다.

고대의 인지 환경을 고려할 때, (예를 들어) "윗물"은 단순히 고대 세계 사람들의 사고방식을 반영할 뿐이다. 하나님은 그들에게 물의 순환에 관해 새로운 사고방식을 알려주시지 않았다. 하나님은 고대 세계에서 통용되는 개념을 사용하셨다. 만약 이것이 고대 근동인의 인식에서 기인하는 옛 과학이라는 점을 받아들일 의향이 없고 단지 본문을 문자적으로 해석하기 원한다면, 비일은 해, 달, 별 위에 있는 물을 찾아야만 할 것이다. 이 물은 단지 대기나 구름을 가리킨다고 주장하지도 않으면서(물론 "윗물"을 가리키는 히브리어 단어는 대기나 구름을 의미하지 않는다), 문자적 해석만이 텍스트의 언어가 원래 청중에게 의미했던 내용과 관련된다고 주장할 수는 없다. 대안은 윗물을 일반 고대인들이 우주의 형태를 생각할 때 떠올렸던 기본 사고방식으로 간주하는 것이다. 나는 창조 기사가 비유라고 말하지 않는다. 다만 소통을 위해 고대인들에게 맞춘 이야기라고 주장할 뿐이다.

성서와 과학의 상호작용

마지막으로 성서와 과학의 경계를 좀 더 언급하려 한다. 비일은 창조 기사를 자신과 다르게 해석하는 사람은 누구나 유신 진화를 수용하는 사람이라고 몰아붙이는데, 이는 불공평하고 부정확한 주장이다. 아울러 "내 생각에는, 최근의 과학 이론과 성서 본문을 조화시키려고 많은 학자가 비문자적 해석을 제안하는 것 같다. 하지만 그들이 그렇게 생각하는 것은 창세기 1장의 주해와 아무런 관련이 없다. 창세기 1장을 있는 그대로, 가장 단순한 방식으로 읽어보면, 하나님이 세상을 (하루가 24시간인) 6일 동안 창조하셨음을 알 수 있다. 이는 많은 복음주의 학자들도 인정하는 부분이다"라는 비일의 주장은 매우 위험하고 다른 사람을 무시하는 태도로서, 나와 같은 학자들의 주장을 전혀 주의 깊게 듣지 않았음을 보여주는 것 같다. 내 글을 통해 나는 창세기 1장의 주해에 전적으로 기반을 둔 해석을 제시하려 애썼다. 더욱이 "있는 그대로, 가장 단순한 방식으로"라는 말투는 비일의 단순함을 보여주는 말이거나 정보가 부족해서 나타나는 태도이기 쉽다. 고대의 배경을 이해하는 일이야말로 "가장 단순하면서도 있는 그대로"를 드러내는 해석을 낳는다. 현대의 언어나 그 세계관에 기반을 두지 않는 해석 말이다.

과학의 발전은 때때로 잘못된 가정을 근거로 이해했던 성서 텍스트로 다시 돌아가게 한다. 그렇지 않았다면, 우리는 여전히 태양이 지구 주위를 돈다고 믿었을 것이다. 이것은 성서가 과학에 종속된다는 말이 아니라, 우리의 해석이 아무리 오랫동안 유효했다고 하더라도 그것이 틀릴 수 있으며 재고의 대상이 될 수도 있음을 인정해야 한다는 뜻이다. 우리의 해석을 재고하는 것이 과학의 발전에 근거하든, 더 많은 고대 근동 문헌의 발견에 근거하든, 성서 텍스트의 언어에 대한 지식이 증가해서 그렇게 되든 관계없이, 오직 성서 자체에만 속해 있는 권위를 우리의 해석에 두려는 정적인 태도에 감히 이르려 해서는 안 되겠다.

3장
문맥에 따른 해석: 유비적 "날들"
C. 존 콜린스

나는 창세기 1-2장의 창조 기사에 대해 논의하려 한다.[1] "창조의 날들"을 이해하는 많은 방식이 있다는 점은 이미 널리 알려져 있다. "창조의 날들"은 말 그대로 문자적인 날들로, 일종의 기간으로, 문학적 구조로, 혹은 다른 방식으로 이해된다. 우리는 이것이 지구의 역사에 관해 언급하는 성서의 권위에 대한 문제이며 그 권위가 과학과 관련되는 방식에 결부되어 있음도 알고 있다. 이 글을 통해 나는 서로 다른 접근방식을 비교·대조하기보다는, **내가 해당 텍스트를 읽는 방식**을 제시하고 싶다. 우리는 모두 창세기 1-2장이 말하려는 바를 헤아리려 애쓰고 있다.

C. S. 루이스(C. S. Lewis)의 관찰에 따르면 "병따개를 만드는 일부터 대형 교회의 건축에 이르기까지, 만들어진 것을 평가하는 첫 번째 조건은 그것이 무엇인지를 판단하는 것이다. 이를테면 무엇을 하려고 만들었으며 어떻게 사용해야 하는지와 같은 내용이다."[2] 의자를 생각해보자. 의자

1_ 특별한 언급이 없다면, 성서 인용은 2011년에 출간된 ESV를 사용했다.

2_ C. S. Lewis, *A Preface to Paradise Lost* (London: Oxford University Press, 1942), 1: 『실락원 서문』(홍성사 역간).

3장_ 문맥에 따른 해석: 유비적 "날들" **177**

는 무엇이며, 또 무엇을 하기 위해 만들었고, 어떻게 사용해야 할까? 의자로 못을 박을 수 있을까? 그렇다면 그 위에 올라서서 전구를 갈아 끼우는 것은 어떨까? 물론 그래야만 한다면 그렇다라고 대답할 수도 있겠지만, 그럴 땐 장도리와 사다리를 이용하는 편이 낫다. 성서에 대해 말하자면, 성서가 영감되었다고 믿는 우리도 우리가 읽는 성서 텍스트가 그 사용 목적에 적합한 도구라고 간주해야 한다. 아울러 본래 의도와 다르게 성서를 사용하지 **않도록** 주의해야 한다.

알다시피 나는 창세기를 누가 기록했느냐는 질문에 대해 매우 전통적 관점을 견지한다. 다시 말해 나는 창세기의 저자가 모세라고 생각한다. 자, 모세는 이미 오래전에 죽었고, 그는 창세기를 현대 언어로 기록하지 않았다. 따라서 우리는 그가 의도했던 원래 청중의 일부가 아니다. 본래의 청중은 그들의 자녀를 이끌고 모세를 따라 이집트에서 나왔던 이스라엘 백성이었다. 우리는 하나님이 모세를 통해 무엇보다 이스라엘 백성을 염두에 두고 창세기를 기록하게 했다고 가정해야 한다.

나는 창세기 1-2장을 읽는 가장 좋은 방식은, 그것을 더 큰 문단인 창세기 1-11장의 일부로 간주하는 것이라고 제안한다. 본문을 그렇게 대할 때 우리가 얻을 수 있는 유익이 많다고 확신하며, 내 글을 통해 그 일부를 제시하고자 한다. 하지만 우리가 이 단락을 한 덩어리로 **읽어야 한다**는 점을 먼저 입증하려고 한다. 그것이 바로 텍스트가 요구하는 방식이기 때문이다. 이런 관점을 유지하면서, **나는** 창세기 1-2장을 그 자체의 결(grain)을 따라 읽어야 한다는 주장을 펼치려 한다.

창세기 1-11장은 일관된 전체에 속한 일부분으로 읽어야 한다

우리는 창세기를 비평학적인 방식으로 보는 일반 시각이 각각의 의미 단락을 서로 다른 자료로 간주한다는 점을 대개 알고 있다. 우리는 서로 다른 자료에서 왔으므로 조화를 이룰 수 없고 조화시키면 안 되는 "두 개의 창조 기사"를 창세기가 포함하고 있다는 말을 종종 듣는다.[3] 이 문제와 관련해 반대쪽 극단에는 창세기와 과학을 다루는 미숙한 방식이 존재하는데, 그 관점은 창세기 1장이 창세기 1-11장이나 1-50장이라는 일관된 전체에 들어맞는다는 점을 잘 보여주지 못한다.

만약 창세기의 최종 형태가 창세기 1장을 창세기 전체와 연결되는 부분으로 읽기를 요구한다는 점을 입증할 수 있다면, 이러한 일관성에 어긋나는 모든 해석은 부적절하다고 말할 수 있으며, 개별 의미 단락의 선역사를 고려하지 않은 해석이라고 할 수 있겠다.

창세기 안에서 창세기 1-11장의 배경

여기서 나는 창세기 1-11장(엄격히 말하면 창1:1-11:26)이 일관성을 갖추었으며 여러 개의 단락으로 전개된다는 주장을 펼칠 것이다. 이때 각 단락은 "세대들"이라고 번역되는 **톨레도트**라는 히브리어 단어로 구분된다. 아울러 월터 모벌리(Walter Moberly)가 주장하듯이 창세기 11장과 12장 사이에는 문법적 분기점이 존재하지 않음을 보일 것이다.[4] 창세기 이야기

3_ 학문적 자료로는, Daniel Harlow, "Creation according to Genesis: Literary Genre, Cultural Context, Theological Truth," *CSR* 37.2 (2008): 163-98을 보라. 비전문적 견해로는, Francis Collins, *The Language of God: A Scientist Presents Evidence for Belief* (New York: Free Press, 2006), 150을 참조하라. 아마도 Francis Collins는 다른 자료에 의존할 것이다.

4_ R. W. L. Moberly, *The Theology of the Book of Genesis* (Old Testament Theology; Cambridge: Cambridge University Press, 2009), 121.

전체는 부드럽게 진행된다.

"생육하고 번성하라"라는 창세기 1:28의 명령을 통해 첫 인간 부부에게 주어진 하나님의 "축복"이 어떻게 기록되어 있는지 살펴보자. 이 주제는 창세기 전체를 관통할 뿐 아니라 이를 넘어선다. 창세기 9:1은 노아를 "새 아담"으로 간주한다.[5] 하나님은 노아와 그의 아들들에게 복을 주시면서 그들에게 말씀하신다. "생육하고 번성하여 땅에 충만하라." 창세기 12:2-3에서 하나님은 아브람에게 복을 주시면서 아브람을 그가 낳을 자손과 나머지 세계 모든 민족을 위해 복의 통로로 만들겠다고 약속하신다. 이 약속은 아브라함의 자손인 이스마엘(17:20), 이삭(26:3-4), 야곱(28:3; 48:3-4)에게서 반복된다. 출애굽기는 "이스라엘 자손은 생육하고 불어나 번성하고 매우 강하여 온 땅에 가득하게 되었더라"라는 언급과 함께 시작된다. 신명기는 이스라엘 민족이 신실하면 이 복을 계속 누릴 것이라고 약속한다(신 30:16. 아울러 신 7:13을 참조하라).

> 곧 내가 오늘 네게 명령하여 네 하나님 여호와를 사랑하고 그 모든 길로 행하며 그의 명령과 규례와 법도를 지키라 하는 것이라. 그리하면 네가 생존하며 번성할 것이요, 또 네 하나님 여호와께서 네가 가서 차지할 땅에서 네게 복을 주실 것임이니라.

이 모든 사실을 볼 때, 창세기의 초점은 하나님이 아담과 하와 이후에 새로운 시작을 이끄셨던 방식에 있음을 알 수 있다. 그 시작은 노아와 함

5_ 예를 들어 William J. Dumbrell, *Covenant and Creation: A Theology of the Old Testament Covenants* (1984; Carlisle: Paternoster, 1997), 27; Tremper Longman III, *How to Read Genesis* (Downers Grove: InterVarsity Press, 2005), 117-18; Bruce Waltke with Cathi J. Fredricks, *Genesis* (Grand Rapids: Zondervan, 2001), 127-28을 보라.

께, 그 후에는 아브람과 그의 후손과 함께 나타났다. 그렇다면 우리는 노아와 아브람을 가리켜 새 아담들이라고 할 수 있으며, 그들을 통해 창세기 1-2장이 얼마나 온전하게 전체 내러티브에 포함되는지를 볼 수 있다.

나는 하나님이 아브라함을 부르신 것은 단순히 아브라함의 유익을 위해서만이 아니라, 나머지 전체 세상을 위해서라고 믿는다.[6] 그리고 구약의 주요 주제 가운데 하나인 메시아 대망(messianic hope) 사상이, 메시아의 인도 아래 하나님의 백성이 하나님의 빛을 이방 세계에 비추는 일을 담당하리라는 기대임을 믿는다. 이러한 성서 이야기는 모든 인류가 공통 기원을 가졌으며 공통된 곤경에 처해 있으므로 하나님을 알아야 할 필요가 있고, 그 안에 있는 하나님의 형상을 회복해야 한다는 가정 아래 형성되었다. 이러한 가정은 창세기 1-11장을 포함하는 성서 이야기, 즉 전 인류의 타락이라는 전통적인 해석을 포함한다.

6_ 여기서 나는 Christopher Wright의 견해에 동의하며 Walter Moberly의 견해에 반대한다. 이에 대해 Christopher Wright, *The Mission of God: Unlocking the Bible's Grand Narrative* (Downers Grove, IL: InterVarsity Press, 2006), 194-221; Moberly, *Theology of the Book of Genesis*, 141-61을 보라. Wright의 견해는 Moberly의 견해보다 다음과 같은 측면에서 더욱 적절하다. (1) 창 12:3에 있는 수동태 혹은 재귀동사의 가능한 의미를 잘 추적한다는 점(즉 "그들 자신을 축복할 것이다"[shall bless themselves] 대신에 "땅의 모든 족속이 네 안에서 복을 얻을 것이라[shall be blessed]" 혹은 "그들 자신을 위해 복을 찾을 것이라"[shall find blessing for themselves]), (2) 창세기 내에 있는 창 12:1-3의 배경에 대한 고찰. 창 12:1이 창 1:28을 환기한다는 주장 및 아브라함의 후손에게 언급된 "복"과 관련된 다른 본문들에 대한 분석, (3) 복이라는 성서의 주제가 아브라함의 가족이라는 통로를 통해 이방인들에게 온다는 점, (4) 시 72:17이 창 22:18을 반영하는 방식과 같은 것들이다. (2)와 (4)를 더 살펴보려면, T. D. Alexander, "Further Observations on the Term 'Seed' in Genesis," *TynBul* 48.2 (1997): 363-67; C. John Collins, "Galatians 3:16: What Kind of Exegete Was Paul?", *TynBul* 54.1 (2003): 75-86을 보라. Moberly는 창 12:3의 "네 안에서"라는 표현이 언약을 포함한다는 해석에 반대한다. 내가 보기에는, 어떤 이들이 누군가가 대표가 되는 한 집단의 구성원이 될 때, 그들이 그 사람의 "안에 있다"라는 히브리어 표현을 사용한다는 점이 이를 나타내는 가장 좋은 설명인 듯하다.

창세기 1-11장과 고대 근동 "신화들"

창세기 1-11장을 한 단락으로 읽어야 한다는 것을 입증하는 또 다른 방법은 그것을 고대 근동 민족들의 병행 문헌과 함께 읽는 것인데, 특별히 메소포타미아의 문헌이 이에 해당한다.[7]

나는 직관적으로 창세기 1-11장과 나머지 부분 사이에서 어떤 전환점을 발견할 수 있다고 했다. 비록 문법적 전환이 없다고 하더라도, 우리의 직관은 서술자가 아브라함 이야기에서 속도를 늦춘다는 사실을 발견한다. 그는 기나긴 시간의 경과를 짧은 내러티브로 제시하는 반면, 비교적 짧은 시간에 대해서는 자세한 세부 묘사와 함께 긴 지면을 할애한다.[8]

고대 근동의 서로 다른 이야기들은 우리의 직관에 더욱 큰 확신을 부여한다. 나는 고대 근동 전문가들이 창세기 1-11장과 고대 근동 문학의 주요 병행 문헌을 찾으려는 데 반대하여 싸우려는 이유를 찾을 수가 없다.[9] 그 이야기는 「수메르 왕 명부」(*Sumerian King List*), 「아트라하시스

7_ 이 주제에 대한 전체 논의는, C. John Collins, *Did Adam and Eve Really Exist? Who They Were and Why You Should Care* (Wheaton, IL: Crossway, 2011)의 부록 1을 참조하라.

8_ Todd S. Beall, "Contemporary Hermeneutical Approaches to Genesis 1-11," in *Coming to Grips with Genesis: Biblical Authority and the Age of the Earth* (ed. Terry Mortenson and Thane Ury; Green Forest, AR: Master, 2008), 131-62에 나타나는 Todd S. Beall의 견해와 대조해보라. 예를 들어 Beall은 예수가 롯과 그의 아내뿐 아니라 노아와 홍수를 언급(눅 17:26-29)하면서 그 사건들이 진실이라고 주장한다. 그는 "예수의 사고에서 창 6-8장과 19장 사이에는 어떠한 해석적 차이도 존재하지 않는다"(147쪽. 161쪽도 참조하라)라고 단언한다. 하지만 이는 과도한 진술이다. 예수가 두 기사에서 지시하는 인물은 역사성을 띠며, 따라서 예수의 동의를 얻기 원한다면 우리가 이 텍스트에 적용하려는 어떤 종류의 해석학도 그런 지시성 자체를 소멸시켜서는 안 된다고 말하는 편이 오히려 정확할 것이다. 즉 두 텍스트는 서로 다른 종류일 수 있지만, 두 텍스트에 등장하는 두 인물은 역사적 인물을 가리킨다.

9_ 예를 들어 David T. Tsumura, "Genesis and Ancient Near Eastern Stories of Creation and Flood: An Introduction," in *I Studied Inscriptions from before the Flood: Ancient Near Eastern, Literary, and Linguistic Approaches to Genesis 1-11* (ed. Richard S. Hess and David T. Tsumura; Winona Lake, IN: Eisenbrauns, 1994), 27-57 (esp. 44-57); Richard E. Averbeck, "The Sumerian Historiographic Tradition and Its Implications for Genesis 1-11," in *Faith,*

서사시」(*Atrahasis Epic*), 「에리두 창세기/수메르 홍수 이야기」(*the Eridu Genesis/Sumerian Flood Tale*)를 포함한다. 바빌로니아 창조 서사시로 불리는 「에누마 엘리쉬」 같은 이야기도 예전에는 유용한 비교 문헌으로 여겨졌으므로, 성서학자들이 여전히 이 부분에 관심을 보이는 것이다. 그러나 아시리아학(assyriology) 학자들은 「에누마 엘리쉬」와 창조 기사의 병행에 대해 이전보다는 회의적이다.[10]

Tradition, and History: Old Testament Historiography in Its Near Eastern Context (ed. Alan R. Millard, James K. Hoffmeier, and David W. Baker; Winona Lake, IN: Eisenbrauns, 1994), 79-102; Kenneth A. Kitchen, *On the Reliability of the Old Testament* (Grand Rapids: Eerdmans, 2003), 423-25; and Anne Drafkorn Kilmer, "The Mesopotamian Counterparts of the Biblical Nephilim," in *Perspectives on Language and Text* (ed. Edgar W. Conrad; Winona Lake, IN: Eisenbrauns, 1987), 39-43. Richard S. Hess, "The Genealogies of Genesis 1-11 and Comparative Literature," *Bib* 70 (1989): 241-54 (reprinted in Hess and Tsumura, I Studied Inscriptions, 58-72)은 성서의 계보와 고대 근동 왕들의 족보에 나타나는 차이점에 대해 주의할 점을 덧붙이는데, 이는 매우 유용하다. Tikva Frymer-Kensky, "The Atrahasis Epic and Its Significance for Our Understanding of Genesis 1-9," *BA* 40.4 (1977): 147-55은 성서의 홍수 이야기와 「아트라하시스 서사시」 및 「길가메쉬 서사시」가 병행 문헌임을 지지한다. 물론 성서와 메소포타미아 기사의 차이점에 대한 그녀의 관찰이 유용하긴 하지만, 나는 그녀가 제기하는 창세기 본문에 대한 주석상의 요점이 모두 설득력 있다고 생각하지는 않는다.

10_ W. G. Lambert는 「에누마 엘리쉬」에 대한 관심을 줄여야 한다고 주장했다. "A New Look at the Babylonian Background of Genesis," *JTS* n.s. 16.2 (1965): 287-300을 참조하라. Lambert는 "첫 번째 주요 결론은 (창세기의) 창조 신화가 바빌로니아나 수메르의 우주론을 기준으로 하지 않는다는 점이다. 그것은 분파적이며 여러 가지 신화가 이상한 형태로 조합된 작품으로, 병행 문헌을 찾기 어렵다. 내 생각에 그것은 기원전 1100년 이전에 기록되지는 않았다." 또한, Alan R. Millard, "A New Babylonian 'Genesis' Story," *TynBul* 18 (1967): 3-18 및 Kitchen, *On the Reliability of the Old Testament*, 425을 보라. 창 1장에는 존재하지 않지만, (「에누마 엘리쉬」 같은 문헌에 등장하는) 혼돈과의 전쟁(Chaoskampf, 혼돈을 일종의 악신으로 보고 창조주가 이에 맞서 싸우는 전쟁을 의미함—역주)에 관한 논의는, Gordon H. Johnston, "Genesis 1 and Ancient Egyptian Creation Myths," *BSac* 165.658 (2008): 178-94를 보라. Johnston은 이집트 이야기들이 창세기의 배경으로서 가능성이 있다고 주장한다. 나는 이집트 문헌들의 관련성을 의심하지 않지만, 메소포타미아 문헌들이 전반적으로 가장 병행을 이룬다고 생각한다. 마찬가지로 John H. Walton, "Creation in Genesis 1:1-2:3 and the Ancient Near East: Order Out of Disorder after Chaoskampf," *CTJ* 43.1 (2008): 48-63에서 Walton은 "혼돈과의 전쟁"이나 "신들의 전쟁"(theomachy) 개념을 모두 거부하면서 창 1장이 "성전 우주론"(temple cosmology)을

케네스 키친(Kenneth Kitchen)은 이 자료들 사이의 관련성을 다음과
같이 도식화한다.[11]

수메르 왕 명부	아트라하시스 서사시	에리두 창세기	창세기 1-11장
1. 창조가 가정됨; 왕권이 하늘로부터 내려옴	1. 창조가 가정됨; 신들이 자신들의 일을 떠맡을 인간들을 창조함	1. 창조; 도시들이 건설됨	1. 창조 (창 1-2장)
2. 5개 도시에서 다스렸던 8명의 왕이 적힌 명단	2. 시끄러운 인간들이 신들을 짜증나게 함	2. [신에게 추방됨]	2. 신에 의해 추방됨(창 3장), 족보들(창 4-5장)
3. 홍수	3. 홍수; 방주	3. 홍수; 방주	3. 홍수; 방주 (창 6-9장)
4. 다시 왕정이 시작됨; "현대"에 이르기까지 왕조가 계속됨	4. 새 출발	4. 새 출발	4. 새 출발; "현대"에 이르기까지 족보가 이어짐
5. "현대"	(5. "현대"가 암시됨)	(5. "현대"가 암시됨)	5. "현대"

이런 문헌들과 창세기 1-11장이 어떻게 서로 유사하거나 혹은 **다른지**,
아울러 이 자료들 간의 관련성이 어떠한지 언급할 내용이 많지만, 지면
관계상 여기서 그렇게 하기는 힘들 것 같다. 다만 이 부분에서는 메소포

보여준다고 주장한다. 성전 우주론에 대해서는 Walton의 유명한 책 *The Lost World of Genesis One: Ancient Cosmology and the Origins Debate* (Downers Grove, IL: InterVarsity Press, 2009) 및 그의 학술 논문인 *Genesis 1 as Ancient Cosmology* (Winona Lake, IN: Eisenbrauns, 2011)를 참조하라. 나는 그의 책 중 전자에 대한 논평을 2009년 11월에 〈reformedacademic. blogspot.com〉에 게재했으며, 후자의 경우 곧 개제될 예정이다. 그렇지만 Bruce K. Waltke는 여전히 「에누마 엘리쉬」와 「아다파 이야기」(*Adapa stories*)와 창세기의 창조 기사가 병행함을 강조한다. Waltke, *Genesis*, 23을 보라. 여기에서 언급된 요소들은 그가 제시하는 사례를 심각하게 약화시킨다.

11_ 이 도표는, Kitchen, *On the Reliability of the Old Testament*, 424 (Table 34)을 참고했다.

타미아 문헌의 전반적 형태가 창세기 1-11장 메시지의 문학적·관념적 배경을 제공한다는 점을 지적하고 싶다. 메소포타미아 문헌들의 형태 전체가 그런 역할을 감당한다고 결론짓는 것이 적절하다.

이러한 병행이 창세기 1-11장의 기능에 관해 우리에게 무엇을 말해 줄 수 있을까? 윌리엄 할로(W. W. Hallo)의 구분을 따라 메소포타미아 문헌들은 역사가 기록되기 이전에 인간이 존재했던 시기인 "선역사" 및 역사가 기록되기 시작한 초기 단계인 "원역사"가 무엇인지를 알려준다.[12] 다른 말로 하면, 이 자료들은 우리가 공식적으로 메소포타미아 세계관 이야기의 초기 상태라고 부르는 것을 알려준다. 더욱이 메소포타미아인들은 실제 사건들을 다루는 자료라고 믿었던 내용을 기반으로 자기들의 이야기를 형성함으로써 자신들의 목적을 성취하려 했다. 비록 그 자료가 상당한 양의 비유와 상징을 포함하더라도 그렇게 했다. 따라서 창세기 1-11장도 이스라엘인들에게 비슷한 목적으로 기록되었다고 여기는 게 자연스럽다. 우리는 불필요한 문자주의를 배제하고 비슷한 방식으로 역사에 주의를 기울여야 할 것이다.[13]

12_ W. W. Hallo, "Part 1: Mesopotamia and the Asiatic Near East," in *The Ancient Near East: A History* (ed. W. W. Hallo and William K. Simpson; Fort Worth, TX: Harcourt Brace College Publishers, 1998), 3-181, 해당 용어는 25쪽을 참조하라.

13_ 나는 이 점을 "Adam and Eve as Historical People, and Why It Matters," *Perspectives on Science and Christian Faith* 62.3 (2010): 147-65, 특히 150-53쪽에서 제시하면서, 또한 *Did Adam and Eve Really Exist?* 제2장과 부록 1번에서 다루었다. 이러한 요점을 간과한 예로는 Daniel Harlow, "After Adam: Reading Genesis in an Age of Evolutionary Science," *Perspectives on Science and Christian Faith* 62.3 (2010): 179-95에서 특히 185-87에 등장하는 데, 여기에서 Harlow는 창세기의 창조 기사와 메소포타미아 이야기에 존재하는 상징적·묘사적 요소를 지적하면서 둘 다 역사가 아니라고 주장한다. 그는 어떠한 논거도 없이 역사성과 문자적 해석 방식을 혼동하고 있다.

창세기 1장과 2-11장의 문학적·언어적 관련성

창세기 1-11장을 한 단락으로 간주해야 한다는 내 논의의 세 번째 요점은 이를 구성하는 단락 간의 문학적·언어적 관련성에서 나온다.

창세기 1-11장이 하나임을 보여주는 잘 알려진 예 가운데 하나로는 아담과 노아의 관련성을 들 수 있는데, (앞에서 말했듯이) 노아가 새 아담으로 나타난다는 점이 그렇다. 더 나아가 창세기 1:26-27과 5:1-5(아담의 삶)처럼 창세기 1장과 5장도 분명한 관련성이 있으며, 4:25-26과 5:3-11(셋과 에노스)처럼 창세기 4장과 5장도 분명한 관련성이 있다. 아마도 가인(4:17-22)과 셋(5:6-32)으로부터 내려오는 계보에도 관련성이 있다고 여겨지는데, 전적으로 분명한 것은 아니지만 특별히 에노스, 므드사엘/므두셀라, 라멕(창 4:18과 5:18, 21, 25)의 경우가 그런 것 같다.[14]

창세기 9-11장 역시 이전 단락들과 일관성을 보인다. 왜냐하면 창세기 9-11장이 홍수 이후의 기록이며, 노아의 가족에게서 다양한 민족이 발생했음을 보여주고(참조. 10:1), 계보들로 연결되어 있으며(참조. 11:10, 셈의 혈통을 선택해서 보여준다), 11:10-19이 (벨렉의 등장을 통해) 10:21-25과 병행을 이룰 뿐 아니라, 11:20-26의 경우 셈의 혈통을 아브람, 나홀, 하란으로까지 연결하고 있기 때문이다. 이들과 이들의 자손은 창세기 나머지 부분을 수놓게 된다.

창세기 1-4장 안에도 분명한 연결점이 존재한다. 첫째, 학자들은 보통 창세기 2-4장을 약간의 편집이 가미된 J문서로 여기는데, 그 전반적 통일

14_ 나는 C. John Collins, *Genesis 1-4: A Linguistic, Literary, and Theological Commentary* (Phillipsburg, NJ: P&R, 2006), 201에서 두 가계 사이의 대조가 현저함을 주장했다. 또한 이것은 가인 가문의 쇠퇴가 인간에게 일어난 필연적 결과가 아니었음을 보여주는 듯하다. 오히려 가문의 쇠퇴는 구성원들의 도덕적 방향 때문이며, 특히 가계 목록상 시조의 도덕적 방향 때문이었다. 성서의 저자는, 가인의 혈통이 우위를 점하게 되었으며 셋의 자손들도 가인의 혈통을 따라 하나님을 떠나게 되었고, 그 결과 "사람의 죄악이 세상에 가득[했다]"(창 6:5)라고 말한다.

성에는 논란의 여지가 없다.[15] 둘째, (이후에 좀 더 논하겠지만) 창세기 2:4-25
은 창세기 1장의 여섯째 "날"을 매우 자세히 설명한다. 셋째, P 창조 기사(창
1장)에 의인화 표현이 없다는 일반적인 주장은 잘못된 것이다.[16] 창세기 1
장은 하나님을 엿새 동안 일하고 안식일에 휴식을 향유하는 분으로 묘사
함으로써 의인화에 의존하고 있다(이후에 좀 더 논하겠다).[17] 창세기 2장은
하나님을 가리켜 첫 번째 인간을 "빚으시는" 옹기장이(2:7) 같은 분으로
묘사하며 또한 첫 번째 여인을 "세우시는" 기술자(2:22, ESV 성서의 난외주를
참조하라) 같은 분으로 그린다는 점에서 의인화된 표현을 담고 있다.

　　마지막으로, 여러 동사 간의 관련성은 해당 의미 단락들이 서로 응집
성을 갖도록 편집되었음을 보여준다. 각각의 의미 단락이 서로 다른 원
자료를 포함한다고 해도 이 사실은 변하지 않는다. 예를 들면, 창세기
1:28에서 우리는 "하나님이 그들에게 복을 주시며 하나님이 그들에게 이
르시되 '생육하고 번성하[라]…'"라는 말씀을 듣는다. 창세기 3장에서는
"복"(brk)이 운율상 적절한 반의어인 "저주"('rr)로 바뀌는 것을 볼 수 있
다. 반면에 그들을 위한 복은 자녀를 낳음으로 커질 텐데, 불순종 이후 하
나님은 여자에게 "임신하는 고통을 크게 더하리니"라고 말하신다. 축복
의 장이 고통과 위험의 장으로 바뀐 것이다. 계보를 보여주는 창세기 5장
(29절)도 하나님의 "저주"가 땅에 (3:17) 임하였음을 다음과 같이 언급한
다. "[라멕이] 이름을 노아라 하여 이르되 '여호와께서 땅을 저주하시므로
('rr) 수고롭게 일하는('iṣṣābôn, 3:16, 17을 참조하라) 우리를 이 아들이 안위

15_ Richard Elliott Friedman, *The Bible with Sources Revealed: A New View into the Five
　　Books of Moses* (New York: HarperCollins, 2003) 및 내 책 *Genesis 1-4*, 227-28에 실린 관련
　　논의를 참조하라.

16_ Friedman, *Bible with Sources Revealed*, 12; S. R. Driver, *The Book of Genesis* (Westminster
　　Commentary; London: Methuen, 1904), xxv을 참조하라.

17_ 나는 여러 곳에서 이를 주장했다. 예를 들면, *Science and Faith: Friends or Foes?* (Wheaton,
　　IL: Crossway, 2003) 및 *Genesis 1-4*, 77을 참조하라.

하리라' 하였더라."

더욱이 창세기 1-11장에는 세 번(1:26; 3:22; 11:7)에 걸쳐 하나님이 자신을 "우리"라고 부르시는 "불가해한" 부분이 등장한다. 비록 나는 이 부분을 "자신을 언급하는 복수"로 이해하는 것이 가장 좋다고 생각하지만, 많은 이들은 이 세 부분에서 (혹은 최소한 1:26에서) 하나님이 자신의 천군에게 말씀하신다고 해석한다.[18] 하지만 그렇게 결론짓는다 해도 사실 내 견해에는 전혀 문제가 되지 않는다. 내 요점은, 하나님이 자신을 1인칭 복수로 언급하시는 것은 이렇게 배열된 자료에 나타나는 독특한 특징이라는 점이다. 곧 각각 분리된 자료라고 생각되는 자료로부터 이런 특징이 나타난다는 말이다.

창세기 1-11장이 창세기 전체의 흐름 안에서 어떻게 통합되어 있는지, 그리고 이 장들이 기본 세계관을 형성하는 메소포타미아 문헌들과 어떻게 병행을 이루는지를 인식한다면, 우리는 이 장들을 한 단락으로 묶은 사람이 누구든지 간에 그가 이 장들이 문학적·언어적 단계에서 통일성을 드러낸다는 점을 보여줌으로써 그렇게 했음을 알 수 있다.

창세기 1-2장은 우리가 두 단락을 함께 읽도록 초청한다

창세기에 "두 창조 기사"가 존재하는가?

이제 우리는 창세기 1장(1:1-2:3)과 2장(2:4-25)이 두 개의 개별 창조 기사

18_ 관련된 논의로는, 내 책 *Genesis 1-4*, 59-61을 보라. 더욱 최근에는, Lyle Eslinger, "The Enigmatic Plurals 'Like One of Us' (Genesis i 26, iii 22, and xi 7) in Hyperchronic Perspective," *VT* 56.2 (2006): 171-84에서 Lyle Eslinger는 이 복수 형태가 신과 인간의 차이를 특히 강조하는 표현이라고 주장한다. 나는 내 견해가 분명하며 주해에 더욱 기반을 둔 설명이라고 확신하지는 않는다.

인지를 판별하는 문제에 봉착했다. 나는 구문과 단어의 의미를 적절하게 이해한다면, 그렇게 이해할 필요가 없다고 주장하려 한다.

전통적으로 랍비 문헌은 창세기 2장의 창조가 창세기 1장의 여섯째 "날"을 자세히 묘사한다고 보았다.[19] 이 전통적 해석은, 말하자면 하이든 (Haydn)의 오라토리오 "천지창조"(The Creation)가 두 개의 내러티브를 한 데 엮는 방식의 배경이 된다. 여섯째 날에 하나님이 사람을 그의 "형상을 따라"(창 1:27) 만드시고 생기를 그 코에 불어넣으셨으므로 사람이 생령이 되었다(창 2:7).[20] 더 중요한 것은 마태복음 19:3-9(혹은 막 10:2-9)에서 예수 가 두 단락(창 1:27과 창 2:24)을 함께 묶어 읽은 방식도 마찬가지라는 점이 다.[21] 나는 어떻게 창세기 2:4-7이 두 창조 기사를 연결하는지를 보임으로 써, 전통적인 해석의 문법적 정당성을 제시하려 한다.[22] 더욱이 이 해석은 그 정당성을 창세기의 저자 및 연대 결정 문제에 의존하지 않는다.[23]

비록 히브리어의 난해함 때문에 ASV 같이 전통적인 성서에서는 그 여부를 확인하기 어렵지만, 다음을 참조해보자.

19_ 세부 사항을 보려면, Yehudah Kiel, *Sefer Bere'shit 1-17* (Da'at Miqra'; Jerusalem: Mossad Harav Kook, 1997), 44, n.7을 보라. 그 원리는 아마도 Richard Hess, "Genesis 1-2 in Its Literary Context," *TynBul* 41.1 (1990): 143-53에서 찾을 수 있을 것이다. 그는 창 1-11장에서 사용되는 "중복 표현"(doublets)의 경우, 처음 등장한 요소를 더 구체적으로 다루기 위해 같은 요 소가 두 번째로 등장하는 기법이라고 주장한다.

20_ Franz Joseph Haydn, *Die Schöpfung* (Hob. xxi:2), §§23-24.

21_ "태초에"(마 19:4)와 "창조 시에"(막 10:6)에서 발견되는 "시작"이라는 표현은 인간이 존재하기 시 작한 때를 의미한다. 이에 관한 논의로는 내 책, *Science and Faith*, 106-7을 참조하라. 이를 지 지하는 19세기 중엽의 자료로는(따라서 "진화론"으로 간주될 수 없다), J. A. Alexander, *The Gospel according to Mark* (1858; repr., Grand Rapids: Baker, 1980), 274을 보라.

22_ Harlow, "After Adam," 189에서 Harlow는, 바울이 "단지 아담, 하와, 뱀에 관한 이야기에 호소한 유일한 작가"라고 주장하면서, 복음서나 요한계시록이 창조 기사를 전유한다는 점을 부인한다. 이 것은 놀라운 주장이지만, 여기에서 이에 관해 언급하는 것은 내 논의를 벗어난다. 창 3장의 논의 를 살펴보려면, 내 책, *Did Adam and Eve Really Exist?*를 참조하라.

23_ 나는, *Did Adam and Eve Really Exist?* Appendix 3, 167-70에서 창세기가 모세의 저작임을 주장하는 논거를 제시했다.

4 이것이 천지가 창조될 때에 하늘과 땅(earth)의 내력이니, 여호와 하나님이 땅과 하늘을 만드시던 날에

5 여호와 하나님이 땅(bā'āreṣ)에 비를 내리지 아니하셨고, 땅(ground)을 갈 사람도 없었으므로, 들의 초목은 아직 땅에('al-bā'āreṣ) 없었고, 밭에는 채소가 나지 아니하였으며

6 안개만 땅에서(min-bā'āreṣ) 올라와(ya'āleh) 온 지면(ground)을 적셨더라(wĕhišqāh).

7 여호와 하나님이 땅(ground)의 흙으로 사람을 지으시고 생기를 그 코에 불어넣으시니 사람이 생령이 되니라.

여러 측면에서 살펴보면, 랍비들의 전통적 해석이 확고한 기초 위에 있음을 알 수 있다.[24]

(1) 4절은 교차대구(chiasm)로 구성된다(a-b-c // c'-b'-a').

이것들이 내력이다

하늘과	땅의	그것들이 창조되었을 때
a	b	c
하나님이 만드셨던 그 날에	땅과	하늘을
c'	b'	a'

이러한 교차대구법은 해당 구절을 분리할 수 없음을 보여준다(마소라 텍스트 창 2:3 뒤에서 단락이 구분된다는 점도 이를 지지한다). 아울러 교차대구법이 사용되는 단락은 독자들로 하여금 저자가 염두에 두고 있는 통일

24_ 더 자세한 논의를 보려면, C. John Collins, "Discourse Analysis and the Interpretation of Gen 2:4-7," *WTJ* 61 (1999): 269-76과 참고문헌을 보라. 또한 Collins, *Genesis 1-4*, 41, 102-3, 108-12도 참조하라.

성이 무엇인지를 알려주는 배경을 제시하면서 그것을 통일성을 가진 단락으로 간주하게 한다. 사실 이것이 교차대구법의 일반 역할이기도 하다. 간단히 말하면, 창세기 2:4의 "하늘과 땅" 및 "창조했다"라는 표현의 순서가 우리로 하여금 창세기 1:1-2:3을 전체로 이해하게 한다는 뜻이다. 아울러 하나님의 이름이 "하나님"(ĕlōhîm)에서 "야웨 하나님"(yhwh elōhîm)으로 바뀌는 것은 뒷부분을 환기해준다(이 변화에 대해서는 뒤에서 좀 더 논하겠다). 나는 이 특별한 교차대구를 볼 때, 창세기 1-2장을 한 단락으로 읽어야 한다고 결론짓는다. 그러나 어떤 방식으로 그렇게 되는지는 뒤에서 좀 더 논의할 필요가 있다.

(2) ASV에서 볼 수 있듯이, 히브리어 "에레츠"(창 2:5-6)는 아마도 일반적인 "땅"을 가리키는 표현인 듯하지만, (창 1:10의 경우처럼) "바다에 대응되는 육지"이거나 심지어는 (창 2:11-13처럼) "특정한 육지나 지역"을 가리키는 표현일 수도 있다. 나는 "에레츠"를 "특정한 육지나 지역"을 가리키는 표현으로 해석하는데, 그 이유는 창세기 2장의 나머지 부분이 의도하는 바가 그렇기 때문이다.

(3) 내러티브 구문의 일반 형태에 따르면 창세기 2:5-7의 유일한 줄거리가 되는 사건은 7절에 나타나는데, 거기서 우리는 세 개의 바익톨 동사를 발견한다. 이 단락에 등장하는 나머지 동사는 기본적으로 줄거리가 되는 사건이 일어났던 상황을 묘사하는 데 사용되었다. 특히 미완료 동사와 브카탈(weqatal) 동사는 우리를 해당 사건 안으로 들어가게 한다. "주 하나님이 사람을 만드셨던" 때는 바로 "안개(혹은 비구름)[25]가 지면에서 올라

25_ 이 해석은 "샘"(spring)이라는 해석보다 훨씬 더 그럴듯하다(ESV 난외주를 보라). 참조. 욥 36:27. 관련된 해석의 근거를 보려면, "Discourse Analysis and the Interpretation of Gen 2:4-7," 275 n.28을 참고하라. Max Rogland, "Interpreting אד in Genesis 2.5-6: Neglected Rabbinic and Intertextual Evidence," JSOT 34.4 (2010): 379-93은 이러한 해석을 강하게 지지한다.

와서 땅 전체를 적셨던 바로 그 때"이었다.

(4) ESV는 이러한 관찰을 반영하고 있다.

이것들이 내력이다,

하늘과 땅이 창조되었을 때의.

그날에 주 하나님이 땅과 하늘을 창조하셨다.

여호와 하나님이 땅에 비를 내리지 아니하셨고 땅을 갈 사람도 없었으므로, 들에는 초목이 아직 없었고 밭에는 채소가 나지 아니하였으며, 안개만 땅에서 올라와 온 지면을 적셨더라. 여호와 하나님이 땅의 흙으로 사람을 지으시고 생기를 그 코에 불어넣으시니 사람이 생령이 되니라.

이 모든 관찰과 결론은 창세기 2:5-7이 상황을 나타내는 방식과 잘 결합된다. 레반트(Levant) 서부 지역의 강우 주기는, 하나님이 땅에 비를 내리지 아니하셨을 때 왜 그 땅이 건기의 끝자락에서 메마른 상태였는지를 설명해줄 뿐 아니라 비구름이 막 떠오르기 시작했음을 보여준다.[26] 강우 주기뿐 아니라 "땅을 경작할" 인간이 부재했다는 사실은 그 땅에 식물이 존재하지 않았던 이유를 보여준다. 즉 창세기 2장은 창세기 1장의 "셋째 날"과 혼동이 없다. 오히려 본문은 여섯째 "날"에 건기가 끝나고 우기가 시작되면서 하나님이 사람을 "지으셨음"을 보여준다(2:7). 더욱이 2:18의 "좋지 아니하니"라는 표현은 1:31의 "매우 좋았더라"라는 표현을 반영하며 우리가 아직 여섯째 날의 마지막에 이르지 못했음을 일깨워준다. 그러므로 하나님은 계속해서 여자를 "만드시며"(2:22), "이제야 나타났구나,

---

26_ 참조. John Bimson et al., *New Bible Atlas* (Downers Grove, IL: InterVarsity Press, 1985), 15-14.

이 사람!"(2:23, 표준새번역)이라는 남자의 고백을 이끌어내시고, 그들의 벌거벗음이 지극히 복된 순결함임을 보여주신다(2:25). 이제야말로 우리가 "매우 좋았더라"라고 말할 수 있는 상황에 도달한 것이다.[27] 다시 말해 우리는 하나님이 "인간을 그의 형상을 따라…남자와 여자로 창조한"(1:27) 방식을 상세히 설명하는 확장된 묘사를 접하게 된다. 이로부터 우리는 창세기 2장이 1장의 여섯째 날을 구체적으로 묘사한다고 말할 수 있다.[28] 따라서 우리는 이 두 창조 기사가 별개의 기사라고 주장할 근거를 더는 알지 못한다. 그러므로 두 자료가 어떤 선역사에서 왔든지, 히브리어 성서의 최종 형태는 두 기사가 별개가 아님을 보여준다.

우리가 이 문헌들의 원자료를 구별할 수 있을까?

"두 자료가 어떤 선역사에서 왔든지 관계없다." 이것이 원자료에 관한 질문에 대해 내가 내리는 결론이다. 물론 이는 창세기의 저자를 묻는 질문에 대한 대답은 아니다. 저자가 모세든 누구든 관계없이, 원자료를 이용하는 데는 문제가 없기 때문이다.

그들이 원자료를 이용했을 수도 있었겠지만, 실제로 그랬을까? 나는 우리가 이 문제에 대해 과연 만족스러운 대답을 줄 수 없는 것인지 의심하고 있다. 사실 창세기 1장과 2-4장은 문체상 서로 다르다. 하지만 이러한 차이는 첫째, 창세기 1장이 첫 번째 톨레도트("내력", 2:4a)보다 앞에 나온다는 사실을 주목함으로써 설명할 수 있고, 둘째, 창세기 1장이 (창조를

27_ 이것은 창 2-3장 전체가 창 1장의 여섯째 날과 병행을 이루는 것은 아닌 이유를 설명해준다. Leon Kass와 Philip Davies 같은 학자들이 이러한 실수를 보이는데, 이에 대한 비판은, 내 책 *Genesis 1-4*, 122, 특히 각주 67을 보라.

28_ 창 2:19의 적절한 해석과 어떻게 그것이 이후 기사에 들어맞는지 보려면, C. John Collins, "The Wayyiqtol as 'Pluperfect': When and Why," *TynBul* 46.1 (1995): 117-40, 135-40의 논의를 참조하라. Harlow, "After Adam," 185은 창 2:19을 과거완료로 해석하는 NIV를 가리켜 "해석상 속임수"라고 언급하지만, 그는 해당 본문의 문법 관련 문제를 인식하지 못하는 듯하다.

성취로 기념하고, 창조주를 높이기 위한) 전례와 비슷한 행사를 목적으로 작성된 것이 분명해 보인다는 점을 통해 그것을 일종의 "고양된 산문"으로 이해함으로써 해소할 수 있다.[29]

하나님의 이름이 바뀌는 것을 근거로 두 창조 기사가 별개의 원자료에서 유래했다고 주장하는 것은 과거만큼 쉽지 않은 일이 되었다. 오늘날 우리는 그러한 이름의 변화를 가능하게 하는 문학적·수사적 동기에 대해 훨씬 열려 있기 때문이다. 그런 동기를 발견하는 일이 어렵지도 않다. 이를테면 "하나님"(엘로힘)이라는 명칭은 광대한 초월자이신 창조주의 신격(deity)을 나타내지만, "주님"(야웨)이라는 명칭은 자신이 창조하신 피조물과 관계를 맺는 분의 신격을 나타낸다.[30] 두 용어의 합성어인 "주 하나님"(야웨 엘로힘)은 이스라엘 백성과 언약을 세운 하나님이 사실은 존재하는 모든 것 위에 계시며 전 우주를 다스리는 초월자이신 창조주라는 중요한 개념을 나타낸다.

몇몇 이들은 두 창조 기사가 "충돌"한다고 말하지만, 문학·언어의 측면에서 이를 적절하게 다룬다면 문제가 되지 않는다. 제임스 바르(James Barr)가 지적했듯이(그는 창세기가 흔히 가정되는 원자료들로 나뉜다는 비평학계의 견해를 수용했으며, 최종 본문을 후대의 것으로 간주했다), 실제로 모순이 있었던 원자료들을 부드럽게 다듬은 후대 편집자를 상정하는 것이 합리적이다. 아울러 최종 본문 형태에 남아 있는 두 이야기 사이의 긴장은 고대인들로 하여금 오히려 "두 내러티브가 진실함을 인정하도록" 유도했을 것으

29_ 예를 들어 Moshe Weinfeld, "Sabbath, Temple, and the Enthronement of the Lord—The Problem of the Sitz im Leben of Genesis 1:1-2:3," in *Mélanges Bibliques et Orientaux en l'honneur de M. Henri Cazelles* (ed. A. Caquot and M. Delcor; AOAT 212; Neukirchen Vluyn: Neukirchener, 1981), 501-12을 보라. 비록 Weinfeld의 모든 논지에 동의하는 것은 아니지만, 그는 이 단락이 참으로 의미하는 바를 잘 포착하고 있다.

30_ 이에 관한 논의는, 내 책 *Genesis 1-4*, 75-76, 137을 보라.

로 보인다.[31] (바르는 어떻게 두 텍스트가 실제로 다듬어졌는지를 설명하지는 않는다.[32]) 그러므로 만약 문학·언어 연구가 두 창조 기사 전체를 하나의 응집된 의미 단락으로 읽어야 한다고 주장한다면, 우리는 이에 주의를 기울이는 것이 좋다.[33]

창세기 1-2장의 특징은 우리에게 일관된 해석을 제공한다

어디서 단락들이 시작하고 마치는가?

나는 "창세기 1장"이 어디서 시작하고 마치는지를 보이는 데서 시작하려 한다. 내 생각에 우리는 창세기 1장에서 6일 창조를 볼 수 있고, 다음으로 2:1-3에서 하나님의 안식일인 일곱째 날에 대한 묘사를 확인할 수 있다.

31_ James Barr, "One Man, or All Humanity? A Question in the Anthropology of Genesis 1," in *Recycling Biblical Figures: Papers Read at a NOSTER Colloquium in Amsterdam*, 12-13 May 1997 (ed. Athalya Brenner and Jan Willem van Henten; Studies in Theology and Religion; Leiden: Deo, 1999), 3-21 중에서 6쪽을 특히 참고하라. 솔직히 말하면, 전통 그리스도인으로서 나는 Barr가 제공하는 여느 주해를 받아들이는 일에 신중한 편이다. 1984년에 Barr가 David Watson에게 보낸 유명한 편지에 대한 내 비판은 *Science and Faith*, 364-66을 참조하라. 창 3장에 관한 그의 책에 대한 내 논평은 *Did Adam and Eve Really Exist?*의 부록2를 참조하라. 그러나 성서학에 미친 Barr의 언어학적 정밀함은 지대하므로, 우리는 그가 자기 관점의 정당성을 밝히려고 제시하는 논거들을 인정해야 한다.

32_ 두 기사가 부드럽게 다듬어졌음을 보여주는 예로 Eslinger("The Enigmatic Plurals 'Like One of Us,'" 179을 보라)는 하나님이 자신을 1인칭 복수로 부르는 형태가 J(3:22; 11:7)와 P(1:26)에 걸쳐 존재한다고 말하면서 "서로 이접하는 자료들이 각각 똑같은 문법의 불일치를 포함할 수 있을까?"라고 주장한다. 더욱 적절한 설명은 두 창조 기사가 "이접하는 자료"에서 오지 않았다고 주장하거나 편집자가 이러한 통일성을 일부러 부여했다고 말하는 것이다. 이 두 가지 사항 가운데 선택할 수 있는 방법은 없다.

33_ 이는 Jürg Hutzli, "Tradition and Interpretation in Gen 1:1-2:4a," *Journal of Hebrew Scriptures* 10, article 12 (2010)가 최근 연구에서 제시했듯이, 의미 단락들을 구성하는 원자료들을 구분하려는 노력에도 적용할 수 있다. Hutzli는 첫 의미 단락이 원래는 "말씀-기사"(word-account)와 "행위-기사"(deed-account)로 구분되며 이들이 본문에 한데 얽혀 있다고 주장한다.

2:4을 시작하는 톨레도트 "이것이 내력이다"는 창세기 전체에서 새로운 단락을 시작할 때 사용한다(5:1; 6:9 등을 보라). 이것은 우리가 1:1-2:3을 독립된 첫 번째 단락으로 분리해야 함을 의미한다. 그리고 그렇게 할 때, 우리는 이 단락이 따로 떨어진, 창세기 전체에 대한 서문임을 보게 된다. 1:1-2:3이 첫 번째 톨레도트 단락의 앞에 위치하기 때문이다. 이 점은 우리에게 유용한데, 만약 이 단락이 창세기 나머지 전체와 다른 문체를 보여준다는 사실을 증명할 수 있다면 그것으로 충분하기 때문이다. 이 말은 2:4절부터 우리가 일반적으로 역사 내러티브라고 부르는 것이 시작되며 첫 번째 단락은 나머지와 다르게 느껴진다는 뜻이다. 1:1-2:3은 실제로 시도 아닐뿐더러, 일반 내러티브도 아니다. 우리는 이 단락을 "고양된 산문"으로 부를 수 있는데, 그 이유를 간단히 고려해보기로 하자.[34]

이 두 단락의 구조는 무엇인가?

창세기 1장의 가장 명백한 구조는 "저녁이 되며 아침이 되니, 이는 첫째/둘째/셋째…여섯째 날이라"처럼 반복되는 후렴구를 통해 나타나는 7일 패턴이다(일곱째 날에는 해당 후렴구가 없다).[35] 나는 여기서 나타나는 패턴이

34_ Beall, "Contemporary Hermeneutical Approaches," 154에서 Beall은 "창세기 1장은 일반 내러티브의 형태를 띤다"라고 주장하면서 해당 단락은 "분명히 내러티브이며 시가 아니다"라고 단정 짓는다. 창세기 1장이 내러티브라는 사실에는 논쟁이 필요 없다. 하지만 우리는 모든 내러티브가 같은 문체로 기록된 것은 아님을 인정해야 한다. 본문을 자연스럽게 해석하려면, 이러한 문체의 특징을 고려해야 한다.

35_ 이 후렴구에 대한 더 자세한 논의는 C. John Collins, "The Refrain of Genesis 1: A Critical Review of Its Rendering in the English Bible," *BT* 60.3 (2009): 121-31을 보라. 여기에서 나는 Andrew Steinman을 비판했는데, 그는 이에 대해 "Night and Day, Evening and Morning," *BT* 62.3 (2011): 145-50을 통해 응답한다. 그는 이 후렴구가 "하루를 나타내는 양단법"이라고 주장하지만, (1) 저녁과 아침이 두 개의 바익톨 동사("그리고 ~이 있었다")와 함께 쓰여서 대개는 자연스럽게 연속하는 두 사건을 나타냄을 전혀 언급하지 않으며, (2) 그가 제시하는 예들은 창세기 후렴구의 세부 사항과 병행을 이루지 않고, (3) 민 9:15-16이 분명하게 밤을 저녁과 아침 사이에 있는 시간으로 간주하는 데도 이를 고려하지 않는다.

6일 동안 특별한 노동을 행하시고 일곱째 날에 안식하시는 하나님의 모습을 보여준다고 생각한다.

각각의 날이 시작되는 지점을 우리가 알 수 있을까? 그렇다. 1:5-6을 보면 첫 번째 저녁과 아침이 지난 후에(5절) "[그리고] 하나님이 이르시되"라는 문구가 발견되는데, 이는 바익톨 동사다(바익톨은 내러티브의 주요 시제를 나타낸다). 우리는 같은 문구가 3, 4, 5, 6일에도 나타나는 것을 본다 (1:9, 14, 20, 24). 하나님은 노동이 적용되는 각각의 날에 "~이 있으라"라는 간접명령을 통하여 무엇인가를 말하심으로써 그것이 성취되도록 하신다 (따라서 일곱째 날, 즉 안식일은 일하는 날이 아니며, 다른 날과는 다르다).

따라서 첫 번째 날은 1:3에서 시작한다. 3절에서 하나님이 처음으로 명령을 시작하시기 때문이다. 첫 번째 바익톨 동사가 창세기 1장의 주요 이야기를 시작하는 지점이다. 다시 말하면, 존재하는 모든 것을 창조하시는 하나님의 첫 행위는 첫째 날이 시작되기 전 어떤 시간에 일어났다(창 1:1에 관한 내 논의를 보라). 첫째 날이 시작되었을 때 땅은 "혼돈하고 공허하였다." 인간이 살기에는 아직 부족했던 것이다(이것은 이 단락이 의미하는 바가 무엇인지를 생각할 수 있도록 도와준다).

창세기 1장은 27절에서 절정에 도달한다. 이 구절이 "창조하셨다"라는 동사를 얼마나 많이 반복하는지 주의해야 한다.

> 하나님이 당신의 형상대로 사람을 창조하셨으니,
> 곧 하나님의 형상대로 사람을 창조하셨다.
> 하나님이 그들을 남자와 여자로 창조하셨다(표준새번역).

창세기 저자는 하나님의 행동을 더 서술하는 일을 잠시 멈춘다. 그는 우리가 이 특별한 사건에 좀 더 머무르기를 원한다. 저자가 그렇게 하는 이유는 첫 사람을 만드신 사건이 바로 하나님의 모든 행동의 핵심임을 깨닫게 하기 위해서라고 확신한다.

사실 우리는 만물을 인간의 삶과 관련지어 간주하곤 한다. 심지어 하늘의 광명체들(1:14)도 계절과 날과 해를 나타내기 위해 있다고 말한다. 말하자면 광명체들이 날을 구성하므로 이를 통해 인간이 "지정된 시간"에 적절한 주기를 따라서 하나님을 경배할 수 있다고 생각하는 것이다(일요일, 성탄절, 부활절과 같이 현대 그리스도인들도 여전히 그렇게 하고 있다).[36]

그러므로 "창조의 날들"인 6일은 반드시 우주가 시작된 실제 처음일 필요가 없다. 심지어 그날들은 반드시 지구의 실제 처음일 필요도 없다. 그날들은 인간이 살아갈 수 있도록, 하나님을 사랑하고 서로를 섬기며 지혜와 선한 의도로 세상을 다스리도록, 하나님이 지구를 이상향으로 만드신 기간이다.

창세기 2장의 구조와 관련해 나는 이미 앞에서 2:4-7의 기능을 언급했다. 2:10-14이 창세기 2장의 이야기 구조와 상관없는 네 개의 강을 언급하는 것은, 아마도 본문의 실제성을 높이려고 덧붙인 내용일 것이다. 창세기 2장의 정점인 23-24절에서 남자는 새로 발견된 그의 "협력자"에게 반응하는데, 본문은 두 개의 패턴을 사용하여 나머지 인류 전체를 다음과 같이 설명한다.

아담이 이르되,
"이는 내 뼈 중의 뼈요
살 중의 살이라.

36_ ESV 성서의 난외주를 보라. מוֹעֵד("지정된 시간")라는 단어는 단순히 한 해의 어떤 시기를 나타낼 수도 있지만, (Kiel, *Sefer Bere'shit 1-17*, 17이 언급하듯이) 아마도 그것은 특별히 (출 13:10에서 사용된 것처럼) "(제의를 위해) 지정된 시간"을 의미하는 듯하다. 세부 사항은 David J. Rudolph, "Festivals in Genesis 1:14," *TynBul* 54.2 (2003): 23-40을 보라.

이것을 남자('îš)에게서 취하였은즉

여자('iššāh)라 부르리라" 하니라.

이러므로 남자가 부모를 떠나 그의 아내와 합하여 둘이 한 몸을 이룰지로다.

그러므로 전체 구조를 다음과 같이 나타낼 수 있다.

2:4	연결부/표제
2:5-9	사건의 배경(5-6절)
	사건: 남자 형성, 에덴동산 완성, 남자를 거기 두심(7-9절)
2:10-14	보충 해설: 4개의 옛 강 이름을 언급함
2:15-17	사건: 하나님이 사람과 관계를 형성하시려고 명령을 주심
2:18-25	사건: 조력자가 형성됨
	정점: 인류를 위한 결혼 제도(23-24절)

다른 특징들이 우리에게 무엇을 알려주는가?

창세기 1-2장에는 주의를 기울여야 할 또 다른 측면들이 있다. 우선 일반 명칭으로 불리는 대상이 소수에 불과하다(가장 주요한 예외는 하나님과 사람을 부르는 명칭이다). 1:4에 등장하는 "창공"(expanse, 혹은 canopy)은 시적 표현이거나 하늘 위를 가리키는 수사법이다(시 19:1; 참조. 단 12:3). 식물군은 작은 종류("씨 맺는 채소")와 큰 종류("열매 맺는 나무")로 언급된다. 해와 달은 큰 광명과 작은 광명으로 불리고, 바다에는 생명체 무리가 존재하며, 새들(혹은 날아다니는 생물)은 하늘에 있고, 육지에는 "가축"(농장에서 사용하기 위해 길들인 동물), "기어 다니는 것들"(뱀, 도마뱀, 쥐, 거미처럼 기어 다니는 작은 것들), "땅의 짐승"(야생동물, 사냥감이나 포식자 동물)이 존재한다. 이것들을 거의 과학적·실용적 분류라고 말하기는 어렵다. 전체적인 묘사 방식은 세부 사항에 충실하기보다는 폭넓고 함축성을 띤다.

그뿐 아니라 창세기 1장은 나무가 "각각 종류를 따라" 씨를 맺으며, 하나님이 바다와 육지의 동물을 "그 종류를 따라" 만드셨다고 말한다. 그렇다면 이 "종류"는 "종"(species)과 동의어도 아니고, 한 생명체가 다른 종류로 바뀌는 것이 가능한가에 대한 대답도 아니다.[37] 우리는 단지 이 이야기를 처음 들었을 농부와 유목민들이 어떻게 이해했는지를 고려해야 한다. 양은 양 떼에서 얻을 수 있을 뿐 낙타 떼에서 얻을 수는 없듯이, 그들은 어떻게 양을 더 얻을지를 이미 알고 있었다. 보리를 수확하려면 보리를 심어야지 귀리를 심으면 안 된다(마 13:24-30을 보라. 농부는 원수가 다른 씨앗을 심었음을 눈치챈다). 요점은 이 모든 것이 하나님에게서 왔다는 사실이며, 나는 이를 조금 더 다루고자 한다.

지금까지 나는 창세기 1장을 가리켜 한번 이상 "고양된 산문 내러티브"라는 용어를 사용하였지만, 이를 완전히 변호하지는 않았다. 그러나 이제 우리는 이 모든 요소—창조 시에 하나님이 성취하신 일을 제의와 유사한 형태로 묘사하는 점, "[그리고] 하나님이 이르시되"라는 말로 시작하고 "저녁이 되고 아침이 되니"라는 표현으로 마침으로써 창조의 날들을 고도로 정형화된 패턴으로 나타낸다는 점, 피조물을 명명하는 "일반" 이름이 안 나온다는 점, 수사적으로 표현된 "궁창"이라는 단어, 해와 달을 나타내는 암시(큰 광명과 작은 광명), 동식물을 나타내는 매우 다양한 표현들—가 창조 기사의 독특한 사건들과 한데 어우러질 뿐 아니라 6일 동안 했던 자신의 활동과 안식일에 누렸던 "휴식"에 대해 하나님 자신이 인식

37_ Victor P. Hamilton, *The Book of Genesis, Chapters 1-17* (NICOT; Grand Rapids: Eerdmans, 1990), 126은 "종류"의 의미에 대해 동의하지만, 한 종류가 다른 종류로 "변하는" 현상이 가능한지는 언급하지 않는다.

하는 내용과도 한데 어우러져서, 성서 내 다른 내러티브에서는 접하지 못
했던 일종의 고양된 느낌을 창세기 1-2장 내러티브에 더해준다는 사실을
알 수 있다.

창세기 1장의 "날들"은 무엇을 의미하는가?

우리가 창세기 1장에 있는 이 "창조의 날들"에 관해 좀 더 말할 것이 있을
까? 이 날들은 우리가 익숙하게 생각하는 문자적인 날들인가? 그리고 이
날들은 순서대로 일어났는가?

핵심은 이 단락의 가장 분명한 특징인 후렴구에 주의를 기울이는 것
이다. 각 날의 마지막 부분에서 우리는 "저녁이 되며 아침이 되니, 이는 ~
째 날이라"라는 후렴구를 접한다. 단어가 배열된 순서가 모든 차이를 만
든다. 저녁이 먼저 나타나고 아침이 **뒤따른다**. 이 후렴구가 의미하는 바
는 오직 하나로, 밤 시간을 구분하는 일종의 표지다.[38] 고대 이스라엘 문화
에서 인간은 낮에 일하고 (가축을 돌보고 밭을 경작하며) 저녁이 되면 지쳐서
밤에 쉬게 된다.[39] 다음 날 아침에는 다시 일할 준비가 되어 있다. 이렇게
엿새 동안 일하고, 안식일을 맞아 그날 전부를 쉬게 된다.

따라서 인간이 살아가기에 적합한 종류의 장소가 되도록 지구를 준비
하시는 하나님의 행동은 마치 이스라엘이 한 주간 노동을 하듯이 묘사된
다. 본문을 통해 하나님이 일곱째 날에 쉬셨음을 알게 될 것이다. 출애굽
기 31:17은 하나님이 안식일에 "쉬면서 숨을 돌리셨다"라고 기록하는데,
이는 마치 그가 한 주간의 바쁜 일정으로 "지쳐서" 쉬어야 했다고 말하는

38_ 민 9:15을 보면, 저녁부터 아침까지 "불 모양" 같은 것이 성막 위에 있었다고 말한다. 16절은 앞
   절을 달리 표현해서 "밤이면 불 모양이 있었는데"라고 언급한다. 그러므로 "밤"은 저녁부터 아침까
   지를 말한다. Hamilton, *Genesis 1-17*, 121을 또한 참조하라.

39_ 예컨대 시 104:23; 창 30:16; 출 18:13을 보라.

것 같다.[40] 유관한 지식을 가진 이스라엘인이었다면 이 표현을 처음 듣자 마자 "그래, 나는 이 말이 무슨 뜻인지 알아"라고 반응할 것이다. 하지만 곧장 그는 "잠깐만! 하나님은 피곤하시지 **않잖아**?"라고 생각할 것이다. 우리는 이 단락이 유비를 사용하여 하나님의 창조 행위를 묘사하고 있음을 알 수 있다. 어떤 면에서 하나님의 일은 사람의 일과 비슷하다. 물론 다른 면에서 하나님의 일은 우리의 일과는 당연히 다르다.

시간의 길이에 관해서는 무엇을 말할 수 있을까? 우리는 이미 일곱째 날에는 후렴구가 없음을 보았다. 가장 단순한 설명은 일곱째 날이 끝이 아니기 때문에 그렇다고 말하는 것이다.[41] 하나님은 인류를 위해 세계를 준비하시는 일을 마친 뒤 쉬셨고, 지금도 쉬고 계신다. 이러한 방식의 해석은 적어도 기원전 2세기 헬레니즘의 영향을 받은 유대인 작가 아리스토불루스(Aristobulus)에게로 거슬러 올라가는데, 알렉산드리아의 클레멘스(Clement of Alexandria, ca. 155-220)와 카이사리아의 유세비오스(Eusebius of Caesarea, ca. 265-339)의 인용을 통해서만 그 존재를 확인할 수 있다.[42] 유세비오스는 성서의 창조 기사를 언급하면서 아리스토불루스를 다음과 같이 인용한다.

40_ 히브리어 단어 שׁפנ는 "회복되었다"라는 뜻인데, 이 동사는 사람/동물이 숨을 돌려야 함을 의미한다. 출 23:12; 삼하 16:14을 참조하라.

41_ Steinman, "Night and Day," 149은 창세기 저자가 "그의 독자들이 우둔하다는 점을 고려하지 않았기 때문에 그들이 그 후렴구를 반복할 이유가 없음을 깨닫지 못했을 것"이므로 일곱째 날의 후렴구를 생략했다고 주장한다. 나는 그의 견해가 좀 이상하다고 생각한다. 그의 해석은 분명한 문학 장치, 즉 울림이 좋은 단락의 반복에 창조 기사가 크게 의존하고 있다는 사실을 회피하기 때문이다. 추후에 논의하겠지만, 그의 해석은 유대교·기독교 해석의 역사와도 관련이 없다.

42_ 관련된 시대 상황과 그리스어 텍스트는 Carl Holladay, *Fragments from Hellenistic Jewish Authors*, vol. 3: *Aristobulus* (Atlanta: Scholars Press, 1995)를 참조하라. 관심의 대상이 되는 텍스트는 카이사리아의 유세비오스(Eusebius of Caesarea)의 *Preparation for the Gospel* 13.12와 알렉산드리아의 클레멘스(Clement of Alexandria)의 *Stromata* 6.16.141.7b인데, 두 텍스트는 모두 Holladay, 182-85에 실려 있다.

이제 우리의 율법 조항에도 분명하게 나타나듯이, 하나님이 일곱째 날에 일을 "멈추셨다"(ἀποπεπαυκέναι, 70인역[LXX]으로는 κατέπαυσεν이다. 창 2:2, 3[ESV]에서는 "쉬었다"[rested]로 번역했다)라는 말은, 어떤 이들이 생각하듯이 하나님이 더는 아무것도 하지 않으신다는 말을 구체화하는 표현이 아니다. 오히려 그가 한번 자신의 일을 배치하는 데서 "멈추셨고," 따라서 하나님의 일이 모든 때를 위해 정돈되었음을 의미한다.…그가 만물을 정돈하셨을 때, 그것들을 한데 붙드실 뿐 아니라 그 움직임까지도 주재하시기 때문이다.

예수도 하나님이 "안식일에 쉬셨다"라는 표현을 이런 방식으로 이해했을 것이다. 요한복음 5:17에 따르면, 안식일에 병자를 고친 일로 정죄당했을 때 예수는 "내 아버지께서 이제까지 일하시니 나도 일한다"라고 대답한다. 다시 말해 그날이 심지어 하나님의 안식일임에도 예수는 사람들을 위해 여전히 일하고 있다. 따라서 하나님이 일하시므로 나도 일한다는 예수의 언급은 그가 선한 일을 한다는 점을 정당화해준다. 히브리서 4:3-11은 신자들이 창세기 2:1-3에서 시작된 하나님의 안식에 들어간다고 말한다. 이 말은 하나님이 여전히 같은 안식일을 누리고 있다는 전제하에서만 성립한다.[43] 그러므로 아우구스티누스는 다음과 같이 관찰한다. "하지만 일곱째 날에는 저녁도, 어떤 배경도 존재하지 않았다. 하나님이 그날을 영원토록 거룩하게 하셨기 때문이다."[44]

만약 일곱째 날이 일반적인 날이 아니라면, 나머지 날들은 어떨까? 만약 우리가 단지 창세기 1:1-2:3만을 읽는다면, 우리는 나머지 날이 평범

43_ Donald Guthrie, *Hebrews* (TNTC; Grand Rapids: Eerdmans, 1983), 116을 보라. 해당 구절에 관해 F. F. Bruce, *Hebrews* (NICNT; Grand Rapids: Eerdmans, 1990), 106을 보라.

44_ *Confessions*, 13.36, §51: *Dies autem septimus sine vespera est nec habet occasum, quia sanctificasti eum ad permansionem sempiternam.*

3장_ 문맥에 따른 해석: 유비적 "날들" **203**

하거나 평범하지 않다고 말하면서 단지 추측에만 의존했을지도 모른다. 하지만 거기서 멈추면 안 된다. 우리는 창세기 2장의 나머지 부분을 마저 읽어야 한다. 2:4-7(ESV)을 고려해보자.

> 이것들이 내력이다,
>> 하늘과 땅이 창조되었을 때의.
>> 그날에 주 하나님이 땅과 하늘을 창조하셨다.

> 여호와 하나님이 땅에 비를 내리지 아니하셨고 땅을 갈 사람도 없었으므로, 들에는 초목이 아직 없었고 밭에는 채소가 나지 아니하였으며, 안개만 땅에서 올라와 온 지면을 적셨더라. 여호와 하나님이 땅의 흙으로 사람을 지으시고 생기를 그 코에 불어넣으시니 사람이 생령이 되니라.

이미 논의했지만, 이것은 (5절에서 "그 땅"으로 불리는) 어떤 특정한 땅에서 (건기의 막바지에 비가 오기 전에, 비구름[혹은 "안개"]이 피어오르기 시작했을 때로 여겨지는) 어떤 특정한 시간에 하나님이 사람을 만드셨음을 의미한다. 다시 말해 우리가 창세기 1-2장을 함께 읽는다면, 2:4-25이 "여섯째 날"의 세부 사항을 묘사함을 알 수 있다.

하지만 주의해야 할 부분이 있다. 2:4-25은 "들에는 초목이 아직 없었고 밭에는 채소가 나지 않은" 이유를 제시한다. 그 이유는 "여호와 하나님이 땅에 비를 내리지 아니하셨기 때문"이었다. (다시 말해 그 지역에 비가 내리지 않았던 것이다.) 해당 텍스트는 하나님이 아직 식물을 만드시지 않았다는 말을 전혀 언급하지 않으므로, 이를 창세기 1장의 셋째 날과 혼동해서는 안 된다. 이 지역의 경우, 겨울에는 비가 내리고 부활절 부근에는 비가 그친다. 가을 얼마간까지는 비가 내리지 않는다. 여름 끝까지는 모든 것이 갈색으로 변하고 바짝 마르며, 비가 내리고 난 후에야 식물이 녹색으로 변하기 시작한다. 이런 이유로 식물이 잘 자라지 않기 때문에, 창세기 2장의 기후 주기는 실제로 길지는 않다고 하더라도 최소한 일 년을 가리키는 것이 틀림없다. 그러므로 한 해나 그 이상을 의미하는 창조 기사의 한 주간은 일반적인 일주일을 가리키지 않는다!

이 모든 것을 고려하면, 헤르만 바빙크(Herman Bavinck)가 제안하는 개념을 받아들이는 것이 창조의 "날들"을 해석하는 최선임을 알 수 있다. 바빙크는 그 "날들"을 가리켜 "하나님이 일하신 날들"이라고 주장한다.[45] 지구의 나이가 얼마나 되었는지를 궁금해하는 우리의 질문에 대해 창조 기사가 관심을 보인다고 할 수 있을까? 나는 아니라고 생각한다. 결국 우리는 이미 이 날들이 우주의 첫 6일이 아닐 뿐 아니라, 지구의 첫 6일일 필요도 없음을 알고 있다. 그리고 만약 그날들이 (인간이 일하는 날들과 유사한 방식으로) 하나님이 일하신 날들이라면, "정확하게 그 길이가 얼마나 되는가?"라든가 "하나님의 창조 행위가 화석 같은 데서 발견되는 사항과 조화를 이루는가?"와 같은 문제가 중요하지 않음을 알 수 있다.

따라서 창세기 1-2장이 우리에게 적절한 의미에서 우주생성론, 즉 하늘과 땅의 기원에 포함되는 모든 것에 관한 이야기를 제공한다고 말하는 것은 아마도 정확하지 않은 표현일 것이다. 나는 창조 기사가 말하지 않는 내용에 관해 말하는 데는 만족할 수 없다. 오히려 창세기 1장은 하나님이 인류를 위해 지구를 이상향으로 만드시는 활동을 묘사하며, 창조 이야기의 정점인 인간이 살며, 사랑하고, 섬겨야 한다는 사실을 드러낸다. 아니, 경축한다고 말하는 것이 더 좋겠다. 아울러 창세기 2장은 하나님이 인류

45_ Herman Bavinck, *In the Beginning* (ed. John Bolt; Grand Rapids: Baker, 1999 [ET of a portion of *Gereformierde Dogmatiek*, 1906-1911]), 126. 아울러 Hamilton, *Genesis 1-17*, 55-56을 보라.

에게 선함과 사랑을 보이시고 복을 주심으로 그들과 맺은 관계가 시작되었음을 특정한 방식을 통해 보여주는 데 초점을 맞춘다고 할 수 있겠다.

안식일이 뒤따르는 6일 구조로 하나님의 일을 배열함으로써, 창세기 1장은 하나님의 형상을 닮은 이상적 인간의 모습을 우리에게 제시한다. 안식일 계명은 하나님이 일하신 기간을 따라 이스라엘 백성의 노동 주간을 형성한다. 그 계명은 하나님이 주시는 사랑의 선물이다.[46] (따라서 일, 안식, 네 번째 계명에 주어진 날들은 하나님의 그것들과 유사하다.)

창조 기사는 하나님이 만물을 창조하면서 시작된다.[47] 이 언급을 통해 아마도 독자들은 내가 "태초에 하나님이 천지를 창조하시니라"(창 1:1)를 창세기 1장의 주된 줄거리가 시작되기 전 어느 시점에 일어난 실제 사건을 가리키는 구절로 이해하고 있다는 사실을 눈치챘을 것이다. 나는 1:1-3에 나타나는 동사의 시제 때문에 그렇게 해석한다. 1절의 동사 "창조하셨다"는 흔히 말하는 완료시제이며, (문법학자들이 바익톨이라 부르는) 주요 줄거리를 이끄는 시제 동사는 3절에서 "[그리고] 하나님이 이르시되"라는 표현으로 처음 나타난다. 히브리어 성서의 내러티브는 사건이나 줄거리의 주요 순서를 나타내기 위해 관례상 바익톨 동사 형태를 쓴다. 완료 시제를 나타내는 히브리어 일반 동사가 주요 이야기의 전개 앞에 등장할 때는 그 이전에 일어난 사건을 묘사하면서 배경을 형성한다.[48] 이러한 문법 사항은 앞에서 우리가 살폈듯이 첫째 날의 시작에 관한 문학적 관찰과 일치한다. 요점은 1절의 동사가 창조 기사의 요약이 아니라 어떤

46_ Walton, *Lost World of Genesis One*, 123-24, 146-47과 같은 맥락이다.

47_ 더욱 자세한 논의는 내 책 *Genesis 1-4*, 50-55을 보라.

48_ 이러한 개념은 이를테면 Robert Longacre의 텍스트언어학(text-linguistics)에서 발전했다. Robert Longacre, "Discourse Perspective on the Hebrew Verb: Affirmation and Restatement," in *Linguistics and Biblical Hebrew* (ed. Walter Bodine; Winona Lake, IN: Eisenbrauns, 1992), 177-89에서 178쪽을 보라. 아울러 Randall Buth, "The Hebrew Verb in Current Discussions," *JOTT* 5.2 (1992): 91-105을 참조하라.

사건을 나타낸다는 점이다. 이렇게 이해하면 어떻게 유대인들과 기독교인들이 "무로부터의 창조"라는 개념에 도달하게 되었는지를 알 수 있다. "창조하다"라는 동사 자체로는 "무로부터의 창조" 개념을 알 수 없지만, 전체 문장은 이 개념을 나타낸다. ("창조하다"라는 단어는 흔히 어떤 새로운 시작을 만들어내는 행동을 의미한다.[49]) "천지"라는 표현은 아마도 "물질 우주 안에 있는 모든 것"을 의미할 가능성이 높고 "태초에"라는 표현은 저자가 말하고 있는 때가 언제인지를 알려준다. 따라서 만약 하나님이 "태초의 어느 시점에" 모든 것을 만들었다면 "태초 이전에"는 아무 것도 존재하지 않았을 것이다. 이 문구가 무엇을 의미하든 관계없이 말이다. 비록 명확하게 언급하지는 않지만, 창세기 1:1은 하나님이 무로부터 창조하셨으며 물질 우주에는 절대 시작점이 있다고 분명하게 암시한다.[50]

이제 독자들은 내가 창세기 1:1에 대한 또 다른 해석, 즉 해당 구절이 창세기 1장의 요약이며 전체 문단은 하나님이 천지를 어떻게 만드셨는지 설명해준다는 주장을 수용하지 않는 주요 이유를 알게 되었을 것이다.[51] 이러한 주장은 히브리어 완료 시제 및 바익톨 동사와 관련된 일반 구문론을 무시하게 할 뿐 아니라, 유대인들과 기독교인들이 "무로부터의 창조"를 주장하는 근거를 전혀 제시하지 못하게 한다. 이러한 관점은 우리로 하여금 그 관점 자체가 무로부터 나왔음을 가정하게 한다.[52]

49_ Franz Delitzsch, *A New Commentary on Genesis* (Edinburgh: T&T Clark, 1888), 101은 "창조는 존재하는 물질을 배재하는 것이 아니라 지금까지 존재하지 않았던 것을 성취하는 행동이자 사실상 기적과 같은 업적임을 드러내는 것이다"라고 말한다.

50_ Alexander Heidel, *The Babylonian Genesis* (Chicago: University of Chicago Press, 1951), 89-96은 이런 논의에 대해 전반적으로 동의한다.

51_ 이러한 관점을 다루는 주의 깊은 주해를 살펴보려면, Hamilton, *Genesis 1-17*, 103-17을 보라.

52_ 창 1:1의 "바라"가 사물의 물질 기원을 말하는 것이 아니라 기능의 기원을 가리킨다는 Walton 의 논의(*Lost World of Genesis One*, 38-46; *Genesis 1 as Ancient Cosmology*, 128-39)에 대해 자세히 반박하기에는 지면이 부족하다. 앞에서 다룬 구문론과 신학의 문제와 관련된 언급은 제외하더라도, 창 1:27("하나님이…사람을 창조하시되")이 2:7("여호와 하나님이 땅의 흙으로 사

창세기 1:1 이후에 하나님이 "말씀하시기" 때문에 사물이 생겨난다. 우주를 구성하는 물질은 스스로 존재할 수 없으며, 스스로 유기체가 될 수 없다. 유기체는 하나님의 명령을 따라 출현했다. 이러한 사실이 어떠한 과학 이론을 제시하지는 못한다. 하지만 만약 이 이야기 안에 머무른다면, 우리는 하나님이 만드신 세상 안에 존재하는, 설계(design)라고 부르는 것들의 예를 발견하게 될 때마다 전혀 놀라지 않게 될 것이다. 그분이 뒤섞인 사물에 무언가를 더하셔서 단순한 자연 과정으로 형성되는 범위를 넘어서는 그 무언가를 만드셨기 때문이다.

창세기 1-2장이 독자들에게서 성취하려는 목표는 무엇인가?

이제는 모세가 창세기 1-2장을 썼던 의도를 살펴보기 위해 앞에서 다룬 내용을 종합해보자. 이 창조 기사를 처음으로 접했던 이스라엘인들은(혹

람을 지으시고")과 병행을 이룬다는 단순한 관찰은, 만약 이것이 물질 기원을 다루는 내용이 아니라 해도, 창조 기사가 적어도 인간을 구성하는 물질의 형태와 기능의 기원을 다루고 있음을 보여준다. 유대 문헌 해석의 역사에서 Walton의 견해를 지지하는 텍스트를 찾기는 거의 어렵다(초기 기독교의 논의를 담은 70인역[LXX]을 포함하더라도 사정은 마찬가지다). 더욱이 그리스어를 말했던 유대인들과 초기 기독교인 저자들은 συνίστημι("함께 놓다", 예를 들면 벧후 3:5에서 "성립되었다"라는 표현) 같은 용어를 써서 세계의 형성을 묘사하였는데, 그것은 헬레니즘 철학자들이 사용했던 용어를 전유해서 물질 우주를 모두 만드신 하나님의 행동을 나타내기 위해서였다. 이에 대해 살펴보려면 C. John Collins, "Colossians 1:17, 'Hold Together': A Co-opted Term with a Punch"(출간 예정)을 보라. 그러므로 나는 "바라"를 전통적으로 사용되었던 사전상의 용법을 따라 해석하기를 포기할 수 없다. 따라서 이것은, "지속해서, 배타적으로 물질의 구조와 형성의 역사에만 초점을 맞추는 것은 단지 계몽주의 이후의 시대를 살아온 우리 현대 서구인의 사고방식이다"라는 Walton의 주장이 역사적으로 모순임을 보여준다. John H. Walton, "Creation," in *Dictionary of the Old Testament: Pentateuch* (ed. T. Desmond Alexander and David W. Baker; Downers Grove, IL: InterVarsity Press, 2003), 155b-68b, at 161b을 참조하라. 헬레니즘 시대를 살았던 유대인들과 기독교인들도 이러한 해석에 관심을 가졌다. 아마도 내가 가장 어려움을 느끼는 것은 "배타적으로"라는 단어일 텐데, 이 말은 기능 기원과 물질 기원을 양립하는 반제로 오해하게 할 소지가 있기 때문이다. 평범한 수준에서 생각해봐도, 인간이 기능의 기원에 주의를 기울임과 동시에 물질 혹은 구조의 기원에도 관심을 가질 수 있다는 점은 분명하다.

은 그들의 부모들이) 이집트에 있었다. 그들의 부모가 전해준 이야기들을 통해 이스라엘 백성은 하나님에 대해 조금은 알고 있었을 것이다. 그러나 그들은 하나님을 더 알 필요가 있었다.

그들은 하나님이 이집트의 신들(파라오는 이집트 신들이 구현된 대상이다)을 부쉈다는 사실을 알았다. 창조 기사는 그가 그렇게 하신 이유를 설명한다. 이스라엘의 하나님은 단지 부족의 신이 아닌 그 이상이시며 하늘과 땅을 지으신 단 하나의 진짜 신임을 보여주는 것이다.

이스라엘은 세상을 향한 사명을 받을 민족이었다. 이는 열방을 향한, 하나님의 축복의 도구가 되는 사명이었다(창 12:2-3). 이스라엘의 하나님은 모든 세상을 향해 무엇인가를 말씀하신다. 보이는 모든 것을 그가 창조하셨고, 모든 인류는 하나의 공통 재료에서 왔기 때문이다.

그들은 약속된 땅에 살면서 다른 민족이 습득했던 것과 같은 방식을 사용하여 땅을 일구며 살게 될 것이었다. 그들에게는 확신이 필요했다. 이 세계는 하나님의 것이며, 땅도 하나님의 것이다. 따라서 하나님은 인간에게 살아갈 방식과 자신이 주신 것들을 사용하는 방식을 알려주실 권리가 있다.

그러므로 우리는 이스라엘이 이 창조 기사를 통해 하나님, 세상, 나아가 그들 자신을 돌아볼 기반을 형성했다고 말할 수 있다. 그러나 이것이 전부는 아니다. 창조 기사는 우리가 알아야 할 것들이 나열된 단순한 목록이 아니다. 그것은 거의 노래에 가깝다. 이 노래는 인간이 살아가기에 적합한 장소로 세상을 만드신 하나님의 행위를 찬양한다. 또한 이 노래는 하나님의 행위가 얼마나 위대한 성취인지를 우리에게 알려줌으로써 하나님을 높인다. 이 노래의 격상된 음조는 하나님을 경외함, 그분의 선하심, 능력, 이 모든 일을 행하신 그분의 창조성을 지각함으로써 하나님이 하신 일을 깊이 숙고하도록 우리를 격려한다. (하이든의 오라토리오 "천지창조"를 생각해보라!)

이 부분에서 월튼의 논거가 약간의 통찰을 제공할 수 있다. 내가 비록 그의 모든 논지에 동의하지는 않지만, 창세기 1:1-2:3의 "창조 기사"가 성전 건축이라는 주제를 따라서 세상의 형성을 묘사하고 있다는 그의 핵심 논지는 생각해볼 가치가 있다. 창세기 2장의 에덴동산이 일종의 성소를 묘사한다는 개념은 이미 랍비들이 제기했던 개념이었다. 랍비 예후다 키일(Yehudah Kiel)은 "그러므로 그 '동산'은 쉐키나(Shekinah, 하나님의 임재, 현현을 의미함—역주)가 머물렀던 첫 번째 장소였다"라고 말한다.[53] 분명한 것은, 성서가 이스라엘의 성소를 하나님이 임재하시는 방편으로 제시한다는 점이다. 아마도 창세기 역시 에덴동산을 이러한 목적으로 기술했을 것이다. 만약 월튼의 말대로 출애굽기 39:32("이스라엘 자손이 이와 같이 성막 곧 회막의 모든 역사를 마치되")가 창세기 2:1을 반영한다면, 온 세상을 일종의 성소로 간주하거나 적어도 온 세상이 창조된 목적에 대해서만큼은 그렇게 여기는 것이 합당할 것이다. 나는 이를 다음과 같은 방식으로 서술하고 싶다. 아담과 하와는 에덴 바깥에서 일을 해야 할 의무가 있었다. 곧 세상에서 번성하며 에덴의 복을 세상에 전파하고 모든 세상을 성소로 바꿀 사명이 있었다. 하나님은 이스라엘을 새 아담으로 부르셔서, 일종의 회복된 에덴인 한 장소에 살게 하셨다. 그들의 신실함을 통해 이스라엘은 하나님의 복을 모든 세상에 전해야 했다.[54] 그러므로 우리는 "모든 세계"가 하나님이 현존하는 성소가 되어 하나님의 영광으로 충만하기를 갈망하는 성서

53_ Kiel, *Sefer Bere'shit 1-17*, 74-75, 99, with rabbinic comments; Gordon J. Wenham, *Genesis 1-15* (WBC 1; Waco, TX: Word, 1987), 76, 84, 86을 보라.

54_ 이것은 Gregory Beale, *The Temple and the Church's Mission* (Downers Grove, IL: InterVarsity Press, 2004; 『성전 신학』[새물결플러스 역간])에 등장하는 핵심 개념으로, 그는 Walton에게서 많은 통찰을 얻었다.

텍스트를 접하게 된다.[55] 이스라엘을 부르심으로써 하나님은 그들에게 상상할 수 없는 엄청난 위엄을 베푸셨다. 어느 경우든지 우리는 이러한 주제를 이해하기 위해 세계의 물질 기원에 대한 관심을 거부할 필요가 없다.

이제까지 내가 주장한 바를 한데 모으면, 우리는 창조 기사가 실제로 일어났던 무언가에 관한 기사임이 틀림없다고 결론 맺을 수 있다. 이런 의미에서 우리는 그것을 역사라고 부를 수 있으며, 성서의 저자들은 창조 기사를 이런 방식으로 다뤘다(예. 출 20:11). 물론 역사라는 단어를 언급할 때는 그 방식에 주의해야 한다. 사람들은 역사를 극도로 건조한 산문과 혼동하거나 회화(繪畫)적 요소가 부재한 무언가로 착각하기 때문이다. 성서의 창조 기사는 매우 회화적이며, 전혀 무미건조하지 않다![56]

창세기 1-2장에 관한 논의의 요약

이제 우리는 창세기 1-2장을 적절히 해석하려 애쓰면서 하나님이 어떤 분이신지, 창조에서 드러나는 그의 사역이 어떠한지 이해한 바를 다음과 같이 요약할 수 있다.

하나님이 모든 것을 만드셨다.

(a) **무로부터**(창 1:1). 하나님이, 하나님만이 자족하시는(self-sufficient) 분임을 의미한다. 창조 세계는 그에게 의존하지만, 그는 창조 세계에 의

55_ 시 72:19; 민 14:21; 사 6:3; 합 2:14. 자세한 것은 C. John Collins, *kbd* (no. 3877), *NIDOTTE* 2:577-87에서 582-83을 참조하라.

56_ 역사라는 개념에 대한 논의는 내 책 *Did Adam and Eve Really Exist?*, 28-41을 보라. 이 책은 Beall, "Contemporary Hermeneutical Approaches," 147에서 Beall이 신약의 저자들은 창세기에 나타나는 인간의 타락 이야기를 "문자적으로 해석했다"라고 주장하는 견해를 비판한다. 나는 신약의 저자들이 그 기사를 "역사로 간주했다"라고 생각하는데, 내가 보기에 Beall은 이러한 구분을 허용하지 않는 듯하다.

존하실 필요가 없다. 그가 세상을 만들었을 때 그는 자신과 다른, 자신보다 못한 존재들을 만들었다.

(b) **그의 능력의 말씀으로.** 사물이 특정한 방식으로 형성되기 원하신 하나님은 말씀하셨고 그 말씀에 따라서 만물이 그대로 생겨났다. 다른 민족이 말하는 이야기들과 다르게 하나님 앞에는 극복이 필요한 어떤 저항 세력도 없었다. 세상은 철저히 그분에게 순종한다.

(c) **"6일"이라는 시공간을 통해.** 하나님은 인간의 노동 주간 패턴을 사용하셔서 어떻게 인간이 이상적인 패턴으로 일하고 쉬는지 알려주신다.

(d) **모든 것이 매우 좋았다.** "좋았더라"라는 말은 어떤 대상이 하나님이 원하시는 바에 적합하기 때문에 우리가 그것을 칭송할 만하다는 뜻이다. 이 말은 하나님의 처음 창조가 어떠했는지를 보여준다. 우리는 이것이 여전히 적용되고 있음을 인지해야 할 것이다(참조. 딤전 4:4). 죄와 기능 장애는 하나님의 선한 창조와 전혀 상관없는 외부 침략자일 뿐이다.

(e) **그러므로 모든 것에는 하나님의 흔적이 배어 있다.** 창조 세계 전체는 우리 모두에게 하나님이 어떤 분이신지를 보여준다. 그 모든 것은 우리가 그분을 알고 경배하도록 돕는다.

(f) **적절한 장소에.** 우리는 적절한 장소에서 우리의 이야기를 펼쳐간다. 그곳에서 우리 인간의 이야기가 시작된다.

창조와 관련된 주제를 더 많이 논의할 수 있겠지만, 나는 다음과 같은 말로 이 글을 마치려 한다. 나와 당신, 우리를 둘러싼 주변 모든 사람, 그리고 전 세계, 이 모든 것을 관찰하면 하나님이 우리 모두를 만드셨음을 알 수 있다. 사실 하나님은 그가 만드신 모든 것을 보시고 기뻐하셨다. 그것을 좋아하셨다. 우리는 그리스도인이기 때문에 하나님을 구속자로 믿지만, 사실 하나님이 구속을 이루신 참 목적은 왜곡된 피조 세계의 처음 기능을 회복하는 것이었다. 그러므로 우리 그리스도인의 믿음은 하나님이 만드신 세상과 관계없는 무언가가 아니다. 오히려 우리의 믿음은 우리가 세상 안에서 살 수 있도록 준비시켜주고, 이 세계가 하나님의 위대한 작품임을 알도록 도와준다. 하나님은 우리의 애정을 갈구하셔서 세상을 연적처럼 대하지 않으신다. 세상을 즐길수록, 우리는 세상을 창조하신 분을 즐기게 된다.

논평

리처드 E. 에이버벡

창세기 1장에 대한 콜린스의 글은 이 책에 실린 글 중에서 내 견해와 가장 가까운 것 같다. 물론 우리도 상당한 차이를 보이지만, 많은 내용이 겹치는 듯하다. 창세기 2장의 경우는 좀 다른데, 이에 대해서는 나중에 다루기로 하자. 우선, 그가 창세기 1-2장을 1-11장과 (아울러 창세기 전체도 마찬가지로) 통합하는 방식이 매우 유용했음을 지적하고 싶다. 아울러 그는 창세기 1-2장을 성서신학의 더 큰 주제들과 연결하는 훌륭한 작업을 보여주었다. 더욱이 창세기 1-2장을 "일관된 전체에 속한 일부분으로" 간주해 해석하는 것은 매우 정확하다고 할 수 있다. 비록 우리 가운데 이러한 해석에 많은 부분을 할당한 사람이 없고, 일부는 조금 다른 방식으로 접근하긴 했지만, 이 논의에 참여한 우리 중 누구도 이러한 해석에 반대할 사람은 없을 것이다.

콜린스는 창세기 1장의 날들을 유비로 해석하는데, 이것은 창조 기사를 다루는 유용한 방법 가운데 하나라고 생각한다. 아울러 창세기 1-2장이 서로 다른 문체로 기록되었다는 그의 주장에도 동의한다. 물론 그것들을 대조보다는 상호 보완 관계로 읽어야 할 것이다. 창세기 2:4은 콜린스가 "일반 역사 내러티브"라고 부르는 장르로 시작한다. 내가 보기에는, 창세기 1장이 "단순한 자연 과정"보다 뛰어나고 탁월한 하나님의 구상으로 천지가 창조되었음을 가르쳐준다는 콜린스의 주장 역시 적절하다. 창조 기사가 그 이상을 가르칠 수도 있으나, 그보다 덜 가르친다고 말할 수는 없다.

한편 콜린스는 창세기 2:4-25이 창세기 1장의 여섯째 날에 대한 확장이며, 두 이야기가 서로 다른 창조 기사가 아님을 잘 제시하고 있다. 하지만 2:4a의 톨레도트 공식을 떠올려 볼 때, 창세기 1장과 2장 사이에는 어느 정도의 구별이 존재한다는 점에는 그도 동의할 것이다. 하지만 이 두 기사를 정확히 함께 읽는 방식에 대한 논의는 다른 문제이며, 이는 콜린스와 나 사이에 상당한 의견 차이가 존재하는 부분이라고 할 수 있다.

창세기 2:4-7은 창세기 1장의 창조 기사와 2:4에서 시작되는 두 번째 창조 기사의 전환점이 된다. 콜린스는 땅에는 아직 식물이 없었다는 2:5의 말씀이 1장과 2장에 일관성이 없음을 보여준다는 주장(창세기 1장에 따르면 셋째 날에 이미 식물이 창조되었기 때문이다)에 대해서도 적절히 반박하고 있다.[57] 이 부분에 대한 그의 반박은 다음과 같은 세 가지로 구성된다. 첫째, 그는 2:5-7의 "육지"가 특정한 땅이나 지역을 의미한다고 주장하는데, "그 이유는 창세기 2장의 나머지 부분이 의도하는 바가 그렇기 때문이다"(11-13절을 보라). 둘째, 그 식물들은 그때 그 특정한 지역에서 아직 나타나지 않았는데, 그 이유는 그곳이 풀이 자랄 수 없는 건기의 끝자락에 아직 머물러 있었기 때문이었다. 건기가 끝날 시점에 비구름이 형성되었고 하나님께서 남자를 만드셨다.[58] 셋째, 이를 근거로 콜린스는 "창세기 2

57_ Meredith G. Kline, "Because It Had Not Rained," *WTJ* 20 (1958): 146-57을 보라.

58_ 비슷한 설명이 Mark D. Futato, "Because It Had Rained: A Study of Gen 2:5-7 with Implications for Gen 2:4-25 and Gen 1:1-2:3," *WTJ* 60 (1998): 3-6에 나타난다. 하지만 Futado는 2:4-7은 창세기 1장의 날들이 연대순이라기보다 주제에 따른 접근을 보여준다는 Kline의 구조 가설에 따라 그렇게 한다.

장의 기후 주기는 실제로 길지는 않다고 하더라도 최소한 일 년을 가리키는 것이 틀림없다"라고 주장한다. 그러므로 창세기 1장의 날들은 하루 24시간을 의미하는 날들이 아니라 하나님께서 일하시는 더욱 확장된 날들을 의미한다는 것이 그의 주장이다.

콜린스의 견해에는 여러 가지 문제점이 있다. 첫째, 히브리어 "에레츠"가 육지 전체를 가리킨다기보다 특정 지역을 가리킨다고 주장하는 것은, 바로 앞 절에서 이 단어가 일반적인 "땅과 하늘"(2:4b)을 가리키는 표현에 사용되고 있으므로 의미상 문제점이 발생한다. "에레츠"가 같은 문단 내 뒷부분에서 특정한 땅을 가리키는 용어로 사용되는 것은 사실이지만, 4절과 5-7절이 바로 인접해 있다는 점과 그 둘이 분명히 연결된다는 점은 "에레츠"가 5-7절에서 특정 지역으로 해석될 수 없음을 시사한다. 해당 단락은 땅 전체를 바라보는 넓은 시각으로 출발해서 "에덴동산"(아마도 "풍요로운 평원에 있는 동산"이라고 해석하는 편이 더 좋을 것이다. 8절을 참조하라), 즉 이스라엘이 당시 거주했던 땅의 "동쪽"이라는 특정 지역으로 좁혀진다. 계속해서 본문은 그 지역을 둘러싼 "땅들"(혹은 "지역들"인데, 히브리어 "에레츠"가 사용된다. 11-13절을 보라)을 묘사한다. 둘째, 이 텍스트에서 식물을 나타내는 용어들은 1장에서 셋째 날에 창조된 식물을 가리키는 표현과 같지 않다(창 1:11-12의 히브리어는 *ēśeb*["식물"]인데, 이는 *ēśeb baśśādeh*[문자적으로 "땅의 식물/작물"을 가리킴]와 다르다).[59] 2:5에서 식물을 가리켜 사용된 용어는 각각 사막 황무지의 관목(*śîaḥ baśśādeh*는 문자적으로 "땅의 관목"을 의미하며 창 21:15; 욥 30:4, 7에서만 사용된다)과 경작물(창 3:18을 참조하라. 이 단어는 사람이 생존을 위해 기르게 될 식물을 의미한다)을 의미한다.

이 부분에서 모세의 의도는 이렇다. 천지가 창조된 바로 그때, (창 3

59_ Futato, "Because It Had Rained," 2-6 역시 참조하라.

장에서) 타락하여 죄가 들어오기 이전에는 광야와 경작된 지역 혹은 식물군 사이에 어떤 갈등도 존재하지 않았다. 광야를 여행하는 이스라엘인들은 그 문제를 고통스러우리만치 잘 인식하고 있었으며, 이는 물이나 비의 부족 때문임을 잘 알고 있었다. 처음에 하나님은 비를 내려주시지 않았으며, 어쨌든 작물을 경작할 사람도 아직 존재하지 않았다. 그 대신 6절에 따르면 모든 종류의 식물이 자라기 위해 필요한 모든 물을 계속 공급하는 다른 종류의 물 공급 체계가 존재하였다. 창세기 2:6a에 나타나는 히브리어 단어 "에드"('ed)의 해석에는 논란의 여지가 존재한다. TNIV와 NRSV는 "안개"(mist)로 번역하였다. 난외주는 물의 "범람"(flow)으로 번역한다. 콜린스를 비롯해 다른 이들은 "에드"를 "구름"으로 해석하면서 비로소 구름이 형성되어 비가 내리기 시작한 상태를 나타낸다고 해석한다. 이렇게 해석해도 되겠지만, 아무리 이 해석이 정확하다고 해도 계절이 한 번 완전히 순환했다고 주장하는 것은 과도한 언급이며, 텍스트에 너무 많은 것을 부과하여 성서를 읽는 것이다. 대신에 강우량의 주기가 첫 창조 때는 발달하지 않았다고 간주하는 편이 더 나을 것이다. 만약 6절의 "에드"가 "구름"을 의미하지 않는다면, 아마도 창조 시기까지 땅을 매일매일 적시는 일종의 이슬을 가리키는 표현인 듯하다. 어떤 경우에든, 일반적인 강우 주기와 경작 주기가 막 시작되려는 찰나였던 것이다(7-17절 참조).

콜린스가 이 글에서 자신의 논의를 상세히 전개하기는 하지만, 다른 글에서는 창세기 2:19을 번역할 때 NRSV를 따르지 말고 NIV와 TNIV를 따라야 한다고 주장한다. 전자는 "그래서 야웨 하나님께서 흙으로부터 들판의 모든 짐승과 공중의 모든 새를 만드셨다(formed)"로 번역하지만(NASB도 비슷하다), 후자는 "야웨 하나님께서 흙으로부터 모든 야생 짐승과 하늘의 모든 새를 이미 만드셨던 상태였다(had formed)"로 번역한다

(ESV도 비슷하다). 그에 따르면, 만약 창세기 2장이 여섯째 날을 가리킨다면 하나님께서 새들을 이미 다섯째 날에 창조하셨으므로(창 1:20-23) 해당 동사는 단순과거가 아닌 과거완료여야 한다는 주장이다. 문제는, 해당 동사를 "하나님이 창조하셨다"(God formed) 외에 다른 방식으로 읽을 만한 문법상의 이유가 없다는 점이다.[60] 만약 우리가 창세기 1장의 날들을 엄격하게 문자적으로 해석하지 않는다면 어쨌든 2장과 내용상의 충돌은 없으므로, 서술자는 2:19을 과거완료로 시작할 필요가 없었을 것이다. 서술자가 과거완료를 사용하려 했다면 쉽게 그렇게 했을 것이기 때문이다(예. 2:5b, "주 여호와께서 땅에 비를 내리지 않으셨기[had not caused] 때문에"; 2:8b, "그가 지으신[had formed] 그 사람을").

마지막으로, 콜린스는 "태초에 하나님이 천지를 창조하시니라"(창 1:1)라는 구절의 전통적 해석에 대해 논의한다. 그는 창세기 1:1이 "무로부터의 창조"를 의미한다고 주장한다. 하지만 나는 창세기 1:1이 한 단락의 제목이라고 생각한다. 해당 단락에서 1:1과 2:3b에는 같은 동사("바라" 동사를 의미함—역주)가 사용되고 있다(2:3b "그 창조하시며 만드시던"). 창세기 1장에서 실제 창조는 6일이라는 과정을 통해 일어났다(1:3-31). 창조 기사는 완성된 우주 전체를 바라보면서 시작한다(1:1). 그 후에 전체를 구성하는 부분이 어떻게 창조되었는지를 한 단계씩 보여준다(1:2-2:3). (하나님 그리고/혹은 인간) 저자는 고대 이스라엘인들이 관측 가능하고 이해할 수 있는 방식으로 창조 이야기를 구성했다. 창세기 1장을 올바로 해석하려면, 그것이 관측 가능한 세상을 기술하고 있다는 사실에서 출발해야 한다. 아울러 창조 이야기가 창조주 하나님의 관점에서 세상의 창조를 설명하고 있

60_ 더욱 상세한 그의 논의를 보려면, C. John Collins, "The *wayyiqtol* as 'pluperfect' When and Why?," *TynBul* 46 (1995): 117-40, esp. 135-40을 보라. 안타깝게도 그의 논의에는 설득력이 별로 없다. 그는 자신이 선호하는 창 1장 해석을 창 2장의 문법 분석을 위한 근거로 삼으려 한다.

음을 기억해야 한다. 콜린스의 글은 이러한 해석을 충실히 반영하고 있으며, 따라서 우리는 그의 공헌에 감사해야 할 것이다.

논평

토드 S. 비일

이 책에 실린 기고문 가운데 콜린스의 글이 내게는 가장 혼란스러운 글이었던 것 같다. 그의 주장은 여러 면에서 정확해 보이지만, 정작 그의 결론은 내 생각과 전혀 다른 방향으로 흘러간다. 나는 그의 견해 중 동의하는 부분을 다룬 뒤에 동의할 수 없는 주장들을 다루려고 한다.

우선, 창세기 1-2장과 1-11장을 창세기 전체의 일부로 간주해야 한다는 콜린스의 주장에 동의한다. 창세기 1-2장과 1-11장을 창세기의 나머지와 같은 장르로 해석해야 한다는 주장은 내 글의 가장 중요한 요점 중 하나이기도 하다. 그의 글 시작부에서 콜린스는 "창세기 1-2장을 읽는 가장 좋은 방식은, 그것을 더 큰 문단인 창세기 1-11장의 일부로 간주하는 것"이라고 말하는데, 이것은 매우 적절한 언급이다. 한 문단 뒤에서 그는 자신의 첫 번째 요점을 다음과 같이 언급한다. "창세기 1-11장은 일관된 전체에 속한 일부분으로 읽어야 한다." 조금 뒤에 그는 "창세기 11장과 12장 사이에는 문법적 분기점이 존재하지 않음을 보일 것이다. 창세기 이야기 전체는 부드럽게 진행된다"라고 언급한다. 또한 콜린스는 "만약 창세기의 최종 형태가 창세기 1장을 창세기 전체와 연결되는 부분으로 읽기를 요구한다는 점을 입증할 수 있다면, 이러한 일관성에 어긋나는 모든 해석은 부적절하다고 말할 수 있[다]"라고 주장한다. 아멘! 내가 이에 대해 콜린스보다 더 잘 말할 수는 없을 것이다. 그는 창세기 1-11장을 한 덩어리로 읽어야 한다는 자신의 논지를 뒷받침하기 위해 창세기 1장과 5장의 연관성(아담의 생애)과 창세기 4장과 5장의 연관성(셋과 에노스), 족보들, 창세기 1:28에 등장하는 하나님의 축복이 창세기 3장에서 저주로 바뀌는 것을 잘 표현해주는 동사의 연결 관계, 창세기 1:26, 3:22, 11:7에서 하나님이 자신을 1인칭 복수로 지칭하는 표현과 같은 자료들을 제시한다. 콜린스가 아담을 역사상 실존했던 개인으로 간주한다는 점 역시 매우 흥미롭다(그의 저서 『아담과 하와가 실제로 존재했는가?』를 보라. 그는 아담의 역사성을 더 자세히 개진한다).

콜린스는 (예를 들면, 롱맨의 주장처럼) 창세기 1장과 2장이 두 개의 다른 창조 기사가 아니라 함께 해석되어야 한다고 주장하면서 논의를 이어간다. 그는 예수도 창세기 1:27과 2:24을 한데 묶어서 해석함으로써 두 단락을 함께 읽었다는 점을 정확하게 지적한다(마 19:3-9). 그는 창세기 2:4-7이 두 개의 창조 기사를 한데 묶는 방식을 설명하면서, 창세기 2장을 가리켜 "하나님이 '인간을 그의 형상을 따라…남자와 여자로 창조한'(1:27) 방식을 상세히 설명하는 확장된 묘사"로 간주한다. 나는 "창세기 2장"이 앞장과 별개인 두 번째 창조 기사가 아니라 "창세기 1장의 여섯째 날을 구체적으로 묘사"하는 이야기라는 그의 결론에 충심으로 동의한다.

내가 콜린스의 견해에 주로 동의하는 세 번째 요소는 창세기 1:1이 일종의 표제나 요약문이 아니라 그 자체로 첫 번째 창조 행위를 나타낸다는 그의 주장이다. (창 1:1이 과거시제 동사를 사용하기 때문이다.) 이어지는 창조 행위는 뒤따르는 바익톨 동사로 묘사된다. "비록 명확하게 언급하지는 않지만, 창세기 1:1은 하나님이 무로부터 창조하셨으며 물질 우주에는 절대 시작점이 있다고 분명하게 암시한다"라는 그의 관찰은 정확하다. 아울러 그는 "바라"를 피조물의 물질 창조와 관련된 동사로 해석하기보다 기능을 가리키는 동사로 간주하는 월튼의 부자연스러운 해석을 거부하는데, 이 역시 정당하다.

이처럼 중요한 부분에서 그의 견해에 동의할 수 있지만, 나는 솔직히 콜린스의 결론이 매우 당황스럽다. 그는 창세기 첫 장들을 역사로 간주하기는 하지만, 문자적으로 해석하지는 않으려 한다. 혹은 자신이 말하는 "불필요한 문자주의"를 배제하려고 하는데, 그 정체가 정확히 무엇인지는 크게 신경 쓰지 않는 듯하다. 내가 보기에 그는 이것저것을 다 취하려는 듯하다. 그는 창세기 1-11장을 창세기의 나머지 부분과 유사한 방식으로 해석해야 한다고 주장한 후에, "창세기 1-11장과 나머지 부분 사이에서 어떤 전환점을 발견할 수 있다"라고 말한다. 왜냐하면 창세기 1-11장은 다른 고대 근동 이야기들과 병행을 이루며, "우리의 직관은 서술자가 아브라함 이야기에서 속도를 늦춘다는 사실을 발견"하기 때문이다. 그에 따르면, 서술자는 "기나긴 시간의 경과를 짧은 내러티브로 제시하는 반면, 비교적 짧은 시간에는 자세한 세부 묘사와 함께 긴 지면을 할애한다." 나는 그것에 대해 "당연하다!"라고 대답한다. 아브라함은 이스라엘 역사의 핵심 인물이며, 모두가 동의하듯이 이 점은 창세기라는 책의 주요 주제 가운데 하나다. 왜 서술자가 이스라엘의 조상을 논의하는 바로 그 지점에서 "속도를 늦추지" 않겠는가? 그뿐 아니라 서술자는 창세기 1-11장 안에서도 이미 한 번 "속도를 늦췄다." 창세기 1-5장은 세상의 창조로부터 노아 시대까지의 사건들을 다루지만, 창세기 6-9장에서 노아와 홍수를 묘사하기 위해 "속도를 늦춘다." 콜린스가 언급하듯이 말이다. 서술자는 요셉 이야기(창 37-50장)에서 다시 "속도를 늦추고"(이스라엘이 이집트에 있었던 긴 기간을 빠르게 언급한 뒤), 모세와 출애굽 사건에서 다시 한 번 "속도를 늦춘다." 콜린스는, 예수가 창세기 6-8장과 19장 사이에서 해석학상의 어떤 구분도 짓지 않았다는 내 주장(왜냐하면 예수는 노아와 홍수, 롯과 그의 아내를 한 담화[눅 17:26-29]에서 언급했기 때문이다)을 언급하면서 이를 "과장"으로 일축한다. 하지만 나는 그렇게 생각하지 않는다. 예수는 단순히 이들을 역사적 개별자로만 지칭하지 않았다. 예수는 이 본문 내에 있는 내러티브의 특정 양상을 인용하면서 그것들을 문자적 사실로 간주한다("노아가 방주에 들어가던 날까지 사람들이 먹고 마시고 장가들고 시집가더니." "롯이 소돔에서 나가던 날에 하늘로부터 불과 유황이 비 오듯 하여 그들을 멸망시켰느니라." "롯의 처를 기억하라." 등등). 모든 사건은 실제였던 것으로 다루어졌다. 문자적·역사적 실재였던 것이다.

　비슷한 양상이지만, 한편으로 콜린스는 창세기 1-11장을 나머지 전체를 읽는 방식과 마찬가지로 읽어야 한다고 주장하면서도, 창세기 1:1-2:3은 "따로 떨어진, 창세기 전체에 대한 서문임을 보게 된다. 1:1-2:3이 첫 번째 톨레도트 단락의 앞에 위치하기 때문이다"라는 식으로 다르게 말한다. 그리고 콜린스는 창세기 2:4을 언급하면서 다음과 같이 말한다. "이 말은 2:4절부터 우리가 일반적으로 역사 내러티브라고 부르는 것이 시작되며, 첫 번째 단락은 나머지와 다르게 느껴진다는 뜻이다. 1:1-2:3은 실제로 시도 아닐뿐더러, 일반 내러티브도 아니다. 우리는 이 단락을 '격상된 산문'으로 부를 수 있는데…." 하지만 첫째, 창세기 1:1-2:3은 "서문"이 아니다. 그것은 엿새 동안의 세계 창조를 묘사하는 하나의 이야기다. 둘째, 내 글에서도 언급했지만, 창세기 1장은 콜린스가 지칭하듯이 명백한 "역사 내러티브"다. 창세기 1장에는 50개의 바브연속법 미완료 동사(역사 내러티브를 지시하는 일반 표지)가 나타나는데, 이는 창세기 49:1-27과 같은 시보다 무려 다섯 배 이상 많은 수치다. 그는 창세기 1장에 사용된 언어의 일부가 "일반적"이지 않다고 하지만, 사실상 대부분의 용어는 지극히 일반적이다(하늘, 땅, 물, 흑암, 빛, 날, 저녁, 아침, 새, 물고기, 바다, 사람, 짐승 등). 그리고 만약 우리가 "일반적"이지 않은 영역의 피조물에 관해 논의하기를 원한다면, 창세기 2-3장은 어떨까? 거기서 우리는 생명나무, 선악을 알게 하는 나무, 뱀과 이야기하는 모습, 동산 중앙을 거니시는 하나님의 모습 등과 같은 주제를 다룰 수 있지 않을까? 창세기 2-3장과 비교하면, 창세기 1장은 실로 평범하다. 정말이다!

다시 한 번 콜린스는 자기 글 말미에서 내가 "역사를 극도로 건조한 산문"으로 오해한다고 주장한다. 물론 그가 "성서의 창조 기사는 매우 회화적이며, 전혀 무미건조하지 않다!"라고 결론짓기는 한다. 하지만 나는 창세기 1장이 "건조한" 문헌이라고 말하지도 않았고, 그렇게 생각해본 적도 없다! 우리는 창세기 1장이 멋들어진 구조를 가진 이야기임을 분명히 안다. 그 이야기는 "저녁이 되며 아침이 되니"라는 반복구로 운율을 조성하며, 각각의 날에는 하나님이 보시기에 "좋았더라"라는 선언이 나타난다. 그 외에도 많다. 하지만 내 요점은, 그것이 어쨌든 역사 내러티브이며, 그렇게 이해되고 해석되어야 한다는 것이다. 시편 104편은 창조 이야기를 묘사하는 시로서 좋은 예이지만, 창세기 1장은 시가 아니다. 나는 콜린스가 창세기 1장을 "격상된" 형태의 글로 파악하는 근거를 모르겠다. 창세기 2:4은 그저 "일반 역사 내러티브"로 시작한다. 뱀과 이야기하는 장면과 그 외의 다른 특수한 경우들은 나중 단락에서 등장한다. 나는 창세기 2-3장 역시 역사로 (그리고 문자적으로 해석해야 한다고) 간주한다. 만약 내가 어떤 부분이 비유인지를 반드시 지적해야만 한다면, 그것이 창세기 2-3장일 수는 있어도 1장일 수는 없다!

콜린스가 창세기 1:1을 (단순히 표제가 아니라) 첫 번째 창조 행위로 이해하는 것은 적절하지만, 그러고 나서 그는 창세기 1:1이 첫째 날의 첫 창조 활동이 아니라 "창세기 1장의 주된 줄거리가 시작되기 전 어느 시점에 일어난 실제 사건"이라고 부정확한 결론을 내린다. 그는 히브리어 완료 동사가 배경 지식을 설명해준다고 말하지만, 그의 말은 문법상 명백히 오류다. 이것은 히브리 문학의 기본 형태다. 게제니우스(Gesenius)가 설명하듯이, "연속해서 일어나는 과거 사건들을 나타낼 때 첫 번째 동사는 완료형으로, 나머지 동사는 미완료 형태로 표현한다."[61] 그뿐 아니라 성서의 다른 부분을 살펴보더라도 창세기 1:1이 첫째 날의 일부라는 점은 분명하다. 출애굽기 20:11은 "이는 엿새 동안에 나 여호와가 하늘과 땅과 바다와 그 가운데 모든 것을 만들고 일곱째 날에 쉬었음이라.⋯"라고 말한다(출 31:17도 마찬가지다). 그러므로 어쨌든 창세기 1:1을 창조 내러티브의 나머지에서 분리하는 것은 불가능하다. 창세기 1:3이 아니라 창세기 1:1이 첫째 날의 시작이다.[62]

창세기 1장의 "날들"을 비문자적으로 해석하기 위해 콜린스가 제시하는 유일한 근거는 창세기 2:5의 식물과 관련된 주해상의 논의다. 콜린스는 창세기 2:5-25이 여섯째 날에 일어난 사건의 세부 사항을 묘사한다고 말하는데, 이는 정확한 지적이다. 그러나 이후에 그는 덤불이나 작은 풀이 아직 나타나지 않은 이유를 설명하면서 "창세기 2장의 기후 주기는 실제로 길지 않다고 하더라도 최소한 일 년을 가리키는 것이 틀림없다"라고 주장한다. 따라서 그에 따르면, 여섯째 "날"은 틀림없이 1년이나 그 이상의 기간을 가리키는 표현이다. 그러나 에이버벡이 자신의 글을 통해 제시하듯이, 창세기 2:5에서 먼저 언급되는 "관목들"은 황무지에서 자라는 식물을 가리킨다(즉 이들은 창 3장의 저주 이전에는 존재하지 않았던 잡초들을 가리

61_ *Gesenius' Hebrew Grammar*, §49.1.

62_ 이 주제에 대해 Bruce Waltke와 나눈 토론에서, 나는 출 20:11을 언급했다. 그 때 그는 "음, 그것이 내 관점상의 약점입니다"라고 솔직하게 시인했다. 그러고는 내 반론을 더는 제대로 다루지 않았다("Creation: Biblical Options, A Gracious Dialogue," 2011년 10월 28-29일에 텍사스 휴스턴에서 있었던 논의에서 발췌함). 내 생각에는 이 점이야말로 창 1:1을 나머지 창조 기사에서 분리하려는 사람들의 논의가 가진 심각한 문제다. 출 20장과 31장은 하늘과 땅의 창조가 6일 창조의 기간 안에 일어났다고 언급하고 있다.

킨다). 그 다음으로는 "경작된 작물들"이 언급되는데, 작물은 그것들을 경작할 인간뿐 아니라 (분명히) 안개(창 2:6)보다 더 많은 양의 비가 필요했다. 비도 내리지 않았고 인간도 존재하지 않았기 때문에, 이러한 경작물은 아직 지구상에 존재하지 않았던 것이다. 이 모든 것은 여섯째 날 중에서도 인간의 창조(7절에 묘사됨) 이전 상황을 보여준다는 점에서 참이라고 할 수 있다.

"창조의 '날들'을 해석하는 최선"의 방식은 그것들을 "하나님이 일하신 날들"로 간주하는 것이라는 콜린스의 결론은 참으로 놀랍다. 그는 "하나님이 일하신 기간을 따라 이스라엘 백성의 노동 주간을 형성"하는 안식일 관련 계명에 호소하면서 이러한 해석을 정당화한다. 그러나 이것이야말로 내가 말하고 싶은 바다. 출애굽기 20:8-11은 안식일을 제정한다. 인간은 문자 그대로 엿새 동안 일하고 일곱째 날에 쉬어야 하는데, 이는 하나님이 문자 그대로 6일 동안 천지를 창조하신 행위를 따라서 만들어진 패턴이다! 히브리어 단어 "욤"(yôm, "날")은 이 단락에서 여섯 번이나 사용된다. 같은 문맥에서 다른 네 부분(20:8, 9, 10, 11b)에서는 이 단어를 문자적인 날로 해석하면서 다른 두 번의 용례(20:11)에서는 명확하지 않은 기간을 가리킨다고 여겨야 할까? 그렇지 않다. 7일로 구성된 한 주간과 안식일의 제정은 실제로 있었던 창조 주간에 기반을 두며, 창세기 1장이든 출애굽기 20장(혹은 출 31장)이든 이를 실제 날들이 아닌 하나님의 "노동 주간"으로 언급하는 본문은 어디에도 존재하지 않는다.

콜린스의 글이 적절하게 시작하긴 하지만, 그는 자기 글에 일관된 해석학을 적용하지 않는다. 그 결과로 그는 창세기의 첫 두 장을 부적절하게 이해하고 있다. 어떤 독자가 성서의 어떤 장을 이해할 때 어떻게 그것을 (콜린스가 창 1장을 그렇게 이해하듯이) "역사지만 문자적이지는 않은" 텍스트로, 혹은 (콜린스가 창 2-50장을 그렇게 해석하듯이) 완전히 문자적 텍스트로 이해할 수 있겠는가?[63] 내게는 이것이야말로 창세기 1장에 대해 콜린스의 방법론이 보여주는 치명적 오류라고 할 수 있겠다.

63_ 흥미롭게도 2011년 9월 30일에 채타누가에서 열린 창세기 심포지엄에서 Collins가 역사적 아담에 대한 그의 견해를 강력하게 개진했을 때, Tremper Longman은 Collins가 그의 "해석학 방식"을 비문자적(창 1장) 방식에서 문자적(창2-3장) 방식으로 "전환했다"라고 언급했다. 나는 이러한 Longman의 관찰이 적절하다고 생각한다.

논평

트렘퍼 롱맨

그의 각주가 말해주듯이, 콜린스는 창세기 1-2장의 해석에 상당히 주의를 기울이고 있으며 창조와 기원 문제에 대해서도 그러하다. 그의 글에는 많은 정보가 담겨 있으며 훌륭한 통찰을 보여준다. 나는 글을 통해 제시된 그의 관점에 상당 부분 동의한다.[64]

예를 들어 나는 창세기 1-11장을 "일관된 전체에 속한 일부분"으로 읽어야 한다는 주장에 전심으로 동의한다. 그와 마찬가지로 나 역시 창세기 1:1-2:4a를 P문서로 간주하고 2:4b-25를 J문서로 간주하는 전통적 자료비평의 견해에 동의하지 않는다. (그리고 그와 마찬가지로 나 역시 창세기 저자가 모세라는 점을 가정하는 데는 문제가 없다.) 하지만 저자가 자료들을 사용했을 가능성은 배제할 수 없다. 물론 그렇다 해도 본문의 최종 형태를 생각하면, 이 장들뿐만 아니라 참으로 창세기 전체를 (그리고 토라 전체를) 일관된 전체로 해석해야 한다. 그러나 내 글에서도 논했듯이, 일관성은 콜린스의 가정처럼 두 사건을 한데 합쳐서 창세기 2장을 일종의 확장된 여섯째 날로 간주하는 태도를 의미하지 않는다. 두 본문을 조화시키는 일

64_ 그는 아마도 우리가 서로 상당 부분 논쟁할 내용인 (이를테면) 아담의 역사성 같은 문제에 대해서 많은 지면을 할애하고 있지는 않다.

이 불가능한 것은 아니라는 사실을 나 역시 알고 있다. 하지만 그것은 본문을 읽는 가장 자연스러운 방식도 아닐뿐더러, 다른 많은 해석자를 설득할 수 있는 방식도 아니다. 만약 그가 옳다고 인정한다 해도, 그것은 단지 창세기 1-2장을 문자적으로 해석하지 않는 내 논의의 한 측면만을 허물어뜨릴 뿐이다. 사실 그의 글에서도 분명히 드러나지만, 콜린스 역시 창세기 1-2장을 문자적으로 해석하지 않는다고 할 수 있다. 나는 그의 글을 칭찬하고 싶다. 그리고 나는 (바빙크가 그랬듯이) 노동 주간에 대한 이스라엘의 이해를 근거로 창조의 날들을 비유로 이해하는 그의 (그리고 에이버벡의) 해석에서 많은 유익을 얻었다. 사실 우리는 "메소포타미아의 병행 문헌들은 창세기 1-11장이 엄격하게 문자적 해석 방식을 적용하는 장르가 아님을 상기하게 해준다"라는 사실뿐 아니라 이 장들 안에 상당한 양의 비유 언어가 존재한다는 점에도 동의하는 것 같다. 그 밖에도 나는 콜린스가 고려하는 정도보다 「에누마 엘리쉬」가 창세기 1-2장의 배경으로 더 많이 사용되었다고 주장할 뿐 아니라, 다른 문헌들도 매우 중요하다고 생각한다. 이렇게 볼 때, 학계 전반이 「에누마 엘리쉬」가 창세기의 배경으로 사용되었다는 주장에서 벗어나고 있다는 그의 평가는 부정확하다고 생각한다.[65]

또한 나는 원칙적으로 "[창세기 1-2장이] 고도로 회화적 요소를 포함

65_ 그러한 것은 판단하기 쉬운 문제가 아니다. Collins가 언급하는 W. G. Lambert와 Kenneth A. Kitchen 같은 학자들이 메소포타미아와 이집트 문헌에 관해서라면 탁월한 전문가들이라는 사실에는 논쟁의 여지가 불필요하다. 물론 그들이 때때로 비교 연구에서 주요 견해를 벗어나는 경우도 있기는 하다. 예컨대 Lambert는 메소포타미아 지혜 문헌의 비교 연구에는 별다른 목소리를 내지 않고 있다. 그의 책 *Babylonian Wisdom Literature* (Oxford: Oxford University Press, 1960)는 "엄밀히 말해 바빌로니아 문헌에 '지혜'(wisdom) 문헌이란 표현을 사용하는 것은 잘못된 명명법이다"라는 언급으로 시작한다. 계속해서 그는 "고대 메소포타미아에서 이 용어는 낯선 것이었다. 그 단어는 히브리인들의 지혜 문헌과 주제상 관련성을 가진 일단의 문헌에 사용되었으며, 일종의 짧은 표현으로서 편의성을 위해 유지되었을 것"이라고 말한다.

한다고 해서 그것이 역사를 지시하는 데 부족한 것은 아니다"라고 주장한다는 점에서 콜린스와 같다. 물론 그가 자신의 글 안에서 이런 주제를 상술하는 것은 아니지만, 그와 나누었던 다른 대화와 그의 책 『아담과 하와가 실제로 존재했는가?』를 생각할 때, 우리는 이 지점에서 특정한 (주요) 주제들을 놓고 서로 다른 의견을 개진하는 듯하다. 나는 그가 내 글에 대한 논평에서 우리 사이에 존재하는 차이점의 근거를 설명해줄 것으로 기대한다. 하지만 그의 기고문은 이런 문제를 다루지 않았으므로, 그가 다른 곳에서 언급한 견해를 여기서 논박하는 것은 부적절할 듯싶다.

사실 그의 글 마지막에 있는 요약문을 읽은 것만으로는 단지 그의 견해에 동의할 수밖에 없다. 나 역시 요약문 (a)에 제시된, 창세기 1:1에 관한 그의 해석에 동의한다. 그러나 우리가 교조적이라고 지나치게 확신할 필요는 없을 것이다. 이에 대해 에이버벡 역시 콜린스의 해석만큼이나 똑같이 분명한 해석을 제시하고 있으므로, 독자들은 두 견해를 비교해볼 수 있을 것이다. 게다가 나는 창세기 1-2장이 물질보다는 기능의 창조를 묘사한다는 월튼의 주장에 상당히 동의하지만, 그 점에 대해서는 그가 콜린스와 논의를 펼칠 수 있는 최적의 대상일 것이다. 이런 점을 제외한다면, 콜린스는 독자들이 창세기 1-2장의 창조에 관해 우리가 배워야 할 바를 다루는 탁월한 글을 제공해준다고 할 수 있겠다.

논평

존 H. 월튼

동의하는 점

콜린스는 주로 창세기의 문학 형태와 그 일관성에 대해 논하는데, 나는 이에 대해 거의 동의한다. 이 부분에서 내가 더 할 수 있는 말은 아마도 창조 기사가 전달하려는 메시지가 더 있을 것이라는 점 정도일 것이다. 우리는 창세기가 다른 관점을 대체하는 고유한 우주론 이야기를 제공하기는 하지만, 등장하는 대화와 특징이 되는 요소들은 고대 근동의 배경을 통해서만 이해할 수 있다는 데 동의한다. 전반적으로 나는 장르에 대한 그의 논의가 빌의 논의보다 더 주의 깊고 세밀하며, 본문에서 저자가 회화적 요소를 사용한다는 점이 역사를 지시하는 데 부족함을 의미하는 것은 아님을 잘 보여준다고 생각한다. 그리고 우리는 창세기 1-2장이 우주적 성소에 초점을 맞춘다는 데도 동의하는 것 같다. 우리는 둘 다 아담과 하와의 역사성에 동의하며, 따라서 창세기 1장은 지구의 나이를 결정하는 기반이 될 수 없다는 데도 동의한다. 마지막으로 우리는 "그 종류대로"라는 어구에 대한 해석과 같이 사소한 문제들에 대체로 동의한다고 할 수 있겠다.

반대하는 점

방법론, 용어, 관점상의 차이

콜린스는 그의 관점을 가리켜 "유비적 날들"에 대한 해석으로 묘사한다. 그는 자신의 관점을 다음과 같이 요약한다. "그러므로 6일의 '창조 날들'은 반드시 우주가 시작된 실제 처음일 필요가 없다. 심지어 그날들은 반드시 지구의 실제 처음일 필요도 없다. 그날들은 인간이 살아갈 수 있도록, 하나님을 사랑하고 서로를 섬기며 지혜와 선한 의도로 세상을 다스리도록, 하나님이 지구를 이상향으로 만드신 기간이다." 나는 콜린스의 진술에 완전히 동의한다. 하지만 그는 계속해서 이 날들이 창조 기사 안에서 일종의 유비로 작용한다고 결론짓는다. 그에 따르면, 하나님은 이스라엘 백성이 그렇듯이 노동 주간을 보내셨다. 내 생각에는, 주어진 문맥에서 성전 우주론이 등장하고 일곱째 날에 하나님이 성전에 취임하시는 모습이 현저히 등장한다는 점을 볼 때, 콜린스가 주장하는 "유비적 날들"에 기반을 둔 해석은 불필요하다. 이 날들은 성전 취임식의 날들과 단순히 비교할 만하다.

　사소하지만, 콜린스와 나는 일곱째 날과 관련해서도 서로 다른 견해를 보인다. 콜린스는 전통적 해석을 따라서 일곱째 날이 끝나지 않는다고 주장한다. 바로 이전 논의와 마찬가지로, 나는 그런 해석이 부자연스러우며 불필요하다고 생각한다. 일곱째 날까지 하나님은 새로운 현 상황을 확립하셨다. 그 상황이란, 질서가 수립된 상태를 말한다. 우주적 성전이 기능을 시작하게 되었고, 하나님은 보좌에 앉아 쉬면서 다스리고 계신다. 이러한 현 상태는 그 이후로 매일 계속되고 있다. (마치 태양이 계속 빛나고 동물이 계속 번성하고 증가하듯이 말이다.) 그는 이렇게 질서를 잡으시는 과정을 마치시고 만물을 다스리기 시작하셨다.

결정적인 차이

내가 콜린스의 관점에 동의하기 힘든 결정적인 부분은 다음 세 가지다. 각각 창세기 1-2장에 있는 두 창조 기사의 관계, 창세기 1:1의 역할, "바라" 동사의 의미다.

첫 번째와 두 번째 창조 기사의 관련성에 대해, 나는 창세기를 일관된 전체로 해석해야 한다는 주장에 동의한다. 그렇다고 해서 두 창조 기사를 "함께" 읽어야 한다는 뜻은 아니다. 비록 내가 두 창조 기사가 대립하는 두 전승을 대표한다고 생각하지는 않더라도 말이다. 두 번째 기사는 여섯째 날에 이러한 사건들이 발생했다고 주장하지 않으면서도 첫 번째 창조 기사와 연결될 수 있을 뿐 아니라 첫 번째 기사를 수용할 수 있다. 두 창조 기사가 서로 겹치지 않으면서도 일관성을 보일 수 있다. 그러므로 나는 두 번째 창조 기사가 여섯째 날의 세부 사항을 묘사한다는 주장에 반대한다.

콜린스는 두 번째 창조 기사를 여섯째 날과 관련짓는 자신의 견해를 뒷받침하는 한 가지 증거로 첫 번째 기사의 마지막에 모든 것이 "심히 좋았더라"라는 언급이 나타난다고 주장하면서, 창세기 2:18을 볼 때 무언가 좋지 않은 것이 있었고, 따라서 두 번째 창조 기사에서는 여섯째 날이 여전히 계속되고 있다는 견해를 제시한다. 이에 대해 내 대안은 이렇다. "좋았더라"라는 말은 질서 잡힌 체계 내에서 적절하게 기능하는 무언가를 언급할 때 쓰일 수 있다. 그리고 두 창조 기사는 서로 다른 환경에서 서로 다른 범위를 기준으로 질서에 관해 언급하고 있다. 첫 번째 기사에서는 성소인 우주의 질서가 완전히 제 자리에 놓여 작동하고 있다. 이 우주의 기능은 인간을 위한 것이었다. 두 번째 기사는 다른 수준의 질서를 언급하는데, 이 질서는 인간이 살아가는 사회와 삶 안에 있는 질서를 말한다. 기능성은 그 체제 안으로 유입되었다.

콜린스는 두 창조 기사의 관련성에 대한 또 다른 논거로 창세기 2:5-6을 우기와 건기를 가리키는 단락으로 해석한다. 따라서 그는 이것이 창조 주간에 있었던 일이므로, 창조 주간을 일반 일주일 개념보다 훨씬 더 긴 기간을 가리키는 표현으로 이해해야 한다고 결론짓는다. 하지만 나는 창세기 2:5-6을 보면, 두 번째 창조 기사를 첫 번째 창조 기사의 일주일 내에 일어났던 사건으로 여길 수 없다고 주장한다.

콜린스는 창세기 1:1의 역할과 관련해서 그것을 일종의 문학적 도입부로 간주하기보다는 실제 일어난 창조 행위로 보려고 한다. 전자와 관련하여 그는 다음과 같이 언급한다. "이러한 주장은 히브리어 완료시제 및 바익톨 동사와 관련된 일반 구문론을 무시하게 할 뿐 아니라 유대인들과 기독교인들이 "무로부터의 창조"를 주장하는 근거를 전혀 제시하지 못하게 한다. 이러한 관점은 우리로 하여금 그 관점 자체가 무로부터 나왔음을 가정하게 한다." 구문과 관련된 문제지만, 창세기 전반에 걸쳐 문학적 도입부(톨레도트)를 조사해보면, 그 뒤에 이어지는 문단들에는 다양한 구문 표현이 나타나므로 창세기 1:2이 1절에 이어지는 데는 전혀 문제가 될 것이 없다. 아울러 콜린스는 주해를 위해 유대교와 기독교의 전통 해석으로부터 일관된 도움을 받을 수 없다는 점도 인정한다. "무로부터의 창조"에 관한 유대교와 기독교의 관점은 그들이 창세기 1:1의 수사·구문상의 기능을 이해하는 방식보다 더 복잡하다. 사실 오늘날도 마찬가지다. 창세기 1:1의 수사·구문상 기능을 결정한다고 해서 우리가 "무로부터의 창조"를 믿는 여부를 결정할 수 있는 것은 아니다.

마지막으로 "바라" 동사와 관련해서 나는 이 동사가 단순히 "새로운 시작"을 가리킨다고 생각하지 않는다. 이 동사는 무엇인가를 존재하게 하는 행위를 묘사한다. 분명히 해야 할 것은, 그리고 내가 말하고자 하는 것은, 이스라엘이라는 정황 안에서 그들이 과연 얼마나 존재라는 것에 관심을 가졌는가 하는 문제다. 콜린스는 내 견해를 비판하기 위해 70인역을 언급하면서, 유대교 해석에서는 내 견해를 지지하는 증거가 없다고 제안한다. 이에 대해 나는, 우리가 참고하는 모든 유대교 해석이 이미 헬레니즘 사고방식 내에 위치하므로 더는 고대 사상을 대표할 수 없다는 점을 지적한다. 그의 비판과 반대로, 나는 이렇게 기능이 아닌 물질에 관심을 두는 사고방식으로 전환된 것이 계몽주의에서 연유한다고 생각하지 않는다. 단지 계몽주의에는 물질을 주요 관심사로 만들어버린 책임이 있을 따름이다. 물론 그런 방식으로 사고가 발전한 것은 그리스 철학자들에게서 찾아볼 수 있다. 그러나 그리스 철학자들의 영향에서 자유로운 해석 전통은 찾아보기 힘들다. 콜린스가 내 견해를 비판하려면 마치 그것이 결정적 요인인 양 전통에 집중할 것이 아니라, 이를테면 히브리어 동사의 용례에 관한 내 의미론 분석을 비판해야 할 것이다.

하지만 "바라"를 해석하는 데는 우주에 하나의 절대 시작점이 있는지의 여부가 아무런 상관이 없다. 물론 나는 우주가 시작점이 있다고 믿는다. 하지만 나는 이스라엘인들이 우주의 시작점에 흥미를 갖고 자기들의 이야기에 그것을 포함했다고는 생각하지 않을뿐더러, 그것이 창세기 1장이 말하고자 하는 이야기의 일부라고 생각하지도 않는다.

4장
창세기 1-2장이 주는 교훈(혹은 교훈이 아닌 것)

트렘퍼 롱맨

창세기 1-2장이 하나님, 인간, 세계에 관해 무엇을 가르쳐주는가? 이것은 하나님의 말씀인 창세기 1-2장을 연구하는 데 가장 중요한 질문이며, 우주와 인간의 기원을 다루는 성서 텍스트와 과학의 관계처럼 논쟁이 되는 주제를 다룰 때는 특별히 더 그러하다.

이 질문은 우리 중 성서가 하나님의 말씀이므로 그 가르침에는 오류가 없다는 관점(high view of the Bible, 롱맨의 정의는 이 어구를 완전축자영감을 지지하는 표현으로 인식하는 일반 견해와 조금 다르다—역주)을 견지하려는 사람들에게 특별히 중요하다. 그러나 성서에 오류가 없다는 점을 믿는 것은 성서 전체가 같은 장르를 공유하며 같은 해석 방식을 이끌어낸다는 점을 믿는 것과는 다르다. 성서의 가르침은 온전히 참되다. 예컨대 모든 사람은 우화(혹은 비유)가 사실상 짧은 허구로 된 이야기이며 신학적 진리를 가르치기 위한 것임을 알고 있다. 따라서 우리는 선한 사마리아인 이야기의 인물이 실제로는 전혀 존재하지 않았다고 해서 실망하지 않는다. 우화에 오류가 없다는 말은, 그 우화의 신학적·윤리적 교훈이 참임을 알기 때문이다. 선한 사마리아인 이야기에는 실제 일어난 일이라고 믿게 하려는 의도가 없다.

창세기를 다루는 이 책의 모든 기고자는 성서가 참이라고 믿는다. 다만 우리는 하나님이 창세기 1-2장을 통해 우리에게 가르쳐주시는 바에 관해 서로 의견이 엇갈릴 뿐이다. 내 견해는 이렇다. 동시대에 존재했던 반대 견해 가운데 창세기 1-2장은 이스라엘의 하나님 야웨가 모든 것과 모든 인간의 창조자이심을 선포하는 것을 주요 목적으로 한다. 하지만 성서 텍스트는 하나님이 어떻게 우주와 인간을 창조하셨는지를 언급하는 데는 전혀 흥미가 없다. 성서는 독자들에게 하나님이 세상과 인간을 만드신 방법을 전혀 언급하지 않기 때문에, 이에 관련된 질문을 탐구하기 위해 과학으로 관심을 돌리는 태도는 온전히 수용할 만하며 심지어 합리적이기까지 하다.

그러나 우리는 성서와 과학의 관계를 묻기 전에 먼저 창세기 1-2장을 읽는 적절한 방식을 서술하는 데서 시작해야 한다.

장르의 중요성

성서는 인간에게 주어진 하나님의 말씀이며 전달하려는 메시지는 일관되지만, 전달 방식은 다양하다. 하나님의 말씀은 다양한 인간 저자에 의해 기록된 책들의 모음집이며, 적어도 천년 이상의 기간에 걸쳐 완성되었다. 저자들은 다양한 문학 스타일이나 장르를 사용하였다. 성서를 읽을 때 몇 권만 거론해보더라도, 우리는 역사, 법, 시, 지혜문헌, 예언서, 묵시문헌, 복음서, 서신서 등의 장르와 마주친다.[1]

1_ 이런 장르에 대한 개괄과 그것들을 해석하는 데 가장 중요한 원리들을 살펴보려면, Tremper Longman III, *Reading the Bible with Heart and Mind* (Colorado Springs, CO: NavPress,

우리가 읽고 있는 단락의 장르를 아는 것은 성서를 적절하게 해석하기 위해 필수다. 결국 장르는 독해 전략을 이끌어낸다. 장르는 성서 저자의 의도를 전달한다. 그것은 독자에게 저자가 사용한 단어들을 "어떻게 받아들일지" 알려주는 일종의 신호와 같다. 성서의 무오성이란 한 의미 단락에서 하나님이 가르쳐주시는 교훈과 관련되므로, 성서 텍스트의 장르를 인식하는 것은 매우 중요하다.

독자들은 성서 텍스트의 기법이나 그 자체의 특징을 통해 부분 텍스트의 장르를 파악한다. 저자는 이러한 성서의 기법이나 특징을 통해 독자에게 텍스트를 해석하는 적절한 방식을 전달한다.[2]

창세기 1-2장의 장르

창세기 1-2장의 적절한 장르를 결정하려면 본문의 특징에 세밀한 주의를 기울여야 한다. 그러므로 창세기 1-2장의 장르를 인지하는 데 도움을 준다고 생각되는 본문의 특징에 관심을 기울여야 한다.

첫째, 창세기 1-2장이 내러티브라는 사실에 주의해야 한다. 그것은 이야기이며, 실제로 앞으로 보겠지만, 두 개의 이야기다(1:1-2:4a 및 2:4b-25). 그 안에서 플롯은 시작, 진행, 끝으로 구성된다. 물론 내러티브는 허구이거나 허구가 아닐 수도 있고, 둘의 혼합일 수도 있다. 창세기 1-2장의 장르를 결정하려면 다른 요소 역시 고려의 대상에 포함해야 한다. 내 생각

1997)를 보라.

2_ 장르에 대해 좀 더 살펴보려면, Tremper Longman III, "Literary Approaches to Biblical Interpretation," in *Foundations of Contemporary Interpretation* (ed. Moises Silva; Grand Rapids: Zondervan, 1996), 141-45을 보라.

에는 창조 기사의 장르를 결정하기 위해 다음의 특징을 명심해야 한다.

(1) 비유 언어를 극도로 많이 사용할 뿐 아니라 거의 모든 곳에서 사용한다는 점
(2) 두 창조 기사와 고대 근동 신화들의 연관성
(3) 창조 행위가 두 창조 기사에서 서로 다른 순서로 나타난다는 점
(4) 창세기 1-2(혹은 11)장과 창세기 12-50장의 연관성

비유 언어

첫째, 창세기 1-2장은 독자들이 우주나 인간의 창조에 관한 묘사를 문자적 사실로 받아들이기를 저자가 의도하지 않았음을 보여주는 비유 언어로 가득 차 있다. 비록 어떤 이들은 창세기 1-2장을 문자적으로 해석해야한다고 주장하고 싶겠지만, 그렇게 하는 것은 성서의 다른 부분에 대한 해석과 모순될 뿐 아니라 심지어 하나님 자신에 대한 우리의 이해와도 상충한다. 이 글의 목적상, 나는 단지 가장 분명한 예만을 강조하려 한다.

창세기 1장의 "날들"

첫 번째 창조 기사(1:1-2:4a)가 우주와 인간의 창조를 묘사한다는 사실은 매우 잘 알려져 있다. 저자는 독자가 "문자적인 날들"을 하루 24시간으로 구성된 날들로 간주하기를 원했음이 아주 확실하다. 결국 이것이 "저녁이 되고 아침이 되니, 이는 ~째 날이니라"(1:5, 8, 13, 19, 23, 31)라는 반복 후렴구가 지닌 의미다. 하지만 오래전부터 인식되었듯이 넷째 날 전까지 해, 달, 별이 없었다는 점을 보면, 창조를 한 주간 동안 일어난 행위로 생생하게 묘사하는 데는 실제로 일어났던 일을 말하려는 의도가 없음을 알 수

있다. 오리게네스는 창세기 1장을 그렇게 부자연스럽게 다루는 사람들을 도무지 이해할 수 없었다.

> 나는 소위 지식인이라는 사람들에게 묻고 싶다. 창조 기사에서 첫째 날, 둘째 날, 셋째 날에는 태양도 없고, 달도, 별도 없으며, 심지어 첫째 날에는 하늘도 없었는데, 그 날들에 저녁과 아침이 있었다는 말이 과연 논리적으로 그럴듯한가?[3]

하나님이 일종의 대체 광원(light source)을 공급하셨을 것이라는 반론은 거의 자포자기에 가깝다. 물론 하나님은 24시간 주기와 다른 어떤 방식으로 빛과 어두움을 공급하실 수 있다. 하지만 그것이 일출과 일몰과 다른 천체의 움직임을 통해 규정되는 현상, 즉 말 그대로 우리가 이해하는 "저녁과 아침"을 형성하는 것은 아니다.

성서는 창조를 일반 노동일인 6일로 구성된 한 주간 동안 발생한 것으로 생생하게 제시한다. 그리고 그 후에 안식일이 뒤따른다. 사실 창조 행위의 순서는 우리가 이를 문자적으로 다루기보다 문학적 묘사로 다루어야 한다는 개념을 지지한다. 창조의 첫 3일은 영역이나 거주지를 창조하는 모습을 묘사하고 있다. 이는 뒤따르는 3일에 걸쳐 창조될 거주자들이 채울 장소를 의미한다. 넷째 날 창조된 해, 달, 별들은 첫째 날 창조된 빛과 어두움을 채우고, 다섯째 날 창조된 새와 물고기는 둘째 날 창조된 하

3_ Conor Cunningham, *Darwin's Pious Idea: Why the Ultra-Darwinists and Creationists Both Get It Wrong* (Grand Rapids: Eerdmans, 2010), 381에서 인용됨(『다윈의 경건한 생각』, 새물결플러스 역간). Augustine 역시 이런 견해를 수용했다. Kenneth J. Howell, "Natural Knowledge and Textual Meaning in Augustine's Interpretation of Genesis: The Three Functions of Natural Philosophy," in *Nature and Scripture in the Abrahamic Religion: Up to 1700*, vol. 1 (ed. J. van der Meer and S. Mandelbrote; Leiden: Brill, 2008), 123 역시 이 견해를 따른다.

늘과 바다를 채우며, 여섯째 날 창조된 짐승과 사람은 셋째 날 창조된 육지를 채운다. 이를 도표로 나타내면 다음과 같다.

첫째 날 빛과 어두움	둘째 날 하늘과 바다	셋째 날 육지
넷째 날 해, 달, 별들	다섯째 날 새와 물고기	여섯째 날 짐승과 사람

"생기"와 "아담의 갈빗대"

비유 언어가 현저하게 등장하는 또 다른 예가 첫 번째 남자와 여자를 만드시는 두 번째 창조 기사에도 나타난다. 잘 알려진 대로, 창세기 2-3장은 의인화 표현들을 사용해 하나님을 묘사한다. 하나님은 흙에 생기를 불어넣으셔서 아담을 창조하신다("여호와 하나님이 땅의 흙으로 사람을 지으시고 생기를 그 코에 불어넣으시니 사람이 생령이 되니라"[창 2:7]). 앞으로 살펴보겠지만, 이러한 묘사는 바빌로니아 창조 이야기에서 영감을 받았다. 이 장면은 하나님을 마치 몸과 폐를 가진 인간처럼 묘사하면서 그분이 흙에 숨을 불어넣으시는 것처럼 그린다. 물론 하나님이 실제로 몸이 있는 분은 아니므로, 아담 창조 이야기는 당연히 비유여야 한다. 영감된 성서 저자의 의도는 하나님이 어떻게 첫 번째 사람을 만드셨느냐가 아니다. 그의 의도는 인간의 본성에 관해 알려줄 뿐 아니라 하나님과 인간의 관계라는 중요한 특성을 보여주려는 것이다. 흙으로 창조된 인간은 다른 모든 것과 마찬가지인 존재일 뿐이지만, 하나님이 숨을 불어넣은 존재인 인간은 하나님과 친근한 관계를 누리는 존재다.

하와의 창조에 관한 묘사도 마찬가지다. 하나님은 아담을 깊이 잠들게 하신 뒤에 그의 옆면에서 무언가를 취하셔서 하와를 형성하신다. (아마도 갈빗대였을 것이다.) 이때도 본문은 어떻게 하나님께서 첫 번째 여자를 만드셨는지를 말하려 하지 않는다. 다만 여자들에 관한 어떤 사실과 그들이 남자들과 맺는 관계에 대해 알려주려 할 뿐이다. 성서는 하나님의 창조물인 남녀의 상호성과 동등성을 강조할 따름이다. 오래전부터 알려진 대로, 하와가 아담의 옆구리에서 창조되었다는 사실은 그들이 동등함을 보여준다. 그녀가 아담의 몸에서 창조되었다는 점은 상호성을 나타낸다.[4]

고대 근동의 창조 이야기들

창세기 1-2장의 장르를 조사하려면, 우리는 이 장들과 고대 근동의 창조 이야기들의 관계를 고려해야 한다. 우선 분명히 해둘 것은, 성서의 창조 기사 전체는 우리가 아는 고대 세계의 다른 창조 기사들과 상당히 다르다는 점이다. 하지만 성서의 창조 이야기의 요소들이 분명히 이런 고대 근동 이야기들의 특정 일화와 연관되는 것은 사실이다.

두 번째 창조 기사에서 첫 번째 남자가 창조되는 기사는 이와 관련된 가장 분명한 예다. 앞에서 우리는 이미 그 기사가 비유임을 논했다. 이제 우리는 하나님이 첫 번째 사람을 존재하게 하신 과정이 바빌로니아 창조 기사에 등장하는 첫 인류 창조에 관한 묘사와 충격적으로 유사함을 발견하게 될 것이다. 이러한 기사에는 「에누마 엘리쉬」와 「아트라하시스 서사시」 같은 작품들이 있다.[5]

성서는 단순히 "여호와 하나님이 땅의 흙으로 사람을 지으시고 생기를 그 코에 불어넣으시니 사람이 생령이 되니라"(창 2:7)라고 언급한다.

4_ 아담과 하와의 창조 이야기의 신학적 중요성은 앞으로 더 논의될 것이다.

5_ 「에누마 엘리쉬」와 「아트라하시스 서사시」의 영역본은 *ANET*, 60-72, 104-6 혹은 *COS* 1.390-401, 450-53을 보라.

「에누마 엘리쉬」는 마르두크라는 신이 어떻게 악한 신의 피를 사용해서 다른 신들의 일을 덜어주기 위해 첫 인간들을 창조했는지를 묘사한다(Tablet VI:11-36). 「아트라하시스」는 인간이 진흙과 한 신의 피로 창조되는 모습을 좀 더 자세히 묘사하는데, 인간의 창조는 그동안 열등한 신들에게 부과된 관개수로 작업을 인간으로 대체하려는 목적을 지녔다고 설명해준다(224-35째 줄 참고). 한 신의 피와 진흙이 뒤섞인 뒤에 모든 신은 그 위에 침을 뱉는다.

그러므로 바빌로니아와 성서의 창조 기사는 땅에서 취한 어떤 물질과 신들의 영역에서 취한 요소를 함께 언급한다. 전자의 경우는 악한 신의 피와 신성한 침이며, 후자의 경우는 하나님의 숨결이다. 둘 사이의 대조는 명확하다. 바빌로니아 창조 기사는 신들의 눈을 통해 인간을 일종의 경멸스러운 창조물이자 인간의 창조가 악하다고 간주함으로써 인간을 멸시하는 관점을 드러내지만, 성서는 인간을 훨씬 고귀한 모습으로 그려낸다. 두 창조 기사 모두 인간이 일을 하기 위해 창조되었다고 언급한다. 하지만 바빌로니아의 관점에서 인간은 신들이 하기 싫어하는 일을 대신하는 반면, 성서는 에덴동산을 돌보고 지키는 인간의 위치를 매우 고귀한 것으로 간주한다.

성서의 창조 기사는 동시대에 존재했던, 창조에 대한 다른 개념들의 배경에 저항하기 위해 기록되었다. 성서에는 우주와 인간을 창조한 신은 다른 신이 아니라 이스라엘의 하나님 야웨라는 사실을 선포해주는 언어와 개념들이 사용되었다. 나중에 살펴보겠지만, 변증을 목적으로 창조를 묘사하는 이러한 방식은 구약 다른 부분에 나타나는 창조 관련 텍스트에서 더욱 분명하게 나타난다. 하지만 창세기 1-2장을 읽는 현대인들에게는 이 창조 기사가 다윈설을 신봉하는 사람들에 대항하는 것이 아니라 바빌로니아, 가나안, 이집트인들의 주장에 맞선다는 사실을 깨닫는 것이 중요하다. 성서가 창조를 묘사하는 것은 독자들에게 하나님이 창조하신 방식을 알려주기 위해서가 아니라, 다른 신이 아닌 하나님이 그렇게 하셨다는 사실을 깨닫게 하기 위해서다.

고대 근동의 주요 창조 기사를 살펴보면 물들이 선재했다. 물들이 창조주가 나타나기 이전에 존재했다. 사실 「에누마 엘리쉬」는 어떻게 물들 (이 물들은 압수와 티아마트라는 신으로 묘사된다)이 마르두크를 포함해 신들을 낳았는지를 보여준다. 부모 신들과 그들의 후손 신들 사이에 충돌이 일어났고, 마르두크는 티아마트를 죽인 뒤에 그녀의 몸을 이용하여 윗물과 아랫물을 창조해낸다. 계속해서 그는 물들을 물러나게 해서 땅을 창조하고, 그다음으로 앞에서 우리가 다뤘듯이 인간을 창조했다.

성서의 기사는 하나님이 물들을 창조하신 방식을 진술한다.[6] 하나님은 물들과 싸우시지 않는다. 다만 물을 향해 윗물과 아랫물로 분리되도록 권위적으로 명령하시며, 그 후에 육지를 창조하신다. 하나님에게는 다른 맞수가 없으므로, 신들 사이의 충돌은 전혀 없다.

아울러 넷째 날 천체들이 창조되는 광경도 약하게나마 변증의 목적을 달성한다. 「에누마 엘리쉬」에서 해, 달, 별들은 그 자체로 마르두크가 하늘에 배치한 신들이다. 그러나 성서의 창조 기사에서 그것들은 하나님의 창조물이다.

현대의 독자들은 성서가 고대 근동 문학과 연결되어 있다는 점을 종종 놓치곤 한다. 원래 독자들에게 그러했던 것만큼 고대 근동 문학이 오

6_ 나는 창세기 1:1-2a를 번역할 때 "태초에 하나님이 천지를 창조하실 때에 땅이 혼돈하고 공허하며 어둠이 깊음 위에 있고, 하나님의 영은 물 위에 움직이고 계셨다"(표준새번역 난외주)라는 번역보다는 "태초에 하나님이 천지를 창조하시니라. 땅이 혼돈하고 공허하며 흑암이 깊음 위에 있고 하나님의 영은 수면 위에 운행하시니라"(개역개정)라는 번역에 동의한다(Longman은 1절을 2절에 속한 종속절로 해석하기보다 독립절로 해석하기를 선호한다. 그는 전자의 예로 NRSV, 후자의 예로 NIV를 든다—역주).

늘날의 세계를 사는 우리에게 속해 있지 않기 때문이다. 하지만 성서의 메시지를 본래 의도에 따라 이해하려면, 성서 텍스트의 고대 배경을 회복하는 일이 중요하다고 할 수 있다.

두 창조 기사의 순서가 서로 다름

창세기 1-2장은 서로 다른 두 창조 기사를 포함한다. 첫 번째는 창세기 1:1-2:4a이고, 두 번째는 창세기 2:4b-25이다. 이때 창세기 2:4a의 톨레도트 공식("이것이 천지가 창조될 때에 하늘과 땅의 내력[톨레도트]이니")이 첫 번째 기사의 종결인지 혹은 두 번째 기사의 시작인지의 여부에는 논쟁의 여지가 있지만, 이 문제는 여기서 내가 논의하려는 요점에 중요하게 작용하지 않는다. 물론 성서에는 공통 관점을 가진 여러 기사가 자주 등장하곤 한다. 예를 들어 이스라엘 역사를 다루는 두 개의 역사서(사무엘서-열왕기서와 역대기)가 있으며, 네 개의 복음서(그중 세 개는 매우 비슷해서 이들을 묶어 공관복음이라고 부른다)가 존재한다. 따라서 창세기를 시작하는 첫 두 장에 두 개의 창조 기사가 존재한다는 사실은 전혀 놀랍지 않다.

두 창조 기사는 창조에 대해 각각의 관점을 보여준다. 첫 번째 창조 기사는 우주관을 보여준다는 점이 중요하게 취급되었다. 인간의 창조는 이런 우주관을 다루는 더욱 큰 전체 맥락 안에서 다루어진다. 두 번째 창조 기사는 반대로 첫 번째 인간의 창조에 집중한다.

비록 이런 두 창조 기사가 창세기라는 이름 아래 최종 형태로 묶이기 이전에는 서로 다른 원자료들에서 왔을 수도 있겠지만, 오늘날 우리는 그것들을 한데 묶어서 읽어야 한다. 하지만 창세기 1-2장을 함께 읽어야 한다고 해서 그것들이 마치 같은 이야기를 같은 방식으로 서술하고 있는 것처럼 조화시켜야 한다는 뜻은 아니다.

창세기 1장과 2장의 가장 충격적인 차이는 창조 순서에서 나타난다. 앞에서 우리는 창세기 1장의 "날들"이 갖는 문학적 특성을 다뤘다. 만약 이를 문자 그대로 해석하는 오류를 보인다면, 창세기 1장의 창조 순서에 따라 독자들은 첫 인간이 식물이 창조된 셋째 날보다 이후인 여섯째 날에 창조되었다고 생각하게 될 것이다. 하지만 두 번째 기사는 아담이 창조되기 이전에는 식물이 존재하지 않았다는 언급으로 시작한다("들에는 초목이 아직 없었고, 밭에는 채소가 나지 아니하였으며"[창 2:5]).

두 기사의 창조 순서를 조화시키려는 여러 노력이 있었는데, 일부는 심지어 성서 번역에까지 영향을 미쳤다. 참고로 대중적인 NIV는 "창설하시고"(planted, 창 2:8)를 과거완료인 "이전에 창설하셨고"(had planted)로 번역함으로써 에덴동산이 아담보다 먼저 창조되었다고 주장한다. 그런 번역이 불가능한 것은 아니지만, 여기서 "창설하다"라는 동사를 그렇게 이해하는 것은 자연스러운 독법이 아니다. 이 동사는 바브연속법이 계속 적용되는 단락 안에 놓인 바브연속법 동사의 하나로서, 단순히 "창설하시고"로 번역하는 편이 가장 좋기 때문이다. ESV는 한술 더 떠서 창세기 2:5-6에 등장하는 단어인 히브리어 "에레츠"를 "땅"(earth)으로 번역하기보다는 "육지"(land)로 번역한다. 이렇게 두 창조 기사의 조화를 꾀하는 번역은 ESV에서 발견되며 콜린스가 이를 지지하는데,[7] 이는 NIV, NLT, CB, NRSV, NKJV, KJV를 비롯해 거의 모든 성서 번역본과 주석가들의 해석과 상충한다.

7_ C. John Collins, *Genesis 1-4: A Linguistic, Literary, and Theological Commentary* (Phillipsburg, NJ: P&R, 2006), 108-12, 121-22을 보라. 같은 저자의 책, *Did Adam and Eve Really Exist? Who They Were and Why You Should Care* (Wheaton, IL: Crossway, 2011), 53-54도 참조하라. Collins가 ESV 구약 번역을 담당하는 책임 위원이었다는 점을 지적할 수 있겠다.

순서상 조화가 없다고 해서 두 기사가 모순되는 것은 아니다. 성서의 가르침이 참이라는 사실을 기억한다면, 하나가 참이고 다른 하나가 거짓일 수는 없다. 창세기 1-2장은 하나님이 모든 것을 만드셨다는 사실을 우리에게 가르쳐주고 싶어 한다. 우리에게 하나님, 인간, 세계의 본성을 알려주려 할 뿐, 하나님이 어떻게 창조하셨으며 또한 어떤 순서로 그렇게 하셨는지를 전달하려고 하지 않는다는 점을 기억하자.

창세기 1-2(11)장과 창세기 12-50장의 연관성

창세기 1-2장의 문자적·역사적 독법을 지지하는 사람들은 창세기 1-11장(이를 원시 역사로 부르는데, 창조 기사도 여기에 포함된다)과 12-50장(그들은 창세기 12-50장이 분명히 역사일 뿐 아니라 반드시 역사여야 한다고 주장한다)이 그 특징상 연속한다는 점을 지적하곤 한다. 물론 오늘날 많은 학자는 족장 및 요셉 내러티브의 역사성에도 이의를 제기하려고 하겠지만, 복음주의 개신교 학자 대부분은 아브라함, 이삭, 야곱이 실제 인물이었음을 믿는다(물론 모든 학자가 그런 것은 아니다).[8] 사실 나도 족장들의 역사성에 대한 복음주의 학자들 다수의 견해에 동의하며,[9] 따라서 두 부분의 특징에 따른 연속성을 잠시 언급하고 넘어가려 한다.

이러한 연속성을 주장하는 주요 논거는 내러티브 안에서 바브연속법 동사가 계속 사용되고 있다는 점일 것이다.[10] 바브연속법은 내러티브상에

8_ Kenton L. Sparks, *God's Word in Human Words: An Evangelical Appropriation of Critical Biblical Scholarship* (Grand Rapids: Baker Academic, 2008) 같은 경우가 그 예외다.

9_ Iain W. Provan, V. Philips Long, and Tremper Longman III, *A Biblical History of Israel* (Louisville: Westminster John Knox, 2003), 107-24에 있는 내 논평을 보라.

10_ G. Ch. Aalders, *Genesis*, vol. 1 (trans. William Heynen; 2 vols.; The Bible Student's

서 과거 행위를 나타내기 위해 사용된다. 아울러 창세기가 빈번히 톨레도트 구조를 통해 구성된다는 점과 톨레도트 구조가 원시 역사(2:4; 5:1; 6:9; 10:1; 11:10)뿐 아니라 창세기 나머지(11:27; 25:12; 25:19; 36:1, 9; 37:2)에서도 나타난다는 점 역시 역사적 충동(historical impulse)을 나타내는 공통 요소로 간주할 수도 있다.

그렇다면 우리는 이런 연속성을 어떻게 대해야 할까? 사실 내가 보기에 창세기 1-11장과 12-50장은 역사적 충동이라는 요소를 지니고 있다. 다음 장에서 결론을 맺겠지만, 창세기 1-11장은 마치 창세기 12-50장이 그러하듯이 역사다. 그러나 이 둘이 연결된다는 점을 인정하더라도, 우리는 둘 사이에 존재하는 역사 서술의 정확도까지 연결되는 것은 아님을 감지할 수 있다. 이러한 불연속성은 결론에서 창세기 1-2장의 장르에 관한 논의를 제시할 때 강조할 필요가 있을 것이다.

창세기 1-2장의 장르

앞의 논의에서 우리는 창세기 1-2장의 장르를 결정하는 데 도움이 되는 본문의 주요 표지들을 조사했다. 이제 마지막 결론을 내리기 시작하면서, 우리는 바브연속법 동사 형태와 톨레도트 공식이 창세기 1-11장과 12-50장의 연속성을 보여준다는 점을 살폈다. 이는 창세기 전체가 역사적 충동을 지니고 있음을 의미한다. 다시 말해 사건을 접하는 독자들은 창세기 1-2장을 통해 저자가 실제로 과거에 일어났던 일에 대해 말하고 있음을 알 수 있다.[11]

Commentary; Grand Rapids: Zondervan, 1981), 45 역시 이를 주장한다.

11_ 그러므로 나는 Collins, *Did Adam and Eve Really Exist?*, 58에서 그가 "실제 사건들은 그의 이

하지만 명백한 비유 언어를 극도로 많이 사용하고, 두 창조 기사의 순서가 틀리며, 본문이 고대 근동의 창조 기사들과 현저하게 상호 작용한다는 점은 우리에게 창조 기사의 사건들을 문자 그대로 혹은 정확한 묘사로 취급하지 말아야 함을 나타내준다.

핵심은 창세기 1-2장이 신학적 역사(theological history)로 묘사된다는 점일 것이다. 사실 모든 창세기 기사는 신학적 역사지만, 창세기 12-50장에서는 비유 언어, 고대 근동 신화와의 상호 작용, 시간 순서와 관련된 문제가 창세기 1-11장만큼 심하지 않다. 따라서 내 생각에는 창세기 12-50장의 문학적 구체성이 매우 높다고 할 수 있다.

그렇다면 창세기 1-2장은 역사와 관련해 무엇을 주장하는가? 바로 하나님이 우주와 인간의 창조주이심을 주장한다. 그는 모든 사물의 존재 및 모든 인간 실존의 원인이시다. 그러나 만약 본문이 하나님이 세상과 모든 피조물을 만드신 방식을 다룬다고 여긴다면, 오해할 수밖에 없다.

창세기 1-2장이 가르쳐주려는 내용은 무엇인가?

오늘날 많은 이들은 창세기 1-2장이 우리에게 하나님이 어떻게 천지를 창조하셨는지를 가르쳐준다고 믿고 있다. 따라서 이러한 주장이 사실인지를 확인하는 것이 먼저다. 사실 본문 자체만을 분석해봤을 때, 저자는 창조 과정에 관한 이야기에 별다른 관심이 없다는 점이 드러난다. 그렇기는 하지만, 본문을 좀 더 긍정적인 시선으로 관찰하는 것이 중요하다. 만약 창세기 1-2장을 하나님께서 실제로 천지를 창조하신 방법에 관한 묘

야기 중추를 형성한다"라고 언급하는 데 동의한다. 물론 이 경우, 무엇이 그 중추를 형성하는가에 대한 우리의 견해는 서로 다를 수 있음에도 그렇다.

사로 간주하면 안 된다는 점을 받아들인다면, 도대체 그 장들이 전달하려는 메시지는 무엇일까?

우선, 바로 앞부분에서 남겨졌던 주장부터 시작하려고 한다. 창세기 1-2장은 하나님께서 천지를 창조하셨으며, 그분은 다른 신이 아닌 야웨 하나님이시고 모세의 하나님이시자 이스라엘의 하나님이시라고 담대하게 선포한다. 창세기 1-2장은 이러한 주장을 펴기 위해 우주와 인간을 만든 이가 다른 신이라는 주변 경쟁 문화의 주장을 적절하게 이용한다.

비록 이런 역사적 관심사와 함께 시작했지만, 나는 창세기 1-2장의 신학적 의도를 간단하게나마 다뤄야 할 필요성을 느낀다. 따라서 이 장에서는 하나님, 인간, 세계를 다루는 기초 관점을 살펴보고자 한다.

우리는 창세기의 첫 두 창조 기사에서 하나님에 관해 많이 배울 수 있다. 우선, 만물을 창조하셨으며 모든 것을 자신의 말씀(Word)으로 창조하신 하나님이 한 분이시며 유일하신 분이라는 사실을 배운다는 점이 무엇보다 중요하다. 창조를 이렇게 묘사하는 것은, 말하자면 창조 세계가 신들의 충돌로 생긴 결과라고 주장하는 「에누마 엘리쉬」와는 매우 다르다. 성서의 창조 기사에 나타나는 하나님은 주권자이시며 가장 높은 분이시다. 그에게는 비길 만한 경쟁자가 없다. 성서의 창조는 신들의 충돌로 생긴 결과가 아니다.

한편 창세기 1-2장은 하나님이 창조물과 다르다고 묘사함으로써 범신론을 배격한다. 그는 세상을 지으시고 그것이 "좋다"고 말씀하신다. 하지만 그분은 창조 세계 안에 머무르신다. 따라서 성서는 이신론 역시 배격한다. 창조 기사는 성서의 종교가 유일신을 믿는 종교임을 알려준다. 하나님은 내재하시는 분일 뿐 아니라 초월자이시기도 하다.

게다가 열방의 신들은 성별을 가지며 성적으로 활발하게 활동하지만, 창세기의 창조주 하나님은 그렇지 않다. 남자와 여자의 창조에 관한 묘사는 성별이나 성적 특성이 피조물의 특징일 뿐 창조자의 특성이 아님을 보여준다. 남자와 여자가 둘 다 하나님의 형상으로 창조되었다는 사실(창 1:27)은 하나님 자신이 남성이나 여성으로 한정되지 않음을 드러낸다. 물론 이런 진리를 영어라는 언어로 나타내기란 어렵다. 왜냐하면 하나님은 인격을 가진 존재지만, 영어에는 인격을 가졌으나 성별을 갖지 않는 존재에 적용할 만한 인칭 대명사가 없기 때문이다. 그것은 히브리어도 마찬가지다. 따라서 누군가가 하나님을 "그녀"로 지칭한다고 해서 그 사람을 이단으로 간주할 수는 없다. 하나님을 "그"로 지칭하는 것은 단지 지혜로운 방식일 뿐이다.

창세기 1-2장은 인간에 관해서도 많은 것을 가르쳐준다. 불행하게도 성서의 이 부분에 관한 토론은 대부분 창세기 1-2장과 하나님이 인간을 만드신 방법에 관한 궁금증 및 진화와 특별 창조 사이의 대립이라는 진흙탕에서 허우적대는 형국이다. 하지만 본문이 그런 종류의 질문에 대답한다고 볼 수는 없다. 본문은 단지 인간의 창조를, 인간이 하나님과 맺는 관계 및 다른 사람과 맺는 관계를 통해 그들의 본질을 나타내는 방식으로 묘사할 뿐이다.

앞에서 우리는 아담과 하와의 창조에 관한 비유 묘사가 그들이 하나님과 맺는 관계 및 그들이 서로서로 맺는 관계의 본질을 보여준다는 점을 언급했다. 성서는 아담이 땅의 흙으로 만들어졌으며 하나님의 숨결이 담긴 존재임을 생생하게 묘사함으로써, 인간이 창조 세계의 일부일 뿐 아니라 다른 동물이나 혹은 무생물인 창조 세계와 공유되지 않는 관계, 즉 하나님과 특별한 관계를 맺는 존재임을 보여주었다. 하와가 아담의 옆구리(갈빗대)에서 나왔다는 사실은 그들의 동등성과 상호성을 가리킨다.

두 창조 기사에는 인간의 창조에 대한 다른 특성들도 나타나는데, 이는 남자와 여자의 본질을 더욱 확장한다. 예를 들어 창조 기사는 인간의 특별한 본질을 더욱 강조하는 방식으로 묘사된다. 첫 번째 창조 기사에서 인간은 마지막 날인 여섯째 날에 창조되는데, 그때는 그들을 제외한 모든 것이 이미 창조되어 준비된 이후였다. 게다가 가장 충격적이게도 남자와 여자는 둘 다 하나님의 형상으로 창조된다. "형상"이라는 단어는 성서 어디에서도 결코 정의되거나 드러나지 않으므로, 학자들은 이 용어가 가리키는 바가 정확히 무엇인가를 놓고 오랫동안 논의해왔다. 비록 그 용어에 관해 정답에 가까운 정의가 존재하지는 않더라도, 하나님이 그들을 자신의 형상으로 만드셨다는 사실이 놀라울 뿐 아니라, 하나님이 보시기에 그 점이 인간의 가치가 어떠한지를 잘 보여준다는 결론에는 의심의 여지가 없다. "형상"이라는 단어가 이해하기 어렵기는 하지만, 한 가지 강력한 예시가 이 부분에서 이 단어를 이해하는 데 도움을 줄 수 있다. 다른 곳에서 "형상"은 왕이 자기 영토에 세우는 자신의 조상(statue)을 가리키는 말로 사용되었다. 다시 말해 남자와 여자는 창조 세계에 하나님의 임재와 권위를 나타내기 위해 창조되었으며, 따라서 그분이 누구이신가를 반영하는 존재다.[12] 이것이 성서가 이후 내용에 하나님을 가리켜 여자(어머니, 지혜)뿐 아니라 남자(왕, 전사, 목자 등)와 관련된 은유를 사용하는 이유다.

아울러 창세기 1-2장은 인간의 시작과 함께 그들과 관련하여 세워진 세 가지 제도를 언급하는데, 그것은 각각 안식일, 결혼, 일이다. 사실 하나님의 창조 행위를 엿새 동안의 노동과 하루의 휴식이라는 틀을 통해 문학적으로 묘사하는 방식은 창세기의 원래 독자들에게 전형적인 노동 주간의 모델이 된다.

창세기 2장은 "그것을 경작하고 지키게"(창 2:15) 하려고 아담을 동산에 두셨다고 말한다. 하와는 "돕는 배필"(이 용어는 이후에 다루겠다)로 아담

12_ Walter Brueggemann, *Genesis: A Bible Commentary for Teaching and Preaching* (Interpretation; Atlanta: John Knox, 1982), 31-32을 보라.

의 일에 합류한다. 창세기 2장은 인간의 일에 대해 이해하는 혜안을 제공한다. 오늘날 누구나 한 번쯤은 일이 고되고 실망스러움을 경험했을 것이므로, 일을 가리켜 창세기 3장에 묘사된 인간의 반란으로 생긴 결과라고 생각하려는 유혹에 빠지기 쉽기 때문이다.

같은 논리가 결혼에도 성립될 수 있다. 심지어 오늘날 최고의 관계처럼 보이는 누군가의 결혼 생활도 다툼으로 상처받기 쉬우며, 따라서 우리의 논리에 영향을 미쳐 결혼 역시 인간이 죄에 빠진 결과라고 결론지을 수도 있다. 하지만 창세기 2장은 죄가 세상에 들어오기 이전에 하나님이 결혼 제도를 세우셨다고 말한다. 하나님은 사람을 보시고 "사람이 혼자 사는 것이 좋지 아니하니"(창 2:18)라고 하시면서 "그를 위하여 돕는 배필"을 창조하기로 계획하신다. "돕는 배필"(ēzer)이란 단어에는 종속의 의미가 포함되지 않는다. 비록 그 여자가 그의 시종이나 보조자를 의미했더라도 말이다. 사실 시편은 하나님을 가리켜 이스라엘의 "도움"으로 칭한다(시 33:20; 89:18-19[19-20], 신 33:29도 보라). 하나님이 하와를 창조하신 후에 그들과 함께 하시며 결혼 제도를 다음과 같이 선포하신다. "이러므로 남자가 부모를 떠나 그의 아내와 합하여 둘이 한 몸을 이룰지로다"(창 2:24).

"한 몸을 이룰지로다"라는 어구는 성적 관계를 나타내며, 따라서 독자들은 성이라는 특성도 반역의 결과가 아니라 하나님이 자신의 피조물인 인간에게 베푸시는 선물임을 상기해야 한다. 그들은 둘 다 벌거벗었지만, 부끄러움을 느끼지 않았다.

결론적으로 창세기 1-2장은 하나님, 인간, 세계에 관해 풍성한 교훈을 준다. 하지만 우리가 다룬 것은 단지 일부에 불과하다. 불행하게도 우리는 창세기 1-2장이 오늘날의 우리에게 하나님이 천지를 창조하신 방법을 알려준다는 잘못된 믿음 때문에 종종 창세기 1-2장이 의도하는 메시지를 놓치거나 과소평가하고 만다.

다른 창조 기사는 무엇을 말하는가?

창세기 1-2장이 창조를 묘사하는 유일한 텍스트인 것은 아니다.[13] 물론 창세기 1-2장은 정경인 성서의 기반이라는 점에서 자부심을 가질 만하다. 그렇다고 하더라도, 창조를 묘사하는 다른 주요 구약 단락을 고려할 필요가 있다. 그러한 단락들을 살펴본 뒤에, 창세기 1-2장의 창조 기사와 관련해 이러한 단락들이 갖는 의미에 대해 몇 가지 결론을 내려보자.

시편 8, 19, 136편

이 시편들은 하나님이 천지를 창조하셨다고 선포하지만, 어떻게 그렇게 하셨는지를 언급하지는 않는다. 시편 8편은 하나님이 인간을 "하나님보다 조금 못하게"(시 8:5) 창조하셨다는 사실을 경탄의 눈으로 바라본다. 물론 이 문장은 하나님이 인간을 새 것으로(de novo) 창조하셨는지 혹은 진화 과정과 하나님이 지정하신 방식을 통해 그렇게 하셨는지를 언급하지 않는다. 시편 19편은 하나님이 하늘을 만드셨음을 하늘이 선포한다고 고백한다. 이때도 그가 하늘을 나오게 하신 방법은 언급되지 않는다. 이 시에서 시인(psalmist)은 태양에 초점을 맞추는데(4c-6), 그가 비유를 사용하고 있음을 분명하게 드러내는 방식을 사용한다. 태양은 "신방에서 나오는 신랑"과 같고 "그의 길을 달리기 기뻐하는 장사"와 같다. 하나님은 태양을 만드셨고, 태양은 창조 질서의 일부가 되어 자기의 충만함을 잘 드러낸다. 시편 136편은 하늘과 땅을 만드신 분이 바로 하나님이라고 단언한다. 이 시는 땅의 창조를 묘사하면서, 하나님을 가리켜 "땅을 물 위에 펴신 이"로 언급한다.

13_ 창세기 1-2장 외에도 창조에 관해 묘사하는 다른 텍스트를 신구약 전체에 걸쳐 다루는 책으로는 Richard F. Carlson and Tremper Longman III, *Science, Creation, and the Bible: Reconciling Rival Theories of Origin* (Downers Grove, IL: IVP Academic, 2010)이 있다.

이때 사용된 동사 "라카"(*rāqa'*)는 성서 내의 다른 부분에서 금속을 두드려 얇게 펴는 행동(출 39:3)을 가리킨다.[14] 윌럼 밴게메렌(Willem VanGemeren)이 적절히 지적하듯이 "이것은 과학 언어가 아니라 시 언어다!"[15]

시편 24편

> 땅과 거기에 충만한 것과
>> 세계와 그 가운데에 사는 자들은 다 여호와의 것이로다.
> 여호와께서 그 터를 바다 위에 세우심이여
>> 강들 위에 건설하셨도다.

시인은 하나님을 창조주로 찬송하며, 그분이 세계와 거기 거하는 인간의 주인이라고 선포한다. 이 시는 하나님이 땅을 이미 존재하는 물들 위에 세우셨다고 묘사한다. 한편 창세기 1:9-10은 물들이 물러나서 "한 곳"에 모이는 과정을 통해 땅이 나타났다고 말한다.

시편 33편

8줄로 구성된 연(stanza, 시 33:4-7, 8-11을 가리킴)에서 첫 두 줄은 야웨가 말씀으로 천지를 창조하신 창조주라고 말한다. 4절은 그의 말씀과 행위가 분리될 수 없음을 언급하고 5절은 그의 변하지 않는 사랑을 노래하는데, 이 두 구절은 앞에서 나타나는 찬송(1-3절)의 이유가 된다.[16] 창세기 1장과 마찬가지로, 이 시를 통해 시인은 하나님의 입으로 선포된 강력한

14_ *rāqa'*는 명사 "궁창"(창 1:6, 영어 firmament, vault, dome 등을 가리킴)과 관련된 단어다.

15_ Willem A. VanGemeren, "Psalms," in vol. 5 of *The Expositor's Bible* (rev. ed.; ed. Tremper Longman III and David E. Garland; Grand Rapids: Zondervan, 2008), 946.

16_ 시 148편은 "[만물]이 여호와의 이름을 찬양함은 그가 명령하시므로 지음을 받았음이로다"(5절)라고 노래한다.

말씀에 따라 이루어진 창조를 노래한다(시 33:6, 9). 야웨가 말씀하시고, 그 결과로 하늘이 창조된다. 야웨가 그의 말씀을 숨처럼 내쉼으로써 별들이 태어난다. 9절은 야웨가 말씀하셔서 세상이 그의 명령을 따라 나타나기 시작했다고 말한다. 이런 것들은 창세기 1장의 창조를 되울린다. 시편 33편은 세상이 무에서 창조되었다고 암시해주는데, 이 개념은 완전히 자유로우신 하나님이 어떤 외부의 압력과 관계없이 세상을 창조하셨다는 뜻이다. 그런 세상을 존재하게 하려는 자신의 기쁘신 뜻을 따라서 말이다.[17] 이는 창세기 1장에서도 똑같이 만나볼 수 있다. 시 33:6은 단지 야웨의 "말씀으로 하늘이 지음이 되었으며"라고 선포한다. 아울러 9절은 "그가 말씀하시매 이루어졌으며 명령하시매 견고히 섰도다"라고 말한다.

시편 74편

시편 74편에는 특별히 관심을 기울여야 한다. 이 시가 신들의 충돌이라는 신화 언어를 도입하고 있기 때문이다.

시편 74편은 성소를 모독하는 적군의 공격에 직면하여 하나님께 도움을 청하는, 일종의 공동체 애가(corporate lament)라 할 수 있다. 시인은 이스라엘이 하나님과 맺은 언약 관계를 근거로 하나님께 도움을 호소한다(20절). 시인은 하나님이 적군을 물러나게 하시고 혼돈에 질서를 가져오실 만한 힘이 있음을 온전히 인식하고 있다. 시인은 이러한 사실을 확증하기 위해 무질서(많은 머리를 가진 괴물 리워야단으로 묘사됨)를 몰아낸 하나님의 창조 질서의 미덕을 찬양한다.

17_ Ted Peters, "Editor's Introduction—Pannenberg on Theology and Natural Science," in Wolfhart Pannenberg, *Toward a Theology of Nature: Essays on Science and Faith* (ed. Ted Peters; Louisville: Westminster John Knox, 1993), 11.

주께서 주의 능력으로 바다를 나누시고

　물 가운데 용들의 머리를 깨뜨리셨으며

리워야단의 머리[들을] 부수시고

　그것을 사막에 사는 자에게 음식물로 주셨으며

주께서 바위를 쪼개어 큰 물을 내시며

　주께서 늘 흐르는 강들을 마르게 하셨나이다.

낮도 주의 것이요 밤도 주의 것이라.

　주께서 빛과 해를 마련하셨으며

주께서 땅의 경계를 정하시며

　주께서 여름과 겨울을 만드셨나이다(13-17절).

비록 창세기 1장이 창조 시에 있었던 충돌에 관해 무언가를 분명하게 언급하기를 피하지만, 시편 74편은 바다 괴물의 패배를 다룬 원시 이야기와 창조 기사의 언어를 관련짓는 데 주저하지 않는다. 여기서 리워야단은 우가리트 신화의 로탄(Lothan)과 같은 존재임이 분명하다. 왜냐하면 로탄 역시 머리가 많기 때문이다.

시편 104편

이 시는 이집트인들이 아톤 신에게 올리는 기도문과 유사하기 때문에 종종 논의되곤 한다. 이집트인들이 아톤에게 올리는 기도문이 종종 성서의 시편과 비교되는 이유 가운데 하나는, 당시 파라오였던 아크나톤(Akhenaten, 제18왕조의 파라오 중 한 명—역주)이 둥근 태양(sun disk, 아톤을 지칭함—역주)을 신성시하여 유일신으로 숭배했던 것이 근본적으로 성서의 종교와 비슷한 면이 많았기 때문이다(아톤은 원래 태양신 라[Ra]의 한 양상으로 간주되었으나 아크나톤에 의해 유일신으로 추대되었다—역주). 존 포스터

(John Foster)는 "전반적 음조, 일반 개념들의 병행, 적어도 특정한 한 단락의 [유사성]" 때문에 이집트인들이 아톤에게 올린 기도문과 이스라엘의 시편인 104편 사이에 분명한 관련성이 있다고 단정했지만, 그의 견해는 다소 오래된 것이다. 포스터는 후자가 전자의 영향을 받았다고 여긴다. 아마 그럴 수도 있다. 다시 말해 이 시편이 주변 민족의 시에 나타나는 유일신론(혹은 단일신론)에 영향을 받았다는 주장이 사실일 수도 있다는 말이다. 하지만 이 시에는 이집트 시와 관계없는 개념도 등장한다. 특히 바다 괴물 리워야단에 관한 언급은 이 점을 분명하게 보여준다.[18]

이 시는 야웨를 우주의 창조주로 찬양한다. 존 콜린스가 데릭 키드너(Derek Kidner)에 근거하여 지적했듯이,[19] 이 시에서 우리는 창조의 6일을 찾아볼 수 있다. 비록 그 순서가 창세기 1장과 다르기는 하지만 말이다. 물론 이 시에 사용된 각각의 비유 언어는 성서 저자가 창조 "과정"을 자유롭게 표현할 수 있음을 보여준다.

시편 104편에서 창조에 관한 묘사는 하나님이 옷을 입듯이 빛으로 자신을 감싸고 있다고 선포하면서 시작된다. 그리고 하나님은 하늘을 천막같이 펴시고 그 위에 들보를 얹어서 윗물을 담아둘 누각을 떠받치게 하셨다. 콜린스와 키드너는 이 들보들이 창세기 1장의 "라키아"를 가리킨다고 주장한다. 아마 그럴 수도 있겠지만, 시편 104편은 창세기의 창조 기사와 전적으로 다른 비유 언어를 사용하여 창조를 묘사한다. 3-4절은 구름을 하나님의 수레로, 바람을 그분의 메신저로, 불을 그분의 종으로 언급한다 (이러한 이미지는 우가리트 신화의 이미지에서 유래한다).

18_ 이 견해 및 관련된 인용문은 John L. Foster, "The Hymn to Aten: Akhenaton Worships the Sole God," in *Civilizations of the Ancient Near East* (ed. Jack M. Sasson; vol. 3; Peabody, MA: Hendrickson, 1995), 1753을 보라.

19_ Collins, *Genesis 1-4*, 85-86.

5-13절은 땅과 바다의 분리를 분명하게 묘사하지만, 이 경우에도 사용하는 언어는 창세기 1장의 그것과 상당히 다르다. 시인에 따르면, 하나님이 먼저 땅에 기초를 놓으시고 그것을 물로 덮으시는데, 이때 시인은 다시 한 번 옷 입음과 관련된 언어를 사용한다. 주께서 물들을 꾸짖으시기 전까지 그 물들은 산 위에 있었다(이런 표현은 고대 근동 신들의 우주적 충돌 양상을 보여주는 신화 언어를 환기한다). 물들은 그분의 음성(천둥)이 두려워 도망치며, 하나님이 물들을 위해 경계를 정하신 골짜기에 머무른다(이후에 다룰 욥 38장을 참고하라).

5-13절은 시편 24편과 대조된다는 점에서 흥미롭다. 시편 24편은 하나님이 물 위에 땅을 세우셨다고 노래한다. 반대로 이 시는 땅이 물로 둘러싸여 있다고 말한다.

잠언 3:19-20

여호와께서는 지혜로 땅에 터를 놓으셨으며
    명철로 하늘을 견고히 세우셨고
그의 지식으로 깊은 바다를 갈라지게 하셨으며
    공중에서 이슬이 내리게 하셨느니라.

여기서 창조는 지혜와 관련된다. 비록 이 텍스트가 지혜와 창조의 관계를 보여주는 첫 부분이긴 하지만, 지혜와 창조의 관계는 이후에도 반복되며(잠 8:22-31) 잠언의 중요한 주제를 구성한다.

이 본문에서 창조에는 순서가 있으며 임의로 진행되지 않는다. 하나님은 자신의 지혜로 창조 세계를 세우신다. 이러한 주장은 창조가 우연의 결과라는 사고방식과 대조된다. 때를 따라 겪는 인간의 경험이 혹시라도 후자의 사고방식을 일으킬 수도 있지만(전 9:11을 보라), 그것은 치명적 실수다. 땅과 하늘은 지혜로 창조되었다. 창조 질서는 창세기 1장에서도 배울 수 있다. 이런 가르침을 통해 우리는 창조 세계에서 관측되는 무질서가 분명해 보인다고 해도 그것은 죄의 결과일 뿐, 원래 창조의 결과가 아니라는 결론에 도달하게 된다.

아마도 우리는 야웨께서 우주를 지으시는 행동을 집을 세우는 행위로 간주할 수 있을 것이다. 사실 이러한 주장이 레이몬드 판 레이우엔(Raymond Van Leeuwen)의 결론인데, 그는 대담하게도 잠언 3:19-20이 구약의 다른 본문과 연관된다고 주장하기까지 한다. 그가 그렇게 주장하는 근거는, "지혜", "능력", "지식"[20]으로 번역하는 세 단어가 동시에 나타난다는 점이다. 첫째로 그는 오늘날 학자들이 성막의 건축과 하나님의 우주 건축 사이의 연관성을 대부분 인정한다는 점에 주목하면서, 이러한 단어들이 출애굽기 31:1-3에서 성막의 건축과 관련된 맥락에서 사용된다는 점을 지적한다. 다음으로 그는 이 세 단어가 솔로몬의 성전 건축과 연관되어 사용됨을 지적한다(왕상 7:14을 보라).

잠 8:22-31

여인으로 의인화된 지혜(Woman Wisdom)가 자기를 찬양하는 이 노래를 살펴보자. 그녀는 자신이 창조와 관련되어 있다고 말한다. 잠언 8장은 문헌학과 관련된 흥미로운 문제들로 가득 차 있으므로, 본문에 대한 내 사역을 제공하고자 한다. 하지만 뒤따르는 주석은 이런 문제들에 대해 자료상으로 영향을 받은 것은 아니라고 할 수 있다.

20_ Raymond C. Van Leeuwen, "Building God's House: An Exploration in Wisdom," in *The Way of Wisdom: Essays in Honor of Bruce K. Waltke* (ed. J. I. Packer and Sven K. Soderlund; Grand Rapids: Zondervan, 2000), 204-11.

여호와께서 그 조화의 시작 곧 태초에 일하시기 전에

　나를 가지셨으며

만세 전부터, 태초부터, 땅이 생기기 전부터

　내가 세움을 받았나니

아직 바다가 생기지 아니하였고 큰 샘들이 있기 전에

　내가 이미 났으며

산이 세워지기 전에, 언덕이 생기기 전에

　내가 이미 났으니

하나님이 아직 땅도, 들도, 세상 진토의 근원도

　짓지 아니하셨을 때에라.

그가 하늘을 지으시며 궁창을 해면에 두르실 때에

　내가 거기 있었고

그가 위로 구름 하늘을 견고하게 하시며

　바다의 샘들을 힘 있게 하시며

바다의 한계를 정하여 물이 명령을 거스르지 못하게 하시며

　또 땅의 기초를 정하실 때에

내가 그 곁에 있어서 창조자가 되어

　날마다 그의 기뻐하신 바가 되었으며

　항상 그 앞에서 즐거워하였으며

사람이 거처할 땅에서 즐거워하며

　인자들을 기뻐하였느니라.[21]

이 본문에서 자신을 지혜라고 소개하는 여인은 창조가 시작되기 전에

───────────
21_ Tremper Longman III, *Proverbs* (Grand Rapids: Baker Academic, 2006), 203(저자의 사역
　은 뒤따르는 주석에 크게 반영되지 않으므로 개역개정 성서를 인용함―역주).

존재했다. 그녀는 창조의 첫 번째였다. 그녀는 세상의 창조를 관찰하고 그 일에 참여했다. 이 부분에 담긴 의미는 이렇다. 만약 네가 세상이 어떻게 움직이는지 알기 원하고 그 안에서 효율적으로 살고 싶다면, 나 지혜와 관계를 형성하라는 뜻이다. 내가 보기에 이 여인은 야웨의 지혜가 의인화된 모습이며 결국 야웨 자신을 나타낸다. 이는 그녀의 집이 성 높은 곳에 있는 이유를 적절하게 설명해준다(잠 9:1-6).

24-29절이 특별히 우리의 궁금증을 자아내는데, 이 구절들은 창조 과정에 관해 다른 진술을 보여주기 때문이다. 24-26절은 작은 단락을 형성하는데, 리처드 클리포드(Richard Clifford)는 이 구절들이 "무의 상태에 관한 추상 개념을 통해서가 아니라 아직 존재하지 않은 특정한 우주 요소들을 나열함으로써 창조 이전의 혼돈이나 완전한 무의 상태를 묘사한다"라고 적절히 언급한다.[22]

24절을 이해하려면 거의 모든 고대 근동의 창조 이야기가 태초의 큰물에서 마른 땅이 분리되었다고 가정하고 있음을 인식해야 한다. 이집트인들은 창조가 눈(Nun, 혹은 누[Nu]라고 불리며 고대 이집트 신 중 가장 오래된 존재다―역주), 혹은 심연의 물에서 시작되었다고 생각했다. 메소포타미아와 가나안에서는 창조주(각각 마르두크와 바알에 해당한다)가 바다의 신(각각 티아마트와 얌에 해당한다)을 물리치고 물의 경계를 정함으로써 마른 땅을 창조한다. 창세기 1장이 명확하게 혹은 암시적으로 "무로부터의 창조"를 단언하지는 않지만, 혼돈과 공허(tōhû wābōhû)로 묘사되는 원래 물질이 큰물을 가리키며, 둘째 날 이 큰물에서 마른 땅이 분리되어 형성되었다는 데는 의심의 여지가 없다. 성서는 창조를 개념화하기 위해 때때로 고대 근동에서 폭넓게 존재했던 개념, 즉 "바다와 충돌"하는 장면을 모방하

---

22 Richard J. Clifford, *Creation Accounts in the Ancient Near East and in the Bible* (CBQMS26; Washington, DC: Catholic Biblical Association of America, 1994), 183.

고 있음을 알 수 있다. 이 부분은 우리가 이미 시편 74편에서 살펴본 바
와 같다.

욥 38:4-11

욥기는 지혜에 관한 책이다. 지혜의 근원에 관해 논할 때, 욥의 고통은 훌
륭한 자료로 사용된다. 지혜로운 사람은 욥의 곤경을 위한 치료책뿐 아니
라 욥이 고난을 받은 이유도 알 수 있을 것이다. 예를 들어 욥기 4-27장
에서 욥과 그의 세 친구는 각자 난제를 이해하는 현자로 자처하면서 반대
주장을 펴는 이들의 지혜를 공격하고 자기가 더 지혜롭다고 단언한다. 엘
리후 역시 또 다른 지혜자로서 자신의 지혜를 드러내려 한다.

누가 지혜로운가에 관한 질문은 욥기 28장에서 그 해답이 예견되지
만, 완전한 대답은 후반부에 나타나는 야웨의 말씀을 통해 드러난다. 욥
은 자신의 지혜로 하나님의 정의에 의문을 제기하지만, 야웨는 이에 응답
함으로써 자신의 능력과 지혜를 주장하시며 욥을 그의 자리에서 꼼짝 못
하게 한다.

욥기 38:4-11은 하나님이 창조자인 자신의 역할을 주장하는 문맥이자
우리가 살펴보려는 주제를 다루는 본문이기도 하다. 나는 최근 출간된 내
욥기 주석의 해당 단락을 간략히 제시하여 본문을 주해하고자 한다.[23]

> 내가 땅의 기초를 놓을 때에 네가 어디 있었느냐?
>> 네가 깨달아 알았거든 말할지니라.
>> 누가 그것의 도량법을 정하였는지,
>>> 누가 그 줄을 그것의 위에 띄웠는지 네가 아느냐?

23_ Tremper Longman III, *Job* (Grand Rapids: Baker Academic, 2012), 427-29.

그것의 주추는 무엇 위에 세웠으며

그 모퉁잇돌을 누가 놓았느냐?

그 때에 새벽 별들이 기뻐 노래하며

하나님의 아들들이 다 기뻐 소리를 질렀느니라.

38:4-7. 창조 시에 욥의 부재. 하나님은 욥을 세우시고 그가 세계 창조에 관해 알고 있는 바가 무엇인지를 물으신다. 이러한 질문의 배경은 지혜와 창조의 관련성에서 나타난다. 이를테면 잠언 3:19-20은 다음과 같이 말한다.

여호와께서는 지혜로 땅에 터를 놓으셨으며

명철로 하늘을 견고히 세우셨고

그의 지식으로 깊은 바다를 갈라지게 하셨으며

공중에서 이슬이 내리게 하셨느니라.

지혜가 자신의 기원이 창조 이전임을 언급하는 잠언 8:22-31 텍스트 역시 주의를 기울여야 한다. 그녀는 창조를 목격했다. 하나님은 욥이 그 자신의 고통을 둘러싼 의문에 대답할 만한 지혜를 갖지 못했다는 사실을 주로 드러내신다. 하나님의 질문은 욥이 아직 자신의 위치를 올바로 깨닫지 못하고 있음을 전제한다. 욥은 감히 하나님의 지혜에 의문을 제기한다.

하나님은 욥의 응답을 기다리지 않으신다. 욥이 반론을 제기할 여지가 없음을 아시기 때문이다. 하나님은 세계의 창조에 관해 마치 어떤 기초("터")와 주춧돌 위에 집을 건축하듯이 묘사하신다. 건축가는 집을 짓는 건축 과정에서 집의 규모를 측정하기 위해 줄을 사용해야 한다(5b절). 시적 창조가 드러나는 맥락에서 아마도 우리는 이 건축물이 성전임을 알게 될 것이다. 이는 「에누마 엘리쉬」에 나타나는 마르두크의 모습과 유비를 이룬다. 마르두크는 티아마트를 물리친 후에 길이를 재는 줄을 꺼내어 측량하는데, 이는 "압수를 건축하고, 에샤라(Esharra)의 모습을 따라 위대한 성소를 세웠다"라는 언급으로 나타난다.[24]

7절은 이러한 일들이 일어났을 때 함께 기쁨의 노래로 창조를 환영한 피조물들이 있었다고 말한다. 7절의 첫 콜론(colon, 시학 용어로서 운율·수사적 단위를 가리킨다—역주)은 그들을 "새벽별"로 묘사하며, 두 번째 콜론은 그들이 모두 "하나님의 아들들"이라고 말한다. 그러므로 천사들과 별들을 나타내기 위해 사용된 "하나님의 아들들"과 "새벽별"이라는 표현에는 어떤 연관성이 있다. 아울러 이 표현들은 「에누마 엘리쉬」에서 마르두크가 신들을 하늘에 두어 별로 만들었다는 다음과 같은 언급을 떠올리게 한다. "그는 위대한 신들을 위해 자리를 마련했으며, 성좌, 즉 별들을 그들의 모양을 따라 세웠다."[25]

> 바다가 그 모태에서 터져 나올 때에
>> 문으로 그것을 가둔 자가 누구냐?
> 그 때에 내가 구름으로 그 옷을 만들고
>> 흑암으로 그 강보를 만들고
> 한계를 정하여
>> 문빗장을 지르고
> 이르기를 네가 여기까지 오고 더 넘어가지 못하리니
>> 네 높은 파도가 여기서 그칠지니라 하였노라.

38:8-11. 바다를 제어하심. 야웨는 욥이 결국 현명하지 못함을 드러내기 위해 그를 계속 시험하신다. 다음 질문은 바다의 "탄생"과 관련되는데, 여기서

24_ B. Foster, "Epic of Creation (Enuma Elish)," *COS* 1.398. Tablet 4, 143-44줄에서 인용됨.
25_ Foster, "Epic," 399 (Tablet 5, 1-2줄).

바다는 의인화되었다. 바다의 기원은 탄생, 즉 자궁 밖으로 나오는 모습으로 묘사된다.

시편과 예언서의 여러 부분에서(시 18:15; 29:3; 사 50:2; 나 1:4) 하나님은 바다와 충돌하실 뿐 아니라 그것을 제어하시는 분으로 묘사된다. 바다는 혼돈의 힘을 나타내며,[26] 혼돈이라는 모티프는 마르두크와 티아마트, 바알과 얌의 충돌이라는 신화를 배경으로 한다. 하지만 이 단락에서 바다는 적으로 묘사되지 않으며, 오히려 마치 제멋대로인 유아처럼 그려진다. 하나님은 막 태어난 바다를 제어하시며, 바다를 위해 옷을 만들어 입히시고(9절은 구름과 흑암이 그 옷이라고 말한다), 한계를 정하신다(시 33:7). 그는 바다가 그 한계까지만 올 수 있도록 명령하셔서, 제멋대로 파괴력을 발휘하지 못하게 하신다.[27]

비록 바다(티아마트, 얌)와 창조주(마르두크, 바알)의 적대감이 이 텍스트에 없는 것은 사실이지만, 「에누마 엘리쉬」에는 바다의 경계가 한정되어 있음을 언급하는 표현이 다음과 같이 나타난다. 마르두크는 티아마트를 죽인 후에 그녀를 두 부분으로 나눠서 한 부분은 하늘을 만들고 난 뒤, 다른 한 부분을 "숨기고 감시자들을 붙여서 그들로 하여금 티아마트의 물이 탈출하지 못하도록 지키게 했다."[28]

이런 질문에는 욥이 대답할 수 있었을지도 모른다. 그렇다고 해서 그가 창조를 함께 이룬 사람이라는 뜻은 아니다. 창조를 이루신 분은 하나님이시다.

26_ Mary K. Wakeman, *God's Battle with the Monster: A Study in Biblical Imagery* (Leiden: Brill, 1973); John Day, *God's Conflict with the Dragon and the Sea: Echoes of a Canaanite Myth in the Old Testament* (Cambridge: Cambridge University Press, 1975); Carola Kloos, *Yhwh's Combat with the Sea: A Canaanite Tradition in the Religion of Ancient Israel* (Leiden: Brill, 1986); Tremper Longman III and Daniel G. Reid, *God Is a Warrior* (Grand Rapids: Zondervan, 1995), 64-68.

27_ 욥 7:12; 렘 5:22도 보라. 시 33:7은 "그가 바닷물을 모아 무더기 같이 쌓으시며 깊은 물을 곳간에 두시도다"라고 노래한다.

28_ Foster, "Epic," 398 (Tablet 4, 139-40줄).

그러므로 본문은 욥이 세상의 창조를 헤아릴 만한 사람이 아님을 보여준다.

지금까지 구약 성문서(Writings)가 묘사하는 창조를 살펴보았으므로, 다음과 같이 창세기 1장의 연구와 관련된 결론을 내리고자 한다.

1. 구약 성문서는 창조에 관해 하나의 진술이 아니라 여러 가지 진술을 제시한다.
2. 이 모든 진술은 고도의 비유 용어를 사용한다. 그중 많은 부분은 고대 근동 신화의 정보를 따른다.
3. 창조를 서술하는 언어가 고도의 비유이고 유연하다는 점은, 이 텍스트들이 하나님이 실제로 세상을 창조하신 방법을 우리에게 알려주는 데 별다른 관심이 없음을 보여준다.
4. 모든 텍스트는 야웨만이 창조주이며 다른 것들은 창조주가 아니라는 사실을 일관되게 증언한다. 이는 전혀 놀라운 일이 아니다.

추가 해설 1: 과학과 주해의 관계

어떤 이들은 창세기 1-2장에 관한 내 해석이 주해에 근거하기보다는 과학에 의해 추동되었다고 비판할지도 모르겠다. 이에 대한 반론을 제기하려면 적어도 과학이 때로는 우리의 성서 해석을 재고하도록 해야 한다는 견해를 변호해야 할지도 모르겠다. 교황 요한 바오로 2세(Pope John Paul II)는 이를 다음과 같이 적절하게 언급했다. "과학은 종교를 오해와 미신에서 깨끗하게 해주고, 종교는 과학을 우상숭배와 그릇된 절대화에서 깨끗하게 해준다."[29]

29_ *Letter of His Holiness John Paul II to Reverend George V. Coyne, S.J.*, Cunningham, *Darwin's Pious Idea*, 284에서 인용됨.

물론 과학이 종교를 정화시켜준 유명한 예는 코페르니쿠스 혁명과 우주에서 지구의 위치에 관해 과학이 내놓은 결론에 대해 교회가 보인 반응을 들 수 있겠다.[30] 이 이야기는 단순하며 학자나 일반인 사이에 폭넓게 퍼져 있다. 중세 시대에 교회는 성서의 진리를 주로 아리스토텔레스의 우주론과 결합시켰다. 아리스토텔레스의 우주론은 지구가 우주의 중심이고 유한하며 움직이지 않는다는 전제에서 출발한다. 하늘의 움직임은 여러 개의 천구(heavenly spheres)가 움직여서 발생하는 현상으로 설명되곤 했다. 물질은 제5원소(quintessence)라고 불리는 천체 물질로 구성되었다. 행성들이 각각의 구면에 고정되어 있으며, 가장 안쪽의 구면은 달을 포함했다. 그 시대에 발견된 다섯 행성 즉 수성, 금성, 화성, 토성, 목성은 그 다음에 위치했다. 그 바깥에는 고정된 별들이 위치했고 가장 마지막 바깥에는 부동의 동자(the unmoved mover)가 있는 구면이 있었다. 중세 기독교 신학자들은 이 부동의 동자를 하나님과 동일시했다. 2세기 천문학자 프톨레마이오스(Claudius Ptolemy, 기원후 90-168)는 "하늘 행성의 위치를 예측하는 기반을 제공했던" 아리스토텔레스의 우주론에 근거하여 「알마게스트」(Almagest)라는 책을 저술했으며, "알마게스트는 항해술, 일(월)식, 춘(추)분과 부활절 날짜 계산 등에 사용되었다."[31]

이러한 견해는 코페르니쿠스(1474-1543)와 갈릴레이(1564-1642)가 살았던 당시 기독교 신학 안에 고착되어 있었다. 비록 코페르니쿠스 자신은 단순히 프톨레마이오스의 관측을 개선하여 기존의 이해를 더 정확하게 함으로써 예측력을 향상하려는 것뿐이라고 생각했지만, 지구가 아니라 태양이 우주의 중심이라는 그의 주장은 당시로서는 매우 급진적 견해

30_ 다음의 이야기는 특히 Jennifer Trusted, *Physics and Metaphysics: Theories of Space and Time* (New York: Routledge, 1991)에서 기인한다.
31_ Ibid., 11.

4장_ 창세기 1-2장이 주는 교훈(혹은 교훈이 아닌 것) **271**

였다. 아마도 그가 파문당하지 않은 이유는, 교회를 대표하는 반대자였던 교황 바르톨로메오 스피나(Bartolomeo Spina)가 때마침 시의적절하게 사망했기 때문인 듯하다. 그의 이론이 사물의 실제 상태에 관한 묘사로 받아들여진 것은 아니었지만, 단순히 천체 현상을 예견하는 틀로 받아들여진 것도 아니었다. 하지만 후대 교회 지도자들이 더 발전된 이후의 견해에서 이단성을 발견했다는 점은 사실이었다.

코페르니쿠스와 대조적으로 갈릴레이는 교회 권력, 특별히 추기경 벨라르미노(Bellarmine)의 압박에 곧바로 부딪혔다. 갈릴레이는 망원경을 사용하여 지동설이 물질세계에 관한 진실임을 입증할 수 있다고 믿었지만, 교회는 그의 견해에 반대했다. 갈릴레이가 자신의 관점이 성서와 충돌한다기보다는 성서에 관한 특정 해석과 상충한다는 점을 확실히 보였음에도 이러한 반대는 그치지 않았다. 교회는 교회 나름대로 자신의 견해가 성서적이지 않다는 주장을 받아들일 의지가 없었다. 따라서 교회는 당시 기독과학자들의 사상에 한계를 설정했다.[32]

갈릴레이의 예는 신학이 과학을 제한하는 위험성을 논하는 좋은 출발점이 된다. 갈릴레이는 성서가 권위를 가진다는 의식을 품고 연구한 기독과학자였다. 하지만 교회는 이 주제를 놓고 하나의 특정 견해에 천착하면서 성서가 우주의 중심이 지구임을 가르쳐준다고 믿었다. 이러한 본보기는 진화에 대해 21세기 복음주의 교회가 보이는 반감을 유사한 상황으로 간주하는 데 도움이 된다. 오늘날 모든 사람은 갈릴레이 시대의 교회가 우주에 관한 과학의 이해를 제한함으로써 오류를 범했음을 알고 있다. 우리도 진화와 관련하여 비슷한 전환점에 서 있는 것은 아닐까?

책임감 있는 주석가라면, 성서와 대립하듯이 보이는 과학의 결론에 대

32_ 이에 관한 흥미로운 논의는 Thomas S. Kuhn, *The Structure of Scientific Revolutions* (3d ed.; Chicago: University of Chicago Press, 1996)에 등장한다.

해 반사적으로 반응하기보다 과학의 발견과 이론에 비추어 전통적인 해석으로 되돌아가서 그것이 적절한지를 재고해야만 한다.

인간은 진화된 존재가 아니라 무에서 새롭게 창조되었다고 성서가 분명하게 말하는가? 앞에서 지적했듯이, 내 대답은 "아니요"다. 성서는 과정에 대해 말하지 않으므로, 우리는 과학자들이 이 문제에 관해 탐구하는 바를 존중하면서 귀를 기울여야 한다. 진화의 관점에서 이러한 태도는 매우 시급하다. 생물학을 연구하는 내 기독교인 동료에 따르면, 인간의 유전자 지도를 작성하는 가운데 진화를 지지하는 압도적인 증거가 나타났기 때문이다.[33]

나는 자신을 유신 진화론(theistic evolution)을 옹호하는 사람으로 묘사한다. 하지만 만약 언젠가 우연한 사건이나 발견으로 진화가 틀렸다고 증명된다 하더라도, 적어도 창세기 1-2장에 관한 내 이해는 바뀌지 않을 것이라는 점을 곧바로 덧붙이려고 한다. 내 말은 본문이 진화를 가르친다는 뜻이 아니라, 성서가 이 문제에 관해 아무것도 말하지 않는다는 뜻이다.

다윈의 시대에 살았던 주요 보수 신학자들이 진화에 관해 심각한 문제를 제기하지 않았다는 점에 주목한다면 흥미로울 것이다. 티모시 그린(Timothy Green)이나 벤저민 워필드(B. B. Warfield) 같은 인물들 말이다. 뉴먼 추기경(John H. Newman)은 이를 다음과 같이 잘 말해준다. "첫째, 다윈의 이론이 성서의 특정 가르침에 반대되는가? 나 자신은…그렇지 않다고 생각한다. 둘째, 이 이론이 유신론에 반대되는가?…그런 이유

33_ 기독교인 생물학자 중에서 Karl W. Giberson and Francis S. Collins, *The Language of Science and Faith: Straight Answers to Genuine Questions* (Downers Grove, IL: InterVarsity Press, 2011), and D. R. Venema, "Genesis and the Genome: Genomics Evidence for Human-Ape Common Ancestry and Acestral Hominid Population Sizes," *Journal of the American Scientific Affiliation* 62 (2010): 166-78을 보라.

를 찾을 수 없다.…만약 2차 원인들이 전적으로 타당하고, 전능하신 원동자(Almighty Agent)가 존재한다는 사실을 가정한다면, 나는 이 원인들이 수천 년뿐 아니라 수백만 년 동안 지속하는 일이 불가능하다고 주장하는 이유를 찾을 수 없다."[34] 뉴먼이 보기에 인간이 새것으로(de novo) 창조되었다는 주장은 하나님의 섭리를 드러내는데 무기력하다는 점만을 드러낼 뿐이다.

물론 인간의 기원에 관한 현대 과학의 이해는 진화를 넘어서 심지어 논란의 여지가 있는 결론에까지 미치고 있다. 그 결론에는 성서의 다른 텍스트뿐 아니라 창세기 1-2장에 관한 이해에도 영향을 미칠 만한 내용이 담겨 있다. 다시 한 번 말하지만, 인간의 유전자에 관한 연구와 다른 조사들을 바탕으로 최근의 생물학자들은 인간이 한 쌍의 부부에게서 유래한 것이 아니라 약 1만 명 정도의 개인들로 구성된 모집단에서 유래했다고 주장한다. 이러한 결론은 복음주의 내에서 아담의 역사성에 관한 열띤 토론의 주제가 되었다. 나는 엄중하고도 논란이 되는 이 문제를 이후에 간단하게 다루려고 한다.

추가 해설 2: 성서의 명확성과 충족성에 관한 교리

이 부분에서 나는 창세기 1-2장의 해석과 관련해 그럴듯한 또 다른 반박을 다뤄보려 한다. 그 반박이란, 내 해석이 고대 히브리어 문헌과 다른 고대 근동 문헌에 관한 지식에 의존한다는 주장이다. 그들은 말한다. 성서는 모든 사람에게 똑같이 명확하지 않은가? 심지어 성서와 성서의 문화 배경을 공부하지 않은 사람들에게도 그렇지 않은가?

그 질문에 대한 단순한 대답은 "아니요"다. 사실 당신이 히브리어, 그

34_ Cunningham, *Darwin's Pious Idea*, 284에서 인용함.

리스어, 아람어를 배우지 않았다면 전문가들의 도움 없이 성서를 읽는 것은 불가능하다.

좀 더 엄밀한 대답은 이렇다. 일단 성서가 번역되면, 모든 사람이 성서의 주요 메시지, 즉 구원과 관련된 중요한 의미를 이해할 수 있다. 이러한 견해야말로 개신교의 유서 깊은 교리인 성서의 명확성과 충족성에 의해 보호받는 견해다. 하지만 성실한 신학자라면, 성서의 모든 세부 사항이 모든 사람에게 똑같이 분명하다고 주장하는 이는 아무도 없을 것이다.

관심을 창세기 1-2장으로 돌려보자. 여기서 우리는 분명하면서도 폭넓게 동의할 수 있는 많은 주장을 발견하게 된다.

창세기 1-2장은 하나님이 창조를 수행하셨다는 점을 명백히 드러낸다. 앞에서 살펴보았듯이, 창세기 1-2장은 우리를 향한 하나님의 본질을 드러내준다. 고대 근동의 이교 신학이라는 배경에 맞설 때 하나님의 본질이 훨씬 더 철저하게 규정되지만, 사실 고대 근동에 관한 지식이 없어도 우리는 그가 주권자이시며 지극히 높은 분이라는 사실 정도는 알 수 있다. 그분에게는 맞수가 없다. 그분은 초월자이실 뿐 아니라 내재하시는 분이시기도 하다. 아울러 우리는 창세기 1-2장에서 인간에 관해 많이 배울 수 있다. 인간은 하나님의 창조의 정점이며, 그분의 형상으로 창조되었다. 남자와 여자는 그분이 보시기에 동등하다. 우리는 결혼, 일, 안식일에 대해서도 배울 수 있다.

성서가 가르치지 않는 것들, 이를테면 하나님이 세상을 창조하신 방법과 같은 주제들을 논의하느라 중심에서 벗어날 때, 우리는 종종 하나님, 우리 자신, 세상과 관련해 긍정적이고 놀라운 가르침을 놓칠 수 있다는 사실을 기억해야 한다.

역사적 아담

창세기 1-2장

나는 창세기 1-2장을 일종의 "고양된 산문" 내러티브로 간주하는데, 창세기 1-2장을 이렇게 이해한다면 이 본문의 가르침에 오류가 없다는 점을 견지하기 위해 굳이 아담을 역사적 개인으로 간주해야 할 필요가 없다.[35]

놀랍게도 아담은 구약이나 신약에서 거의 언급되지 않는다. 그렇다고 하더라도 창세기 1-11장 이외의 텍스트가 아담의 역사성과 관련된 주제에 무슨 의미가 있는지를 파악하기 위해 그것들을 살펴볼 필요가 있다.

역대상 1:1과 호세아 6:7

첫째, 아담이 구약에서 거의 언급되지 않는다는 점은 매우 흥미롭다.[36] 사실 아담이라는 한 개인을 분명히 언급하는 본문이 딱 한 군데 존재하며 (아담은 지명으로 사용되기도 한다), 그의 존재가 암시되었을 가능성이 있는 본문도 한 군데 존재한다. 우선 후자의 경우에서 시작해보기로 하자. NIV 호세아 6:7은 "이 백성은 아담에서 이미 계약을 깨뜨렸다. 거기서 벌써 나를 배신하였다"(예. 공동번역—역주)라고 언급한다. 어떤 이들은 "그들은 아담처럼 언약을 어기고 거기에서 나를 반역하였느니라"(예. 개역개정—역주)

35_ 이렇게 말한다고 해서 내가 아담이 역사적 개인이 아니라는 고정된 결론에 도달했다는 말은 아니다. 단지 성서의 가르침에 비추어 창 1-2장이 참이 되기 위해 아담이 역사적으로 실존했던 인물이어야 한다고 말할 필요는 없다는 뜻이다. 창 3장에서 아담의 역할은 창 2장에서 나타나는 역할의 연속이다. 따라서 전술한 창 2장에 관한 논의는 창 3장의 장르를 결정하는 데 관련된다고 할 수 있다. 오히려 창 3장은 1-2장보다 비유 언어가 더 많이 사용되고 있으며, 고대 근동 자료와 상호 작용도 더 깊다. 아담은 창 5장 족보에서 다시 언급되는데, 이는 대상 1:1의 족보에서 다시 언급되어 같은 주제를 떠올리고 같은 분석을 환기하게 한다.

36_ 설혹 첫 번째 사람(아담)이 성서 후반부에서 좀 더 자주 암시된다는 Collins(*Did Adam and Eve Really Exist?*, 66-72)의 주장이 맞다 하더라도, 아담이 성서 후반부에서 구체적 역할을 거의 하지 못한다는 사실에는 변함이 없다.

로 번역해야 한다고 제안한다. 하지만 후자의 번역을 허용한다 해도, 호세아서는 우리가 아담 이야기로 되돌아가서 그 이야기에서 아담이 역사상 존재했던 개인이었는지 혹은 인류를 나타내는 문학적 인물인지를 되돌아보게 한다.

얼핏 보기에는 아담이 분명히 언급된다는 사실이 내가 주장하려는 관점에 더 큰 문제가 될 수 있다. 역대상 1:1에서 아담은 길게 이어지는 족보의 첫 인물로 등장한다. 아담이 신약 족보에서도 나타난다는 점에 대해서도 대답해야 할 것이다(눅 3:38).

종종 역대기의 첫 구절은 성서 저자들이나 적어도 역대기 저자만큼은 아담이 역사적 인물임을 믿었다는 증거로 인용되곤 한다. 이런 관점은 성서 족보를 특별한 것으로 여기면서 역대기 첫 아홉 장에 나열된 엄청난 양의 인물이 모두 역사적 인물이라는 사실에 근거하고 있다.

이에 대해 나는, 성서의 족보가 엄격하면서도 확실히 역사에 근거하므로 족보상에 있는 그대로 생물학적 후손에 관한 정보를 얻을 수 있다는 주장이 틀렸다고 주장하고자 한다. 사실 성서의 족보에 이런 요소가 있긴 하지만, 전적으로 그런 것은 아니다. 말하자면 성서의 족보는 어떤 사람이 "미국독립혁명후예들"(Sons of the American Revolution, 미국의 애국 단체 중 하나. 가입 요건으로 독립 유공자의 후손이거나 이에 준하는 자격을 요구한다—역주)에 가입하기 위해 자신이 독립 유공자의 후손임을 증명할 때 필요한 족보와 다른 목적으로 기록되었다. 성서의 족보에 심혈을 기울여 연구한 이들(예. 로버트 윌슨[R. R. Wilson][37])은, 고대 족보들이 사료의 요소를 포함할 수도 있지만, 대부분은 그런 목적을 위해 작성되지 않았다고 주장한다. 항상 그런 것은 아니지만, 이런 족보들은 종종 신학적 혹은 이념적 의

37_ Robert R. Wilson, *Genealogy and History in the Biblical World* (New Haven: Yale University Press, 1977).

도를 내포하고 있으며, 이런 목적을 달성하기 위해 실제로는 친족 관계가 아닌 사람들까지도 포함하곤 한다. 고대 근동의 족보와 현대 부족들, 특히 아랍인들의 족보에 관한 연구도 이를 지지한다.

만약 아담이 실제 인물이 아니라면, 아담을 이스라엘 민족과 연관시킨 목적은 무엇인가? 또한 그가 실제 인물이 아니라면, 누가복음에서 예수를 아담과 연결시킨 목적은 무엇인가? 마치 그가 실제로 존재했던 인물인 것처럼 간주한 이유 말이다. 역대기의 저자는 이스라엘 역시 인류 공동체의 일부라는 점을 부각시키려 했다. 누가복음의 경우에는 존 놀랜드(John Nolland)의 표현을 빌리자면, 예수야말로 "인간 가족의 온전한 구성원이셨다"[38]라는 점을 드러내는 것이 목적이었다.

그러므로 나는 족보가 아담이 역사적 인물임을 주장하지 않는다고 생각한다. 누가복음의 족보는 결국 신학을 담은 기록일 뿐 예수의 역사적·혈통적 배경을 보여주는 순수한 기록이 아니라는 증거는, "그 위는 아담이요 그 위는 하나님이시니라"라는 누가의 족보 마지막 진술에서 드러난다(눅 3:38).[39]

창조와 신약성서

물론 아담에 관한 기사가 누가의 족보 외에도 신약성서에 나타난다. 특히 로마서 5장과 고린도전서 15장에서 바울이 아담을 근거로 삼는다는 사실이 신학적으로 중요하므로 많은 논쟁의 대상이 되었다. 해당 본문에서 바울의 논의는 역사적 아담에 의존하는가? 여기서 나는 제임스 던(James

---

38_ John Nolland, *Luke 1-9:20* (WBC 36; Waco, TX: Word, 1989), 173.
39_ 이에 관한 통찰을 제공해준 Robert Gundry에게 감사를 표한다.

Dunn)의 로마서 주석을 인용하여 그의 견해를 반영하고자 한다.

여기서 바울 신학의 요점이 아담을 "역사적" 인물로 간주하거나 따라서 그
의 불순종이 역사적 사건이라는 개념에 의존한다고 주장하는 것은 부당하다.
[아담의 한 행위를] 그리스도의 한 행위와 나란히 비교했다고 해서 그의 행
위가 역사적 사건이 될 필요는 없다. 신화적 역사(mythic history)에서 일어
난 행위를 실제 역사에서 일어난 행위와 나란히 두면서도 비교하려는 핵심
을 여전히 간직할 수 있다. 아담 이야기가 인간의 실패를 보여주는 슬픈 이야
기의 시초로 잘 알려진 한, 이러한 비교는 의미심장하다. 바울이 이를 간결하
게 서술한 이유가 바로 그런 지식을 전제했기 때문이라고 추론해볼 수 있다.
고대인들이 자연스럽게 아담 이야기를 문자 그대로 역사로 이해했다고 일반
화하는 주장은 현대 해석의 영향이며 적절하지 못하다. 예컨대 플루타르코스
영웅전에서 오시리스(Osiris) 신화가 그 당시 사람들에게 이해된 방식을 생각
해보면 충분히 그렇다는 말이다. 플루타르코스 당시 오시리스 신화 같은 이
야기들은 인류 역사의 여명기에 관한 기록으로 여겨졌으며, 문자적 의미는
주로 무시된 채 상당한 양의 내용이 인위적인 것으로 받아들여졌다.[40]

비록 나는 "신화적 역사"라는 용어보다는 다른 용어(예. "신학적 역사")를
선호하지만, 원칙적으로는 던의 견해에 완전히 동의한다. 바울이 이 부분
에서 그렇게 했듯이, 유효한 유비를 제시하기 위해 역사적 인물이라는 점
에서 논쟁의 여지가 없는 예수를 반드시 다른 역사적 인물과 비교해야만
하는 것은 아니다.[41] 이 유비는 독자들의 관심을 다시 창세기 1-2장으로

40_ James D. G. Dunn, *Romans 1-8* (WBC 38A; Dallas: Word, 1988), 289.
41_ 하지만 이런 견해는 아담을 인간의 죄와 관련짓는 해석을 배제하는 결과를 초래할 수도 있다. 예
   컨대 죄를 실제로 유전 혈통과 관련지으려는 모든 해석 같은 것들 말이다. 하지만 이런 해석은

되돌리는 것만으로도 충분하다. 하나님이 창조하신 인간이 원래는 죄 없는 상태였음을 알려주는 그 이야기로 말이다. 죽음은 인간의 반역이 가져온 결과였을 뿐, 우리는 본래 그렇게 창조된 존재가 아니었다.

나는 던의 진술이 『아담의 진화』에 나타나는 엔즈의 관점도 적절하게 반박한다는 사실을 아울러 지적하려고 한다. 우리 셋은 모두 로마서 5장과 고린도전서 15장이 그 요점을 전달하는 데 아담의 역사성이 반드시 필요하지는 않다는 점에 동의하지만, 엔즈는 바울이 아담을 역사적 인물로 생각했다고 주장한다는 점에서 우리와 다르다. 사실 그렇게 결론내릴 필요는 없다. 던이 지적했듯이, 아담과 그리스도의 경우처럼 문학적 인물과 역사적 인물을 관련짓는 유비는 이미 바울 시대에도 익숙한 것이었다.[42]

추가 해설 3: 아담과 하와는 인류를 대표하는 부부인가?

콜린스는 그의 책에서 아담의 역사성을 옹호하는 견해를 피력한다. 하지만 좀 너그럽게 말하자면, 콜린스는 과학이 인간의 기원을 적절하게 설명할 수 있다고 확신하는 사람들에게 잠재적으로 유용할 법한 이해 방식

성서의 가르침이 아니다. 아담의 죄가 그의 모든 육체적 후손(이 관점에 따르면 아담의 후손은 전 인류를 의미한다)에게 전가된다는(부과된다는) 견해 자체는 아마도 아담의 역사성에 의존하겠지만, Robert H. Gundry가 이에 관해 적절하게 의문을 제시해준다(*The Old Is Better: New Testament Essays in Support of Traditional Interpretation* [Tübingen: Mohr Siebeck, 2005], 225-51). 그와 개인적인 대화를 한 적이 있는데, 그 자리에서 그는 "기록된 바"라는 바울의 언급(고전 15:45)이 아담의 역사성을 가리키는 용어라기보다는 아담에 관련된 문헌을 지칭하는 표현이었을 것이라고 추정했다.

42_ 신약성서 저자들이 우리가 소위 말하는 신약의 역사·문법 주해를 수행하지 않았다는 점 역시 기억해야 한다. Cunningham, *Darwin's Pious Idea*, 397이 말하듯이 "바울은 아담 이야기 안에서 혹은 그 이야기 자체를 위해 해석 작업을 수행하지 않았다. 그는 예수를 아담 이야기라는 이미지를 사용하여 해석했다."

을 제공한다.[43] 다시 말해 인류는 약 만여 명으로 구성된 모집단에서 유래하였으며, 따라서 우리는 아담과 하와가 그 집단의 왕과 왕비였고 그들의 대표자였다고 추론할 수도 있을 것이다. 아마 그럴지도 모른다. 그러나 내가 보기에 그런 해답은 임시방편에 불과하며 성서가 말하고자 하는 진실에는 불필요한 추론이라고 할 수 있다. 그렇다 해도 그의 제안은 우리가 이 중요한 주제들과 씨름하는 데 필요하다고 하겠다.

왜 이 논의가 중요한가?

우리는 이 글을 다음과 같은 질문으로 시작했다. "창세기 1-2장이 하나님, 인간, 세계에 관해 무엇을 가르치는가?" 우리가 이 질문의 중요성을 강조한 것은, 복음주의의 성서 무오성 교리야말로 성서가 그것이 가르치는 모든 교훈에 관해 온전히 참이라는 사실을 확증해주기 때문이다. 이 질문은 창세기 1-2장의 장르를 분석하는 데 영향을 미친다. 우리는 장르 분석을 통해 창세기 1-2장이 신학적 역사로서 하나님이 창조를 행하셨다고 가르칠 뿐, 그가 창조하신 방법을 보여주지는 않는다는 결론을 내릴 수 있었다. 창세기 1-2장을 통해 하나님이 우주나 인간을 존재하게 하신 방법을 배울 수는 없다. 따라서 우리는 물리학이나 생물학 같은 다른 분야의 학문을 통해 해답을 찾아야 할 수도 있다.

이러한 이유로 그리스도인은 하나님이 인간을 창조하시기 위해 진화라는 방법을 사용하셨다는 개념에 대해 두려움을 가질 필요가 없다. 현재로써는 과학자들 사이에 폭넓은 합의가 존재하며 대부분의 기독교 학교

43_ Collins, *Did Adam and Eve Really Exist?*, 121.

(내가 가르치는 웨스트몬트 칼리지도 마찬가지다)에서 가르치는 과학자들 역시 그러한데, 그들은 인류가 존재하게 된 방식을 설명하는 증거, 특별히 유전자와 관련한 증거에 가장 부합하는 방식이 진화라고 말한다.[44]

우리는 하나님이 인간을 창조하셨음을 성서가 가르쳐준다고 믿는다. 하지만 성서가 그 방법을 기술하느냐는 질문에는 이견이 존재한다. 어떤 이들은 유신 진화(혹은 진화적 창조)를 반대하는데, 그 이유는 이 견해가 하나님을 배재하기 때문이라고 생각한다. 그들은 특별한 설명도 없이 이 관점을 유신론에 기반을 둔 견해가 아니라 이신론에 가까운 것이라고 낙인찍는다. 이렇게 주장하는 이들은 하나님의 섭리를 설명할 때 그 약점을 드러낸다. 하나님이 부수적 원인들을 사용하실 수 있다고해서 그가 관여하지 않는다는 뜻은 아니다. 바다를 가르시기 위해 큰 바람이라는 수단을 사용하셨듯이, 호모 사피엔스를 존재하게 하기 위해서 그분이 어떤 방법이든지 사용하실 수 있다는 것도 당연하다.

왜 이 논의가 중요할까? 성서와 진화가 서로 상충하지 않는다는 주장이 왜 중요할까? 사실 성서는 진화에 대해 전혀 가르치지 않는다.[45] 반대로 주장해보자. 첫째, 성서가 진화를 금지한다고 가르친다면, 기독과학자들의 활동은 제한된다. 따라서 과학자들에게 그들이 자신의 분야에서 증거를 찾는 연구를 추구할 때 모든 참된 지식이 하나님으로부터 나온다는 사실을 기억해야 한다고 알려주는 것이 중요하다. 하나님이 성서의 각 지면에서 드러내시는 것뿐 아니라 과학 방법론이 드러내는 것들도 하나님

44_ Giberson and Collins, *Language of Science and Faith*, 49에 따르면, "지난 수년간 나타난 거시 진화(macroevolution)의 증거는 압도적으로 많다. 사실상 모든 유전학자는 거시 진화가 인류에게 공통 조상이 있음을 입증해준다고 믿는다. 마치 지구가 태양의 주위를 돈다는 사실을 믿듯이 그 정도로 믿을 수 있다는 뜻이다."

45_ 만약 전혀 예기치 못했던 부분에서 진화를 반박하는 증거가 나타난다 해도 성서는 여전히 참이다. 또한 이 글을 통해 나는 성서가 진화론에 전혀 위협받지 않는다고 주장한다.

에게서 온다.

둘째, 교회에 출석하는 청년들에게 그들이 학교에서 생물학 수업 시간에 배우는 진화에 관한 지식과 성서가 상충하지 않는다는 메시지를 전달하는 것도 똑같이 중요하다. 그와 반대로 말하는 것은 참이 아니며 그들에게 큰 영적 상처를 입힐 수 있다. 지적 자살을 선택하게 되고 과학 증거가 진화를 지지함에도 성서가 가르치는 교훈을 잘못 이해한 채 그대로 믿게 될 수 있다. 더 나쁜 경우라면, 자신의 신앙을 거부하게 될지도 모른다. 미국 기독교에 대한 바나 그룹(Barna Group)의 여론 조사(2011년)는 청년들이 교회를 떠나는 여섯 가지 이유를 제시해주는데, 그중 세 번째가 바로 "교회는 과학에 반대한다"라는 이유였다.[46] 23퍼센트의 청년들이 여론 조사에서 창조와 진화 논쟁에 대해 대답하기를 회피했으며, 29퍼센트의 청년들은 "우리가 살고 있는 과학적 세상에서 교회가 점차 멀어지고 있다"라고 불평했다. 기독교가 인기 경쟁을 벌이는 것이 아니라는 사실은 분명하다. 세상에 대해 미련한 것이 종종 하나님의 지혜임이 분명하다. 그렇지만 때때로 미련함은 단지 미련함에 머물기도 한다.

이 점에서 우리는 아우구스티누스의 지혜에 귀를 기울여야 한다. 케네스 하웰(Kenneth Howell)이 지적하듯이 "아우구스티누스는 기독교인들이 주제넘게 자연 현상에 대해 논하는 것을 경고했다. 기독교인들은 이교도들이 감각을 통해 얻은 경험과 이성의 빛을 통해 배운 진리가 성서와 일치한다는 점을 깨달아야 한다." 이를 아우구스티누스 자신의 말로 하면 다음과 같다.

46_ Barna Group, "Six Reasons Young Christians Leave Church," November 28, 2011, http:// www.barna.org/teens-next-gen-articles/528-six-reasons-young-christians-leave-church.

심지어 비기독교인들도 지구, 하늘, 이런 종류의 다른 요소에 대해 무언가를 알고 있는 경우가 있다. 그들도 최고로 명징한 이성과 증거를 사용해 별들의 운동과 회전, 그 크기와 간격, 일식과 월식, 연대와 시간의 궤적, 동물, 작물, 보석과 다른 종류의 귀금속들에 대해 알 수 있다. 그러나 기독교인이 우스꽝스러운 태도로 불신자에게 마치 기독교 저작들이 그것들을 설명하는 것처럼 이런 것들에 관해 언급한다면, 이는 불명예스럽고 치명적인 일이며, 신자라면 반드시 피해야 할 일이다. 만약 그래서 신자가 하늘에 관해 틀린 내용을 설명하게 된다면, 그는 웃음거리가 되는 상황을 피하기 어렵게 될 것이다. 그런 기독교인이 실수를 저지르는 것이 난처한 일이 아니라, 불신앙 가운데 있는 자가 우리 [성서의] 저자들이 사실 그런 것들에 관해 언급했다고 믿게 되는 상황이 난처한 일이라고 할 수 있다.[47]

나뿐 아니라 다른 이들도 이 주제에 관해 더 많은 것을 언급할 수 있다. 거기에는 진화를 사용하여 피조물을 존재하게 하신 하나님의 지혜를 묵상하는 일도 포함된다. 더욱이 복음주의 개신교 신학은 유신 진화를 수반하는 신학적 추이에 관해 숙고할 필요가 있다. 이 주제에 관한 토론과 논쟁이 (다시) 시작되었다는 점은 우리에게 청신호라고 할 수 있을 것이다.[48]

47_ Howell, "Natural Knowledge and Textual Meaning," 125, *De Genesi ad litteram* 1.19.39에서 인용함.
48_ 21세기 초에 인간의 유전자 지도를 그릴 수 있게 해준 유전학상의 증거 덕분에 이 논의가 촉발되었다고 볼 수 있겠다.

참고문헌

Alders, G. Ch. *Genesis*. Vol. 1. Translated by William Heynen. 2 vols. The Bible Student's Commentary. Grand Rapids: Zondervan, 1981.

Brueggemann, Walter. *Genesis: A Bible Commentary for Teaching and Preaching*. Interpretation. Atlanta: John Knox, 1982.

Carlson, Richard F., and Tremper Longman III. *Science, Creation, and the Bible: Reconciling Rival Theories of Origins*. Downers Grove, IL: IVP Academic, 2010.

Clifford, Richard J. *Creation Accounts in the Ancient Near East and in the Bible*. CBQMS26. Washington, DC: Catholic Biblical Association of America, 1994.

Collins, C. John. *Genesis 1-4: A Linguistic, Literary, and Theological Commentary*. Phillipsburg, NJ: P&R, 2006.

_____. *Did Adam and Eve Really Exist? Who They Were and Why You Should Care*. Wheaton, IL: Crossway, 2011.

Cunningham. Conor. *Darwin's Pious Idea: Why the Ultra-Darwinists and Creationists Both Get It Wrong*. Grand Rapids: Eerdmans, 2010.

Day, John. *God's Conflict with the Dragon and the Sea: Echoes of a Canaanite Myth in the Old Testament*. Cambridge: Cambridge University Press, 1975.

Dunn, James D. G. *Romans 1-8*. WBC38A. Dallas: Word, 1988.

Enns, Peter. *The Evolution of Adam: What the Bible Does and Doesn't*

Say about Human Origins. Grand Rapids: Brazos, 2012.

Foster, John L. "The Hymn to Aten: Akhenaten Worships the Sole God." Pages 1751-61 in *Civilizations of the Ancient Near East*, vol. 3. Edited by Jack M. Sasson. Peabody, MA: Hendrickson, 1995.

Giberson, Karl W. and Francis S. Collins. *The Language of Science and Faith: Straight Answers to Genuine Questions*. Downers Grove, IL: InterVarsity Press, 2011.

Gundry, Robert H. *The Old Is Better: New Testament Essays in Support of Traditional Interpretations*. Tübingen: Mohr Siebeck, 2005.

Howell, Kenneth J. "Natural Knowledge and Textual Meaning in Augustine's Interpretation of Genesis: The Three Functions of Natural Philosophy." Pages 117-45 in *Nature and Scripture in the Abrahamic Religion: Up to 1700*, vol. 1. Edited by J. van der Meer and S. Mandlebrote. Leiden: Brill, 2008.

Kloos, Carola. *Yhwh's Combat with the Sea: A Canaanite Tradition in the Religion of Ancient Israel*. Leiden: Brill, 1986.

Kuhn, Thomas S. *The Structure of Scientific Revolutions*. 3d ed. Chicago: University of Chicago Press, 1996.

Leeuwen, Raymond C. van. "Building God's House: An Exploration in Wisdom." Pages 204-11 in *The Way of Wisdom: Essays in Honor of Bruce K. Waltke*. Edited by J. I. Packer and Sven K. Soderlund. Grand Rapids: Zondervan, 2000.

Longman, Tremper, III. "Literary Approaches to Biblical Interpretation." Pages 95-96 in *Foundations of Contemporary Interpretation*. Edited by Moises Silva. Grand Rapids: Zondervan, 1996.

_____. *Reading the Bible with Heart and Mind*. Colorado Springs, CO: NavPress, 1997.

_____. *Proverbs*. Grand Rapids: Baker Academic, 2006.

_____. *Job*. Grand Rapids: Baker Academic, 2012.

Longman, Tremper, III, and Daniel G. Reid. *God Is a Warrior*. Grand Rapids: Zondervan, 1995.

Nolland, John. *Luke 1-9:20*. WBC36. Waco, TX: Word, 1989.

Peters, Ted. "Editor's Introduction—Pannenberg on Theology and Natural Science." In Wolfhart Pannenberg, *Toward a Theology of Nature: Essays on Science and Faith*. Edited by Ted Peters. Louisville: Westminster John Knox, 1993.

Provan, Iain W., V. Philips Long, and Tremper Longman III. *A Biblical History of Israel*. Louisville: Westminster John Knox, 2003.

Sparks, Kenton L. *God's Word in Human Words: An Evangelical Appropriation of Critical Biblical Scholarship*. Grand Rapids: Baker Academic, 2008.

Trusted, Jennifer. *Physics and Metaphysics: Theories of Space and Time*. New York: Routledge, 1991.

VanGemeren, Willem. "Psalms." Page 946 in vol. 5 of *The Expositor's Bible Commentary*. Rev. ed. Edited by Tremper Longman III and David E. Garland. Grand Rapids: Zondervan, 2008.

Venema, D. R. "Genesis and the Genome: Genomics Evidence for Human-Ape Common Ancestry and Ancestral Hominid Population Sizes." *Journal of the American Scientific Affiliation* 62 (2010): 166–78.

Wakeman, Mary K. *God's Battle with the Monster: A Study in Biblical Imagery*. Leiden: Brill, 1973.

Wilson, Robert R. *Genealogy and History in the Biblical World*. New Haven: Yale University Press, 1977.

논평

리처드 E. 에이버벡

롱맨은 "이스라엘의 하나님 야웨가 만물과 모든 인간의 창조자"라는 데 동의하지만, 성서는 그분이 어떻게 창조를 수행하셨는지를 우리에게 알려주는 데는 전혀 관심이 없다고 주장한다. 그에 따르면, "어떻게"에 관한 문제를 해결하기 위해서는 과학의 도움을 받아야 한다. 그는 이 요점을 잘 논하고 있다. 아마도 주장할 수 있을 만큼 충분히 그럴 것이다. 사실 나는 그의 주장에 대부분 동의한다. 창세기 1-2장은 하나님이 우주와 인간을 창조하신 방법에 관한 세부사항을 알려주려 하지 않는다. 하지만 안타깝게도 그는 오늘날의 과학에 너무 많이 경도된 것 같다. 우주와 그것을 창조하신 하나님에 비해 우리가 난쟁이나 다름없는 것은 사실이지만, 이는 과학자들도 마찬가지다. 하지만 하나님이 창조하신 "방식"이 부분적으로나마 창세기 1-2장과 성서의 다른 본문(예. 욥 38장; 시 33:6-7; 104편; 148편; 롬 1:20)에 분명히 나타난다는 점이 적어도 내게는 명백한 사실이다. 이 본문들은 단지 문자적 표현이 아니라 실제로 물질 창조를 다루고 있다. 예컨대 로마서 1:20은 창조 세계가 하나님의 창조를 보여주는 분명한 증거이며 그 안에는 인도하시는 하나님의 손길이 스며들어 있다고 말한다. 또한 그분은 단지 만물을 가능태(potentiality)로 창조하셔서 생명체로 진화하게 만드시지 않았다. 하나님은 우주를 고안하고 만드시며 그 안에 생명이 거주하게 하시는 일을 직접 감당하셨다.

롱맨은 상당한 지면을 할애하여 성서 내 창조 관련 텍스트들과 창조기사의 상호텍스트 분석을 시도한다. 이 부분은 그의 방법론상 중요한 측면이며, 내 글도 마찬가지다. 그가 제시하는 관련 텍스트의 몇몇 부분에 사소한 이의를 제기할 수도 있겠지만, 전반적으로 그는 창조를 다루는 다른 중요한 구약 텍스트 가운데 일부를 이해하는 데 유용한 분석을 간략하게 제시한다. 그중에서도 시편, 잠언, 욥기와 같은 시가서의 분석이 두드러진다. 그는 이런 텍스트 가운데 일부가 창세기 1장의 창조 사역과는 상당히 다른 방식으로 하나님의 창조를 묘사한다고 주장한다. 예컨대 시편 74편은 하나님이 리워야단(뱀과 같이 생겼으며 머리가 7개인 바다 괴물)을 물리치고 세상을 창조하시는 모티프를 사용하고 있다(12-17절). 시편 74편을 이렇게 해석하는 데는 논쟁의 여지가 있지만, 적어도 창세기 1장의 창조 사역에서 하나님께 대항하는 맞수가 존재하지 않는다는 점은 분명하다. 내 경우에는 시편 104편 분석을 중요하게 다뤘는데, 그 이유는 이 시가 창세기 1장의 창조 기사 구조를 충분히 반영하기 때문이다. 하지만 그 둘은 서로 다른 관측에 입각한 관점을 보여준다.

롱맨은 창세기 1장과 2장 기사를 고대 근동의 배경 안에서 대조와 비교 둘 다에 유념하면서 연구하는 것이 중요하다고 말하는데, 이는 정확한 지적이다. 이를테면 인간이 땅에서 창조될 때 신들이 가진 요소의 일부가 덧붙여진다는 점이 언급되는 이야기들이 존재하는데, 이는 창세기 2:7과 어느 정도 유사하다. 하지만 인간을 하나님의 형상과 모양으로 창조하셨다고 언급할 정도로 인간에게 고귀한 지위를 부여하는 내용은 고대 근동 문헌 어디에도 나타나지 않는다. 그리고 우리는 "형상"이라는 용어가 고대 근동에서 왕이나 신들의 조상(statues)을 가리키는 용법에서 유래되었다는 데도 동의한다. 다시 말해 우리는 하나님이 세우신 "조상"으로, 이 땅에 세워져 하나님과 그분의 길을 대리한다(창 1:26-28; 참고. 시 8편). 하지만 "물론 하나님이 실제로 몸이 있는 분은 아니므로, 아담 창조 이야기는 당연히 비유여야 한다"(즉 하나님은 생기를 불어넣을 폐가 없으시다는 주장. 창 2:7 참고)라는 롱맨의 언급은 지나치다. 성서에서 하나님은 때때로 사람의 모습으로 나타나신다(폐가 있는 채로 말이다). 궁극의 예는 예수 그리스도로서 "지은 것이 하나도 그가 없이는 된 것이 없[다]"(요 1:3). 그리고 예수 역시 수년 동안 목수였다.

롱맨과 나는, 만약 창세기 1장의 6일이 창조 이야기를 효과적으로 전달하기 위해 형성된 의인화 문학의 형태(예컨대 안식일이 뒤따르는 6일의 노동 주간을 따라 형성된 창조의 6일)로 간주되기보다 엄격하게 문자 그대로 해석된다면, 창세기 1장과 2장에 몇 가지 차이점이 존재하며 잘 조화되지 않는다는 데도 동의한다. 예를 들어 우리는, 창세기 1장과 2장의 순서를 조화시키기 위해 창세기 2장의 바브연속법 동사를 과거완료로 해석하는 부자연스러운 번역에 맞서야 한다(NIV 8a절은 보통의 번역인 "창설하시고"[planted] 대신에 "창설하셨고"[had planted]를 택한다. 마찬가지로 19절은 "지으시고"[formed] 대신에 "지으셨고"[had formed]로 번역한다). 이런 번역이 문제가 되는 것은, 특히 과거완료 시제를 표현하는 일반 수단이 같은 문맥에서 등장하기 때문이다(예. 5b절 "여호와 하나님이 땅에 비를 내리지 아니하셨고[had not caused] 땅을 갈 사람도 없었으므로"; 8b절 "그 지으신[had formed] 사람을").

하지만 창세기 1:1-2:3에서 2:4-25(ff.)로의 전환을 나타내는 다른 특성에 대해서라면, 우리는 매우 다른 의견을 보인다. 무엇보다도 나는 롱맨이 두 단락의 전환을 이해하는 방식을 전혀 납득할 수 없다. 그가 구체적인 역사 표지에 대해 언급하는 점이 특히 그러한데, 예컨대 창세기 2장이 "여호와 하나님이 동방의 에덴에 동산을 창설하시고"(2:8a)라고 언급할 때 "동방의"란 말이 의미하는 바는 무엇인가? 아마도 그 당시 이스라엘이 머물렀던 시나이와 가나안 지역의 북동쪽에 위치한 메소포타미아(즉 오늘날의 이라크와 쿠웨이트 지역) 지역의 동쪽 어디였을 가능성이 가장 높다. 창세기 2장은 심지어 티그리스와 유프라테스라는 두 강의 이름을 구체적으로 지목한다(14절). 티그리스 강에 대한 묘사는 메소포타미아의 아시리아 지역에 대한 언급으로 이어지는데, 당시 사람들은 그 지역을 역사적 실제 장소로 인식했다. 그리고 유프라테스 강과 관련된 다른 지명을 언급하지 않은 것은 아마도 그 강 자체가 이미 당시 고대 근동의 모든 사람에게 익숙한 지명이었기 때문일 것이다. 비록 아담과 하와가 "에덴동산"에서 쫓겨났지만(창 3:22-24), 본문은 "에덴"이란 이름("풍성한 평야"를 의미함)의 땅을 인간의 타락과 홍수 이후에도(창 4:16), 심지어 오늘날에도 접근 가능한 지역으로 묘사한다. 하지만 창세기 1장에는 이렇게 분명한 지리·역사 표지가 존재하지 않는다.

이 사실은 해석을 위해 매우 중요하다. 예컨대 아담과 하와의 역사성에 관한 논의에서 그것은 중요한 의미를 지닌다. 그 지역이 역사상 존재했던 장소라면, 그들도 그랬을 것이다. 성서에 그들이 역사적 인물임이 언급되지 않았다고 주장하기 위해 롱맨이 제시하는 논거에는 신빙성이 없다. 창세기 5:1-5, 역대상 1:1, 누가복음 3:38 족보에서 언급된 아담을 단순히 문학적 (그리고 신학적) 장치에 불과한 존재로 치부하기란 쉽지 않다. 또한 그 이면에 있는 참된 역사적 실재를 간과하기란 불가능하다. 로마서 5:12-21에 언급된 첫 사람 아담의 경우는 더욱 그렇다. 그리고 심지어 사도 바울도 아담을 역사적 인물로 보지 않았다는 주장에는 설득력이 없다. 그 대신 우리는 창세기 1장과 2장의 창조 기사를 구분해야 한다. 아울러 2장에 실제 역사 표지가 등장하는 방식으로 텍스트가 발전하는 측면을 고려할 때, 아담이 역사상 첫 번째 실제 인간이었으며 하와는 그의 아내였다고 생각해야 한다.

사실 창세기 2:4a의 톨레도트 공식, 즉 "이것이 천지가 창조될 때에 하늘과 땅의 '내력'(톨레도트)이니"는 이런 전환점을 보여주는 표지다. 톨레도트라는 용어는 족장들의 계보를 다루는 역사의 사회·역사적 배경에서 유래하며, 창세기를 비롯해 히브리어 성서의 다른 부분(예. 룻 4:18)에서는 인간을 지칭하기 위해서만 사용된다. 고대 이스라엘인들이 이 용어를 "하늘과 땅"을 가리키는 데 적용했다는 사실은 다소 이상하다. 그렇다. 톨레도트 공식은 창세기 1:1-2:3과 2:4-4:26을 연결하면서 전자를 특별히 구분하여 그것을 인간의 일반 역사에 대한 일종의 서론으로 보게 한다. 전자는 하늘과 땅의 "탄생"에 관한 이야기다.

나는 비록 코페르니쿠스 혁명의 중요성에 관해 다른 논평에서 간단히 언급하긴 했지만, 롱맨의 경우 그 이야기를 구체적으로 서술하는 데 상당한 시간을 들인다. 이 부분에서 그의 요지는 중요하며, 나 역시 동의한다. 그의 요지는, 이를테면 "역사를 무시하는 자들은 그것을 반복할 운명에 처해 있다"라는 말이다. 이것은 역사를 되새기게 한다는 점에서 중요하다. 만약 신뢰할 만한 과학 증거가 우리로 하여금 그렇게 할 필요가 있다고 말한다면, 우리는 성서를 읽는 방식을 기꺼이 재고할 필요가 있다. 하지만 실제 문제는 무엇이 신뢰할 만한가를 결정하는 일일 것이다. 이론은 매우 급속히 바뀌는 경향이 있고, 우리의 과학 지식과는 분명히 상당한 거리가 있다. 유신 진화론의 문제는, 이 이론이 "유신론"에 근거한다기보다 "진화론"에 더 초점을 맞춘다는 점일 것이다. 롱맨은 이런 덫을 피하기 위해 모든 노력을 기울인다.[49] 이 부분뿐 아니라 다른 많은 요소에 주의를 기울이는 그의 글은 마땅히 칭찬받을 만하다고 할 수 있겠다.

49_ 이 주제에 대한 또 다른 유용한 논의는 Melvin Tinker, *Reclaiming Genesis* (Grand Rapids: Monarch Books, 2010)를 보라.

논평

토드 S. 비일

이 책에 실린 모든 견해 가운데 아마도 나와 가장 많은 차이를 보이는 글이 롱맨의 글이라는 점은 전혀 놀랍지 않을 것이다. 창세기 1-2장과 과학과 관련해 코페르니쿠스 시대처럼 오류를 범하는 일을 현대에 다시 한 번 반복하지 않으려 애쓰는 그의 열의를 존경하긴 하지만, 내가 보기에 그의 방법론은 주해의 견실함이 결여되어 있으므로 결국 유지되기 어려울 것이다. 다른 글에 대한 내 논평과 마찬가지로, 나는 먼저 롱맨의 글에 제시된 적절한 논의를 언급한 뒤 우려되는 요소들을 다룰 것이다.

롱맨의 기고문에서 특히 유용하다고 생각되는 부분은 다음 두 가지일 것이다. 첫째, 그는 여러 쪽을 할애하여 창세기 1-2장의 신학적 목적을 언급하고 있다. 그는 우리가 하나님, 인간, 남자와 여자의 특성, 안식일 제도, 결혼, 노동에 관해 배워야 할 교훈들을 다룬다. 이 부분에서 그는 탁월한 적용을 보여준다. 예를 들어 그는, 성(sexuality)이 "반역의 결과가 아니라 하나님이 자신의 피조물인 인간에게 베푸시는 선물임을 상기해야 한다"라고 말한다. 비록 롱맨과 내가 창세기 1-2장의 창조 과정에 대해 서로 다르게 이해하고 있지만, 창세기 1-2장이 우리가 간과해서는 안 될 많은 분야의 풍성한 가르침을 제시한다는 점에서 롱맨의 견해에 동의한다.

둘째, 롱맨은 창조를 언급하는 10개의 다른 성서 본문(시 8; 19; 24; 33; 74; 104; 136편; 잠언 3; 8장; 욥기 38장)을 다루는데, 나는 그가 이 본문들을 다루는 방식에 대체로 동의한다. 이 부분에서 그의 통찰은 유용하다.

하지만 내가 그의 견해에 반대하는 부분은 훨씬 더 많다. 롱맨은 종종 많은 증거를 제시하지 않은 채 어떤 것이 사실이라고 언급하곤 한다(혹은 사실로 가정하곤 한다). 사실 그의 글에서 창세기 1-2장에 관한 논의는 별로 많지 않다. 그는 창세기 1-2장의 신학적 목적(유용하지만 실제 논쟁의 대상이 아니다), 창조에 대한 다른 성서 본문들(역시 유용하지만 창세기 1-2장의 문제와 관련하여 적절한 논의는 아니다)을 다루는 데 더 많은 지면을 할애하면서, 창세기 1-2장의 세부 사항을 논의하기보다는 과학을 간과했을 때 미칠 위험성을 경고하는 데 더 많은 시간을 투자한다(코페르니쿠스/갈릴레이의 유명한 경우를 예로 들면서 말이다).

롱맨은 장르의 중요성을 다루면서 자신의 논의를 시작한다. 계속해서 그는 창세기 1-2장의 장르를 논한다. 사실 그가 사용하는 "장르"라는 용어는 그의 글에서 21번 나타나는데, 그의 핵심 주장은 창세기 1-2장이 "신학적 역사"라는 것이다. 나는 그런 장르 형태에 대해 이전에 들어본 적도 없을뿐더러, 그가 성서의 다른 부분 가운데 어떤 텍스트에 그런 이름을 붙일 수 있을지 궁금하다. 문제는 그가 그 용어를 사용하여 의도하는 바를 전혀 규명하지 않고 있다는 점이다. 단지 그는 "모든 창세기 기사는 신학적 역사"라고만 주장할 뿐이다. 하지만 만약 모든 창세기 기사가 그렇게 기술되어 있다면, 어떻게 창세기 1-2장을 나머지와 다른 장르로 다룰 수 있겠는가? 다시 말해 롱맨이 장르가 매우 중요한 이유에 대해 그렇게 길게 설명하고 있으므로, 독자들도 당연히 그의 결론이 더 중요하다고 생각할 것이다.

사실 내 글에서도 밝혔듯이, 창세기 1장은 역사 내러티브다. 그 장르는 내러티브다. 그러므로 그가 창조를 다루는 다른 성서 텍스트에 대해 그토록 장황한 논의를 했어야 하는지 의구심을 불러일으킨다. 롱맨이 다루는 다른 **모든** 텍스트는 창조를 시적으로 묘사하고 있으며, (시라는 장르가 그렇듯이) 많은 비유 언어를 포함하고 있다. 창조를 묘사하는 텍스트 가운데 시가 아닌 것은 창세기 1장이 **유일**하다. 그것은 역사 내러티브일 뿐, 시가 아니다. 따라서 그의 관찰 중 일부는 유효하다고 말할 수 있다. (에이버벡이 시 104편을 분석했듯이 말이다.) 하지만 그의 논의는 우리가 창세기 1장을 해석하는 데 한정적으로만 사용될 따름이다. 창세기 1장은 롱맨이 언급하는 텍스트들과는 분명히 다른 장르다.

롱맨의 요점은 아마도 우리가 창세기 1-2장을 문자적으로 해석하지 말아야 한다는 점일 것이다. 그는 창세기 1-2장을 문자적으로 해석하는 것은 "성서의 다른 부분에 대한 해석과 모순될 뿐 아니라 심지어 하나님 자신에 대한 우리의 이해와도 상충한다"라는 과장된 주장을 펴기까지 한다. 와우! 어떻게 문자적 해석이 그런 종류의 결과를 낳는다고 말할 수 있는지 모르겠다. 더구나 그는 관련 근거를 자세히 설명하지도 않는다. 단지 본문을 비유 언어와 관련지어 해석하는 것이 더 적절한 이유를 제시할 따름이다. 그는 창세기 저자의 정확한 의도가 우리로 하여금 문자적 날들, 즉 "24시간으로 구성된 날들"을 떠올리게 하려는 것이었음을 인정하면서 시작한다. 그러나 곧바로 그는 태양, 달, 별들이 넷째 날까지 존재하지 않았다고 덧붙이면서 "창조를 한 주간 동안 일어난 행위로 생생하게 묘사하는 데는 실제로 일어났던 일을 말하려는 의도가 없음을 알 수 있다"라고 주장한다. 계속해서 그는 그날들을 문자적인 날들로 간주하지 않았던 오리게네스의 글을 인용한다. 하지만 나는 오리게네스가 여기서 언급되어야 할 최적의 인물이라고 생각하지 않는다. 왜냐하면 많은 사람이 그를 가리켜 소위 "더 깊은 의미"를 추구하기 위해 성서의 거의 모든 구절을 풍유로 해석했다고 강하게 비판하기 때문이다. 오리게네스가 우리의 성서 해석을 위한 모델인가? 나는 아니라고 본다.[50] 롱맨은 하나님이 첫째 날부터 셋째 날까지 일종의 대체 광원을 공급하셨을 것이라는 반론을 "거의 자포자기에 가깝다"라고 폄하한다. 내가 다른 글에서도 지적했지만, 요한계시록 21:23과 22:5로부터 주님 자신이 빛이시기 때문에 (새 하늘과 새 땅에서는) 태양이나 달이 더는 필요 없음을 확인할 수 있다.[51]

계속해서 롱맨은 창조 행위의 순서를 문자적으로 해석하기보다 문학으로 간주해야 한다고 주장한다. 그러면서 그는 "구조 가설"에 근거하여 첫째~셋째 날을 영역 창조, 넷째~여섯째 날을 그 영역에 거주하는 생명체 창조로 간주한다. 나는 다른 글을 통해, 이 잘 알려진 패턴을 엄밀하게 조사해보면 성립될 수 없음을 주장했다. 예를 들어 넷째 날의 "빛"은 첫째 날이 아니라 둘째 날 창조된 "궁창"에 놓인다. 다섯째 날의 바다 생명체들은 둘째 날이 아니라 셋째 날 창조된 "바닷물"을 채운다. 여섯째 날 창조

50_ Longman이 인용한 Origen의 문단 내에서 Origen은 복음서 기사들에는 "일어나지 않았던 상황이 삽입되기도 했다"라고 주장한다(Origen, *De Principiis* 4.1.16, in *The Ante-Nicene Fathers*, vol. 4). 창조 날들에 관한 그의 견해가 전혀 놀랍지 않은 이유는, 복음서 기사가 전적으로 사실에 근거한 것은 아니라는 그의 주장 때문이다. 그의 논의를 더 살펴보려면 James Mook, "The Church Fathers on Genesis, the Flood, and the Age of the Earth," in *Coming to Grips with Genesis: Biblical Authority and the Age of the Earth* (ed. Terry Mortenson and Thane Ury; Green Forest, AR: Master, 2008), 33-35을 보라.

51_ Todd S. Beall, "Contemporary Hermeneutical Approaches to Genesis 1-11," in *Coming to Grips with Genesis: Biblical Authority and the Age of the Earth* (ed. Terry Mortenson and Thane Ury; Green Forest, AR: Master, 2008), 155-56을 보라. 나는 솔직히 많은 학자가 넷째 날까지 태양이 창조되지 않았기 때문에 첫째 날 빛의 근원이 무엇이었는가에 대해 이해하는 데 어려움을 겪는다는 사실이 놀랍다. 첫째 날의 빛은 하나님의 특별한 창조일 뿐 태양의 창조가 아니다. (이것은 영원의 상태에 대해서도 참일 것이다). Averbeck 역시 자신의 글에서 이 견해가 창세기 1장을 시간 순으로 이해하는 관점을 논박하는 타당한 한 근거라는 점을 반박한다. 그는 시 104편이 하나님 자신이 빛이시라는 개념에서 출발한다는 데 주목하면서 바알 신화의 병행 문구에 주목한다. 계속해서 그는 계 21:22-24의 새 하늘과 새 땅에서는 하나님의 임재가 빛의 근원이 될 뿐, 태양이나 달이 그 근원이 되지 않는다고 언급한다. 그러므로 Averbeck은 태양이 "첫째 날 있었던 '빛'과 같은 종류의 광원"이 아니었다고 올바르게 결론짓는다.

된 인간은 (같은 날 창조된) 땅의 짐승, (다섯째 날 창조된) 바다의 생명체들과 공중의 새들을 다스릴 뿐 셋째 날 창조된 식물을 다스리지 않는다.[52] 따라서 "구조 가설"은 창세기 1장을 분석하기에는 결함이 있으며 롱맨의 논지를 지지하지도 않는다. 롱맨은 계속 논의를 이어가면서, 하나님이 피로숨을 쉬시지 않기 때문에 창세기 2:7의 창조 행위는 온전히 비유라고 주장한다. 물론 이 표현은 하나님에 관해 의인화된 언어를 사용한다. 하지만 이 논거에서 아담의 창조 기사 전체가 비유라는 결론에 도달하는 것은 엄청난 논리의 비약이다.

롱맨은 다른 고대 근동 문헌들이 창세기 1-2장의 비유 해석을 지지한다는 점을 보여주려 애쓴다. 창세기 기사가 다른 고대 근동의 우주생성론을 반박하는 일종의 변증이라고 주장하면서 말이다. 하지만 설령 그의 견해가 사실이라 해도, 그 자체가 창세기 1-2장의 문자적 해석에 대한 찬성 혹은 반대 논거가 될 수는 없다. (창 1-2장이 고대 근동 문헌들과 대조되는 것은 당연하지만, 변증을 위해 기록되었는지는 분명하지 않다.) 모세의 열 가지 재앙을 문자적으로 이해하는 사람 중 다수는 그 재앙들이 이집트 신들을 반박하기 위한 변증이라고 말하지만, 이 두 개념은 서로 배타적이지 않다.[53]

창세기 1-2장을 문자적으로 해석할 수 없다고 주장하면서 롱맨이 제시하는 다음 근거는, 창세기 1-2장이 "두 개의 서로 다른 창조 기사"를 포함하며 사건 순서에서도 서로 모순을 보인다는 점이다(특히 창 2장에 따르면, 인간 창조는 식물 창조에 앞선다). 하지만 에이버벡과 콜린스가 자신들의 글을 통해 보여주었듯이, 창세기 1장과 2장은 별개의 창조 기사가 아니

52_ Beall, "Contemporary Hermeneutical Approaches," 157을 보라. 더욱 상세한 비판은 Robert McCabe, "A Critique of the Framework Interpretation of the Creation Week," in *Coming to Grips with Genesis: Biblical Authority and the Age of the Earth* (ed. Terry Mortenson and Thane Ury; Green Forest, AR: Master, 2008), 211-49을 보라.

53_ Beall, "Contemporary Hermeneutical Approaches," 156을 보라.

다. 창세기 2장은 3장을 준비하면서 여섯째 날의 세부 사항을 확장해서 보여준다. 에이버백은 식물에 관해 언급하는 창세기 2:5을 설명하면서 이점에 관해 훌륭한 논의를 보여주는데, 그에 따르면 창세기 2:5의 식물은 셋째 날 창조된 식물군과 같은 종류로 취급될 수 없다.[54]

창세기 1-2장을 문자적으로 해석하면 안 된다고 주장하면서 롱맨이 제시하는 마지막 근거는, 창조를 언급하는 10개의 다른 본문에 대한 그의 자세한 관찰에서 나타난다. 그가 이런 본문을 다루는 방식은 대체로 훌륭하지만, 그의 결론은 다소 놀랍다! 그에 따르면, "고도의 비유[와] 유연[한]" 언어가 이 단락들에서 사용된 것은 "이 텍스트들이 하나님이 실제로 세상을 창조하신 방법을 우리에게 알려주는 데 별다른 관심이 없[기 때문]"이라고 말한다. 하지만 그는 창조를 묘사하는 이 10개의 시를 창세기 1장의 산문과 한데 묶어버린다! 롱맨이 자신의 글 앞에서 그토록 힘주어 강조했던 장르 구분은 어디로 갔는가? 그는 창세기 1장을 제외한 이 모든 텍스트가 시이며 따라서 많은 비유 언어를 담지하고 있다는 사실을 전혀 언급하지 않는다! 창세기 1장은 기본적인 히브리어 역사 내러티브이며, 창조를 다루는 산문일 뿐이다.

롱맨은 다음으로 과학과 주해와 관련된 주제를 논의한다. 롱맨 자신은 유신 진화를 신봉한다. 자신의 주해가 과학의 영향을 받았다는 점을 거부하지만, 실상 그는 과학이 우리의 성서 해석을 재고하게 해야 한다고 말한다. 계속해서 그는 여러 페이지에서 갈릴레이와 그를 박해한 중세 교회의 잘못된 태도를 언급한다. 그의 결론은 이렇다. 우리는 과학자들의 말을 주의 깊게 경청해야 한다. 인간의 유전자 지도를 작성하여 "진화를 지지하는 압도적인 증거"가 나타난다고 알려줄 뿐 아니라 인간의 기원이

54_ 이 책 앞부분에 실린 Averbeck과 Collins의 논의를 보라.

"한 쌍의 부부에게서 유래한 것이 아니라 약 1만 명 정도의 개인으로 구성된 모집단에서 유래"했음을 보여주는 이들이 바로 과학자들이기 때문이다. 따라서 롱맨은 아담이 실제 역사적 개인이 아닐 수도 있다는 주장을 기꺼이 수용하려 든다.

이런 결론은 성서를 최근의 과학 가설에 맞추려는 시도가 지닌 위험성을 잘 보여준다. 창세기 1-2장을 비문자적 관점으로 해석하기를 선호하는 최근 양상이 바로 이런 현상의 주요 원인인 듯하다. 나는 이 문제를 내 글에서 자세히 다뤘으므로 여기에서 반복하지 않으려 한다.[55] 이 자리가 과학 증거를 세부적으로 논의하는 자리가 아니기 때문이다. 비록 매우 의심스러운 과학 가설을 무비판적으로 수용하는 롱맨의 태도에 적잖이 놀라긴 했지만 말이다. 에이버벡이 잘 보여주었듯이, 자료와 그 자료에 관한 우리의 이론을 구별하는 데 주의해야 한다.[56] 인간의 유전자 지도를 작성한 일은 놀랄 만한 업적이다. 하지만 그 자료를 해석하는 일은 우리의 선입관과 주로 관련된다. 나는 인간의 유전자가 마스터 설계자를 요청하는 설계 이론을 입증하는 놀라운 증거라고 생각할 뿐, 그것이 진화 혹은 약 만여 명으로 이루어진 최초 모집단의 증거가 될 수는 없다고 생각한다.[57]

창세기 1-2장의 해석이 중요하다고 생각하지 않는 사람들에게는 아담

55_ 이 책에 실린 내 글에서 제2장에 있는 "질문 5"를 보라(56쪽).

56_ 채타누가에서 열린 창세기 심포지엄(2011년 9월 30일~10월 1일)에서 Averbeck이 언급한 내용이다.

57_ 약 만여 명의 개인으로 구성된 초기 집단이 있었다는 주장은 진화의 가능성을 더욱 낮출 뿐이다. 이 모든 사람이 과연 한 번에 다른 영장류에서 진화할 수 있었을까? 그리고 그들이 한 번에 말을 할 수 있도록 진화할 수 있었을까? Lee Spetner, *Not by Chance* (Brooklyn, NY: Judaica, 1997)에 따르면, 거시 진화가 수학적으로 불가능함을 확인할 수 있다. 더욱이 이렇게 만여 명으로 구성된 초기 집단을 가정하는 것은 전 지구상에 나타났던 홍수나 하나님이 바벨탑에서 인류를 흩으신 사건처럼 창세기 1-11장에 서술된 사건들을 전혀 고려하지 않은 것이다. 더욱 자세한 논의는 Robert Carter, "Does Genetics Point to a Single Primal Couple?" (2011년 4월 30일), http://creation.com/genetics-primal-couple의 탁월한 글을 참조하라.

의 역사성에 대한 롱맨의 의심이 자극제가 되어야 한다. 롱맨이 주장하는 비유 해석 방식은 창세기 1-3장에서 끝나지 않는다. 그는 역대상 1:1과 누가복음 3:38의 족보를 다루면서, (역대상의) 이스라엘과 (누가복음의) 예수가 "인류 공동체의 일부"임을 알려주려는 것이 이 족보들의 목적이라고 주장한다. 하지만 만약 이 족보들에 나타나는 첫 인간인 아담이 실제로는 존재하지 않았다면, 어떻게 우리가 이 족보들을 이해해야 할지 질문하지 않을 수 없다. 마찬가지로 롱맨은 바울도 로마서 5장과 고린도전서 15장에서 아담을 인용하면서 "유비"를 사용하고 있다고 설명하고, 그것은 바울이 실제로 아담이 존재했다고 생각했음을 의미하지는 않는다고 주장한다. 나는 그다음 단계가 뭐냐고 묻고 싶다. 우리에게 역사적 그리스도가 필요하긴 한 걸까? 만약 첫 번째 아담이 실제 역사 속 인물이 아니라면, 두 번째 아담도 실제 역사라고 주장할 수 있을까? 이 부분에서 롱맨은 매우 취약한 근거에 호소하는데, 이것은 그가 창조 기사를 다루는 방식에 해석의 일관성이 없기 때문이다. 그래서 해석학이 중요하다. 만약 우리가 일관된 해석학 방법론을 사용하지 않는다면, 우리는 성서를 최근 이론이 언급하는 내용에 단지 합치시키면서 그저 우리가 하고 싶은 말을 성서가 하고 있다고 주장하게 될 것이다. 만약 창세기 1-2장이 단지 비유 언어를 사용하고 있다면, 도대체 성서가 실제 역사 사건을 말하는 부분은 어디인가? 그리고 우리는 그 특정 부분을 어떻게 알 수 있는가?[58] 나는 롱맨이 아담의 역사성에 관한 문제에 대해 그의 접근방식을 재고하길 진심으로 희망한다.

58_ 창세기 심포지엄(2011년 9월 30일~10월 1일)에서 Longman은 적어도 출애굽이 역사적 사건임을 언급했다. 그 이유는 출애굽이 이스라엘 역사의 핵심이기 때문이었다. 하지만 그는 비유적 해석(창세기)에서 문자적 해석(출애굽기)으로 전환한 이유가 정당함을 입증하는 분명한 근거를 제시하지 못했다. 아울러 Longman은 같은 논의를 진행하면서, 욥이 역사적 인물인지 아닌지는 중요하지 않다고 말했다. 하지만 구약(겔 14:14, 20)과 신약(약 5:11) 둘 다 욥을 역사 속 인물로 다룬다. (여섯 절 뒤에서 약 5:17은 엘리야를 언급한다. 이 엘리야의 역사성에 어떤 논란이 있었던가?)

논평

C. 존 콜린스

롱맨의 글은 이 책에 실린 다른 글보다 훨씬 더 넓은 범위에 걸쳐 있다. 이것은 다루는 주제에 대해 그가 생각하는 만큼 깊이 들어가서 세부 사항을 언급하지 않고 있다는 뜻이다. 따라서 나는 큰 그림과 관련된 질문에 집중하면서 세부 사항과 관련된 논의는 내 글에서 다루려 한다(예를 들면, 창 1장과 2장의 관계나 2:4-7에 나타나는 문법과 단어와 관련된 문제들이다. 나는 텍스트 자체에 나타나는 잘 알려진 특징, 즉 2:4에 나타나는 수미상관구조를 볼 때 창 1장과 2장이 서로 조화를 이룬다고 생각한다. 이러한 독법은 랍비들도 오랫동안 지지해온 해석이다). 큰 그림에 관한 핵심 질문은 어떤 방법론이 히브리어 언어학과 그 문학적 특징을 가장 잘 다룰 수 있는가 하는 문제다.

분명 대부분의 독자는 성서가 참되다는 개념을 성서 전체가 같은 장르로 구성되어 있다는 개념과 혼동하지 말아야 한다는 롱맨의 유익한 주장에 동의할 것이다. 실제로 성서의 각 부분을 각각의 형태에 따라 취급해야 한다. 저자들(하나님이라는 저자와 인간이라는 저자)이 주로 장르를 사용하여 독자인 우리가 성서 텍스트와 상호 작용할 수 있도록 인도하기 때문이다.

"시편 33편은 세상이 무에서 창조되었음을 암시"한다. 나는 롱맨의 이러한 주장이 유용하다고 생각한다. 이후에 나오는 여러 텍스트로부터 우리가 그런 개념을 추론할 수 있다는 사실도 아울러 말하고 싶다.

더 나아가 나는 창세기 1-11장과 병행을 이루는 고대 근동 문서들을 연구하여 많은 성과를 얻을 수 있다는 주장에도 동의한다. 고대 근동 텍스트들은 (잠재적으로) 우리가 창세기 1장의 장르(들)를 인지하게 하며, 따라서 이 텍스트를 접했을 1차 청중이 작품의 문학적 요소에 대해 기대했던 바를 인식하는 데 도움을 주기 때문이다. 하지만 내 글에서 나는 롱맨이 「에누마 엘리쉬」에 너무 많은 주의를 기울인다고 지적했다. 물론 나도 성서의 창조 기사와 가장 중요한 병행을 이루는 메소포타미아 창조 이야기들을 통해 역사적 충동이라는 요소를 더 고려했다. 이런 방식을 통해 우리는 문자주의를 적절히 거부하는 태도와 창세기가 역사를 가리킨다는 점 자체를 거부하는 태도는 서로 다르다는 사실을 확인했다.

창세기가 역사를 지칭한다는 점에서 나는 롱맨의 견해와 가장 주요하게 대립한다. 나는 그가 창세기 1-2장이 "신학적 역사"라고 주장할 때 신학과 역사의 관계에 대해 무엇을 고려하고 있는지 잘 모르겠다(이것은 오늘날 성서 신학의 중요한 주제다). 그는 내가 "실제 사건들은 [창세기 1-11장] 이야기의 중추를 형성한다"라고 언급하는 데 동의한다.[59] 하지만 그 사건들이 무엇이었는지에 대해서는 동의하지 않는다. 나는 최선을 다해 내 견해를 제시하지만, 나와 다른 견해를 제시하는 사람들과 논쟁하는 일은 피하는 편이다. 각자 판단을 내리기 위해 어떤 기준을 사용했는지를 정확히 설명하는 일이 어렵기 때문이다. 나는 아담과 하와에 대해 나름의 판단을 내리기 위해 내가 보기에 적절한 근거에 기반을 둔 기준을 다음과 같이 제시했다.[60]

59_ C. John Collins, *Did Adam and Eve Really Exist? Who They Were and Why You Should Care* (Wheaton, IL: Crossway, 2011), 58.

60_ Collins, *Did Adam and Eve Really Exist?*, 19을 보라.

(1) 인물이나 사건이 어떻게 기본 스토리라인에 영향을 미치는가? 나는 성서 연구를 통해 저자들이 자신들의 세상을 자의식 안에서 해석하고 있음을 확신하게 되었다. 그들은 포괄적인 세계관 이야기와 관련지어 이를 수행한다. 인물이나 사건을 "단순한 상징"으로 간주한다면, 그런 이야기의 형성을 왜곡하지 않겠는가?

(2) 다른 저자들, 특별히 성서의 저자들은 이런 인물과 사건을 어떻게 취급하는가? 성서의 권위와 관련된 모든 개념은 저자가 본 내용을 존중하라고 요청한다. 내게는 그렇다는 말이다. 상식은 내가 본 것이 다른 사람이 본 것과 다를 때 그것을 확인하라고 요구한다. 특히 그 사람이 성서의 원래 시간과 문화에 가까운 사람일수록 더 그렇다.

(3) 이런 사람이나 사건이 어떻게 일반인들의 경험과 관련될 수 있을까? 내가 고려할 고대 근동 문헌의 저자들과 마찬가지로 성서를 기록한 이들은 청중으로 하여금 자신들이 알게 된 세상에서 살아갈 수 있도록 애썼다. 성서에는 우리 모두 공유할 수 있는 직관이 많다. 예를 들어 하나님에 대한 우리의 갈망, 우리에게 용서가 필요하다는 점, 사랑과 정의가 지배하는 인간 공동체에 대한 우리의 갈망과 같은 것들이다. 대부분의 문화는 이러한 것들이 필요하다는 역사적 근거를 제시하기 위해 이야기라는 방식을 사용한다. 그리고 그 문화들은 이야기를 통해 어떻게 이런 필요가 충족되고, 완화되며, 회피되거나 거부되는지를 어느 정도 설명해준다. 이런 필요에 대한 성서의 접근 방식은 타당해 보인다.

내가 볼 때 롱맨은 몇몇 인물과 사건의 역사성을 전체 이야기의 측면에서 볼 때 중요하지 않다고 섣불리 폄하하는 듯하다. 특히 아담과 그의 타락 이야기 말이다. 물론 우리는 인류를 하나의 통일된 종으로 간주해야 한다. 인간은 같은 능력을 지녔을 뿐 아니라 동일한 어려움에 처해 있다. 우리는 이런 어려움을 다음과 같이 조금 다르게 표현할 수 있을 것이다. 예를 들어 동서를 막론하고 기독교인들은 서로 특징이 다르다. 그럼에도 그들은 인간이 공통성을 지닌다는 기본 관찰에 동의한다. 더구나 성서는 죄를 하나님의 선한 피조 세계 안으로 들어온 침입자로 규정한다. 하나님은 언젠가 죄를 추방하실 것이다. 아담과 하와 이야기에는 사실 회화적 요소가 많다. 하지만 그 이야기는 성서의 스토리라인에 없어서는 안 될 위치를 차지하고 있다. 우리가 어떻게 그 이야기를 별로 중요하지 않은 요소로 끌어내릴 수 있을지 나는 잘 모르겠다.

한편 롱맨은 로마서 내에 있는 논증이 아담의 실재성을 요구하는 것은 아니라는 던의 견해를 인용하는데, 이는 그의 논리를 치명적으로 약화시킨다. 던은 로마서 본문의 논지가 아담과 그리스도의 "비교"에 의존한다고 보는데, 물론 어떤 대상을 비교할 때 비교하는 두 대상이 똑같은 실재를 가진 인격일 필요가 없다는 데는 나도 동의한다. 하지만 "비교"라는 낱말은 이 지점에서 바울의 논의를 묘사하기에 부적절하다. 첫째, 바울의 논의는 내러티브 요소를 포함한다. 즉 누군가가 무엇을 했고, 그 결과 어떤 일이 발생했으며, 그 다음에 예수가 오셔서 그 결과로 생긴 일을 모두 해결하셨다. 둘째, 바울은 아담과 그리스도가 어떤 방식으로 그들에게 속해 있는 사람들을 대표하는 역할을 수행했다고 묘사한다. 고린도전서 15:22을 보면, 바울은 "아담 안에서"와 "그리스도 안에서"라는 표현을 사용한다. 그리고 이 경우, 어떤 인간이 "'A 안에서' 존재한다"라는 표현은 그 사람이 하나님이 지목하신 대표자 A에게 속한 사람들의 구성원이 된다는 말을 의미한다. 이렇게 살펴본 모든 증거를 통해 우리는 오직 실제 인간이 실제 대표가 될 수 있음을 알게 된다.

요약하면, 나는 창세기 1-2장에 비유 언어가 존재한다는 롱맨의 주장에 깊이 공감한다. 하지만 그는 "비유" 표현이 지시의 기능을 한다는 점과 또 어떻게 그런 기능을 하는지를 적절하게 다루지 못했다. 나는 "자유와 한계"라는 개념을 통해 프랜시스 쉐퍼(Francis Schaeffer)가 주장하는 방법론이 더 적절하다는 점을 주장하고 싶다. 그에 따르면 성서 텍스트에 들어맞는 가능한 범위의 시나리오들이 존재하며, 우리가 반드시 준수해야 할 어떤 한계 역시 존재한다. 그러한 한계는 성서와 좋은 지각 능력(예를 들어 인간의 독특성과 단일성)에 의해 설정된다. 쉐퍼는 칭찬받을 만한 관대한 마음으로 이러한 범주를 제시한다. 나는 그의 범주가 창조 이야기의 회화적 특징에도 잘 들어맞는다고 생각한다. 그의 범주는 창조 이야기의 회화적 특징을 너무 강요하지 않으면서도 그 지시성을 잘 유지하고 있다.

논평

존 H. 월튼

동의하는 점

롱맨과 나는 고대 근동의 문화적 배경이 중요하다는 데 동의한다. 아울러 창조 기사는 우리에게 지구의 나이에 관한 성서의 관점을 결정할 만한 정보를 제공하지 않는다는 점에도 동의한다. 더 나아가 우리는 일부 복음주의자들이 주장하듯이 건전한 주해와 해석학이 반드시 아담의 역사성을 요구하는 것은 아니며, 따라서 이 문제는 계속해서 주의 깊은 분석을 정당화한다는 점에도 동의한다. 아담의 역사성을 계속 믿어야 할 충분한 이유가 있음에도 그렇다는 뜻이다.

신학적 측면에서 롱맨의 요점에 반대하기는 힘들 것이다. 말 그대로 나는 창세기의 두 창조 기사가 "공통 관점"을 보인다는 그의 언급을 좋아하며, 그럼에도 우리가 그 둘을 "조화시키려" 하지 말아야 한다는 주장에도 동의한다. (그렇다고 우리가 두 기사는 다원적 사고를 제공한다고 주장하는 것은 아니다.) 어떤 면에서 두 번째 창조 기사는 사실 (예컨대 마태복음과 마가복음처럼) 공통 관점을 가진 기사라기보다는 (예컨대 누가복음과 사도행전처럼) 첫 번째 창조 기사와 연결되는 이야기로 간주하는 편이 더욱 좋을 것이다.

반대하는 점

실은 롱맨과 나 사이에서 결정적 차이를 발견하지 못했다. 하지만 많은 부분에서 나는 그와는 다른 용어를 사용하고 있으며 따라서 이 논의에 대해 다른 방향의 관점을 제공한다. 이런 부분이 아마도 내 논평의 핵심을 차지할 것이다. 나는 7가지 요점을 제시함으로써 그의 견해를 간략하게 평가하려 한다.

첫째, 롱맨은 "비유적"이나 "문자적"이란 범주를 다소 편안하게 생각하는 듯하다. 나는 비일의 글에 대한 논평에서 이런 용어에 대해 비판한 바 있으므로 독자들이 그 부분을 참조하기 바란다. "비유적" 언어나 "문자적" 언어로 구분하는 범주는 정확하다고 말하기 힘들다. 따라서 롱맨의 범주는 인위적 이분법이며 지나친 단순화를 낳는다는 점을 지적하면 충분하다. 그리고 그는 자신이 저자의 의도에 관심을 보인다는 점을 분명히 밝히지 않고 있다.

둘째, 나는 창세기 1-2장이 변증을 위해 기록되었다고 보지 않는 편이다. 창세기에 나타나는 신학이 이스라엘의 주변 세계와 대조를 이룬다는 데는 동의한다. 하지만 적절한 변증은 변증하고자 하는 관점의 독특한 양상을 서술할 뿐 아니라 그 관점과 동의할 수 없는 점이나 그런 관점이 가진 문제점을 인용해야 하는데, 창세기의 경우 그런 양상이 보이지 않는다.

셋째, 롱맨은 "역사"라는 용어를 유지하면서 "신학적 역사"라는 용어를 사용하자고 제안한다. 사실 나는 "역사"라는 단어에 그런 명칭을 붙여서 사용할 수 있다는 생각에 회의적이다. 오히려 나는 서로 다른 장르의 문학이 각각 자기 기법을 사용하여 같은 실재와 진리를 반영할 수 있다고 주장하기를 선호한다. 더 나아가 롱맨의 "역사적 주장"(하나님이 우주와 인간의 창조주시라는 주장)은 사실상 "신학적 주장"과 같다. 내가 보기에 "신학적 주장"이란, 사건이라는 영역 안에 있다기보다 개념의 측면에서 가장 중요하게 여겨지는 진리를 의미한다.

넷째, 롱맨은 여전히 창세기와 일반 고대 근동 신화들 사이에 나타나는 상호 작용을 언급하는 데 만족하는 듯하다. 나는 이 점에 별로 만족하지 못한다. 왜냐하면 그것은 실제 문학 작품들의 상호 작용과 지식을 가정해야 하기 때문이다. 오히려 나는 그런 상호 작용이 신화들 사이에서 이루어지는 것이 아니라, 신화든 아니든 관계없이 문학 작품 안에 명백히 드러나는 인지 환경 사이에서 이루어진다고 믿는다.

다섯째, 롱맨은 인간을 위한 세 가지 제도(창세기 1-2장에 등장하는 안식일, 결혼, 일)의 근거에 대해 논한다. 비록 창세기 1-2장이 이 세 가지 분야를 모두 언급한다는 데 동의하긴 하지만, 나는 그것들을 한데 묶어 "제도"로 구분하는 데 동의하지 않을뿐더러, 그러한 "제도" 가운데 어떤 것도 창세기 1-2장 내러티브의 핵심이 될 수 없다고 생각한다.

여섯째, 창세기에 등장하는 족보들에 관한 롱맨의 언급을 살펴보자. 우선, 나는 고대 족보가 현대 족보와 같은 기능을 했던 것처럼 해석될 수 없다는 데 동의한다. 하지만 고대 텍스트나 현대 인류학 연구를 통해 족보가 고대 세계에서 정확하게 어떤 기능을 수행했는지를 밝힐 수 있다는 주장에는 동의하지 않는다.

마지막으로, 나는 우주의 무질서를 바라보는 관점에서 롱맨과 다르다. 잠언 3장에 관한 자신의 논의에서 롱맨은 우주 안에 존재하는 모든 무질서는 죄의 결과라고 주장한다. 하지만 나는 창조 때에 약간의 질서가 세워졌으며, 인간에게는 하나님의 지배를 대리하는 대리자로서 성소를 계속 확장하고 질서를 세워나갈 의무가 주어졌다고 생각하는 편이다. 그들의 죄는 질서를 증진하기보다는 무질서를 증가시켰고, 그 결과로 그들은 질서의 중심이었던 성소를 잃어버렸다.

5장

► 고대 우주론을 반영하는 창세기 1장

존 H. 월튼

서론: 해석 이론

성서가 하나님의 말씀, 즉 하나님의 자기 계시라는 개념에 충실하려면 성
서를 진지하게 읽으려는 사람들을 위한 의무, 책임, 지시에 따라야 한다.
우리에게 주어진 의무를 다하려면 유능한(competent) 독자가 되어야 한
다. 부주의하거나 피상적인 독자가 되어 아무 노력도 없이 무언가를 얻으
려 하면 안 된다. 유능한 독자가 되려면 텍스트에 대한 시대착오적 질문
과 인식을 통해 그것을 쉽게 이해하려고 드는 태도를 거부해야 한다. 비
록 성서 자체가 우리를 위해 기록되었으며 또한 모든 인류를 위해 기록되
었지만, 우리에게 먼저 주어진 것은 아님을 인식해야 한다. 그러므로 유
능한 독자가 되려면 고대 이스라엘인들이 이해했으리라고 여겨지는 방식
으로 성서 언어를 이해해야 하며, 그들이 고려했을 법한 방식으로 우주에
대해 숙고해야 하고, 무엇보다 그들이 살았던 문화를 통해 텍스트를 해석
해야 한다. 이러한 관점에서 유능한 독서는 화행 이론(speech-act theory)
이 말하는 발화(locution)와 관련된다. 이때 발화란 언어와 문학의 메커니

즘을 말한다. 하나님은 그들에게 말씀하셨고, 우리는 그 말씀을 듣는 데 참여하는 큰 특권을 누린다.

유능한 독자가 되기 위해 우리가 지켜야 할 의무가 또 있다. 우리는 성서 텍스트에 오늘날의 장르 범주를 강제로 적용하려고 하지 말아야 한다. 고대 이스라엘인들이 그들의 사고방식과 문학을 우리와 같은 방식으로 범주화한 것처럼 여기지 말아야 한다는 뜻이다. 장르는 보편 범주가 아니다. 예를 들어 고대인들이 실제로 발생했다고 믿었던 어떤 사건을 접한다고 해서, 그 사건을 다루는 문학을 가리켜 "역사"라고 이름 붙일 수는 없다. (현대적 의미에서 장르라는 이름을 붙일 수 없다는 말이다.) 역사 서술은 실제 과거에 있었던 실제 사건을 이야기하듯 서술하는 문학의 한 범주지만, 그렇게 하는 유일한 방법인 것은 아니다. (이를테면 일기도 그런 장르겠지만, 그 것을 역사라고 부르지는 않는다.) 더구나 어떤 고대 문학 작품이 일반적으로 역사 문헌으로 불린다고 해서 똑같은 문학적 전통이 고대 문학에서 유지되었음을 의미하는 것은 아니다. 그런 문학적 전통을 오늘날 우리 문화가 흔히 역사 문헌이라고 이름 붙이는 것들처럼 간주할 수는 없다는 뜻이다.

유능한 독자가 되기 위해 이런 의무를 지킬 뿐 아니라 더 나아가 우리는 윤리적(ethical) 독자가 되어야 한다. 윤리적 독자로서 우리는 텍스트를 거스르기보다는 텍스트와 함께 독서 행위를 수행해야 한다. 자발적으로 성서를 읽을 뿐 아니라 텍스트에 동의함으로써 성서 텍스트로부터 가르침을 받아야 한다. 텍스트에 맞서 그것을 단지 비평하려고 읽어서는 안된다. 우리는 성서를 경전(Scripture)으로 받아들였으므로, 회의주의와 불신앙을 배제하기로 선택했다. 이것은 단지 순진한 태도를 보이거나 비평적 사고 자체를 회피한다는 뜻이 아니다. 먼저 유능한 독자가 되어야만 윤리적 독자가 될 수 있다. 그러므로 윤리적 독서를 위해 우리는 성서 텍스트의 가르침을 타당한 것으로 여기고 수용해야 한다. 유능한 독서는 성서의 가르침이 무엇인지를 결정하도록 우리를 인도할 것이기 때문이다. 이런 의미에서 화행 이론에서 말하는 발화수반 행위(illocutionary act)야말로 윤리적 읽기와 가장 관련된 행위라 할 수 있다. 이때 발화가 수반하는 내용은 전달자가 선택된 언어를 통해 전달하려는 바를 의미한다.

오늘날 이른바 비평 학계 안에서 우리는 유능하지만 회의주의라는 참호로 자신을 굳게 둘러싼 학자들을 많이 접한다. 그들은 성서 텍스트를 윤리적으로 읽어야 할 의무를 느끼지 못한다. 그들은 텍스트의 가르침을 받으려 하지 않으며, 종종 성서의 문맥과 대립하는 새로운 해석을 제안하면서 성서 텍스트에 반항하곤 한다. 아울러 그들은 성서 텍스트를 거부하고 그것을 다른 고대 문학 작품과 다를 바 없는 것으로 치부하기 위해 더 많은 근거를 찾으려 한다. 그들은 성서 텍스트를 믿지 않으려는 경향이 있다. 그들은 그리스 신화에 충실한 만큼조차도 성서의 발화가 수반하는 내용에 충실하지 못하다.

동시에 우리는 이런 학자 집단뿐 아니라 교회 안에서도 성서를 윤리적으로 읽는 데 실패하고 있음을 인식해야 한다. 하나님의 태도를 수용하기 어렵다고 판단될 때(예컨대 가나안 족속을 멸하라는 하나님의 저주를 구약성서에서 들었을 때), 그분의 능력이 불충분하다고 생각될 때(예컨대 세상에 큰 고통을 허락하시는 모습을 볼 때), 그분의 지식이 한정된 것처럼 보일 때(예컨대 시험에 대한 욥의 반응에 관련하여), 그분의 결정에 흠이 있다고 여겨질 때(예컨대 금송아지를 만든 이스라엘 백성에게 하나님이 진멸을 선포하시려고 했을 때 모세가 그것을 말린 경우처럼), 우리는 자신을 성서 텍스트보다 우월한 위치에 둔 채 성서가 제시하는 하나님에 관한 진리에 의문을 제기하곤 한다.

아니면 현대 과학이란 렌즈를 통해 창세기 1장 같은 텍스트를 읽을 때, 그 과정에서 만약 이스라엘인들을 위해 의도된 단어들의 의미가 무시된다면, 그것은 윤리적으로 성서를 읽는 행위라고 할 수 없다. "땅은 생물을 그 종류대로…내라"(창 1:24)라는 하나님의 명령이 진화 과정을 지지하는 증거라고 주장하는 사람들은 고대 이스라엘인들이 이해했던 방식으로 성서를 해석하지 않는다. 같은 구절에서 "그 종류대로"라는 표현이 진화를 반박하는 증거라고 생각하는 사람들도 마찬가지다. 고대 이스라엘 문헌은 성서 발화가 수반하는 내용을 통해 진화를 수용하거나 반박할 의도가 없었다.

그런 해석들을 가리켜 성서 텍스트에 대한 기존의 해석을 넘어서 그 안에 있는 숨겨진 진리를 찾는 시도인 마냥 정당화할 수 없다. 즉 하나님의 전지하심으로 성서 텍스트 내에 은밀하게 새겨진 진리가 고대 이스라엘 청중의 지식이 닿기 힘든 너머에 존재했으며, 그 진리들이 과학이 발전함에 따라 때가 찰 때 드러난다는 주장은, 윤리적 독서를 통해 우리에게 주어지는 선택 사항이 아니다. 역사상 발생한 사건들이 예언의 말씀을 성취했던 것과 같은 방식으로 성서의 말씀이 과학의 발견과 발달에 따라 성취되는 모습을 발견할 수는 없다. 사건들은 드러나지만, 과학은 항상 존재해온 사물에 대해 설명해나갈 따름이다. 만약 우리가 어떤 단어나 개념에 과학적 의미와 해석 혹은 깊이를 부여한다면, 그런데 고대 이스라엘인들은 그 단어나 개념을 그런 식으로 연관 짓지 않았다고 한다면, 짐작건대 우리는 우리가 더 낫다고 생각하는 의미를 선호함으로써 성서의 발화수반 행위―성서 저자에 의해 의도된 내용을 말한다―에서 나타나는 권위 있는 텍스트를 거부하는 셈이 될 것이다(이를테면 성서의 단어나 개념을 과학에 근거한 우리의 지식에 더욱 정확하게 조화시키려는 행동을 말한다). 그런 과정에서 우리는 하나님이 그 모든 것을 아셨고 의도하셨다고 말함으로써 이 새로운 발화수반 행위가 권위를 가진다고 주장해왔다. 거기에는 "과학적으로 참되다"라는 우리의 확신 외에는 아무런 증거가 없는데도 말이다. 이런 해석은 성서를 윤리적으로 읽는 태도와 조화를 이루지 못한다.

이쯤에서 덧붙이자면, 문자적 해석 역시 때때로 성서를 윤리적으로 읽는 행위를 위태롭게 하는 데 적용될 수 있다는 점에 주의해야 한다. 예를 들어 만약 우리가 히브리어 "바라"가 문자적으로 "무로부터의 창조"를 의미한다고 주장한다면, 그것은 성서 텍스트를 윤리적으로 읽는 태도가 아니다. 분명 "바라" 동사는 이스라엘 백성에게 그런 식으로 이해되지 않았을 것이다. 만약 그렇게 이해했다면, 인간의 창조에 그 단어를 사용할 수 없기 때문이다(창 1:27).[1] 비록 문자적 해석이 종종 적절하게 사용될 수 있기는 하지만, 결국 이런 양 극단이 겹쳐지지 않는 범위 내에서 성서를 해석하는 데 집중하기 위해서라면, 문자적 해석이 아니라 윤리적 해석을 통해 성서를 읽어야 한다.

물론 우리가 성서 텍스트를 유능하게, 또한 윤리적으로 읽게 된다고 해서 모든 문제가 해결된 것은 아니다. 왜냐하면 여전히 우리에게는 고결한(virtuous) 독자가 되어야 할 의무가 있기 때문이다. 이는 화행 이론이 말하는 발화효과 행위(perlocutionary act)에 주로 해당한다. 발화효과 행위란 예기되는 수용자의 반응을 의미한다. 우리는 고결한 독자로서 성서 텍스트가 단순한 문학 작품이 아니라 그 이상이며 또 거룩한 텍스트 그 이상이라는 점을 인식한다. 성서 텍스트는 독자에게 평생에 걸쳐 응답을 요구한다. 텍스트가 그리는 그런 존재가 되기 위해 힘쓸 때 고결한 독서 행위가 이루어진다. 이러한 독서는 행동과 신앙을 모두 산출한다. 이러한 독서는 단지 성서가 참이고, 영감되었으며, 무오하다고 믿는 믿음을 우리의 입으로 표명하는 수준을 넘어서야 한다는 점을 인정하는 행위다. 이러한 독서에는 권위가 있으며 조화를 요구한다. 이 글을 통해 나는 창세기의 앞 장들을 유능하게, 또한 윤리적으로 읽는 행위가 의미하는 바를 탐

1_ 혹시 만약 히브리어 용례를 연구할 도구나 능력이 부족해서 그렇게 해석했다면, 이것은 잠재적으로 유능한 독자가 되는 데 실패한 예를 보여주는 사례라 할 수 있을 것이다.

구하려고 한다.[2] 고결한 독서가 중요하고 또 필요하지만, 그 결과에 대해 언급할 기회는 앞의 두 독서 전략보다는 적을 듯하다.

유능한 독서

구약성서에 대해 유능한 독자가 되려면, 고대 근동의 문화적 배경, 문학 장르, 히브리어 단어와 구의 의미에 주의를 기울여야 한다. 고대 근동의 배경을 설명하는 것은 하나님이 고대 청중의 인지 환경에 자신을 맞추셔서 그들과 소통하셨다는 사실을 우리가 이해해야 한다는 뜻이다. 이 사실에는 논쟁의 여지가 없다. 화자는 모든 종류의 유효한 소통을 위해 그가 소통하려는 청중에게 맞춰야 하기 때문이다.

화행 이론의 용어를 적용하기 위해,[3] 해석자는 저자의 발화가 수반하는 내용의 특성을 조사해야 한다. 저자의 권위는 (그리고 다른 교리적 용어도) 인간 저자의 발화수반 행위와 묶여 있기 때문이다. 인간의 발화수반 행위는 하나님의 권위(하나님의 발화수반 행위)와 연결될 것이다. 하나님이라는 저자의 측면에서 볼 때, 맞추심(accommodation)은 대개 하나님의 발화에 맞춰져 있다. 하나님의 발화 행위는 장르와 수사 장치를 포함한다. 비록 하나님이 저자의 발화 안에 있는 수식 어구와 구조를 사용하여 저자와 그의 청중에게 자신을 맞추시기는 하지만, 인간 저자의 측면에서

2_ 우선 어떤 이들이 내 견해에 동의하지 않는다고 해서 그들이 무능하거나 비윤리적 독서를 수행하는 것은 아님을 밝혀두어야 하겠다(물론 어쩌면 그런 경우가 있을 수도 있다). "유능한"과 "윤리적"이란 단어를 통해 나는 우리 모두 전력을 다해야 할 해석 이론에 관해 언급하려 한다. 우리는 모두 불완전한 정보, 전통과 문화의 지속 효과, 우리 자신의 편향된 사고를 넘어서지 못하는 무능함이라는 짐 때문에 때때로 해석적 유능함이 부족할 때가 있다.

3_ 내가 화행 이론 전체를 이루는 원리들을 지지하거나 동의하는 것은 아니다. 그렇지만 화행 이론에 사용되는 몇몇 용어가 중요한 구분을 설정하는 데 유용하다고 생각한다.

볼 때 잘못된 발화의 측면에까지 자신을 맞추시지는 않는다고 나는 확신한다.

성서 해석학에서 맞추심에 관해 논할 때 우리는 하나님이 하시는 일에 대해 이야기한다. 비록 인간 저자들 역시 맞추심에 포함되지만, 이는 그들이 친숙한 대상과 소통할 때만 해당된다. 어떤 의미에서 성공적인 소통 행위는 모두 전달자가 청중에게 맞춤으로써 이루어진다. 맞춤은 다양한 수준에서 일어날 필요가 있는데, 이는 저자와 청중의 관계에 의존한다. 만약 저자와 청중이 같은 언어, 같은 언어 명령, 같은 문화, 같은 경험을 공유하지 않는다면, 맞춤으로 저자와 청중 사이의 틈새를 메워야 한다. 이른바 상위 컨텍스트 소통(high-context communication)에서 저자와 청중은 많은 사항을 공유하므로, 약간의 맞춤만으로도 효과적인 의사소통이 일어나기에 충분하다. 반대로 하위 컨텍스트 소통(low-context communication)에서는 높은 수준의 맞춤이 요구된다. 모든 인간은 하나님에 대해 항상 하위 컨텍스트에 있다. 따라서 하나님의 상당한 맞추심이 필요하다. 더 나아가 성서를 읽을 때 우리는 하위 컨텍스트에 위치한 청중으로서 고대 문화에 속해 있었던 구성원 사이에 존재했던 상위 컨텍스트 소통을 이해하려고 노력한다. 하나님은 고대의 저자와 청중에게 맞추셨다. 즉 인간 저자가 그의 청중에게 사용하는 상위 컨텍스트 소통방식을 통해 그렇게 하셨다. 하위 컨텍스트 독자로서 우리는 저자의 발화수반 행위와 의미가 갖는 특성을 이해하기 위해 가능한 모든 추론 방식을 사용해야 한다. 우리는 하나님이 인간 저자가 그의 발화수반 행위를 달성하기 위해 사용했던 발화에 영감을 베푸셨다고 믿는다. 하지만 그런 발화는 저자의 세계와 결합되어 있다는 사실도 믿는다. 다시 말해 하나님은 특정한 소통 환경 안에서 권위 있는 발화수반 행위에 의미를 전달하는 일을 최적화하시고, 또 이를 촉진하시기 위해 암시된 저자와 암시된 청중 사이에 일어나는 상위 컨텍스트 소통에 자신을 맞추셨다.

그러므로 우리는 창세기 1장 같은 곳에서 나타나는 내러티브 장르와 관련된 발화수반 행위의 특성을 살펴봐야 한다. 고대의 저자와 우리 사이의 거리가 너무나 멀기 때문에 우리는 그의 발화수반 행위가 지닌 특성을 오해할 수 있다. 왜냐하면 저자의 발화 양상은 우리에게 낯설기 때문이다. 이때 비교 연구(comparative studies)는 우리로 하여금 고대의 저자들이 사용했던 장르의 형태와 그들이 사용한 수사 장치들을 더욱 완전히 이해하게 해준다. 따라서 우리는 그것들을 그 당시 결코 의미하지 않았던 방식으로 오해하지 않게 된다. 이런 연구는 성서의 권위를 떨어뜨리지 않을뿐더러, 오히려 유능한 독자가 되도록 우리를 이끄는 해석 과정상의 필수 단계임을 인식해야 한다. 만약 우리가 저자의 발화 요소들을 오해하게 된다면, 그의 발화수반 행위를 이해하는 데 어려움을 겪게 된다.

장르는 주로 발화의 일부일 뿐이지, 발화수반 행위가 아니다. 문법, 구문, 단어소와 마찬가지로, 장르는 발화수반 행위가 전달되는 메커니즘이다. 맞춤(accommodation)은 발화 단계에서 발생하는 행위이며, 만약 성서의 무오성과 권위가 발화수반 행위 단계에 적용된다면, 그리고 맞춤과 장르가 발화 단계에 속한다면, 성서의 무오성과 권위가 장르와 맞춤이라는 양상에 주로 영향을 받는 것은 아니라고 할 수 있다. 따라서 무오성과 권위는 장르나 맞춤에 의해 위태롭게 되거나 손상되거나 위험에 빠지지 않는다. 장르에는 참이나 거짓이 있을 수 없고, 오류가 있거나 없을 수 있으며, 권위가 있거나 없을 수 없다. 어떤 장르는 사실에 관한 세부 묘사에 적합하며 다른 장르는 허구적 상상력에 더 적합하다. 하지만 이러한 장르의 성향은 우리가 고대 문학에 시대착오적으로 붙여버리는 어떤 명칭으로도 결정될 수 없다. 장르 구분은 문학 작품 자체의 특성과 그 작품에 대해 우리가 제시할 수 있는 분석에 기초해야 한다. 발화수반 행위는 저자가 채택한 장르라는 수단에 의해 형성되는 종류의 것들에 한정될 것이다. 만약 어떤 특정 장르가 담화에 별로 관심이 없다면, 어떤 담화의 내용이 발화 수반 행위의 일부가 되기를 기대하기는 힘들 것이다. 또한 만약 어떤 장르가 신들의 행동에 별다른 관심을 보이지 않는다면, 거기서 신들의 행위를 전달하는 발화수반 행위를 기대하기는 힘들 것이다. 만약 어떤 장르가 어떤 연속 사건과 관련된 실제 세부 사항을 기록하는 데 별로 관심이 없다면, 그 발화수반 행위를 실제 세부 사항으로 평가하기는 어려울 것이다.

창세기의 앞부분에 등장하는 내러티브들의 장르에 대해 우리는 무엇을 말할 수 있을까? 분명히 그것들은 내러티브다. 간간히 시의 형태를 보여주긴 하지만, 그 자체로는 시가 아니다. 하지만 그것들을 내러티브라고 부르는 것은, 그것들을 역사 문헌이라고 부르는 것과는 다른 문제다. 마찬가지로 그것들이 역사 문헌이 아니라고 말한다고 해서 그것들이 사실이 아니라고 말하거나 과거를 진정으로 반영하는 문헌이 아니라고 말하는 것도 아니다. "역사"와 "신화"를 일종의 토글스위치로 간주하여 단지 둘 중 하나만을 선택해야 한다고 주장하는 것은 단순한 사고방식이다. 예컨대 오늘날 과학자들이 "우주의 역사"에 대해 이야기할 수는 있겠지만, 그것이 실제로 "미국 독립 전쟁사"와 같은 장르가 될 수는 없다. 후자는 문서 자료와 증인들의 증언에 의존한다. 전자는 자료나 증언을 제공할 증인이 존재하지 않으므로 추론에 더욱 의존하며 재구성의 성격을 띤다. 하지만 우리는 둘 다 사실로 간주할 수 있다.

창세기의 가장 앞부분을 구성하는 장들은 우주론이라는 용어를 적용할 수 있다. 이때 우주론은 여러 가지 다른 방식으로 형성될 수 있다. 즉 시로도, 내러티브로도 나타낼 수 있다. 과학 이론을 사용할 수도 있으며, 신화적 모티프를 사용할 수도 있다. 신학을 반영할 수도 있으며, 자연법과 관련된 원인들을 반영할 수도 있다. 인간 중심, 신 중심, 혹은 구조 중심 우주론이 모두 가능하다. 따라서 어떤 사건에 우주론이란 이름을 붙이는 데는 결정되지 않은 많은 부분이 여전히 남겨져 있다. 더 나아가 (다른 많은 범주를 포함하여) 전술한 범주 가운데 무엇을 택하더라도, 그 결과로 선택된 이야기는 해당 우주론을 형성하는 이야기의 의도와 관련하여 여전히 하나의 참된 우주론으로 간주될 수 있다. 그때 선택된 발화에 비판을 가하는 것은 부적절하다. 독자는 전달된 발화수반 행위를 평가해야 한다. 일반적으로 어떤 우주론의 발화수반 행위는 우주의 역사 혹은 우주와 관련된 이야기에 대해서조차 많은 정보를 제공하지 않는다. 우주론의 핵심 의도는 우주에 관한 설명을 제시하는 것이다. "신화"나 "역사" 같은 단어를 사용하는 것은 현대인의 범주를 반영하는 데 더욱 가까우므로 고대 문학이 말하는 바를 잠재적으로 왜곡할 수 있다. 따라서 장르에 이름을 붙이는 것은 중요하지 않다. (적어도 현대의 범주를 따라서 그렇게 할 필요는 없다는 뜻이다.) 오히려 저자의 발화수반 행위를 이해하는 것이 중요하다. 그러기 위해 우리는 우리가 가진 자료가 허용하는 한 깊이 고대 근동의 환경을 이해하려고 노력해야 한다. 이는 고대인들이 우주를 설명했던 방식을 이해하고 그것이 어떻게 이스라엘인들의 방식과 비교되거나 대조되는지 알기 위해서라고 할 수 있다. 이러한 의무(유능한 독서) 뒤에는 윤리적 독서라는 의무가 따라 나온다.

윤리적 독서

창세기를 고대 근동의 인지 환경 안에서 살펴볼 때, 성서 저자들이 이집트나 바빌로니아의 고대 문학 작품에서 차용한 방식이나 그 정도를 평가하려는 것이 아니라는 점을 먼저 강조해야 한다. 비록 다양한 종류의 유사성이 발견될 수 있다고 하더라도, 그것이 무엇이든 간에 이스라엘의 서기관들이 고대 근동의 문학 작품을 자신들 앞에 둔 채로 J문서를 기록했다거나 또는 그것들을 개작해서 이스라엘의 신화 역할을 대신해줄 작품을 만들어냈다는 주장을 입증해주지 못한다. 고대 근동의 문서와 성서의 유사성만으로는 그런 경우가 성립한다고 말하기에 불충분하다.

대안은 (시공간적으로) 고대 세계에 넓게 퍼져 있었던, 우주에 관한 공통 견해를 상정하는 것이다. 이러한 공통 견해는 이스라엘인들도 자신들을 둘러싼 세상에 대한 인식과 관련된 공통점들을 통해 공유했던 관점이었다. 그러한 공통점들에는 우주의 기본 형태(즉 우주 지리학)뿐 아니라 인과 관계가 신과 인간의 영역에 놓여 있다는 개념도 포함되었다(자연의 영역에 존재하는 인과 관계는 포함되지 않았다). 이것들은 문학에서 차용되는 것들이 아니라 문화라는 더 넓은 맥락 안에 존재한다. 아울러 그 적법성은 이스라엘인들이 인지하고 있었다는 사실이나 다른 문화가 소유한 문학 작품에 그들이 접근할 수 있었다는 것을 입증하는 데 의존하지 않는다. 그러한 공통점들이 이스라엘인들의 사고방식 안에 드러난다고 해서 그것들을 신화적이라고 할 수도 없으며, 그것들이 성서의 발화수반 행위가 지닌 권위를 위협하지도 않는다. 그것들은 성서 발화의 양상으로서, 하나님이 이스라엘이라는 청중을 위해 효과적으로 자신의 소통을 형성하셨던 방식을 보여준다.

성서 텍스트도 고대 근동 우주론의 하나이기 때문에, 성서 텍스트의 발화도 우주에 대해 이런 공통 관점을 공유했다고 볼 수 있다. 하지만 하나님이 고대인들의 우주 지리학을 크게 바꾸셔서 자신의 계시 안에 포함시키셨다고 기대하기는 힘들다. (이를테면 태양계의 한 행성인 둥근 지구가 자전한다는 개념 같은 것이 포함되어 있다고 주장하는 것 말이다.) 성서 텍스트 안에 고대인의 우주 지리학이 스며들어 있다는 점을 볼 때, 우리는 고대인의 사고방식이 진리를 전달하는 하나님의 소통 방식으로 성서에 사용되었음을 인식해야 한다. 성서를 펼쳐서 그 안에 개정된 과학적 사실을 발견하기란 불가능하다. 우리는 성서의 우주론이 고대의 공통 우주론과 같은 자리에서 출발하며, 같은 언어 개념들을 사용하고, 기능적으로 같은 요소를 언급하며, 같은 장소에서 끝마친다는 점을 인식하게 될 것이다. 이것은 성서 저자들이 포함된 대화의 특성을 보여주는데, 그 대화란 고대 세계에 속한 주제들에 의해 형성될 뿐, 현대인의 관심사와 의문점에 의해 형성되지 않는다.

신학적 관점이야말로 성서 발화수반 행위의 정수(essence)다. 사실 신학적 관점은 이스라엘 백성을 그들을 둘러싼 다른 사람들과 문화로부터 분명하게 구분해준다. 그런 발화수반 행위는 그들의 우주 지리학이나 인과 관계 개념들을 바꾸지 않더라도 쉽게 달성될 수 있다. 이때 사용되는 발화 행위는 어떤 문화적 양상을 띠겠지만, 그렇다고 그것이 잠재하는 다른 발화 유형들을 본질적으로 불신하는 것은 아니다. (이를테면 자연 법칙에 근거하는 과학적 발화나 우주의 팽창을 보여주는 과학적 발화 같은 것들 말이다.) 발화에는 권위가 없다. 따라서 성서 텍스트의 발화수반 행위를 위태롭게 하지 않는 다른 종류의 발화들은 수용 가능하다.

고대 근동의 인지 환경

성서에 대한 유능한 독서는 우리의 성향과 낯선 고대의 발화에서 연유하는 요소들을 인식함으로써 발전하게 된다. 나는 이전에 낸 책들을 통해, 고대 세계에 살았던 사람들은 우주 존재론(cosmic ontology)을 고려할 때 오늘날의 우리와는 달리 물질보다 기능에 초점을 맞췄다고 제안했다. 아울러 나는 고대인들이 우주를 성소(sacred space)로 간주했다고 주장했다.[4] 나는 다른 책에서 자세히 언급했던 이러한 내용을 여기서 반복하기보다 그것을 요약해서 제시하려 한다.

우주 존재론

고대 세계와 성서의 세계에서 어떤 사물은 그것이 물리적 형태를 가졌을 때 존재하는 것이 아니라 질서 잡힌 체계 안에서 다른 사물로부터 분리되어 자기 이름과 역할을 가질 때 존재한다고 여겨졌다. 바로 이것이 기존의 내 주장이다. 이것은 물질(material) 우주 존재론이 아니라 기능(functional) 우주 존재론이다. 이런 관점에서 어떤 사물이 존재하지 않는다는 말은 그 기능이 결핍되어 있다는 뜻일 뿐, 물질의 결핍을 의미하지 않는다. 따라서 무언가를 창조한다는 것은 (즉 무언가를 존재하게 하는 것은) 그것에 기능이 주어짐을 의미할 뿐, 물질적 가치가 부여되는 것과는 관련이 없다. 이렇게 기능을 중시하는 경향은 수메르, 아카드, 이집트 문학에 광범위하게 나타난다. 그 범위도 우주론을 다루는 신화로부터 찬가, 성전건축 기사 및 전례 문서에 이르기까지 다양하다. 인류 역사의 가장 초기 문헌에서부터 그리스-로마 시대에 이르기까지 다양한 문화와 시간을 넘나드는 이런 경향성을 살펴볼 수 있다. 기능 우주 존재론에서 존재와 비존재를 구분하는 기준선은 물질이라는 선이 아니라 기능이라는 선이었다. 이제부터 나는 간략한 요약을 통해 이런 관점을 입증하는 증거를 제시하고자 한다.

1. 성서의 우주론은 물질의 부재에서 시작하지 않고 기능의 부재에서

4_ John H. Walton, *Lost World of Genesis One: Ancient Cosmology and the Origins Debate* (Downers Grove, IL: InterVarsity Press, 2009); idem, *Genesis 1 as Ancient Cosmology* (Winona Lake, IN: Eisenbrauns, 2011).

시작한다. 창세기 1장 서두에서 1절은 창조 기사의 문학적 도입부를 형성한다. "태초에 하나님이 천지를 창조하시니라"라는 1절의 언급은 창조 기사의 7일과 별개인 창조가 있었다는 말이 아니다. 그 대신 1절은 문학적 무대를 설정하면서 "그리고 창조가 이러이러한 방식으로 일어났다"라고 암시해준다. "태초"가 7일 전체를 의미한다는 것은, 천지 창조가 다 이루어졌다는 창세기 2:1의 보도를 통해 확증된다. 이런 방식으로 창세기 1:1은 톨레도트 공식이 창세기 전체에서 맡은 역할(예. 2:4)과 같은 기능을 한다.

이런 논의가 중요한 이유는 창세기 1:2에서 실제 창조 기사가 시작하기 때문인데, 2절은 어떤 물질이 이미 존재하고 있다는 사실을 보여준다(깊음의 바다, 셋째 날의 땅[아마도 육지일 것이다]). 하지만 기능은 존재하지 않았다("혼돈하고 공허하며"[tōhû wābōhû]라는 표현이 2절 앞부분에 나타난다). 한편 오늘날 현대인들의 개념과 유사한 물질 우주 존재론 안에서 우리는 물질과 관련된 용어를 사용하여 기원을 명확한 형태로 언급한다. 우리는 우리의 우주론을 통해 우주의 물질적 특성에 대한 설명을 제시하려 노력한다. 반대로 기능 우주 존재론은 물질의 기원에 관한 이야기에 별다른 흥미가 없다. 오히려 그것은 기능의 기원에 관한 이야기를 제시하여 우주의 기능적 특성을 설명한다. 이것은 기능 존재론하에서 물질이 항상 존재했다는 점을 강조하려는 말이 아니다. 단지 기능 존재론은 물질의 기원에 거의 관심이 없다는 뜻이다. 분명히 하나님은 물질세계를 창조하신 분이시다. 하지만 그런 사실은 기능 존재론을 주장하는 사람들의 관심을 끌지 못할뿐더러 어떤 관련성도 지니지 못한다.

"토후 바보후"(tōhû wābōhû)가 "모양을 갖추지 않고 아무것도 생기지 않았는데"(formless and empty, 공동번역)처럼 번역되는 양상이 흔한데, 그런 번역은 무의식중에 물질성에 친숙한 우리의 성향에 기인하며, 토후가 사용된 20번의 용례를 주의 깊게 살펴볼 때 지지받기 힘들다(개역개정은 "혼돈하고 공허하며"라고 번역하는데, 어느 쪽에 관심을 두는지는 분명하지 않다―역주).[5] 토후라는 단어로 묘사된 장면(예. 사 41:29)은 형태가 없는 상태가 아니라 기능의 부재를 나타낸다. 그리고 어떤 단어나 논의가 "토후" 상태라는 말은 형태의 결핍이 아니라 생산 기능의 부재를 의미한다. 구약에 등장하는 토후의 모든 용례는 이집트 텍스트들이 "비존재"라고 부르는 상태와 병행을 이룬다. 메소포타미아 텍스트들에서 창조와 창조 이전의 모습을 묘사하는 용어들은 기능하지 못하는 사물에 초점을 맞춘다. 유명한 바빌로니아 서사시인 「에누마 엘리쉬」는 "높은 데 있는 하늘에 그 이름이 없었을 때, 아래 있는 지하세계 역시 어떤 이름으로도 불리지 않았을 때"를 상정하면서 자신의 우주론을 시작한다. 이름 짓는 행위는 어떤 사물에 정체성과 기능을 부여한다. 그것은 창조 행위다.

2. 첫째 날은 물질인 어떤 사물의 창조가 아니라 빛과 어둠이라는 기간에 의해 규정되는 기능, 즉 시간의 창조를 특징으로 한다. 고대 근동 세계에서는 어둠과 마찬가지로 빛도 물질로 간주되지 않았다. 빛은 물체가 아니었다. 4-5절을 보면, 첫째 날 논의되는 대상은 빛 자체가 아니라 빛이 비취는 기간임이 분명하게 드러난다. 왜냐하면 "날"이라는 명칭이 부여되는 것은 빛이 비취는 기간이며, 어둠이 머무는 기간과 구별되는 것은 빛이 비취는 기간이기 때문이다. 4-5절이 빛이나 어둠이라는 대상을 가리키기보다 빛과 어둠이 존재하는 기간을 나타낸다는 데는 논쟁의 여지가 없으므로, 3절 역시 하나님이 "빛[이 비취는 기간]이 있으라"라고 말씀하신 것으로 이해해야 한다. 그렇다면 첫째 날 하나님은 번갈아가며 존재하는 빛과 어둠이라는 기간을 창조하셔서 시간이라는 기능을 담당하게 하

5_ 관련 세부사항은 Walton, *Genesis 1 as Ancient Cosmology*, 139-44을 보라.

셨음을 알 수 있다. 이것은 첫째 날 창조 활동의 결과가 저녁과 아침이라는 사실을 통해 확증된다. 그러므로 고대 이스라엘인들의 사고방식에서 볼 때, 첫째 날의 핵심은 물질에 있지 않고 기능에 있다.

3. 7일과 그 기간에 있었던 창조 활동에 관한 연구는 그 대부분의 날들이 물질과 연관이 없음을 보여준다.

둘째 날: 히브리어 "라키아"(*rāqîaʿ*)는 수많은 다른 방식으로 번역되었으며 여전히 논쟁의 여지가 일부 남아 있다. 그 뜻이 무엇이든, 이 단어는 이스라엘인들의 사고방식을 반영한다. 이 단어가 그들에게 무언가를 의미했기 때문이며, 우리도 그들처럼 이해해야 하기 때문이다. 이 단어는 그 위에 있는 물을 막고 있는 단단한 하늘을 가리키거나 윗물과 아랫물 사이에 창조된 공간("비눗방울 모양")을 가리킬 수도 있다. 전자라면 그것은 물질로 된 어떤 대상이겠지만, 오늘날 누군가가 존재한다고 믿을 만한 어떤 것이라고 말할 수는 없다. 그러므로 만약 물질에 초점을 맞추는 데 우선순위를 둔다면(즉 물질에 대한 관심을 저자의 발화 행위가 아니라 발화수반 행위로 여긴다면) 우리는 문제에 봉착할 것이다. 만약 "라키아"가 후자(일종의 에어포켓)를 가리킨다면, 그것은 물질이 아니라 단지 빈 공간일 뿐이다.[6] 윗물과 아랫물의 존재는 기상 현상이 작용하는 방식을 고대인의 눈으로 묘사하므로, 중요한 기능에 관한 설명임이 틀림없다. 고대 세계에 살았던 사람들은 대부분 하늘에 있는 한 덩어리의 큰물이 수문 같은 것에 의해 가두어져 있다고 믿었다. 과학적으로 우리는 그런 종류의 대상을 전혀 믿을 수 없다. 따라서 성서의 권위는 물질 창조보다 기능에 초점을 맞출 때 더 잘 유지된다. 그렇지 않다면 우리는 성서가 윗물에 관해 잘못된 견해를 제시한다고 결론내릴 수밖에 없다. 아니면 그 물들을 오늘날의 과학

6_ 수소나 산소 분자 따위는 고려 대상이 아니다. 우리는 고대 이스라엘인들처럼 생각해야 한다.

지식과 상응하는 무언가로 바꿔야 하는데, 이는 우리의 구미에 맞는 어떤 견해를 선호하여 성서가 고대의 청중에게 전했던 메시지를 무시하는 행동이다. 이 두 가지 선택 사항은 모두 성서의 권위를 무시하는 행동이다.

셋째 날: 물질인 피조물은 셋째 날 풍성하게 나타나는데, 그중 어떤 것도 창조되거나 만들어졌다고 언급되지 않는다. 마른 땅(아마도 이미 존재했을 것이다)이 부여받은 기능을 수행하기 위해 나타나며, 풍요를 위한 기능 체계가 세워진다. 어떤 물질의 생산도 언급되지 않으며, 단지 음식물이 공급될 체계의 창조만이 언급된다. 시간, 날씨, 음식을 위한 기초를 제공하는 기능들은 보편적으로 중요하며 또 이해되는 가치다. 하지만 물질들은 언급되지 않으며 관련성이 없다.

넷째 날: 이날부터 관심사가 우주적 기능으로부터 중요한 기능체 (functionary) 중 일부와 그들이 가진 기능 중 일부로 전환된다. 넷째 날 창조된 "광명들"이 바로 그런 기능체이다. 현대의 우리는 달이 지구 주변 궤도를 공전하는 일종의 바위 덩어리이며 태양 빛을 반사한다는 사실을 알고 있다. 고대 이스라엘인들은 그런 물질과 관련된 지식을 전혀 알지 못했다. 하지만 만약 물질인 달에 관해 그들이 지닌 지식이 무엇인지를 묻는다면, 고대 이스라엘과 나머지 고대 세계로부터 알 수 있는 모든 지식을 동원해본다 해도 아는 바가 전혀 없었다고 결론 내려야 할 것이다. 그들에게 해, 달, 별들은 광명체들이었다. 나머지 고대 세계에서는 신들을 의미하기도 했다. 기능 존재론 안에서 물질에 관한 이해는 전혀 그들의 관심사가 아니었다.

만약 고대인들이 해, 달, 별들과 물질적 관련성이 전혀 없었다면, 하나님이 그들을 만드셨다는 사실(창 1:16)은 도대체 무엇을 의미할까? "만들다"를 의미하는 동사 "아사"('āśāb)에 대해서는 추후 살펴보겠지만, 지금으로서는 하나님이 "만드신" 광명체들은 창세기 1:14과 17에서 사용된

이 동사를 통해 설명될 수 있다. 그는 먼저 광명체들의 기능을 언급하심으로써, 그리고 그것들이 자기 자리("라키아")에서 제 기능을 하게 하심으로써 그것들을 "만드셨다." 그것들은 광명체로서 기능할 뿐 아니라 낮과 밤을 주관하며 "징조와 [전례를 지키기 위한] 계절과 날과 해를" 이루었다. 그들이 수행하는 모든 기능은 사람을 위한 것이었다. (그러므로 말하자면 물리학과 관련된 기능 같은 것이 아니었다.) 그렇다면 넷째 날 역시 이스라엘 백성이 물질이라고 간주했을 만한 어떤 물체도 찾을 수 없음을 알게 된다.

참고로 창세기 1장을 이렇게 기능 중심으로 보는 견해는 (다양한 각도에서 설명이 제안되었던) 오랫동안 계속된 난제에 손쉬운 해답을 제시한다. 그 난제란 해, 달, 별들은 넷째 날 창조되었으나 빛은 첫째 날 창조되었다는 문제였다. 가능한 설명은 이렇다. 고대인들에게는 우주적 기능이 가장 중요하다고 인식되었다. 기능체들은 부차적 요소로 간주되었으며 중요하게 취급되지 않았다. 창세기 1장에 관한 물질 중심의 해석과 달리 기능 중심의 해석에서 우리는 물질 창조 활동의 시간 순서를 고려하지 않는다.

다섯째 날: 다섯째 날과 여섯째 날에 이르러 마침내 창조 활동의 중심이 되는 물질적 대상과 마주하게 된다. 다섯째 날의 창조를 다루는 창세기 1:20-23은 주목할 만한 가치가 있는데, 그 이유는 이 문맥에서 사용되는 동사가 "아사"가 아니라 "바라"(bārā')이기 때문이다("바라"는 1절 이후 여기서 처음 사용된다). 만약 "바라"에 대한 내 분석이 정확하다면,[7] 본문은 이 단어를 사용하는 맥락에서 기능을 세우는 상황을 언급한다. 이 부분에서 저자는 "바라"를 사용함으로써 심지어 큰 바다 생물(대개는 기능이 작용하지 않는 무질서의 영역과 관련된 혼돈 생물체[chaos creature]를 말한다)마저 기

7_ 343쪽의 설명을 참조하라.

능적 우주의 일부라고 언급하는데, 이 점은 저자가 이 단어를 선택한 것이 중요함을 시사한다. "물들은 생물을 번성하게 하라"라는 20절의 명령은 물질의 형성을 나타내기보다 기능을 적절한 자리에 배치하는 행위를 가리킨다. 그리고 22절의 축복은 바다의 생물과 공중의 새에게 각각 그들이 사는 터전을 채우는 기능을 맡긴다. 다시 말해 이것은 생태학적 기능이 아니라 인간을 둘러싼 그들이 하나님의 창조의 풍성함을 드러냄으로써 인간을 위해 봉사하게 하려는 의도였다. 그리고 인간은 다스림과 통치로써 이 수많은 생명체를 다양한 용도로 사용하게 될 것이었다.

여섯째 날: 다섯째 날에 물고기와 새들이 풍성하게 채워졌듯이, 여섯째 날에는 짐승이 땅에서 솟아나왔다. 이 말은 하나님을 물질 창조와 관련된다고 인식하는 태도를 멈추게 한다. (고대인들이 물질 창조를 부정한다는 의미가 아니라 그들의 인지 환경 안에 자연의 인과 관계가 없다는 뜻이다.) 여섯째 날에 이르러 마침내 그리고 처음으로 "만들다" 동사가 현대의 우리나 이스라엘인 모두에게 물질로 여겨질 만한 직접목적어와 함께 사용된다. 만약 여섯째 날에 이르러서야 물질적 요소에 흥미를 가질 만한 가능성이 있는 무언가에 도달하게 되었다면, 나는 창조 기사의 초점이 물질에 맞춰져 있다는 판단을 심각하게 보류해야 함을 깨달았다.

하지만 여전히 관심사는 기능의 측면에 머물러 있다. (창조 기사의 날 구분이 기능이라는 범주를 따르고 있으며, 하나님의 축복이 기능의 특성, 즉 생육하여 땅을 채우는 일과 연결되어 있다는 데 주의해야 한다.) 더 나아가 하나님은 땅이 생명체를 내도록 하심으로써 짐승들을 간접적으로 "만드셨다." 다시 말해 무언가를 생산해낸다고 여겨질 만한 활동이 나타나지 않는다.

창세기 1:26-30에서 사람은 철저하게 기능을 나타내는 용어로 언급된다. 그들은 하나님의 형상이며, 다스리며, 생육하여 땅을 채우며, 정복할 것이다. 아울러 그들에게 음식이 제공될 것이다. 이 부분에서 우리는 하나님이 인간을 "바라"하심으로써 그들을 "아사"하셨음을 알게 된다. 나는 이를 더욱 자세히 조사하기 위해 뒷부분에서 이 두 동사의 의미론 분석을 실시하려 한다.

나는 창조 기사 전체의 관심이 물질의 기원이 아니라 기능의 양상과 관련된다는 점을 주장하고자 한다. 만약 본문이 물질 창조를 서술하도록 의도되었다면, 창조의 날 대부분에는 아무런 의미가 없다. 창조 기사는 기능이 없는 상태로 시작해서 우주의 기능을 세우는 과정을 보여준다. 이 활동은 고대 근동 전반에서 창조를 수반하는 내용이지만, 앞에서 제시한 증거는 고대 근동 문헌에 부과된 정보에 근거한 것은 아니었다. 다만 성서 자체에서 나온 증거였다. 그리고 풍부한 고대 근동 텍스트 역시 이 관점을 지지한다.

4. 창세기 8:22은 기능적 우주에 대한 관심을 구체화하고 첫째 날~셋째 날에 소개된 세 가지 주요 기능을 반복해서 강조한다. 대개 주석가들은 홍수 기사를 무질서의 난입으로 간주하는데, 이는 인류의 죄에 대한 심판을 의미한다. 그리고 홍수 이후에는 질서가 다시 세워지는데, 이것은 재창조와 같은 의미를 지닌다. 그러므로 하나님이 심음과 거둠(음식), 추위와 더위, 여름과 겨울(날씨), 낮과 밤(시간)이라는 틀이 지금부터 영원히 계속될 것이라고 언급하심으로써 이 재창조가 변하지 않는다고 선포하시는 장면은 매우 흥미롭다.

고대 근동의 이런 기능 중심적 관점을 보여주는 증거들은 물질보다 기능에 대한 이스라엘인들의 관심 역시 그들의 인지 환경 안에 있는 공통된 사고방식이었음을 입증한다. 이런 결론은 단지 우주론과 관련된 성서 텍스트에서만 연유하는 것이 아니라 (다양한 문화로 구성되었으며 광범위한 시대에 걸쳐 분포했던) 고대 근동 세계의 다양한 텍스트를 고려할 때도 명백한 사실이다. 다음에 제시할 내용은 이를 보여주는 가장 중요한 증거 몇 가지를 요약한 것이다.

1. 우주론 텍스트를 분석해보면 저자의 관심이 물질적 대상에 있지 않음을 알게 된다. 더 많은 예를 드는 것이 가능하겠으나 여기서는 약간의 예를 드는 것으로도 충분하다. 「길가메쉬, 엔키두, 지하세계」(*Gilgamesh, Enkidu and the Underworld*, 이 이야기는 「훌룹푸 나무」[*The Huluppu Tree*] 이야기로도 알려져 있다) 이야기는 고대 시대를 가리켜 "필수적인 것들"이 아직 존재하지 않았던 때로 언급하고 있다. 계속해서 이 이야기는 매일 나타나는 일상의 기능을 여러 면으로 보여주면서, 아울러 우주의 질서와 신의 권한을 드러내 준다.

> 옛날에, 필수적인 것들이 그 존재를 드러내기 시작했을 때,
>
> 옛날에, 필수적인 것들이 처음으로 적절히 세워졌을 때,
>
> 그 땅의 신전에 처음으로 음식이 봉양되었을 때,
>
> 그 땅의 화덕이 작동하기 시작했을 때,
>
> 하늘이 땅에서 분리되었을 때,
>
> 땅이 하늘로부터 그 경계가 나뉘었을 때,
>
> 인류의 명성이 확립되었을 때,
>
> 아누(Anu, 하늘의 신−역주)가 자신을 위해 하늘을 취했을 때,
>
> 엔릴(Enlil, 바람의 신−역주)이 자신을 위해 땅을 취했을 때,
>
> 지하세계가 에레쉬키갈(Ereškigala, 지하세계의 여신−역주)에게 선물로 주어졌을 때[8]

위의 수메르 텍스트로부터 셀레우코스(Seleucid) 왕조 시기의 메소

8_ 수메르 텍스트에서 번역된 자료로서 http://etcsl.orinst.ox.uk 사이트 4-13째 줄에서 인용함. "Necessary things"는 수메르 텍스트 nig$_2$-du$_7$("that which is proper or appropriate")과 같다.

포타미아 텍스트인 「우주생성론과 에리두의 건설」(*Cosmogony and the Foundation of Eridu*)에 이르기까지 우리는 같은 방식의 문헌들을 접할 수 있다. 이때 종종 그 문헌들은 오직 바다만 존재하는 상황에서 시작하며, 창조 활동은 도시와 성전을 세움으로써 일어난다.

> 모든 육지가 바다였다.
> 바다 한 가운데서 솟아나는 샘이 유일한 수로였다.
> 그때 에리두가 세워졌고, 에사길(Esagil)이 설립되었다.
> 에사길은 두쿠가 왕(Lugaldukuga)이 압수의 심장에 세운 도시다.
> 바빌로니아가 세워졌고, 에사길이 완성되었다.[9]

후기 이집트의 톨레미 왕조 때 이집트 민용 문자(행정, 상업, 일반 용도로 기록된 문자—역주)로 기록된 「파피루스 인싱어」(*Papyrus Insinger*)에는 우리의 흥미를 끄는 다양한 목록의 창조를 발견할 수 있다.

> 그는 모든 생물이 그 안에 거하도록 빛과 어둠을 창조하였다.
> 그는 땅을 창조했다. 수많은 존재를 낳았고, 그들을 삼키고 낳기를 반복하였다.
> 그는 명령하는 주인으로서, 명령을 통해 날과 달, 년도를 창조하였다.
> 그는 소티스(Sothis, 나일강의 범람을 알려주는 별자리. 오늘날의 시리우스에 해
>   당함—역주)가 뜨고 짐을 통해 여름과 겨울을 창조하였다.
> 그는 땅의 기적인 그들이 존재하기 이전에 음식을 창조하였다.
> 그는 하늘의 별들을 창조하였다. 따라서 땅에 사는 자들은 그 별들에 관해 배
>   워야 한다.

9_ Richard J. Clifford, *Creation Accounts in the Ancient Near East and in the Bible* (CBQMS 26; Washington, DC: Catholic Biblical Association, 1993), 63.

그는 모든 육지가 갈망하는 담수(淡水)를 창조하였다.

그는 달걀에 손을 대지 않고도 그 안에 있는 숨결을 창조했다.

그는 정액으로부터 모든 자궁 안에 생명을 창조하였다.

그는 같은 정액으로부터 근육과 뼈를 창조하였다.

그는 지면을 뒤흔들어 모든 땅에 오고 가는 것들을 창조하였다.

그는 피곤함을 그치게 하려고 잠을, 음식을 찾게 하려고 깨어나는 행동을 창
  조하였다.

그는 아픔을 그치게 하려고 치료를, 고통을 그치게 하려고 포도주를 창조하
  였다.

그는 꿈꾸는 자가 무지의 상황에서 길을 찾게 하려고 꿈을 창조하였다.

그는 불경한 자에게 고통을 주기 위해 그의 앞에 생명과 사망을 창조하였다.

그는 정직을 위해 부를, 거짓을 위해 가난을 창조하였다.

그는 어리석은 자를 위해 일을, 평범한 사람을 위해 음식을 창조하였다.

그는 그들이 살아갈 수 있도록 자손의 계승을 창조하였다.[10]

이런 종류의 자료는 이집트와 메소포타미아 문서로부터 얻을 수 있다. 고대 세계에서 우주는 기계가 아니었다. 그것은 일종의 과업과 같았으며, 더 중요하게는 왕국을 의미했다. 성서 텍스트에 나타나는 양상과 마찬가지로, 이것은 고대 근동의 인지 환경이 우주에 대해 주로 기능 위주의 관점을 지녔음을 보여준다.

2. 창세기와 마찬가지로 고대 근동 세계에서 창조의 시작점은 물질 대상의 부재가 아닌, 질서와 기능의 부재라는 말로 특징지을 수 있다. 여기서도 약간의 예를 드는 것만으로 충분할 것이다. 수메르 텍스트 NBC

10_ Miriam Lichtheim, *Ancient Egyptian Literature: A Book of Readings* (3 vols.; Berkeley: University of California Press, 1980), 3:210-11.

11108은 우주와 사회 둘 다 기능이 존재하지 않았음을 입증해준다. 고대인에게 우주와 사회는 긴밀하게 연결되어 있었기 때문이다.

> 땅이 어두웠으며, 지하세계는 [보이]지 않았다.
> 물들은 (땅의) 입구를 통해 흘러나오지 않았고,
> 아무것도 생성되지 않았으며, 광활한 땅에는 밭고랑조차 만들어지지 않았다.
> 엔릴의 거룩한 제사장들이 존재하지 않았고,
> 정결 의식들도 수행되지 않았으며,
> 하늘의 [성녀들]이 아무 치장도 되어 있지 않았으며, 그녀는 [찬송을(?)] 선포하지 않았다.
> 하늘과 땅은 서로 합쳐져 한 통일체를 (형성했으며), 그들은 [결혼하지] 않은 상태였다.
> 하늘은 그 빛나는 얼굴을 다간[Dagan, 하늘의 처소를 의미함] 안에서 드러내었으며,
> 그 빛이 나아갔으나, 들판에까지 미칠 수 없었다.
> 엔릴의 통치는 아직 육지에까지 미치지 못했으며,
> 에안나(E'anna)의 그 순[결한 여]인은(?) 아직 [제물을(?)] [받]지 못했다.
> 위[대한 신들], 아눈나(Anunna, 수메르 주요 신 50명을 가리키는 명칭. 수메르 신들은 아눈나와 이기기[Igigi, 작은 신들을 가리킴]로 나뉜다—역주)는 아직 활동하지 않았으며,
> 하늘의 신들, [땅]의 신들은 아직 거기에 있지 않았다.[11]

11_ Clifford, *Creation Accounts*, 28, translated into English from J. van Dijk's French translation in "Existe-t-il un 'Poème de la Création' Sumérien?" in *Kramer Anniversary Volume: Cuneiform Studies in Honor of Samuel Noah Kramer* (AOAT 25; ed. B. Eichler et al.; Kevelaer: Butzon & Bercker, 1976), 125-33.

이와 같은 예들은 성서의 우주론이 고대 세계에 친숙했던 우주론과 가깝다는 사실을 보여준다. 성서 저자는 오늘날 우리의 우주론과 가까운 방식을 전혀 고려하지 않고 있다.

3. 이집트 문헌을 보면, 존재와 비존재가 물질의 범주보다 기능의 범주로 판단됨을 알 수 있다. 이집트학 학자인 에릭 호르눙(Erik Hornung)은 "이름이 없는 대상은 존재하지 않음을 의미한다"라고 말한다. 그의 말은 물질적 가치가 구분의 기준이 아니라는 뜻이다.[12] 그는 실재와 비실재가 생각할 수 있는 모든 존재 전체를 함께 구성한다고 주장한다.[13] 창조 행위는 비실재를 실존하도록 변화시키는 행위로 여겨지지 않았다.[14] (대부분의 현대인은 너무 쉽게 "창조"라는 개념이 비실재를 실존하게 하는 개념이라고 생각한다.) 그 대신, 비실재가 경계면 혹은 한계 너머로 물러가고 공간이 실재를 위해 창조되었다. 하지만 여전히 비실재는 실재와 함께 머물렀다.[15]

그러므로 살아 있는 존재들은 다양한 방식으로 비실재와 마주하게 되었던 것 같다.[16] 람세스 2세 같은 파라오는 "반역한 적국의 땅을 존재하지 않게 만들었다"라고 언급된다. 이 말은 그가 그 땅 거민을 몰살시켰거나 완전히 잊히게 만들었음을 의미하는 것이 아니라, 실재의 영역에서 비실재의 영역 너머로 쫓아내었음을 의미한다.[17] 호르눙은 다음과 같이 요약

12_ Erik Hornung, *Conceptions of God in Ancient Egypt: The One and the Many* (trans. John Baines; Ithaca, NY: Cornell University Press, 1982), 175.

13_ Ibid., 176; 그의 주장을 물질(matter)과 반물질(anti-matter)에 관한 현대의 논의와 비교하는 일은 매혹적인 작업이 될 듯하다.

14_ Ibid., 177; 아울러 Siegfried Morenz, *Egyptian Religion* (trans. Ann E. Keep; Ithaca, NY: Cornell University Press, 1973), 171-72을 보라.

15_ Morenz, *Egyptian Religion*, 168.

16_ Hornung, *Conceptions*, 179; Jan Assmann, *Mind of Egypt: History and Meaning in the Time of the Pharaohs* (trans. Andrew Jenkins; New York: Metropolitan, 1996), 205-6.

17_ Hornung, *Conceptions*, 180. 이집트에서 죽음과 사후 세계는 적어도 그것들이 새로운 삶에 대한 희망을 간직하고 있다는 점에서 실재의 일부였다.

된 결론을 제시한다. "[이집트인들에게] 비실재는 광활하며 아직 실현되지 못한 태고의 문제다."[18] 비실재에 관한 호르눙의 결론은 우리가 다루고 있는 주제를 위해 중요하고도 핵심이 되는 특징들을 드러내준다.

> 어떤 이는, 일반적으로 고대 이집트에서 "비실재"란 초기 상태로서 구분되지 않았고, 분명하게 만들어지지 않았으며, 제한되지 않은 것들을 나타낸다고 말할지도 모른다. 혹은 더 긍정적으로 말해서 가능하고, 절대적이며, 명확한 것 전체를 의미할 수도 있다. 비실재와 비교하여 실재는 분명하게 규명되며, 경계와 구별이 명확하게 이루어진다.[19]

비록 다른 용어를 사용하기는 하지만, 또 다른 이집트학 학자인 제임스 앨런(James Allen) 역시 이 두 영역의 상반된 본질을 묘사하면서 호르눙과 같은 노선을 따른다.

> 땅, 하늘, 두아트(Duat, 사후세계를 의미함—역주)의 생활권 바깥에 있는 것은 "무존재"가 아니라 일종의 우주로서, 세상을 규정하는 모든 것과 대조되는 양상이다. 무한한 우주에서 유한한 세상이 나온다. 형태가 없고 혼돈한 우주에서 세상이 형성되고 질서가 세워진다. 부동의 우주에서 활기 찬 세상이 나온다. 물질적으로 완전히 균일한 (물로 이루어진) 우주에서 다양한 물질로 구성된 세상이 나온다.[20]

18_ Ibid., 182.

19_ Ibid., 183.

20_ James P. Allen, *Genesis in Egypt: The Philosophy of Ancient Egyptian Creation Accounts* (New Haven: Yale University Press, 1988), 57.

생산력이 없고, 다양화되지 않았으며, 기능을 감당하지 못하는 우주의 이전 상태는 다양한 형태의 문헌을 통해 입증되고 있다. 이는 다른 고대 문화권의 문학 작품을 평가해봄으로써 알 수 있을 뿐 아니라, 이스라엘 역시 마찬가지다. 무존재 혹은 비존재에 대한 이집트인들의 관점을 고려해볼 때, 나는 이집트의 존재론이 비물질적이었다고 결론짓는다. 그리고 이런 믿음은 고대 근동 세계의 도처에서 흔한 것이었다.

4. 나는 창세기 1장의 첫 3일에 관한 기사가 시간, 날씨, 음식이라는 기능의 기반을 제공했다고 주장했다. 그렇다면 이 세 가지가 고대 근동 문서들에서도 동일하게 중심을 차지하고 있었다고 추론해도 전혀 놀랍지 않을 것이다. 예컨대 바빌로니아 서사시 「에누마 엘리쉬」 5번째 석판은 우주를 형성하는 마르두크에 관한 기사를 포함하는데, 1~46째 줄은 천구(天球)와 밤낮의 형성과 관련되며 마르두크가 시간을 만드는 모습을 자세히 보여준다. 47-52째 줄은 구름, 바람, 비, 안개, 즉 날씨라는 기능에 대해 마르두크가 행사하는 지배력을 보여준다. 그리고 53-58째 줄에서 티아마트가 관장하는 물은 농업을 위한 물 공급에 이용되며, 따라서 음식의 생산을 위한 것이다.

더 오래된 다른 예는 「겨울과 여름의 논쟁」이라는 수메르 텍스트인데, 거기서 엔릴은 낮과 밤(시간)을 세우며, 곡식이 증대되도록 땅을 비옥하게 하고(음식), 하늘에는 수문(날씨 메커니즘)을 만든다. 이런 관심사가 고대 우주론에 편만하다는 점은 전혀 놀랍지 않다. 어디에서 살았는지 혹은 어느 때에 살았는지와 관계없이, 이러한 관심사는 존재를 형성하는 데 필요한 주요 문제이기 때문이다.

5. 현대 우주론은 우주를 형성하는 건축 블록(building block)에 관심을 두는데, 그 블록이란 가장 작은 입자(쿼크, 세포, 원자, 분자, 유전자 등)에서 가장 큰 덩어리의 복합체(태양계, 은하 등)에까지 미친다. 건축 블록에

대한 관심은 본질적으로 현대인이 삶과 존재의 중추로 간주하는 바가 무엇인지를 보여준다. 고대 메소포타미아에서 그 건축 블록은 수메르 용어인 "메"(ME, 수메르어로서 아카드어 *paṛṣu*로 번역되기도 함. '신의 힘', '통치', '법령' 등 다양한 의미를 지니며 우주의 기능적 근원을 가리키는 용어—역주)를 통해 드러난다. 이 단어는 그 당시의 아시리아나 바빌로니아어로 번역하기도 어려웠으며 따라서 현대어로 번역하는 데도 문제가 된다. 이 단어로 표현되는 요소들은 우주의 지배 원리로 간주되던 것들을 나타낸다. 그리고 그런 요소 가운데 어떤 것도 문화적 양상뿐 아니라 우주적 양상을 포함하지 않는 것은 없다. (고대인들은 이 둘에 차등을 두지 않았지만 분명히 구분했다.) 이런 원리들은 원형적이며, 근원적이고, 변하지 않는다. 수메르인들은 자신들이 신에 의해 창조되었다고 생각하지 않았다. 그들은 자기들이 단순히 우주라는 직물 안에 짜여 있다고 생각했다. 그리고 신들은 그들을 감독하고 관리한다고 생각했다. 신들의 선천적이며 정적인 측면을 볼 때, 그들은 우리가 자연법이라고 부르는 것과 다르지 않은 역할을 수행했다.[21] 신들의 통치는 "운명을 선포하는" 행위를 포함하는데, 이것은 "메"를 표현하는 일종의 방식이었다. 모든 텍스트들에서 등장하는 "메"와 관련된 일체의 목록이나 논의는 그것들이 본래 기능과 관련되어 있음을 보여준다. 창조는 운명을 선포하는 행위를 수반하는데, 그것은 "메"를 "완성한다." 창세기에서 하나님은 기능들(첫째 날~셋째 날)을 설립하실 뿐 아니라, 선포하심으로써 그 기능들을 설치하시는 분이시다.

고대 근동의 이 다섯 가지 양상은 그들의 우주론이 물질적이라기보다 기능적임을 입증한다. 앞에서 언급된 양상들을 창세기 1장과 비교하면, 창세기 기사 역시 같은 형태의 우주론 모델을 적용하고 있다는 점을 알

21_ 세부사항은 Walton, *Genesis 1 as Ancient Cosmology*, 46-60을 참조하라.

수 있다. 비록 창세기 기사가 매우 다른 신학을 드러내고 있음에도 그렇다는 말이다. 이런 신학적 차이는 간과할 수 없으며, 우리가 창세기 1장의 메시지를 다룰 때 언급될 것이다.

모든 이론이 그러하듯이, 내 견해에도 언급해야 할 잠재적 문제점이 있다는 사실은 분명하다. 내가 주장한 요점들과 관련하여 가장 자주 제기되는 4가지 질문은 다음과 같다.

1. 창세기 1장에 사용된 히브리어 동사 "바라"와 "아사"는 오늘날 독자들이 보기에 물질과 관련된 특성을 나타내는 것처럼 보인다. 창세기 1장을 문자적으로 읽으면 어떤 물질적 관점에 도달하게 되지 않을까?

이에 대해 생각해보자. 우리가 먼저 주의해야 할 점은, 이러한 물질적 관점이 우리에게 떠오르는 이유는 현대 번역자들과 독자들이 물질 존재론에 천착해 있기 때문이다. 만약 존재성이 물질성으로 규정된다면, 무언가를 존재하게 하는 것(예컨대 "창조하는" 것)은 물질과 관련된 행동을 의미할 것이다. 이 점을 일종의 문자적 읽기로 수용하기 전에, 우리는 고대 이스라엘 청중이 이 동사들을 물질적 관점을 나타내는 동사로 간주했는지를 결정해야 한다. 이를 결정하려면 두 히브리어 동사의 용례에 근거해야 한다. 나는 이전 책에서 이 동사들에 대한 포괄적 분석을 시도한 바 있다. 그 분석에 따르면, 우주론과 관련된 맥락에서 "바라"는 기능의 설립과 관련지어 이해해야 하며 (왜냐하면 "바라"의 직접목적어 대부분이 기능과 관련된 표현이기 때문이다) "아사"는 무언가를 만드는 행동이라기보다 어떤 과업을 수행하는 행동(즉 무언가를 "하는" 행동)과 관련지어 해석해야 한다.

"바라"와 함께 제시되는 직접목적어들이 기능과 관련된다는 증거로는, "남북"(시 89:12), "이스라엘"(사 43:15), "어둠"(사 45:7), "장인"(사 54:16) 등 몇 가지 예만 살펴봐도 충분하다. 더 나아가 "바라"에 관한 최근의 분석은 다른 동사 어간에 나타나는 용례들까지 포함하는 경향이 있다. 예전에 편

찬된 사전들은 이 부분을 별도로 다루었는데, 그 이유는 이 동사의 경우 그래야만 한다는 선입견 때문이었다. 이러한 최근의 분석들을 참고하면, "분리"라는 요소가 더욱 명백히 나타날 뿐 아니라 그것이 고대 근동의 인지 환경에서 가장 기본적 창조 활동이라는 점이 현저하게 드러난다.[22] 나는 "바라"가 "무언가를 (기능상) 존재하게 하다"를 의미한다고 제안한다. 이 단어는 마치 역할, 지위, 정체성과 같은 것들이 구분되듯이, 어떤 구분이 일어남에 따라 질서가 세워짐을 암시한다. 이 단어를 물질인 무언가를 만드는 행위로 간주해야 할 근거는 전혀 없다.

"아사"에 관한 분석은 훨씬 더 복잡하다.[23] 이 부분에 대해서 나는 출애굽기 20:8-11의 문맥만을 지적하고자 한다. 하나님은 이스라엘 백성에게 엿새 동안 그들의 모든 일을 하고(ʿāśāb) 제7일에는 하지(ʿāśāb) 말라고 명령하신다. 왜냐하면 "엿새 동안에 주님이 하늘과 땅을 '하셨기'(ʿāśāb) 때문이다." 그들이 자신들의 일을 행한다(무언가를 수행한다)고 말하고 있으므로, 출애굽기 본문도 주님이 그의 일을 하셨다고(무언가를 수행하셨다고) 이해하는 편이 적합하다. 하나님의 일은 무엇인가? 사실 출애굽기 20:11이 가리키는 창세기 2:2-3은 우리에게 이렇게 말한다. "하나님이 그가 하시던 일을 일곱째 날에 마치시니, 그가 하시던 모든 일을 그치고 일곱째 날에 안식하시니라." 사실 더 정확히 말하면 "그분은 자신이 하셨던 모든 창조 사역에서 벗어나 그 날에 쉬셨다"일 것이다. 그가 수행하셨던 일은 창조("바라", 즉 우주에 질서와 기능을 세우는 일) 사역이었다. 그

22_ Ellen J. van Wolde, *Reframing Biblical Studies: When Language and Text Meet Culture, Cognition, and Context* (Winona Lake, IN: Eisenbrauns, 2009)에 제시된 주요 분석을 보라. 나는 *Genesis 1 as Ancient Cosmology*, 127-33에 이에 대한 자세한 분석을 수록했으며, 아울러 각주를 통해 비슷한 분석을 시도하는 최근의 다른 단어 분석에 대해 독자들이 접근할 수 있도록 했다.

23_ 내 책 *Genesis 1 as Ancient Cosmology*, 133-38에 있는 자세한 분석을 참조하라.

러므로 창세기 1장이 제6일에 관한 기사에서 "아사"를 사용할 때(1:7, 16, 25, 26) 우리는 이 동사를 "만드셨다"(made)가 아니라 "하셨다"(did)로 해석해야 한다(심지어 창 1:26-27에서 하나님은 인간을 "바라"하셨을 때 그들을 "아사"하셨다. 이것은 "아사"가 "바라"에 의해 수행된다는 점을 보여준다. 그리고 만약 "바라"가 본래 기능적이라면, 당연히 "아사"도 기능적이다). "아사"에 관한 이 참신한 분석은, 이 문맥에서 "아사"가 (무언가를) 세운다기보다 (어떤 일을) 수행하는 쪽에 가까움을 보여준다.

"바라"와 "아사"의 단어 및 의미론 분석을 기반으로, 나는 다음과 같이 결론짓는다. 우리가 이 동사들을 물질적 관점으로 접근한 이유는, 창조를 물질적 관점에서 생각하는 우리의 선입견 때문이다. 오히려 우리는 이 단어들이 무언가를 조직하고, 질서를 가져오며, 기능을 세우는 것과 관련되어 있다고 간주해야 한다.

2. 이에 대한 반론은 대개 이렇다. 비록 기능적 관점에 대한 증거가 설득력이 있다고 하더라도, 왜 창조 기사가 기능적 측면과 물질적 측면을 둘 다 수반한다고 해석해서는 안 되는가? 이에 대해 답하면, 첫째, 물질이 없이 기능이 있을 수 없는 것은 분명하다. 아마도 둘 중 하나 혹은 둘 다에 초점을 맞출 수도 있을 것이다. 결국 우리가 원하는 것은, 저자가 창조 기사를 작성할 때 가장 염두에 두고 있었던 것이 무엇이었는가를 결정하는 일이다. 즉 저자가 말하려는 이야기가 어느 부분에 속하는가? 우리가 종종 물질적 양상에 가장 많은 흥미를 느끼며 그 용어들과 관련하여 생각하려는 경향이 있다고 해서, 물질적 해석이 기본 해석이 되는 것은 아니다. 어떤 이는 창조 기사에서 물질적 양상을 입증하는 해석을 제시하려 할지도 모르겠다. 기능적 양상을 입증하려는 이들이 그러하듯 말이다. 창조 기사가 물질 창조를 강조한다는 점을 입증하려는 사람은 내가 기능에 강조를 둔 해석의 근거를 제시하는 것과 같은 단계를 거쳐야 할 것이다.

비록 그 동사들이 물질적 행동과 관련되는 용례를 누군가가 밝힐 수도 있겠지만, 창조 기사가 물질의 부재로 시작하지 않는다는 점과 창조의 날 대부분이 사물을 만드는 행위를 논하지 않고 있다는 점은 그의 가장 큰 장애물일 것이다. 만약 창조 기사가 물질에 관해 이야기하려고 했다면, 각각의 날에 일어난 일들에 관해 많은 의문이 제기될 것이다.

우리는 더 나아가 고대 세계에서 아무도 그렇게 하지 않았는데 왜 이스라엘인들만 물질의 기원에 관심을 가져야 했느냐는 중요한 질문을 제기할 수 있을 것이다. 아울러 왜 물질 우주에 대한 그들의 해석이 현대의 일치된 의견과 보조를 나란히 하지 못하느냐고 질문할 수도 있을 것이다. 이러한 문제들은 기능 중심의 해석이 더 적절하다고 간주하게 해준다.

3. 또한 어떤 이들은 다음과 같은 신학적 의문점을 제기한다. "하나님이 물질적으로 천지를 창조하셨는가? 그리고 그가 **무로부터** 창조하셨는가?" 손쉬운 대답은 "그렇다. 하지만…" 정도일 것이다. 신학적 관점에서 하나님이 모든 물질을 창조하셨다는 사실만큼은 확실히 그렇다고 말할 수 있다. 우리도, 이스라엘인들도, 물질의 영속성을 믿지 않는다. 만약 하나님이 창조하시지 않은 무언가가 있다면, 따라서 그분은 불확실한 분이실 것이며, 이것은 건전한 신학의 틀에 어긋난다. 이는 골로새서 1:16-17에 의해 확증된다.

그렇다면 모든 물질을 만드신 하나님이 어느 시점에 무에서 그것들을 창조하셨다고 보는 것이 논리적이다. 하지만 오랫동안 히브리어 학자들은 구약에서 사용된 동사들이 "무로부터의 창조"를 의미하지 않는다고 인정해왔다. "무로부터의 창조" 개념이 사실이라는 점은 철학적·논리적 결론일 뿐, 창세기 1장에서 도출된 결론이 아니다. "무로부터의 창조"는 명백히 물질과 관련된 질문이다. 만약 창조 기사가 물질의 기원에 관한 이야기가 아니라면, 우리는 이 이야기에서 "무로부터의 창조"를 언급할 만한 어떤 것도 기대하기 어렵다. 여담이지만, "무로부터의 창조"를 주장하는 이들은 동사 "바라"가 어떤 요소도 포함하지 않는다는 점을 지적함으로써 그렇게 했다. 아이러니하게도, 내가 알기로는 "바라"가 어떤 요소를 포함하지 않는다는 점이야말로, 이 동사가 물질 창조를 전혀 다루지 않고 있으며 오히려 기능을 세우는 데 관심을 두고 있다는 점을 보여주는 핵심이다.

그렇다. 하나님은 모든 물질을 창조하셨다. 적어도 어느 시점에 그분은 아무것도 없는 상태에서 모든 물질을 창조하셨다. 하지만 우리가 이해하고자 하는 바는 하나님의 모든 창조 사역이 아니라 창세기 1장이 보여주는 창조의 세부 사항이다. 나는 창세기 1장이 기능의 기원에 관한 이야기를 제시하려 했다고 주장한다. 왜냐하면 고대 세계에서는 물질의 기원에 관한 기사보다 기능의 기원에 관한 이야기가 일반적이었기 때문이다.

4. 처음으로 이런 기능 존재론에 관한 개념을 알게 되었을 때, 어떤 이들은 왜 사람들이 이 점을 전에는 보지 못했을까 하고 궁금해했다. 중간기 문헌들, 신약 성서, 초기 교회의 교부 문헌들과 랍비들의 해석을 자세히 살펴보면, 모두가 창세기 1장을 물질 창조로 이해해야 한다는 주장을 최소한 부분적으로라도 피력했다. 기능적 관점에서 물질적 관점으로 넘어가게 된 이유는, 알렉산드로스 대제 이후로 헬레니즘과 그리스식 사고가 고대 세계에 유입된 결과라고 쉽게 설명할 수 있을 것이다. 이 영향으로 철학자들과 신학자들은 우주의 물질 양상에 관심을 기울이게 되었으며, 과학의 발전으로 물질 우주라는 개념이 깊이 관통하게 되었다. 그러므로 물질적 관점은 기능적 관점과 나란히 위치하게 되었으며, 아마도 분명 계몽주의 이후에 주된 관점으로 자리 잡게 되었을 것이다.

이러한 반대 관점 가운데 한 변종은 성서의 권위에 관심을 두는 현대 해석자들에게 일종의 권위를 부여하게 되었다. 이들은 교회가 2000여 년 동안 물질적 해석을 견지해왔으므로 우리도 그 해석을 유지해야 한다고 주장한다. 만약 우리의 신학 체계를 세워준 모든 교부가 창세기 1장을 물질에 관련된 기사로 믿었다면, 우리가 누구기에 달리 주장할 수 있단 말인가? 이런 식의 주장이 가진 단점은 극명하다. 전통적으로 교부들이 창세기 1장을 물질 창조 기사로 간주했기 때문에 우리도 그대로 따라야 한다고 말하는 것은 부당하다. 교부들 역시 견고한 돔이 하늘에 둘러져 있다고 믿었으며, 지구는 우주의 중심이라고 생각했다. 우리 중 어느 누구도 그런 믿음을 따라야 한다고 느끼지는 않을 것이다.

사실은 이렇다. 헬레니즘이 고대 근동의 사고방식을 지워버린 것이다. 고고학자들의 발견으로 고대 문헌이 빛을 보게 되기까지 그것들은 우리에게 숨겨져 있었다. 이제 우리는 다시 한 번 1차 문헌을 연구할 수 있게 되었고, 그것들을 분석함으로써 고대 세계를 재구성할 수 있게 되었다. 하나님이 이 모든 시대에 우리를 어둠 가운데 방치하셨다고 생각해서는 안 된다. 왜냐하면 (권위적인 발화수반 행위에 존재하는) 전통 신학은 손상되지 않은 채로 남아 있기 때문이다. 전통적 주해는 고대 세계의 언어와 문학 분야에서 훈련된 이들을 통해 수정될 수 있다. 그렇다고 해서 이 분야의 전문가들이 엘리트주의자들인 것은 아니다. 이는 정보를 독점한 채 진리를 추구하는 사람들과 접촉하기를 거부하는 사람들이 아니라는 의미다. 오히려 항상 그렇듯이, 우리에게는 이 정보를 이용할 수 있도록 도와주는 전문가들이 필요하다. 이들은 하나님의 말씀을 해석하는 통찰을 얻는 데 관심을 보이는 이들이 이러한 정보를 얻을 수 있게 해준다. 우리가 히브리어와 그리스어의 해석을 제공해줄 언어 전문가들에게 의지하는 만큼이나, 우리는 그들에게 의존하고 있다.

우주론과 성소

고대 근동 인지 환경과 연결되는 두 번째 영역에 대해 논해보자. 나는 우

주가 성소와 관련된다고 이해하는 방식과 그 정도에 대해 관심을 두려 한
다. 나는 주로 이 분야를 논할 때 성전을 미시 우주(micro-cosmos)로 간주
하며, 따라서 우주가 성전과 관련된 특성을 보인다고 주장한다. 더 나아
가 우리는 성전 건축이 때때로 창조 관련 텍스트들의 일부임을 관찰할 수
있다. 이런 방식으로, 성전은 우주에 내재하며 그 중심을 차지한다. 성전
은 우주 지리의 일부이며, 따라서 종종 우주론에 포함된다. 학계에서 이
러한 관련성을 인식한 지도 반세기가 넘었으며, 정기적으로 논의의 대상
이 되었다. 고대 문헌에 나타나는 초기 예문 가운데 가장 두드러진 예는
에리두라는 도시의 설립에 관한 기사다.

거룩한 집도 없었고, 신들의 집도 순결한 장소에 지어지지 않았다.

갈대도 자라지 않았고, 나무도 창조되지 않았다.

벽돌도 놓이지 않았고, 벽돌 틀도 창조되지 않았다.

집들도 세워지지 않았고, 도시도 창조되지 않았다.

도시도 세워지지 않았고, 거주지도 세워지지 않았다.

니푸르(Nippur)도 세워지지 않았고, 에쿠르(Ekur)도 창조되지 않았다.

우루크(Uruk)도 세워지지 않았고, 에안나(Eanna)도 창조되지 않았다.

깊음도 세워지지 않았고, 에리두(Eridu)도 창조되지 않았다.

거룩한 집도 없었고, 신들의 집도 없었으며, 그들의 거주지도 창조되지 않았다.

온 세계가 바다였으며,

바다 한 가운데서 솟아나는 샘이 유일한 수로였다.

그때 에리두가 세워졌고, 에사길라(Esagila)가 창조되었다.[24]

24_ Benjamin R. Foster, *Before the Muses: An Anthology of Akkadian Literature* (3d ed.; Bethesda, MD: CDL Press, 2005), 488.

이 이야기가 바로 고대 세계에서 성전과 우주의 관련성을 보여주는 경우다. 성전이 창세기 1장의 우주론과 관련된다는 점을 발견하기란 어렵지 않다. 하지만 오늘날 창세기 1장을 읽는 사람 가운데 성전이나 성소를 즉시 떠올릴 사람은 거의 없을 것이다. "성전"(temple)이란 단어는 창세기 1장에 나타나지 않으며, 거기에는 현대의 독자가 어떤 관련성을 인식할 만한 것이 전혀 없다. 하지만 고대의 독자에게는 상황이 전혀 다르다. 왜냐하면 그들에게 분명하게 드러났던 정보가 오늘날에는 거의 인식되지 않기 때문이다.

어떤 고대인이라도 인식할 수 있었지만 현대 독자가 거의 깨달을 수 없는 것은, 성전 안에서 나타나는 하나님의 안식이다. 고대 세계에서 "안식"이 하나님과 관련되어 언급되자마자, 모든 이들은 이 텍스트가 무슨 종류인지를 정확히 알았을 것이다. 신들은 성전 안에서 안식하고, 성전이 세워짐으로써 신들이 그 안에서 안식할 수 있다. 결국 고대 세계에서 이 개념은 성전이 신들의 집이고 궁전이었음을 나타낸다. 이런 종류의 문맥에서 "안식"은 무관심이 아닌, 관련성을 의미한다. 다시 말해 안식은 가능하다. 왜냐하면 모든 것이 신을 위해 준비되어, 신이 일종의 지휘소인 자신의 성소에서 우주를 지배하고 그것을 움직이기 시작하기 때문이다. 성서 전체에 걸쳐서 안식은 모든 것이 안정되고 안전한 상태를 나타내며, 따라서 생명체와 우주가 의도대로 진행된다. 하나님이 이스라엘에게 대적으로부터의 안식을 약속하실 때, 그것은 삶의 의무에서 벗어나 휴식을 취하라는 의미가 아니었다. 오히려 그것은 하나님이 방해와 장벽을 제거하셨다는 의미이며, 이스라엘 백성이 일상생활을 안정된 방식으로 계속할 수 있었다는 뜻이다. 안식을 성취한다는 것은 조직화·질서화 과정을 마침으로써 일상의 행동 유형이 나타나고 하나님의 지배가 수립되었다는 뜻이다. 하나님이 쉬셨다는 말은, 그분이 질서를 세우시고 조직을 구성하시는 작업을 멈추신 뒤에 안정화되고 질서를 갖춘 우주를 움직이실 때가 되었다는 뜻이다. 하나님의 안식은 성전의 중앙에서 일어나는데, 그곳은 우주를 지휘하는 장소다. 하나님의 안식은 그가 다스리시는 상태를 나타낸다.

시편 132:7-14은 성서의 성전, 안식, 통치 개념이 서로 관련됨을 보여준다. 특히 7-8절과 13-14절에 유의하라.

> 우리가 그의 계신 곳으로 들어가서,
> 그의 발등상 앞에서 엎드려 예배하리로다.
> 여호와여 일어나사 주의 권능의 궤와 함께
> 평안한 곳으로 들어가소서.
>
> 여호와께서 시온을 택하시고
> 자기 거처를 삼고자 하여 이르시기를
> "이는 내가 영원히 쉴 곳이라!
> 내가 여기 거주할 것은 이를 원하였음이로다."[25]

고대 근동의 사고에서는 우주의 질서가 수립된 이후 성전을 건축하여 수립된 질서가 잘 유지되도록 하는 것이 자연스러운 다음 단계다. 성전은 통치의 자리에 오른 신에게 필수 불가결한 요소다. 「에누마 엘리쉬」에는 마르두크가 티아마트를 물리친 후에 자기 성전을 건축하는 모습이 나타나는데, 이는 이 주제를 나타내는 가장 탁월한 예다. 하지만 이 주제는 고대 근동 문헌의 모든 영역에서 발견된다. 신이 안식한다는 개념이 이집트 문헌에는 분명히 덜 표현되어 있지만, 가장 유명한 이집트 우주론인 「멤

25_ 영어 원문은 NIV(2011년)를 사용함.

피스 신학」(*Memphite Theology*)에는 이 개념이 다음과 같이 나타난다.

> 그래서 프타(Ptah)는 쉬었다.
>
> 만물을 만든 이후에,
>
> 신으로서 모든 언급을 마친 이후에,
>
> 신들을 낳은 이후에,
>
> 신들이 거주할 마을들을 만든 이후에,
>
> 그들이 거주할 구역들을 세운 이후에,
>
> 그들을 각자 전례를 받을 장소에 둔 이후에,
>
> 그들이 받을 음식 제사를 확실히 한 이후에,
>
> 그들을 위해 성지(聖地)를 세운 이후에,
>
> 그들의 몸을 자기들이 원하는 대로 닮게 한 이후에.[26]

수메르 문헌에서는 이 개념이 「케쉬 성전 찬송시」(*Keš Temple Hymn*)에서 나타난다.

> 집…큰 경외심을 불러일으키며, 아누에 의해 위대한 이름으로 불리는 그곳… 그곳의 운명이 "거대한 산"(엔릴의 별칭 중 하나—역주) 엔릴에 의해 웅장하게 결정되었네! 위대한 힘을 소유한 아눈나 신들을 위한 집, 그곳은 사람들에게 지혜를 주는 장소여라! 집, 위대한 신들을 위한 평온의 장소이며, 하늘과 땅의 계획과 함께 계획된 곳…순전한 신들의 힘이 함께 하며…그 땅을 떠받치고 성지들을 후원하는 곳![27]

26_ Allen, *Genesis in Egypt*, 44. 참조. *COS* 1.15; 59번째 열.

27_ http://etcsl.orinst.ox.uk 4.80.2, D.58A-F.

이 문헌들은 신들의 안식이라는 관념이 고대 세계에서 폭넓게 입증된다는 점을 보여주기에 충분한 사례다. 즉 신의 안식과 성전은 불가분의 관계다.

우리에게 주어진 다음 과제, 즉 성전과 우주 사이에 내재한 관련성을 살펴보자. 이 둘은 은유 관계가 아니라 상호 일치(homology)에 근거한 관계다. 은유로 암시되는 관계는 사소하거나 무작위적인 양상의 비교에 근거한다. 그러므로 "사랑은 강물이다" 같은 은유는 단지 사랑과 강물이라는 두 요소가 공유하는 사소한 양상에 집중할 뿐이다. 반면 상호 일치에 근거한 관계는 은유에 근거한 관계보다 더 본질적이다. 성전은 단순히 어떤 사소한 점에서 우주와 비슷한 게 아니다. 성전은 본질상 우주다. 그러므로 그 반대도 역시 참이다. 어떤 본질적인 측면에서 우주 역시 하나의 성전이다.

성전을 우주로 간주하는 증거는 고대 근동 문헌을 다양한 각도에서 관찰함으로써 나온 결과다. 첫째, 성전을 세우는 행위는 우주와 관련된 용어로 묘사된다. 수메르의 「케쉬 성전 찬송시」와 같은 초창기 문헌에서부터 신바빌로니아 문헌들에 이르기까지, 우주적 산(cosmic mountain)인 성전은 지붕이 하늘에 닿으며 바닥이 지하세계까지 뻗어 있는 우주 공간의 중심으로 묘사되었다. 둘째, 성전은 우주적 기능(cosmic function)을 가진 것으로 여겨졌다. 이는 성전에 주어진 이름들을 통해 알 수 있는데, 이를테면 에딤갈라나(É.dim.gal.an.na) 즉 "하늘과 웅장하게 결합된 집", 에테메난키(É.te.me.en.an.ki) 즉 "하늘과 사후세계의 기반이 되는 집", 혹은 에우르[메]이미난키(É.ur₄.[me].imin.an.ki) 즉 "하늘과 사후세계에 속한 일곱 '메'가 모인 집"과 같은 이름이 그렇다. 메소포타미아 문헌에서는 성전이 풍부한 물을 공급하는 근원으로 간주되었고, 이집트 문헌에서는 첫째 땅이 우주적 물로부터 나왔으며 그곳에서 해가 뜬다는 점 역시 명백히 이를 입증한다. 셋째, 성전의 구조와 장식이 우주의 모델로서 그 기능을 감당한다는 점이 그렇다.

성전과 우주의 관련성은 질서가 세워진 우주를 성소로 간주한다는 점에서도 나타난다. 성전은 성소의 중심이며, 성소는 거룩함이 존재하는 동심원의 중심부라는 특징을 지닌다. 따라서 자연스럽게 모든 공간이 성소는 아니라는 점이 드러난다. 즉 (가운데에 성전이 위치하는) 중심부와 (결국 무질서가 여전히 남아 있는) 주변부가 공존한다. 성소의 중심부에는 질서가 수립되어 있으며, 바깥 주변부에는 무질서가 존재한다. 이러한 의미에서 질서와 거룩한 상태는 같은 맥락을 의미한다.

창세기 1-2장에서 우주는 하나님이 안식하시는 성소로 간주된다. 텍스트가 지상의 상황을 묘사할 때 에덴은 인접한 정원(동산)을 지닌 지성소로 나타나는데, 이는 고대 근동에서는 흔한 경우다. 그렇다면 주어진 고대 근동의 배경 하에서 성막과 성전은 일반적으로 우주라는 이미지를 보여줄 뿐 아니라 특별히 에덴의 이미지를 보여준다고 말해도 전혀 놀랍지 않을 것이다. 창조 기사의 마지막 부분에 하나님이 쉬시는 장면이 등장한다는 점만 단순히 놓고 봐도, 창세기 1장이 우주적 관점에서 성전을 세우는 기사로 인식될 수 있는 용어들을 사용해 우주의 기원을 묘사하고 있음을 알 수 있다. 이 관점은 창조 기사의 일곱째 날을 해당 단락에서 가장 중요한 부분으로 간주한다. 이는 우주에 궁극적으로 질서와 기능(=존재)을 가져오는 행동이, 이 우주를 만드셨고 그것을 통제하시며 이 우주적 성전에서 안식하시는 하나님의 모습에서 나타나기 때문이다.

우리는 우주가 하나의 성전 혹은 성소라는 개념을 필론(Philo)과 같은 이들의 글에서 발견할 수 있다. 그는 이렇게 말한다. "지극히 높고, 지극히 참된 의미에서 거룩한 하나님의 성전이 바로 우주 전체다. 우리는 이 사실을 믿어야 한다. 우주 전체는, 심지어 하늘을 포함해 모든 존재의 가

장 거룩한 부분을 성소로 한다."[28] 유사한 표현이 요세푸스에게서도 나타
난다.

> 그것에 신비가 없다면, [입구의 휘장을 구성하는] 이 혼합물은 아무것도 아니
> 다. 그것은 우주를 상징했다. 주홍색은 불을 상징하는 듯하고, 잘 짜인 아마포
> 는 지구, 푸른색은 대기, 보라색은 바다를 상징했다.…이 태피스트리에는 하늘
> 의 전경이 묘사되어 있었으나, 황도 12궁을 나타내는 표지는 제외되었다.[29]

요세푸스가 인식한 상징의 요점을 더 관찰한 뒤, 존 레빈슨(Jon D.
Levenson)은 이러한 역사가들의 상징이 내포하는 성전의 역할을 살펴보
면서 이렇게 결론짓는다. "헬레니즘에 기반을 둔 이 모든 알레고리를 통
해 요세푸스는 성전이 "에이콘"(eikon), 즉 일종의 이미지로서 세계를 보
여주는 전형이라고 지적한다. 성전은 세계에 존재하는 많은 항목 가운데
하나가 아니다. 한 마디로 그것은 세계 **자체**이며, 세계는 **최대로 확장된**
성전이다."[30]

이스라엘의 신학이 때때로 고대 근동 세계에 존재하는 보편적 부분에
관한 개념에까지 확장된다는 점은 주목할 만하다. 그 원리를 제시하기 위
해 두 가지 예를 인용하려 한다. 우선 고대 근동에서는 하나님의 형상이
란 개념이 단지 왕에게만 관련된 표현이지만, 구약성서에서는 모든 사람
에게로 확장된다. 아울러 제사장 제도도 상위 계층에게 한정되지 않고 특

28_ *De Specialibus Legibus* (LCL; Cambridge, MA: Harvard University Press, 1937), 137.

29_ *Jewish War* (LCL; Cambridge, MA: Harvard University Press, 1928), 265. Josephus와 Philo
에 대한 논의를 더 살펴보려면, Gregory K. Beale, *The Temple and the Church's Mission: A
Biblical Theology of the Dwelling Place of God* (Downers Grove, IL: InterVarsity Press,
2004), 45-47을 보라.

30_ J. Levenson, "Temple and World," *JR* 64 (1984): 285.

정한 방식으로 모든 이스라엘 백성에게로 확장된다(출 19:6). 마찬가지로 우리는 구약성서에서 질서가 세워진 전체 우주가 성소로 확장되는 모습을 발견할 수 있다. 레빈슨은 이사야 66:1에서 이 결론을 이끌어내는데, 그 구절에서 하늘은 하나님의 보좌와 동일시되고 땅은 그의 발등상으로 간주된다. 계속해서 그는 이런 이미지들을 창조 세계와 연결시킨다. 이를 성소의 확장으로 인식하는 것이다. 그의 말을 들어보자.

> 야웨는 이미 자기의 성전을 지었다. 그것은 세계, 즉 "하늘"과 "땅"이다. 창조 질서의 유지는 성전의 지상 복사물 혹은 대형(antitype)을 불필요하게 만든다. 이는 성소를 비신성화 하는 일이 아니다. 창조 질서를 유지하는 일은 오히려 성소를 무한히 확장하는 행동이며, "속된" 것들을 제거하는 행동이다. 그것은 그 집을 **위한** 일로, "성전 앞에서" 발생하는 일이다. 세상은 그 자체로 온전히 하나님의 성전이다.[31]

마지막으로, 창세기 1장의 모든 기능과 기능적 측면들은 하나님의 형상인 인간과 관련된다는 점에 주의해야 한다. 인간이 제자리에 있지 않다면, 기능은 아무것도 아니다. 인간이 없다면 성전은 무의미하며, 이는 우주도 마찬가지다. 성전은 본질상 관계적이며, 창세기 1장은 우주를 같은 관점으로 대한다.

만약 우주의 기원이 기능과 관련된 용어들로 서술되고 성전 건축과 관련된 텍스트들이 보여주는 유형을 따른다면, 여기서 우주라는 성전은 성소로 기능하게 된다. 어떤 성전이 세워졌을 때 그것이 기능하게 되는 때는 (건물, 내부 물품, 제사장의 의복과 같이) 물질과 관련된 작업을 모두 마쳤

31_ Levenson, "Temple and the World," 296을 보라.

을 때가 아니라, 고대 근동에서 7일 동안 지속된 취임식을 통해서였다. 다양한 고대 근동의 텍스트가 이를 지지한다. 그 7일 동안 성전의 기능이 인식되었고, 기능과 관련된 측면들이 설치되었으며, 운명이 결정되었고, 제사장들은 임무를 부여받았다. 가장 중요한 점은 신이 성소 가운데 위치하여 거기서 그가 안식을 누렸다는 사실이다. 바로 그때 성전이 기능하게 되었으며, 존재하게 되었다. 만약 이것이 창세기 1장의 패러다임이라면, 7일이라는 기간을 일반적인 날로 이해하기란 훨씬 수월해진다. 아울러 창세기 1장은 우주적 성전의 시작으로 해석될 수 있다. 이 성전이 작동함으로써 모든 기능이 시작된다.

예전에 아서 홈즈(Arthur Holmes)는 『기독교 대학의 개념』(The Idea of a Christian College)이란 책을 썼다.[32] 아마도 그 책에서 어떤 대학의 캠퍼스라든가 그 대학 건물의 건축에 관한 정보를 찾기는 어려울 것이다. 물론 기독교 대학들도 캠퍼스와 건물이 필요하겠지만, 그것은 홈즈가 논의하려고 했던 내용이 아니다. 홈즈의 책은 그런 기독교 대학의 건물이나 설립 과정 대신, 기독교 대학의 철학·관념·신학에 관한 주제를 다루기 때문이다. 이런 주제들은 건물을 세우기 위한 자재와 녹색 공간과 관련된 문제를 초월하기 때문에 후자의 경우는 심지어 언급조차 되지 않는다. 이 유비를 따를 때, 우리는 창세기 1장이 하나님의 디자인을 이해하게 해줄 "거룩한 우주"(Sacred Cosmos)라는 개념을 나타내준다고 말할 수 있겠다.

만약 창조 기사의 7일이 우주적 성전의 취임식을 나타내는 7일, 즉 물질이 아닌 기능의 기원과 관련된 7일이라면, 7일뿐 아니라 창세기 1장 전체는 지구의 연대를 다루는 논의에 이바지할 여지가 전혀 없다. 이 말은 하나님이 물질의 기원과 아무런 관련이 없다는 의미가 아니다. 단지 창세

32_ Arthur Holmes, *The Idea of a Christian College* (Grand Rapids: Eerdmans, 1987).

기 1장이 물질의 기원과 관련된 이야기가 아니라고 주장할 따름이다. 어떤 메커니즘이 사용되었든지, 그리고 그 기간이 얼마나 걸렸든지, 우주의 물질적 발전을 보여주는 모든 양상은 이 우주적 성전의 취임을 위한 준비였다.

창세기 1장을 우주적 성전과 관련된, 곧 기능과 관련된 용어들로 해석할 때, 우리는 일곱째 날이 가장 중요하다는 점을 알게 된다. 창세기 1장을 물질 창조 이야기로 간주할 때, 일곱째 날은 종종 간과되며 대개는 저평가된다. 그날은 일종의 신학적 각주 정도로 폄하되고, 창조와 거의 상관이 없어진다. 하지만 창세기 1장을 기능의 창조로 간주할 때, 일곱째 날은 핵심이 된다. 하나님이 그의 처소에 거하시면서 우주에 성소를 세우는 통치를 수행하신다는 점이 바로 이 개념이 나타내는 바다. 내주하시는 하나님의 임재가 없다면 성전도 없다.

"그렇다면 실제로 일곱째 날에 일어났던 일은 무엇인가?"라고 사람들이 묻는다면, 그 대답은 이렇다. 하나님은 적재적소에 두신 만물의 목적을 드러내심으로써 우주를 만드신 자신의 계획을 나타내셨다. 우주는 그가 거하시는 장소였으며, 하나님은 우주가 인간을 위해 기능하게 하셨다. 인간은 그가 세우신 부통치자였으며, 그분 자신의 형상으로 옷 입혀졌다. 고대 근동의 용어로 하면, 하나님은 우주의 기능들(ME)을 구별하시고 그 기능들을 수행할 대상들을 세우심(그것들의 운명을 선포하심)으로써 우주의 시작을 여셨다(성전을 세우심으로서 완료됨).

창세기 1장을 있는 그대로 해석하는 데 충실하다면 이 해석을 중요시하게 된다. 왜냐하면 이 해석은 저자와 독자가 이해했을 것이라고 생각되는 방식으로 본문을 해석하려는 시도이기 때문이다. 이 해석은 이 본문을 일종의 상징이나 비유, 신학적 문헌이나 문학 작품으로 한정하지 않는다. 현대 과학과 상호 관련시키려는 시도들이 그렇게 하듯이 말이다. 이 본문은 우주 성전이 지닌 기능의 기원에 관한 이야기로서, 물질의 기원에 관한 현대 과학의 관심과 상관이 없으며 물질의 기원에 대한 성서의 관점을 제시하지도 않는다. 일치주의는 고대 독자들에게 완전히 생소한 방식으로 현대에 드러난 과학적 의미들을 본문의 단어와 어구에 적용한다. "날-시대 이론"은 오래된 지구 창조론을 주장하기 위한 여지를 만들려 애쓴다. 하지만 이러한 두 접근 방식은 모두 어려움을 겪게 된다. 왜냐하면 이러한 방식들은 물질 존재론을 기반으로 사유하기 때문에 여타 다른 방식으로는 생각할 수 없는 청중을 대상으로 여전히 창세기가 물질의 기원에 관한 이야기로 유효하게 보이도록 애쓰기 때문이다.

그 밖의 히브리어 용어와 구문이 나타내는 의미

1. "욤"(*yôm*, 날). 이 단어는 지구의 나이 문제를 다룰 때 논란의 중심에 서 있는 단어로, 창세기 1장을 근거로 이 문제를 해결하려고 할 때 등장한다. 젊은 지구 창조론자들은 창세기 1장의 기사가 하루 24시간인 6일을 언급한다고 해석해야 한다는 열렬한 믿음에 근거하여 이 문제를 해결하려고 한다. 그들에 따르면 그것이 성서의 가르침이므로, 그들은 그 가르침을 지지해줄 과학 지식을 증진하기 위해 모든 노력을 기울이는 데 결연한 모습을 보인다. 그런 모습 자체는 칭찬할 만하다. 한편 지구의 나이가 오래되었다는 과학적 증거가 설득력 있다고 믿는 사람들은 "욤"이 항상 24시간을 가리키는 것은 아니므로 이 문맥에서 그렇게 해석할 필요는 없다고 제안함으로써 지구가 오래되었다는 견해를 수용할 여지를 조성하려 애쓴다.

나는 창세기 1장의 "욤"이 긴 기간일 수 있다는 해석을 수용하는 이들의 주장을 받아들이지 않는다. 성서에서 이 단어가 다양한 방식으로 사용되는 것은 사실이다. 하지만 의미의 범위가 다양하다고 해서 해석자들이 자신의 목적에 알맞게 어떤 의미든지 선택할 수 있도록 자유를 허용하는 것은 아니다. 우리는 저자가 의도했던 의미였을 것이라고 지지받을 만한 의미를 찾기 위해 항상 힘써야 한다. "욤"이 창세기 1장에서 사용된 방식을 고려할 때, 나는 원저자가 24시간을 염두에 두었거나 아마도 대략 12시간으로 된 낮을 떠올렸을 것으로 예상한다.

이렇게 말하긴 했지만, 내가 지적한 대로 만약 창세기 1장이 물질의 기원에 관한 이야기라기보다 기능의 기원에 관한 이야기라면, 낮의 길이라는 것은 지구의 나이에 대해 어떤 정보도 담고 있지 않을 것이라는 점을 곧바로 지적하려고 한다. 지구의 나이는 물질에 관한 문제다. 만약 창세기 1장이 기능에 관한 이야기라면, 그것은 물질에 관한 정보를 제공하지 않으며, 그 경우 성서는 지구의 나이에 대해 어떤 견해도 제시하지 않는다. 고대 세계에서 인간은 물질세계를 탐구하는 데 충분한 관심을 기울이지 않았으며, 그런 문제에 답할 수단조차 제대로 갖추지 못했던 것이 분명하다.

2. "라키아"(*rāqîaʿ*, 궁창). 앞에서 언급했듯이, "라키아"에 관한 논의는 종종 이 단어를 단단한 형태의 하늘로 간주하는 견해(이전에 내가 가졌던 견해)와 윗물이 아랫물에서 분리되었을 때 생명체를 위해 그 물들 가운데 창조된 공간으로 간주하는 견해로 나뉜다. 어떤 의미에서 이 단어는 둘 다를 가리킨다고 보는 편이 논리적일 수도 있다. (예컨대 기구를 언급할 때 우리는 기구를 구성하는 외피와 그 안에 채워진 공기를 둘 다 포함한다는 점을 생각해보라. 에어포켓은 그것을 창조하는 무언가가 존재함을 가정한다.).

이집트 문헌에서는 하늘과 땅 사이의 거주 공간을 대기의 신인 슈로 묘사하는데, 이 공간이 중요한 의미를 지닌다. 슈는 하늘과 땅(각각 누트와 게브)을 분리된 상태로 유지한다. 누트의 몸은 윗물이 넘치지 못하게 하는 장벽의 구실을 한다. 따라서 이집트인들은 이런 역할에 친숙했다. 오늘날 우리가 대기라고 부르는 것은 그 장벽도, 모인 공기와도 정확하게 일치하지 않는다. 그리고 "라키아"를 그런 용어들로 간주하는 것은 시대착오적 발상일 것이다. 성서 본문은 해, 달, 별들, 새들이 모두 "라키아"에 위치한다고 말한다. 만약 우리가 "라키아"를 대기라고 해석한다면, 우리는 텍스트를 진지하게 받아들이지 않는 것이다. (예를 들어 태양은 대기 내에 있지 않기 때문이다.) "라키아"가 모인 공기를 의미하는지, 아니면 그 공기를 만들어내는 막과 같은 것을 의미하는지를 묻는다면, 나는 현재 성서의 증거가 전자 쪽을 선호하는 듯하다고 말한다.

비록 "라키아"를 그런 막과 동일시하는 견해가 오랜 기간 동안 선호되었지만(가장 분명하게는 KJV이 이를 "firmament"로 번역한 데서 드러난다), 창세기 1:17을 보면 태양, 달, 별들은 "라키아" 안에("~안에"를 의미하는 전치사 *bě*가 사용된다) 위치한다. 1:20을 보면 새들은 "라키아의 표면을 가로질러서"(*'al-pěnê hārāqîa'*) 난다. 이 전치사들은 "라키아"를 모여 있는 공기로 인식하는 데 더욱 적합하다. 내가 보기에 더욱 중요한 것은, 외피를 가리키는 표현으로 더욱 적합한 단어가 "쉐하킴"(*šěhāqîm*)이라는 사실이다. 이 단어는 구약성서에서 21번에 걸쳐 "구름"으로 번역되어 나타난다.[33] 그러나 욥기 37:21(NIV는 "하늘"[skies]로 번역한다)에서 이 단어는 구름을 가리킬 수 없다. 이 문맥에서 그 단어는 특정하게 구름 없는 하늘을 가리키기 때문이다. 더 나아가 사무엘하 22:12은 "공중의 구름"("쉐하킴"의 구름)을 언급하는데, 이 표현은 "쉐하킴"이 구름이라기보다는 구름이 쉐하킴의 일부임을 나타낸다. 아울러 우주론이 나타나는 다른 문맥에서 하나님이 "쉐하킴"을 견고하게 세우신다는 언급을 이해할 때, 우리는 하나님이 그때도

33_ 21번 중에서 세 번은 단수(사 40:15; 시 89:7, 38)로, 나머지는 복수로 나타난다. 더 자세한 분석은 Walton, *Genesis 1 as Ancient Cosmology*, 157을 보라.

하셨고 지금도 하시는 어떤 일을 가리킨다기보다 창조 당시의 행동을 가리킨다는 데 주의해야 한다(잠 8:28). "라키아"가 모여 있는 공기를 가리키든 그 공기를 공급하는 외피를 가리키든 상관없이, 그것은 옛 시대의 과학을 반영하는 고대 우주 지리학의 일부다. 고대인들이 "라키아"를 물질로 간주했는지 알 수는 없지만, 그것은 고대 세계에서 날씨 조절이라는 기능을 담당하는 어떤 중요한 요소였다.

3. **"토브"**(*tôb*, 좋은). 창조 기사를 해석하는 이들은 "좋은" 창조와 대립하는 특징이 무엇인가를 두고 다양한 논의를 전개한다. 원래 인간에게는 죄와 죽음이 부재했다는 견해를 넘어서서, 어떤 이들은 "좋은" 창조가 지각을 가진 모든 존재 혹은 심지어 모든 생물에게도 죽음이 부재함을 의미했으며, 따라서 포식 행위가 일어났을 가능성이 배제되었다고 믿는다. 어떤 이들은 포식 행위의 배제가 고통의 부재를 수반한다고 믿는다. 또 어떤 이들은 이를 근거로 진화가 "좋은" 창조에서 채택되는 일은 불가능하다고 주장한다. 다른 이들은 "좋은" 창조란 완벽한 상태를 지칭하며 궁극적 질서를 특징으로 한다고 생각한다. 따라서 요한계시록이 그려내는 새 하늘과 새 땅은 모든 것이 "좋은" 상태로 회복되는 때를 의미한다고 믿는다.

이 모든 해석은 히브리어 "토브"의 의미를 각각 나름대로 가정하고 있으므로, 우리는 이 단어가 사용된 문맥의 히브리어 용법을 분명하게 구분하는 데서 출발해야 한다. "토브"라는 단어는 구약성서에서 매우 다양하게 사용되므로, 그 용례의 목록을 작성한 뒤에 우리의 해석 경향에 알맞은 한 의미를 끄집어내는 것으로 만족해서는 안 된다. 저자가 전달하려는 의미가 어떤 것인지를 알기 위해서는 각각의 문맥을 살펴야만 한다. 그 일은 때때로 어렵지만, 이 경우에 창조 기사의 문맥을 통해 우리는 "토브"의 상태가 아닌 무언가가 존재한다고 말하는 방식으로 결론을 내릴 수 있겠다. "좋은"의 부정어에 해당하는 내용이 무엇인지 살펴봄으로써 우리는

(이 문맥에서) "좋다"라는 말이 의미하는 바가 무엇인지 이해할 수 있을 것이다. 창세기 2:18을 살펴보면, 우리는 "사람이 혼자 사는 것이 좋지 아니하니"라고 말씀하시는 하나님의 평가를 듣는다. 여기서 우리는 하나님의 말씀이 도덕성, 완전성, 혹은 우주의 평안(샬롬)을 언급하는 것이 아님을 알 수 있다. 오히려 그것은 전체의 질서나 완전한 기능에 도달하지 못한 상태를 관찰한 표현 방식임을 알 수 있다. 왜냐하면 주요 요소가 여전히 등장하지 않고 있기 때문이다. 따라서 창세기 1장의 "토브"는 기능이 수립됨으로써 질서가 세워진 상태를 묘사하는 단어라고 결론지을 수 있겠다.

첫 번째 창조 기사(창 1:1-2:3)와 두 번째 창조 기사(창 2:4-25)의 관계

세대를 거쳐 해석이 계속되면서, 두 창조 기사 간에 충돌이 있다는 사실이 일반적으로 인식되었다. 그 충돌은 단지 두 기사가 집중하는 핵심뿐 아니라 창조 순서에서도 나타난다고 여겨졌다. 이를 인식하면서 어떤 이들은 동사를 다른 형태로 번역하기도 했으며(예. NIV는 과거완료 동사를 써서 창 2:19을 "여호와 하나님이 흙으로 각종 들짐승을 지으셨다[had formed]"로 번역한다), 다른 이들은 서로 차이가 커서 조화를 이루기 어려운 원자료들로부터 두 기사가 유래했다고 믿는다.

하지만 이렇게 인식된 문제들은 주로 두 창조 기사가 물질의 창조 순서(그 세부 사항에는 두 기사 간 조정이 필요하다)를 알려준다고 기대하는 데서 나타난다. 이러한 주장은 옳지 않다. 내가 제안한 것처럼, 만약 첫 번째 창조 기사가 중요한 기능들이 세워지는 날들(첫째~셋째 날)과 기능체들이 채워지는 날들(넷째~여섯째 날)로 구성되어 있다면, 해당 본문은 물질 창조의 순서에 관해 아무런 제안도 하지 않는다고 말할 수 있다. 오히려 창세기 1장은 본문 자체가 중시하는 우선순위에 따라 관련 요소들을 다룬다. 두 번째 창조 기사도 마찬가지 방식을 취하는데, 역시 물질의 창조 순서를 전혀 추론할 수 없다. 가장 중요한 점은, 두 번째 창조 기사의 내용을 창세기 1장의 7일과 관련짓거나 그날들 안에 속하는 기사로 간주할 근거나 필요가 없다는 사실이다. 이 두 창조 기사는 별개이며 기원에 대해 서로 다른 수준으로 접근할 뿐 아니라, 비록 관련성이 존재하긴 하지만 서로 다른 방식으로 접근한다.

두 창조 기사는 성소의 질서 수립에 관한 이야기를 다룬다는 점에서 아주 잘 들어맞는다. 첫 번째 기사는 우주적 단계에서 이 주제를 다루며, 두 번째 기사는 지상적 단계에서 그렇게 한다. 후자의 경우, 사람들은 하나님이 임재하실 때 즉시 그 곁에서 성소를 돌보기 위해 성소 안에 위치한다. 첫 번째 기사에서 우주는 곧 성소이며 인간을 위해 기능한다. 두 번째 기사에서 사람들은 성소 안에 위치하여 성소를 위해 기능한다.

아담과 하와

두 창조 기사가 그렇게 서로 다르다는 점은 또 다른 문제, 즉 첫째 기사에서 언급되는 사람(인간을 총칭함)과 둘째 기사에 나타나는 아담과 하와의 상호 관련성에 대한 질문을 야기한다. 다시 말해 첫 번째 기사의 인간은 두 번째 기사의 첫 인간 부부(아담과 하와)를 의미하는가? 이 질문은 입증되기 힘들다. 왜냐하면 첫 번째 창조 기사는 모든 인간의 기능과 지위를 묘사할 뿐 이 인간 집단이 한 부부에게서 시작되었는지에 대해서는 아무것도 제시하지 않기 때문이다. 창세기 2:4에 톨레도트 공식이 적용되었다는 점은, 두 기사가 공통된 관점을 보인다기보다 두 번째 창조 기사가 첫 번째 기사에 이어지는 내용임을 암시한다. 이는 창세기의 톨레도트 공식이 이후에 일어날 일을 언급하기 위해 시종일관 사용된다는 점을 볼 때 그러하다. 만약 두 번째 기사가 없었다면, 우리는 고대 근동의 자료 전반에 명백히 드러나는 사고방식을 따라 사람들이 집단적으로 창조되었다고 결론지을 수 있을지도 모른다. 그러나 창세기 1장에 등장하는 인간의 역할은 고대 근동의 나머지 자료에 등장하는 사람의 역할과 상당히 다르다. 창세기에서 모든 인간은 하나님의 형상으로서 고대 근동의 여타 지역에서 믿었던 인간의 지위보다 훨씬 더 격상된 지위를 가진 존재다. 즉 그들은 노예인 일꾼이 아니라 일종의 부통치자이다.

만약 첫 번째 기사의 인간이 아담과 하와를 지칭한다고 확신할 수 없다면, 우리는 두 번째 기사를 독립된 이야기로 해석해야 한다. 이 경우에 아담과 하와는 적어도 대표자의 역할을 감당하는데, 그 이유는 그들이 에덴동산에서 제사장의 역할을 감당하기 때문이다(창 2:15은 제사장에 관한 표현을 써서 묘사한다[34]). 우리는 이를 위해 하와가 (단순히 생식을 위한 상대가 아니라[35]) 아담을 보완하는 협력자의 역할을 감당한다고 추론할 수 있다. 이 역할은 인간의 생물학적 조상일 수도 있고 아닐 수도 있는 이 부부가 본래 감당했던 적절한 역할이 무엇이었는지를 암시한다.[36] 나는 어떤 확실한 결론을 제시하기 위해서라기보다 더 발전된 토론을 제안하기 위해 이

34_ John H. Walton, *Genesis* (NIV Application Commentary; Grand Rapids: Zondervan, 2001), 172-74.

35_ 창 2:19-20에 근거하여, 아담이 생식을 위해 적절한 상대방을 동물 중에서 찾았다고 생각하는 것이 얼마나 우스운 일인지 고려한다면, 이것은 논리적 추론이다. 창 2장에서 생식은 중요한 주제가 아니다.

36_ 그런 의미에서 하와를 "모든 산 자의 어머니"(창 3:20)라 부른 것은, 야발을 "가축을 치는 자의 조상"(창 4:20)으로 부른 것과 유발을 "수금과 통소를 잡는 모든 자의 조상"(창 4:21)으로 부른 것과 전혀 다르지 않다.

문제를 제기하는 것이다.

첫 번째 이야기를 기능적 기원에 관한 기사로 이해해야 한다는 내 제안에 따른다면, 두 번째 기사에 대해서도 질문을 제기하는 것이 자연스럽다. 두 번째 기사에 (흙이나 갈빗대와 같은) 물질이 언급되었으며 또 물질과 관련된 활동으로 해석되는 동사들이 사용되었다는 점을 짚고 넘어가야 한다. 나는 이 기사가 인간의 물질 기원에 관한 이야기를 제공하는 것이 아니라 원형적 대표자라는 개념의 근간이 되는 이야기이며, 기능과 관련된 기사라고 주장한다.

그들의 이름에 담긴 원형적 의미 이상으로, 아담과 하와는 창세기 텍스트에서 명백하게 원형으로 제시된다. 아담이 만들어지는 흙은 어떤 비밀스러운 화학적 제조법 같은 것을 나타내지 않는다. 흙은 어떤 물질적 요소를 의미하는 것이 아니라 인간이 원형임을 가리키는 진술이다.[37] 우리는 모두 흙으로 만들어졌으며 또 흙으로 돌아간다. 이것은 죽을 수밖에 없는 인간의 운명에 관한 진술이다(창 3:19). 또한 본문은 하와에 관한 세부 사항이 원형적으로 해석되어야 함을 보여주는데, 그 이유는 화자가 생물학적 관계를 떠나 결혼 관계를 형성하는 일에 대한 보편 진술로 이야기를 끝맺기 때문이다(창 2:24). 그 보편 진술은 온 여성이 온 남성의 옆면에서 나왔음을 암시한다. 이에 관한 증거는, 본문에서 "갈빗대"로 번역된 단어가 구약의 다른 부분에서는 해부학 관련 용어로 사용되는 경우가 전혀 없다는 사실에 근거한다. 이 단어는 전형적으로 건축이나 구조에 관한 용어로 사용되며, 두 개의 짝으로 구성된 한 대상을 지시한다(예. 왕상 6:34의 "두 문짝"). 이 단어는 아마도 우리가 쇠고기의 한쪽 면을 언급할 때 그 다

37_ 이 점은 다른 고대 근동 텍스트에서도 참이다. 진흙, 침, 혹은 신들의 피와 같은 혼합 요소들이 고대 근동 문헌에 나타나는데, 이런 요소들은 인간의 본성에 관한 원형적 개념들을 나타낸다. 그런 요소들은 인간학에 관련된 것일 뿐, 화학과는 관련이 없다.

른 면에 대응되는 표현일 것이다. 하와는 아담의 두 옆면 중 한쪽 면으로 지음 받았다. 창세기 3:23이 암시하듯이, 이 한쪽 면은 살과 뼈 둘 다로 만들어졌다. 따라서 이 기사는 외과 수술 과정을 초월하는 무언가를 암시한다. 창세기 2:21에 언급된 "깊은 잠"은 수술 전 하나님이 허락하신 일종의 마취로 간주하기보다 여러 다른 문맥에서 나타나듯이 환상을 경험하기 위한 예비 단계로 이해하는 편이 적절할 듯하다(창 15:12-21; 단 10:9). 이 해석을 따른다면, 아담의 잠은 하와가 자신의 반쪽으로부터 만들어지는 모습을 그가 환상을 통해 보는 것으로 간주할 수 있다. 그리고 그는 남자와 여자의 본질적 관계를 인식한 뒤 "이는 내 뼈 중의 뼈요…"(창 2:23)라고 고백한다. 모든 사람이 흙으로 창조되었듯이(어떤 물리적 과정을 거쳐 그들이 존재하게 되었는지는 관계없이), 모든 여성은 남성의 옆면에서 나왔다고 볼 수 있다. 창세기 2:24에서 화자는 그 추이를 인간이라는 종 전체로 확장할 뿐 아니라 원형적으로 확장하고 있다.

성서 전반에 걸쳐 아담과 하와에 관해 나타나는 모든 언급은 그들을 일종의 원형적 인물로 간주할 뿐 아니라, 고대 근동의 기사들 역시 인간의 창조를 원형적 이미지로 해석한다. 물론 후자에 나타나는 인간의 기능적 역할이 창세기를 통해 인식할 수 있는 그것과 매우 다르다는 점은 사실이다. 만약 창세기 본문이 "흙"과 "옆면"이란 단어를 원형적으로 사용하고 있다는 주장이 참이라면, 이 창조 기사는 인간의 물질적 기원을 드러내는 이야기로 간주할 것이 아니라 기능적 기원을 보여주는 이야기로 여겨야 한다. (원형이라는 장치가 의미하는 바가 그렇기 때문이다.) 그리고 인간의 물질적 기원을 알려주는 성서의 기사는 존재하지 않으므로, 인간과 다른 종의 물질적 연속성이나 불연속성에 관한 현대의 관심사를 고려할 때 어느 정도 유연함을 허용해야 한다. 기능적 측면에서는 분명히 불연속성이 강조된다. "하나님의 형상"이란 표현이 드러내듯이, 인간은 다른 모든 피조물과 구별되기 때문이다.

마지막으로, 아담과 하와가 원형임을 인식한다고 해서 그것이 역사성에 관한 문제를 해결해주는 것은 아니라는 데 주의해야 한다. 원형 역시 역사적 개인이 될 수 있기 때문이다. 성서 저자들은 아마도 아담과 하와를 역사적 인물이자 인류의 조상으로 간주했음이 틀림없다. 만약 누군가가 그런 믿음을 거부하려 한다면, 그들은 고대인들의 우주 지리와 마찬가지로 아담과 하와의 역사성과 단일기원설(monogenism, 인류는 한 쌍의 조상에게서 유래했다는 주장—역주) 역시 단순히 고대인의 사고방식일 뿐이며 우리가 거기에 한정될 필요는 없다(즉 그것은 발화의 일부일 뿐, 발화수반 행위가 아니다)는 점을 입증해야 할 것이다. 아담과 하와가 역사성을 띤 개인이며 모든 인간의 조상인가에 관한 문제는 신학적으로 사소한 문제로 취급될 수도 있다. 그러나 고대 근동의 문헌에서 나온 정보를 근거로 이런 결론에 도달하기는 어렵다. 고대 근동의 사람들은 단일기원설을 믿지 않았을 뿐더러, 인류의 시초인 부부가 존재했다고도 믿지 않았기 때문이다.

어떤 이들은, 바울이 아담과 하와를 역사적 인물로 언급하기보다 문학적 인물로 언급했다고 보는 편이 적절하다고 말할지도 모른다. 물론 그럴 수도 있지만, 바울이 아담과 하와를 역사적 개인으로 여기지 않았다고 결론내리기는 쉽지 않다. 하지만 이 문제에서 이것이 맞고 저것이 틀리다(혹은 그 반대)라는 주장을 펼치는 것은 필수 요소가 아니다. 예컨대 히브리서 기자가 언급하는 멜기세덱은 때로는 역사적 인물로(창 14장), 때로는 원형으로(시 110편) 나타난다. 아울러 멜기세덱이란 인물상은 문학의 발전을 통해 점차 발달했으므로(중간기 문헌을 참조하라), 신약은 그를 복잡한 방식으로 인용하고 있다. 우리는 이 점이 아담과 하와를 다루는 데 도움이 되는 모형이 될 수 있는지를 깊이 생각하고 심도 깊은 논의를 거쳐야 할 것이다.

결론

이 글을 통해 논의된 주제들은 주로 창세기에 대한 유능하고 윤리적인 독서에 초점을 맞췄다. 우리의 관심을 고결한 독서로 돌리면, 본문이 우리에게 기대하는 반응이 어떤 것인지를 물어야 한다. 우리는 성서 본문의 권위에 반응해야 한다. 그리고 성서의 권위는 (배타적인 것은 아니지만) 주로 성서 본문의 신학을 수반한다. 이러한 해석을 통해 나타나는 창조 기사의 신학적 중요성을 고려할 때, 우리는 이 본문이 여전히 세상에 대해 생각하는 방식에 관한 지표를 제공한다는 사실을 발견할 수 있다. 이러한 지표가 지구의 나이나 지구를 존재하게 한 물질 과정과 관련되는 것은 아니다. 다만 그것은 우주가 곧 성소라는 신학적 지표를 조성한다. 비록 과학 서술과 공리주의라는 경제 개념이 우리로 하여금 우주를 객관화하도록 이끌겠지만, 성서 텍스트는 이를 반대 방향으로 끌어당길 것이다. 우리는 하나님의 성전에 있는 청지기다. 우리는 우주에 질서를 가져오는 창조 행동에 이바지할 책임이 있다. 이것은 지구를 단지 이용하기만 하고 그것을 무질서에 빠뜨리기만 한다고 입증된 인간의 역할과는 정확히 반대되는 개념이다.

또 다른 반응은 창조주이신 하나님을 바라보는 우리의 방식과 관련된다. 물질문명 및 자연주의 세계관 안에서 생존하려 애쓰는 현대 기독교는 실용주의적 이신론을 수용해왔다. 기원에 관해 오직 물질적 관점만을 수용한다면, 창조는 머나먼 과거에 수행되고 완성된 과업일 뿐이다. 따라서 하나님을 창조주로 묘사하는 것은 단지 현재와 거의 완전히 단절된 일종의 역사적 진술이 될 뿐이다. 반대쪽 극단에 서 있는 과정 신학은, 우주라는 내러티브에 시작도 끝도 없는 고도의 연속성을 가정함으로써 철학적·신학적 늪지에 빠져 오도 가도 못하는 상태에 처하기도 한다.

이 글에서 제시된 관점은 충분한 불연속성을 상정하여 세상의 시작이 있었으며 또 끝이 있을 것이라고 주장하지만, 하나님이 처음에 기능을 갖춘 우주를 세우셨다고 이해한다는 측면에서 훨씬 더 강한 연속성을 유지한다. 하나님은 여전히 통치자시며, 무질서의 위협에 맞서 질서를 유지하는 데 활발하게 관여하신다. 그 무질서가 우주적인 것이든, 환경에 대한 것이든, 인간에 관한 것이든 관계없이 말이다.

마지막으로, 창조를 이렇게 바라볼 때 우리는 창조주 하나님이 하시는 일과 왕이신 그의 다스림이 보이는 관계성을 새롭게 이해할 수 있다. 그는 우주의 질서를 세우시며, 다스리시기 위해 성소의 중앙에 거주할 장소를 택하신다. 이제 이 개념들은 더욱 강력하게 상호 연결된 것으로 간주할 수 있다. 이 우주가 성소임을 인식하고, 진지한 자세로 청지기 역할을 감당하며, 하나님의 통치에 복종하게 될 때, 우리는 고결한 독자가 되어야 할 사명을 완수한다. 그러한 반응에는 하나님을 우주와 무관한 대상으로 간주할 여지가 없다. 인간중심주의자들과 새로운 무신론자들이 진화라는 메커니즘을 통해 때때로 그렇게 했던 것처럼 말이다. 고결한 독자는 기능이 작동하고 있는 우주를 하나님으로 채우며, 물질 중심의 설명과 다른 무언가를 선택함으로써 생각하는 기독교인으로 하여금 하나님이 물질 우주를 창조하시기 위해 진화 과정으로 인식되는 것들을 사용하셨을 가능성을 고려하도록 허용한다. 그런 관점은 성서의 창조 기사에 의해 배제되지 않을 것이다. 오히려 항상 그렇듯이, 과학은 과학으로서 그 정당성을 조사받을 필요가 있다.

참고문헌

Alexander, Denis. *Creation or Evolution: Do We Have to Choose?* Oxford: Monarch, 2008.

Allen, James P. *Genesis in Egypt.* New Haven: Yale University Press, 1988.

Assmann, Jan. *Mind of Egypt: History and Meaning in the Time of the Pharaohs.* Translated by Andrew Jenkins. New York: Metropolitan, 1996.

Clifford, Richard J. *Creation Accounts in the Ancient Near East and the Bible.* CBQMS 26. Washington, DC: Catholic Biblical Association, 1993.

Foster, Benjamin R. *Before the Muses: An Anthology of Akkadian Literature.* 3d ed. Bethesda, MD: CDL Press, 2005.

Fowler, T., and D. Kuebler. *The Evolution Controversy.* Grand Rapids: Baker, 2007.

Gingerich, Owen. *God's Universe.* Cambridge, MA: Belknap, 2006.

Haarsma, Deborah B., and Loren D. Haarsma. *Origins: Christian Perspectives on Creation, Evolution, and Intelligent Design.* Grand Rapids: Faith Alive, 2011.

Hornung, Erik. *Conceptions of God in Ancient Egypt: The One and the Many.* Translated by John Baines. Ithaca, NY: Cornell University Press, 1982.

Lamoureux, Denis. *Evolutionary Creation*. Eugene, OR: Wipf & Stock, 2008.

McGrath, Alister. *Surprised by Meaning: Science, Faith, and How We Make Sense of Things*. Louisville: Westminster John Knox, 2011.

Morenz, Siegfried. *Egyptian Religion*. Translated by Ann E. Keep. Ithaca, NY: Cornell University Press, 1973.

Polkinghorne, John. *Science and Providence: God's Interaction with the World*. Philadelphia: Templeton, 1989.

Ratzsch, Del. *Science and Its Limits*. Downers Grove, IL: InterVarsity Press, 2000.

Walton, John H. *Ancient Near Eastern Thought and the Old Testament*. Grand Rapids: Baker, 2006.

_____. *Genesis*. NIV Application Commentary. Grand Rapids: Zondervan, 2001.

_____. *Genesis 1 as Ancient Cosmology*. Winona Lake, IN: Eisenbrauns, 2011.

_____. *Lost World of Genesis One: Ancient Cosmology and the Origins Debate*. Downers Grove, IL: InterVarsity Press, 2009.

van Wolde, Ellen J. *Reframing Biblical Studies: When Language and Text Meet Culture, Cognition, and Context*. Winona Lake, IN: Eisenbrauns, 2009.

Young, Davis A., and Ralph F. Stearly. *The Bible, Rocks, and Time: Geological Evidence for the Age of the Earth*. Downers Grove, IL: IVP Academic, 2008.

논평

리처드 E. 에이버벡

월튼의 글은 창세기 1장의 창조 기사에 초점을 맞추는데, 특히 우주론에 관한 고대 근동의 관점으로 접근한다. 그의 글은 세 가지 유용한 해석 논의를 제공하면서 시작된다. 첫째, 그는 발화가 무엇인지 언급한 뒤, 본문을 고대 근동의 배경과 문학 장르에 따라 유능하게 읽어야 한다고 주장한다. 둘째, 발화수반 행위를 소개한 뒤, 텍스트가 가르치려는 내용에 따라 윤리적으로 텍스트를 해석해야 한다고 말한다. 그는 텍스트가 가르치려는 내용이라고 우리가 기대하는 바를 따르면 안 된다고 말한다. 셋째, 발화효과 행위를 다룬 뒤, 창조 기사가 고대와 현대 독자의 삶에서 증진하고자 하는 바에 적절히 반응하면서 본문을 해석하는 고결한 독서를 강조한다. 비록 창조 기사를 해석하는 유능하고, 윤리적이며, 고결한 독서가 무엇인가에 대해서는 (부분적으로든 전체 내용에 대해서든) 월튼에게 동의하지 않을 수도 있지만, 그가 제시하는 세 가지 전략은 어떤 경우에라도 해석을 위한 좋은 원칙임이 틀림없다.

더욱 논란이 되는 것은, 월튼이 창세기 1장의 발화에 상당한 정도로 고대 근동의 세계관이 수용되어 있다고 간주한다는 점이다. 물론 그가 창세기 1장의 발화수반 행위나 발화효과 행위까지 그렇게 간주하는 것은 아니다. 다시 말해 월튼에 따르면, 유능한 독서란 창세기 1장을 해석할 때 고대 이스라엘이 속한 고대 근동의 환경에 성서 텍스트가 자기를 맞추었다는 점을 고려하는 것이다. 이때 그 맞춤의 수준은 텍스트가 창조의 의미와 과정을 묘사하는 방식에까지 이른다. 월튼에 따르면, 대체적으로 창세기 1장이 우주론에 관해 언급하는 내용은, 창조 기사 본문과 같은 수준의 다른 고대 근동 문헌들에서 발견할 수 있는 내용에 상응한다고 할 수 있다. 그의 지적이 정당한 면도 있겠지만, 내가 보기에 그는 무언가 정도를 지나치고 있다. 성서는 고대 근동 세계 안에 존재할 뿐 아니라, 그 세계에 맞서 존재하기 때문이다.

월튼이 제시하는 또 다른 핵심은 이렇다. 성전은 "미시 우주"이며, 창세기 1장에 나타나는 우주는 "성전과 관련된 특징"을 지니고 있으므로 성소로 간주해야 한다. 다른 학자들도 이 점을 인식하고 있다. 그는 성전 건축이 종종 창조 기사에 포함됨을 인식한다. 신들은 "안식"을 위해 성전으로 들어가 그곳을 자신들의 거처로 삼는다. 거기서 그들은 자기들의 지역뿐 아니라 우주 전체를 관장한다. 특히 특정한 성전의 주인인 개별 남신/여신에 속한, 우주와 관련된 요소들 말이다. 아울러 월튼은 성전 봉헌을 기념하는 7일 축제의 패턴이 흔하게 나타난다고 지적한다. 이 축제는 성전 건축의 완료를 경축할 뿐 아니라 그 성전에 신이 거주하게 됨을 축하한다. 아울러 이 패턴은 7에 관한 고대 근동의 패턴을 보여주는 예시이기도 하다. 월튼은 창세기 1장 기사의 7일과 이 성전 봉헌 패턴을 비교하면서 물질적 성전의 건축을 반박하고 있다.

이 비교 가운데 후자에서 드러나는 어려움은 이렇다. 창세기 1장의 경우, 단지 하나님의 성전인 세상의 봉헌에 관한 기사가 아니라 물질세계의 실제 형성을 다룬다는 사실이다. 창세기 1장의 우주 창조와 달리 고대 근동의 성전 봉헌 문헌들에는 실제로 성전을 건축하는 일과 관련된 용어들이 포함되어 있지 않다. 이것이야말로 우리 사이에서 정확하게 논쟁이 되는 요점이다. 창세기 1장은 첫 우주의 물질적 창조에 관해 무언가를 언급하고 있는가? 내 대답은 "그렇다"이다. 반면에 월튼은 "아니오"다. 그는 자신이 "기능적 창조"라 부르는 것만을 선호해서 창세기 1장이 물질 창조에 관해 언급하는 것은 무엇이든, 그것을 제거하려는 데 현저한 노력을 기울인다. 이렇게 보면, 창세기 1장 전체를 살펴봤을 때 그의 논지는 상당한 부분에서 분명히 실패한 주장이다.

문제는 창세기 1장이 기능을 강조한다는 점이 아니다. 초심자라도 이런 사실은 쉽게 감지할 수 있다. 그리고 오늘날 독자들이 기능보다 물질 창조에 집중한다는 월튼의 말도 사실이다. 창세기 1장에 따르면, 어떤 경우에든 하나님이 낮과 밤, 즉 낮의 역할을 하는 빛의 시기와 밤의 역할을 하는 어둠의 시기를 구분하려는 의도를 수행하는 기능을 갖춘 빛을 창조하신 것이 명백하다(첫째 날, 창 1:3-5). 그리고 문맥상 이 부분은 창조 기사에서 나타나는 완전한 어둠(1:2)을 제거하는 기능을 수행한다. 왜 하나님이 기능하지 않는 사물을 창조했겠는가? 문제는 월튼이 창세기 1장을 물질 창조와 전혀 관련이 없으며 배타적으로 "기능들"을 창조한 이야기로 해석한다는 점이다. 이러한 배타성이 바로 그의 해석이 지닌 약점이다.

한편으로 그는 이 문제를 인식하고 있는 듯하다(창 1:26의 "아사"에 대한 분석의 앞부분을 보라). 그러나 계속해서 그는 명백한 부분들을 무시하려 한다. 어떻게 우리가 창세기 1:26을 "우리의 형상을 따라 우리의 모양대로 우리가 사람을 '하고'…"로 읽을 수 있겠는가? 이런 방식의 독법은 여기서 정당성을 획득할 수 없다. 이 부분은 인간의 기능에 대해 말할 뿐 아니라, 우리가 물질로 "만들어진" 존재임을 보여준다. 사실 우리가 창세기 1장과 2장 기사의 관련성을 어떻게 이해하느냐에 따라 창세기 2:7은 하나님이 그 남자를 땅의 흙으로 "만드셨다"라는 사실을 분명히 보여주게 된다. 이 구절은 물질 창조를 나타낸다. 따라서 창세기 1:26-28도 그러하다.

이 지점에서 우리는 "창조하다"라는 용어에 대한 혼란에 봉착하게 된다. 창조는 "무로부터의 창조"라는 어구로 정의되지 않는다. 예를 들어 월튼은 "그 동사들이 물질적 행동과 관련되는 용례를 밝힐 수도 있겠지만…"이라고 시인하지만, 계속해서 그는 "창조 기사가 물질의 부재로 시작하지 않는다는 점[은]…가장 큰 장애물"이라고 주장한다. 창세기 1:1에 대한 그의 해석에 나는 거의 동의한다. 1절은 물질로 된 사물이 처음 창조되었다고 언급하는 구절이 아니라 1장의 주제를 소개하는 구절이다. 진짜 창조는 2절에서 물질적 배경이 묘사된 뒤에 3절("하나님이 이르시되"가 처음으로 등장하는 구절)에서 시작한다. 그러므로 창조 기사는 많은 고대 근동의 창조 이야기들이 그렇듯이 깊고 어두운 심연에서 시작한다. 그 심연은 고대 이스라엘인들이 쉽게 이해할 수 있는 시작점이었다. 하지만 창조 기사가 이미 존재하는 물질(2절)을 언급하면서 시작하므로 창세기 1장을 물질 창조에 관한 기사로 다룰 수 없다는 주장은 핵심을 놓치는 것이다. 어떤 사람이 진흙으로 주전자를 만든다면, 그는 물질을 사용해 무언가를 만드는 것이다. 심지어 도공이 이미 존재하는 물질(원래 있던 진흙)을 통해 그 주전자를 만들었다 해도 이 사실은 변하지 않는다.

월튼은 동사 "바라"가 "무언가를 (기능상) 존재하게 하다"를 의미한다고 주장한다. "기능"이라는 단어를 써서 정의를 한정하는 것이 문제다. 예컨대 이사야 45:7a("나는 빛도 짓고 어둠도 창조하며")을 보면, "창조하다"는 "짓다"(yāṣar)라는 동사와 병행을 이룬다(창 2:7을 보라). 다음 행의 "창조하다"도 "짓다"(ʿāśâh)와 병행한다. "나는 평안도 짓고 환난도 창조하나니"(사 45:7b).

요점은 하나님이 빛과 어둠, 번영과 재난과 같은 모든 일이 일어나게 하시는 분이라는 사실이다. 모든 것은 그분의 손안에 있다. 이 동사들은 모두 물질로 된 무언가를 만드시거나 어떤 특정한 방식으로 물질적 기능을 하는 무언가를 만드신 하나님에 대해 상호 교환적으로 사용되고 있다. 창세기 2:22에서 사용된 "세우다"(bānāb) 동사는 남자의 갈비뼈에서 만들어진 여자를 나타내는 표현으로 사용된다. 갈비뼈는 창세기 2:7처럼 진흙(땅의 먼지)과 같은 물체로 무언가를 "형성하거나" "빚는" 데 사용되기보다는 (널빤지나 통나무처럼) 무언가를 "세우는" 데 사용되는 재료이기 때문이다.

월튼은 계속해서 "창조의 날 대부분이 사물을 만드는 행위를 논하지 않고 있다"라고 주장한다. 그것은 우리가 "물질"이라는 단어가 의미하는 바를 어떻게 간주하느냐에 달려 있다. 예를 들어 "빛"이 고대인들에게 물질이었는지, 그리고 "라키아"에 관한 구문에서 "라키아"가 의미하는 바가 무엇인지 같은 문제들 말이다. 월튼은 "라키아"가 단단한 돔형 천장 같은 것은 아니라는 데 동의한다. 어쨌든 창세기 1장의 넷째 날에 이르면, 16-18절은 "하나님이 두 큰 광명체를 만드사('āśāb)…하나님이 그것들을 하늘의 궁창에 두어(nātan)…"라고 언급한다. 창세기 1장의 일반 형태를 따른다면, 넷째 날은 하나님의 명령으로 시작하며(14-15절), 그 명령의 성취가 뒤따른다(16-18절). 유사한 방식으로 다섯째 날도 하나님이 명령하시고(20절, "하나님이 이르시되 물은 생물을 번성하게 하라.…새가 날으라"), 그 명령의 성취가 따라온다(21절, "하나님이…창조하시니[bārā']"). 여섯째 날도 마찬가지다. 명령(26절)과 그 명령의 성취(27-28절)가 있다.

더 나아가 이스라엘을 둘러싼 고대 근동 세계가 물질의 창조에 별로 관심을 기울이지 않았다는 주장은 사실이 아니다. 이집트에서 메소포타미아 문헌에 이르기까지 우리는 물질의 창조를 다루는 충분한 예를 발견할 수 있다. 예컨대 이집트 「멤피스 신학」에서 우주가 생성되는 부분의 결론을 살펴보면 이렇다. "신들을 낳고, 그들을 위한 마을을 짓고, 그들이 다스릴 구역을 세우고, 그렇게 만물을 만들고 모든 언급을 마친 뒤에 프타는 안식에 들어갔다."(COS 1:23) 메소포타미아 문헌을 살펴보면, 창조 서사시가 적힌 4번째 석판의 끝부분에서 마르두크는 티아마트의 몸을 두 부분으로 쪼개어 위로는 하늘을 만들고 아래로는 사후세계를 만들었다. 계속해서 5번째 석판은 그가 육지를 창조했다고 말한다(COS 1:398, 400). 그리고 6번째 석판의 도입부는 그가 티아마트의 동료인 킹구(Qingu)가 흘린 피로부터 인간을 창조했다고 말한다(COS 1:400401). 이런 예들은 물질에서 물질이 창조되었음을 보여준다. 이 서사시 역시 깊고 어두운 심연의 바다를 언급하면서 시작하는데, 그때는 티아마트와 압수를 제외하고는 신들조차 존재하지 않았다. 둘은 그 바다를 함께 조성했다. 그 심연 가운데에는 심지어 "대나무 숲"이나 "덤불"조차도 없었다(COS 1:391). 이 이야기가 창세기 1:2과 유사할 뿐 아니라 신들의 창조로 이어진다는 데 주의해야 한다. 그런 이야기는 창세기 1장에 전혀 등장하지 않기 때문이다. 물론 월튼도 이 점을 지적하고 있다.

논평

토드 S. 비일

창세기 1-11장을 이러저러한 형태로 다루는 책을 200권 이상 읽어봤지만, 다른 이의 견해를 재구성하는 것이 아니라 새롭고 창의적인 견해를 제시해주는 저자를 거의 본 적이 없었다. 하지만 이 책뿐 아니라 그가 최근에 출간한, 이 주제에 관한 두 권의 다른 책에 나타나는 월튼의 방법론은 분명히 독특하다.[38] 그는 우리가 창세기 1장을 잘못된 방식으로 해석해왔다고 믿는다. 그는 우리가 창세기 1장을 물질의 창조를 다루는 내러티브로 간주한다고 주장한다. 그에 따르면, 오히려 창세기 1장은 기능에 관심을 쏟는 내러티브다. 그는 이러한 해석이 고대 근동의 맥락에서 정당성을 지닌다고 여긴다. 따라서 그는 창세기 1장을 고대 근동의 논리와 필수 요소를 따라 해석한다(그보다는 덜하지만 창 2장의 해석도 마찬가지다). 더 나아가 창세기 1장의 7일이 세상의 창조를 나타내는 것이 아니라 "우주적 성전의 취임식을 나타내는 7일"을 의미한다고 주장할 때도 그는 고대 근

38_ 대중적으로 가장 많이 알려진 그의 견해는 John H. Walton, *The Lost World of Genesis One* (Downers Grove, IL: InterVarsity Press, 2009)에서 살펴볼 수 있다. 반대로 가장 학문적인 접근을 다루는 그의 책은 John H. Walton, *Genesis 1 as Ancient Cosmology* (Winona Lake, IN: Eisenbrauns, 2011)를 참조하라.

동의 우주론과 같은 노선에 서 있는 것이다. 만약 월튼의 관점이 옳다면, 과학과 창세기 1장 사이에는 어떤 충돌도 있을 수 없다. 그렇게 되면, 여하튼 창세기 1장은 세상의 물리적 창조에 대해 아무런 관련이 없기 때문이다. 그 결과, 창세기 1-2장을 최신 과학 이론과 조화시키려는 시도 때문에 나타나는 모든 문제를 손쉽게 비켜가게 된다.

창세기 1장을 이해하기 위한 월튼의 훌륭한 노력은 칭찬할 만하며, 고대 근동의 다른 문헌을 통해 이를 이해하려는 그의 열망 역시 그러하다. 하지만 아무리 그의 해석이 참신하다 해도 월튼의 방법론은 결국 설득력이 없음을 주장하려 한다.

첫째이자 가장 중요한 문제는, 창세기 1-2장을 해석하기 위해 월튼이 지나치게 고대 근동 문헌에 의존하고 있다는 점이다. 그의 방법론은 성서 자체와 대립한다고 볼 수 있다. 그가 고대 근동의 자료로부터 유용한 배경 정보를 많이 수집할 수 있다는 점은 분명하다. 고대 근동 자료들은 구약의 문화와 관습뿐 아니라 여러 다른 양상을 이해하는 데도 도움이 된다. 35년간 구약 영어 성서 및 히브리어 주해 과정을 가르치면서, 나는 종종 현대 독자들에게 항상 분명한 것만은 아닌 그런 측면들을 지적하곤 했다. 나는 이 책의 모든 저자가 정확히 똑같은 방식으로 가르치고 있다고 믿고 싶다.[39]

그렇지만 월튼은 그의 견해를 지나치게 고대 근동의 사고에 의존하고 있으며, 이를 꽤 많이 활용하고 있다. 하지만 구약을 해석하려면 먼저 성서 내 다른 텍스트가 말하는 바에 의존해야 한다. 권위는 고대 근동의 문헌이 아닌, 성서 자체에서 나오기 때문이다. 아울러 그의 논의에서는 창

39_ 이런 이유로, 비록 모든 견해에 동의하지는 않지만(특별히 창세기 부분이 그렇다), 나는 *Zondervan Illustrated Bible Backgrounds Commentary: Old Testament* (ed. John H. Walton; 4 vols.; Grand Rapids: Zondervan, 2011)가 구약 배경 지식을 습득하는 좋은 도구라고 생각한다.

세기에 등장하는 이 창조 기사 부분을 해석해줄 신약 성서의 단락에 대한 언급이 실제로 전혀 등장하지 않는다. 내가 발견한 것은 단지 보조 수단으로 활용된 단 한 번의 언급이었으며(월튼은 골 1:16-17을 한 번 언급하지만 그 부분을 설명하진 않는다), 실제로 월튼은 바울과 히브리서(월튼은 특정한 단락을 인용하지는 않는다)를 아담과 하와에 대한 결론에서 간략히 한 번만 언급할 뿐이다. 그는 신약성서는 전혀 인용하지 않고 있으나, 고대 근동 문헌은 9번이나 광범위하게 언급하고 있는데, 이것은 그의 글의 10퍼센트에 해당한다.[40] 창세기 1-2장에 대한 고대 근동의 배경을 이해하는 것이 이 단락과 관련된 신약성서를 이해하는 것보다 더 중요한가? 난 아니라고 생각한다.

월튼은 우리 자신의 세계관이 아닌, 고대 근동의 세계관을 통해 창세기 1-2장을 이해해야 한다고 믿는다. 그에 따르면, 그것이 바로 고대 이스라엘인들이 본문을 이해했던 방식이기 때문이다. 아울러 그는 자신의 글 첫 단락에서 "비록 성서 자체가 우리를 위해 기록되었으며 또 모든 인류를 위해 기록되었지만, 우리에게 먼저 주어진 것은 아님을 인식해야 한다"라고 말한다. 하지만 특별히 창세기의 첫 두 장에 관해서라면, 그의 진술은 전적으로 옳다고 할 수 없다. 첫째, 창세기 1장은 창조를 바라보는 이스라엘인들의 견해가 아니다. 그것은 창조를 바라보는 하나님의 시각이며, 창조가 일어난 지 오랜 후에 한 이스라엘인(모세)에게 주어졌다. 예를 들어 어떤 책의 원래 독자가 이스라엘이었다는 주장이 정확하다 해도, 그들만이 의도된 독자였을 리는 없다. 우리도 의도된 독자다! 이 사실은 특별히 창조에 대해 사실이다. 왜냐하면 창조 때 거기 있었거나 그 과정에 관여한 이스라엘인은 없기 때문이다. 창조 기사는 하나님이 초자연적

40_ 그의 글 약 10.44%에 해당한다. 대조적으로 내 글은 대략 40여 개의 신약 본문을 포함하고 있다.

으로 모세에게 전달하셨다. 그것은 모세가 (광야에 있던[?]) 동료 이스라엘인들에게 창조에 관해 무언가를 설명하려는 사소한 시도가 아니었다. (그리고 그들이 과연 원래 청중이었을까.) 창조 기사는 모세에게 계시된, 창조에 관한 하나님의 진술이었으며, 그 계시를 수용하는 모든 사람의 유익을 위한 것이었다. 단지 그 시작이 이스라엘이었을 뿐이다. 존 콜린스가 적절하게 말하듯이, "창세기의 관점을 이스라엘의 관점과 동일시하는 것은 오해다.…모세는 이스라엘의 세계관을 형성하려 했을 뿐, 이스라엘의 세계관을 반영하지 않았다."[41]

더 나아가 월튼 자신도 인정하듯이, 창세기의 창조 기사와 고대 근동의 창조 기사에는 매우 큰 차이가 있다. 창세기에 따르면 세상은 7일 동안 창조되었으며(어떤 고대 근동 문헌도 7일을 창조와 연관 짓지 않는다), 많은 신이 존재하는 것이 아니라 유일하신 하나님 한 분만이 계신다. 그분은 영원하시고, 창조된 존재가 아니시다. 그분은 한 쌍의 인간 부부를 창조하셨을 뿐, 인간 무리를 창조하시지 않았다. (월튼의 표현을 사용하자면) 사람은 "노예인 일꾼이 아니라 일종의 부통치자(vice-regent)"로 창조되었다.[42] 사실 하나님은 (모세의 때뿐 아니라 이스라엘 역사 전반에 걸쳐서) 이스라엘이 고대 근동의 다른 나라들의 사고방식을 따르거나 그들의 사고방식처럼 자기의 길을 형성하지 말아야 한다고 말씀하셨다. 이스라엘은 열방의 사고방식을 철저히 배격해야 했으며 그들과 구별되어야 했다(예. 출 23:20-33; 34:10-17; 신 18:9-14을 보라). 과연 하나님께서 이스라엘에게 그토록 거부하라고 말씀하셨던 고대 근동의 세계관을 포함하는 창조 기사를 모세에게 주셨

41_ C. John Collins, "Review of The Lost World of Genesis One," *Reformed Academic* (26 November 2009), 8(http://reformedacademic.blogspot.com/2009/11/lost-world-of-genesisone-book-review.html).

42_ Walton의 글 365쪽을 참조하라.

다고 생각할 수 있을까?

창세기 1장에 대한 월튼의 해석이 지닌 두 번째 문제점은 이렇다. 월튼은 창세기 1장이 물질의 기원이 아닌 기능의 기원에 관심을 둔다고 주장한다. 그의 말을 다시 확인해보자. "나는 창조 기사 전체의 관심이 물질의 기원이 아닌, 기능의 양상과 관련된다는 점을 주장하고자 한다. 만약 본문이 물질 창조를 서술하도록 의도되었다면, 창조의 날 대부분에는 아무런 의미가 없다."[43] 월튼의 해석에는 분명히 장점이 있다. 그는 창조 내러티브가 기능을 강조하고 있음을 깨닫도록 도와준다. 하지만 (고대 근동의 자료를 해석하면서) 창조 기사 본문이 물질 창조에 관해 사실상 아무것도 말하지 않고 있다고 주장하는 것은 지나친 비약이다. 월튼의 견해에 어느 정도 동의하는 학자들조차 이 부분에서 그가 비약이 심하다고 인정한다.[44] 내가 세어봤을 때는, 창세기 1장에서만도 창조된 것을 22가지나 발견할 수 있었다. 이 중 일부는 분명히 기능이 언급되지만, 다른 것들은 그렇지 않다(예를 들어 창 1:21의 "큰 바다"에는 기능과 관련된 설명이 전혀 제시되지 않는다). 본문은 월튼의 대담한 주장을 전혀 지지하지 않는다. "바라"나

43_ 다른 책에서 Walton은 이렇게 말한다. "첫째 날 하나님이 창조하신 것은 무엇일까를 묻는 것은 무의미하다. 왜냐하면 본문은 어떤 대상의 창조에 무관심하기 때문이다. 따라서 본문은 그런 질문에 대답하지 않을 것이다." John H. Walton, *Genesis* (NIV Application Commentary; Grand Rapids: Zondervan, 2001), 84.

44_ 예컨대 Bruce Waltke는 이 주제에 관해 Walton의 견해에 대개 동의하면서도 "창세기 1장에서 물질의 창조를 완전히 무시하는 해석은 수용하기 어렵다"라고 말한다("Creation: Biblical Options, A Gracious Dialogue," held in Houston, TX, 28-29 October 2011). Roy Gane, "No Matter ... What? A Response to John Walton," *Spectrum Magazine* (6 September 2011), 3 (http://spectrummagazine.org/blog/2011/09/06/no-matterwhat-response-john-walton) 에서 Roy Gane 역시 이렇게 말한다. "물질의 구성이라는 측면에서 볼 때, 나는 창세기 1장의 날들이 물질 창조를 포함하지 않는다는 주장을 납득하기 힘들다." Collins, "Review," 4을 보면 Collins 역시 "이것은 물질적 존재론에 대한 관심을 배제하지 않는다.···'기능'과 '물질'을 구분하는 월튼의 시도는 분석을 위해서라면 유용할 수 있지만, 그렇다고 그가 옹호하는 구분법이 정당한 것은 아니다."

"아사" 동사 역시 월튼의 논지에는 도움이 안 된다. 월튼은 "바라"를 "창조하다"에서 "기능을 배분하다"로, "아사"를 "만들다" 대신에 "일을 수행하다" 혹은 "~을 하다"로 다시 정의하지만, 이런 의미들은 구약 전체나 심지어 창세기 1장에서라도 유지되지 못한다. 예를 들어 콜린스가 지적하듯이, 창세기 1:27(하나님이 사람을 "창조하셨다"라고 기록하는 본문)은 2:7과 병행을 이룬다(창 2:7에서 주 하나님은 사람을 땅의 흙으로 "지으셨다"). 이미 언급했지만, 하나님이 "기능을 배분하셨다"라는 말을 창세기 1:21(이 본문 역시 "바라"를 사용한다)의 바다 생물들에게 적용해서 마치 하나님이 그들을 창조하셨다는 말과 대립되는 것처럼 사용할 수 없다는 점도 마찬가지다.[45]

더 나아가 나는 고대 근동 문헌들이 물질보다는 기능에 관심을 둔다는 월튼의 주장이 과장되었다고 생각한다. 고대 근동 사람들은 물질의 기원 자체에 관심을 두지 않았다. (성서와 달리) 그들의 세계관에서 물질은 영원하며 신들에 의해 창조되지 않았기 때문이다. 하지만 고대 근동의 문헌 역시 질료로부터 사물(예. 해, 달, 별들, 육지, 바다, 사람 등)이 형성된다는데 관심을 보이는 것은 사실이다. 따라서 성서 본문은 차치하더라도, 월튼의 견해는 심지어 고대 근동 세계에서조차 전적으로 사실은 아니다.[46]

45_ 이 책에 실린 Collins의 글을 참조하라(p. 90, n. 52: "나는 '바라'를 전통적인 사전적 용법을 따라 해석하기를 포기할 수 없다."). 아울러 Andrew Steinmann, "Lost World of Genesis One: John H. Walton, American Evangelicals, and Creation," *Lutheran Education Journal* (9 March 2012), 57 (http://lej.cuchicago.edu/bookreviews/lost-world-of-genesis-one-john-h-walton-american-evangelicals-and-creation/)의 뛰어난 논의도 참조하라. 물론 나는 "바라"라는 단어 자체가 "무로부터의 창조"를 의미하는 것은 아니라는 Walton의 논지에 참으로 동의한다. 하지만 "아사"를 "만들다"가 아니라 "하다"로 이해하는 Walton의 견해는 마찬가지로 강요된 것이다. 과연 하나님이 창 1:26에서 "우리의 형상을 따라…우리가 사람을 '하자'"라고 말씀하셨을까? 창 3:21은 하나님이 아담과 하와를 위해 "가죽옷을 '하셨다'"라고 기록했을까?

46_ 따라서 Collins, "Review," 4, 6을 보면 "다른 고대 근동 민족에게서 나온 이야기들은 사실 물질의 기원에 대해 전혀 언급하지 않는다. 하지만 그 이야기들은 물질이 가진 기능이 제 구실을 하기 위해 그 물질의 형성과 구성을 매우 강조한다." 아울러 Lee Irons, "Review of John H. Walton, The Lost World of Genesis One," *The Upper Register* (1 May 2012) (http://upper-register.

하지만 창세기 1장이 물질 창조에 대해 무관심하다는 월튼의 주장이 가진 가장 큰 문제점은 창세기 1:1에 대한 그의 해석에서 드러난다. 월튼은 창세기 1:1이 단순히 "창조 기사의 문학적 도입부"이며 따라서 창조는 실제로 물질이 "이미 존재했던 상태"인 창세기 1:2에서 시작된다고 주장한다. 그러므로 월튼은 "첫째 날은 물질인 어떤 사물의 창조가 아니라 빛과 어둠이라는 기간에 의해 규정되는 기능, 즉 시간의 창조를 특징으로 한다"라고 결론짓는다. 문제는 창세기 1:1이 참으로 물질로 된 사물, 즉 하늘과 땅의 창조와 함께 시작한다는 사실이다! 성서의 다른 본문을 살펴보면 창세기 1:1은 첫째 날의 일부임이 명백하다. 출애굽기 20:11은 "이는 엿새 동안에 나 여호와가 하늘과 땅과 바다와 그 가운데 모든 것을 만들고 일곱째 날에 쉬었음이라. 그러므로 나 여호와가 안식일을 복되게 하여 그 날을 거룩하게 하였느니라"라고 설명한다(출 31:17도 마찬가지다). 그러므로 창세기 1:1을 나머지 창세기 1장 내러티브에서 분리하려는 시도는 정당하지 않다. 창세기 1:2이 아니라 창세기 1:1이 첫째 날 창조의 시작을 연다. 월튼의 견해와 반대로, 창세기 1:1은 하늘과 땅이라는 거대한 두 사물의 창조로 시작한다![47]

월튼은 자신의 글 말미에서 기능적 해석을 창세기 2:4-25에 적용하는

---

typepad.com/blog/2012/05/review-of-john-h-walton-the-lost-world-of-genesis.html) 도 보라.

47_ 바로 이 부분에서 우리는 "무로부터의 창조" 개념을 얻는다. 단지 "바라"에서만 그런 것이 아니라 창 1:1 역시 이를 입증한다. 아울러 (이 책 89쪽에 실린) Collins의 글에 따르면, "비록 선명하게 언급하지는 않지만, 창세기 1:1은 하나님이 무로부터 창조하셨으며 물질 우주에는 절대 시작점이 있음을 분명하게 암시한다." 창 1:1 때문에 히브리서 기자는 "믿음으로 모든 세계가 하나님의 말씀으로 지어진 줄을 우리가 아나니, 보이는 것은 나타난 것으로 말미암아 된 것이 아니니라"(히 11:3)라고 진술한다. 바울은 (Walton이 유일하게 언급하는 구절인) 골 1:16-17에서 같은 요점을 지적한다. 만약 신약 성서 저자가 창 1:1에서 "무로부터의 창조" 교리를 도출해내지 않았다면, 도대체 어떻게 그들이 이러한 결론에 도달할 수 있었겠는가?

데, 이는 거의 성공적이지 못하다.[48] 창세기 2장을 기능의 창조로 해석하는 관점 역시 그렇다. 창세기 2장에 물질에 관한 언급(흙, 갈빗대)이 등장하기 때문이다. 하지만 월튼은 창세기 2장에 등장하는 모든 것이 "원형적 대표"라고 설명한다. 그중에는 "죽을 수밖에 없는 인간의 운명에 관한 진술"인 흙을 포함한다. 그러므로 월튼은 "인간의 물질적 기원을 알려주는 성서의 기사는 존재하지 않으므로…"라고 결론짓는다. 이 관점은 아담과 하와 역시 단지 원형으로 간주할 뿐이다. 월튼은 그들이 역사적 인물일지도 모른다고 말하면서 바울 역시 그들을 이렇게 간주했을 것이라고 덧붙인다. 하지만 월튼은 자신의 주장을 완전히 확신하지는 못하는 듯하다.[49]

창세기 1장에 대한 월튼의 해석이 지닌 세 번째 문제점은, 월튼이 창세기 1장의 7일을 하나님의 우주적 성전이 시작되는 기간으로 해석한다는 점이다. 이 해석은 다소 억지스럽다. 사실 월튼 자신조차 다음과 같이 자기 견해에 대해 스스로 반박하고 있다. "'성전'이란 단어는 창세기 1장에 나타나지 않으며, 거기에는 현대 독자에게 어떤 관련성을 인식하게 할 만한 것이 전혀 없다."[50] 내가 "아멘!"이라고 외치고 싶은 이 부분이야말로 정확하게 문제가 드러나는 지점이다. 아마도 월튼은 내게 고대 근동의 사

48_ Walton은 창 2장을 "두 번째" 창조 기사로 여긴다. 하지만 Averbeck과 Collins가 언급하듯이, 창 1장과 2장은 두 개의 별개 창조 기사가 아니다. 창 2장은 여섯째 날을 확장한 이야기이며, 창 3장을 예비한다.

49_ 아담과 하와에 대한 Walton의 전체 논의는 그의 해석 방법에 결함이 있음을 보여준다. 고대 근동 문헌들이 이 주제에 대해 침묵하기 때문에(고대 근동 문헌들은 인간 역사상 최초로 등장한 한 부부를 믿지 않는다), Walton은 역사상 최초의 부부가 "고대의 사고방식이며 우리가 거기에 한정될 필요는 없음"을 보여주는지를 알기는 어렵다고 주장한다. 이런 언급을 통해서 볼 때, Walton은 아담과 하와가 실제 인물이라고 생각할 필요가 없다고 주장하는 Longman의 견해에 동의할지도 모른다. 왜 Walton이 먼저 신약성서로 눈을 돌리지 않는지 모르겠다. 예수와 바울도 이 첫 부부를 역사적 인물로 간주하지 않았는가? 왜 먼저 이교도인 고대 근동 민족들의 문헌을 따르는가?

50_ Walton의 글 350쪽을 참조하라.

고방식을 좀 더 이해해야 한다고 반응할 테지만, 나는 더 좋은 해석 방식은 성서 텍스트가 말하는 바에서 시작하는 것이라고 믿는다. 이교도들이 었던 고대 근동 민족들의 세계관을 성서에 강요하려고 애쓰기 전에 말이다. 만약 하나님께서 성전에 관해 무언가를 전달하기 원하셨다면, 왜 창세기 1-2장에서 성전이란 단어를 사용하시지 않았는가? 사실 월튼은 자신의 견해를 지지하기 위해 성서에서는 단지 두 단락만을 인용할 뿐이다. 먼저 그는 시편 132:7-14을 인용하는데, 이 단락은 하나님이 거주하시고 안식하시는 장소인 시온에 대해서만 언급할 뿐, 우주에 관해 어떤 암시도 드러내지 않는다. 둘째로 이사야 66:1은 하늘이 하나님의 보좌이며 땅이 그의 발등상이라고 시적으로 표현하는데, 그렇다면 그분에게 성전이 필요한 이유는 도대체 무엇이겠는가? 사실 다음 구절(사 66:2)에서 하나님은 자신이 우주 전체를 창조하셨다고 주장하신다. "나 여호와가 말하노라. 내 손이 이 모든 것[즉 1절에서 말하는 '하늘'과 '땅']을 지었으므로 그들이 생겼느니라." 이 구절들이 창세기 1장을 우주적 성전의 시작으로 간주하는 월튼의 견해와 도대체 무슨 상관이 있는가?

(내가 보기에는 거의 그럴 리 없겠지만) 누군가 창세기 1장에서 우주적 성전에 관한 유비를 어떻게든 발견한다 해도, 도대체 월튼은 어떻게 그러한 가능성에서 7일이 세상을 창조한 기간이 아니라 하나님의 성전 취임을 나타낸다는 주장으로 도약했을까? 그러한 개념은 창세기 1-2장이나 신구약성서 어디에도 전혀 나타나지 않는다. 또한 월튼의 견해를 따라 일곱째 날이 "가장 중요"하다고 간주한다면, 왜 모세가 단지 두 구절(창 2:2-3)만을 일곱째 날에 할애하고 31개의 구절은 첫 여섯 날에 할당했던 것일까? (평균적으로 5구절이 각 날에 적용된다.)

창세기 1장에 대한 월튼의 해석이 지닌 마지막 문제점은, 그가 젠체하는 듯한 어조로 논지를 진행한다는 점이다. 다른 어떤 방식으로 설명해야 할지 모르겠다. 물론 월튼이 의도적으로 그렇게 한다는 것은 아니다. 하지만 그의 방법론은 겸손과는 다소 거리가 있다. 마치 그가 전문가로서 나머지 우리를 아마추어 대하듯 하기 때문이다. 몇 가지 경우를 들면, 첫째, 월튼은 족히 그의 글 20% 정도를 해석 이론을 상술하는 데 쓰고 있다. 그는 독자 대부분이 거의 이해하기 힘든 화행 이론으로 시작한다("발화", "발화수반", "발화효과" 등의 용어를 적어도 50여 회 사용한다). 월튼이 사용한 화행 이론의 용어들을 해석해보면, "발화"는 기본적으로 저자가 쓴 실제 단어이며, "발화수반 행위"는 저자가 의도했던 바를 가리키고, "발화효과"는 독자의 반응을 지시한다. 일반 독자들은 이런 용어들을 이해하는 데 어려움을 겪을 것이기 때문에, 그들은 월튼을 전문가로 간주할 것이다. 나는 월튼의 의도가 명료성을 추구하려는 것임을 확신한다. 하지만 그가 선택한 단어들은 오히려 혼란을 가중시킬 뿐이다. 그리고 만약 내가 월튼의 의도를 정확하게 이해했다면, 그는 성서의 사상 영감(conceptual inspiration)을 선호해서 완전축자영감(verbal plenary inspiration)을 포기하는 듯하다. 왜냐하면 그는 저자가 실제로 사용한 단어들(발화 단계) 대신 저자의 의도(발화수반 행위 단계)만이 성서의 무오성에 적용될 수 있다고 주장하는 듯하기 때문이다. 만약 내 추론이 참이라면, 그의 주장은 매우 위험하다고 할 수 있다.[51]

논의를 계속해보자. 월튼은 유능하고 윤리적이며 고결한 독서의 중요성을 언급한다. 이런 용어는 사실 부적합하다. "유능한"(다른 요소들을 고려

51_ 아울러 우리가 "양 극단"이라 부르는 데서 "초월해야 할" 필요가 있다는 Walton의 주장 역시 내게는 걸림돌이다. 그 양 극단은 성서를 "하나님의 거룩한 말씀이며 사도들과 선지자들을 통해 계시되었다고 간주하거나 고대 근동의 공통 주제와 문체에서 개작되었다고 여기는" 태도를 의미한다. Walton, *Genesis 1 as Ancient Cosmology*, 16. 성서가 "하나님의 거룩한 말씀이며 사도들과 선지자들을 통해 계시되었다"라는 견해가 정말로 우리가 "초월해야 할" 필요가 있는 주장인가? 나 자신을 포함해 많은 복음주의자는 성서를 "하나님의 거룩한 말씀이며 사도들과 선지자들을 통해 전달된 계시"라고 믿는다.

하면서 고대 근동 배경에 주의를 기울이는 태도), "윤리적"(저자의 세계관을 통해 저자의 의도를 이해하는 태도), "고결한"(삶으로 반응하는 태도)과 같은 단어에 대한 그의 정의는 매우 한정적이다. 비록 각주를 통해 월튼은 자신에게 동의하지 않는다고 해서 유능하지 않거나 윤리적이지 않은 것은 아니라고 설명하지만, 이 글에서 그가 선택하는 단어들은 오해를 사기에 충분하며 다소 엘리트주의로 오해될 여지가 있다. 장르에 관한 월튼의 논의에서도 나는 비슷한 문제를 발견한다. 월튼은 (자신의 주장을 입증하지 않은 채) 창세기의 앞 장들이 우주론을 다루는 장르라고 주장하면서, 이를 (고대 근동의 우주론과 비슷하게) 비문자적 관점으로 기술된 문학 양식이라고 정의한다. 다시 말해 그의 정의는 자연스럽게 그의 결론을 암시한다. 그는 우리가 이를 수용해야 한다고 생각한다. 하지만 무언가를 단순하게 정의한다고 해서 그것이 창세기 1-2장의 정확한 장르를 결정해주는 것은 아니다.[52]

이는 내 마지막 논평으로 인도한다. 앞에서 말했듯이, 월튼의 관점은 매력적이며 독특하기까지 하다. 내가 아는 한, 월튼이 주장하는 바는 이전에 제기된 적이 없었다. 적어도 그가 주장하는 방식으로는 그렇다는 뜻이다. 따라서 그렇게 주장하려면 신중해야 한다. 초창기부터 현재에 이르기까지 창세기 1장을 해석해왔던 어느 누구도 창조 기사를 그러한 방식(창 1장을 "물질"의 창조보다는 "기능"의 창조로 간주하면서, 이를 하나님이 7일 동안 우주적 성전을 지으신 기사로 해석하는 방식)으로 이해했던 적이 없었기 때문이다. 월튼의 말을 빌리면, 그는 이러한 반대를 예견한 듯하다. 하지만 그의 대답은 난항을 겪고 있다. 그는 그 이유가 "헬레니즘이 고대 근동의 사고방식을 지워버린" 까닭이라고 주장한다. 또한 고고학을 통해 고대 근동 텍스트들이 발견된 비교적 최근에 이르기 전까지 이런 해석이 우리에

52_ 이 책에 실린 글 전반에 걸쳐서 분명하게 드러나듯이, 창 1-2장의 정확한 장르는 큰 논쟁거리 중 하나다. 창조 기사의 장르 문제는 입증되어야 할 주제일 뿐, 추측으로 끝날 주제가 아니다.

게 숨겨져 있었기 때문이라고 말한다.[53] 왜 하나님께서 이 모든 기간에 우리에게 이를 숨기셨는가? 월튼은 전통적인 신학에는 문제가 없었으나 전통적인 주해가 문제였다고 말한다. 그래서 월튼은 "우리에게는 이 정보를 이용할 수 있도록 도와주는 전문가들이 필요하다. 이들은 하나님의 말씀을 해석하는 통찰을 얻는 데 관심을 보이는 이들이 이러한 정보를 얻을 수 있게 해준다"라고 주장한다.[54]

그가 말하는 소위 전문가 중 한 사람인 나는 그의 해석 방식에 꽤 문제가 있다고 본다. 물론 히브리어나 그리스어를 아는 이들이 창조 기사의 다양한 양상을 해석하는 데 도움을 줄 수 있는 것은 사실이다. 그렇기 때문에 성서를 진지하게 공부하려면 반드시 성서 원어를 알아야 한다고 강조하는 것이다. 하지만 아무리 언어의 경우라 하더라도, 히브리어나 그리스어를 아는 지식이 성서의 해석과 관련된 문제를 전부 해결할 수 있는 것은 아니다. 많은 경우에 원어를 잘 안다고 하는 전문가들도 모든 사항에 동의하지는 않는다. 우리가 다양한 고대 근동 텍스트를 이해한다고 하더라도 어떤 특정 텍스트가 성서의 어떤 단락과 관련성을 지니는가에 관한 문제는 이런 전문가들에게도 논의가 필요한 주제다. 전문가든 비전문가든 월튼 이전 시대의 사람들은 창세기 1-2장에 관한 이 참신한 해석과 마주할 기회가 없었다. 유대교·기독교 학자들뿐 아니라 심지어 예수와 신약의 사도들조차도 이 해석을 접하지 못했다. 그들은 창조 기사에 관한 월튼의 견해를 공유하지 않았기 때문이다. 과연 헬레니즘이 구약에 관한 그들의 이해에도 혼란을 주었을까? 내 생각에 월튼은 이 중요한 질문에 대답해야만 한다. 나는 월튼이 제시하는 훌륭한 학문적 성과를 치하한다. 하지만 그의 해석은 신약의 분명한 가르침에 종속되어야 할 것이다.

53_ Walton의 글 348쪽을 보라.
54_ 같은 쪽.

논평

C. 존 콜린스

월튼의 글은 매우 훌륭하다. 특히 고대 이스라엘인들이 이해했을 법한 방식으로 창세기 1-2장의 내용을 이해하려는 그의 관심이 그렇다. 내 글에서도 언급했듯이, 창세기 1장을 일종의 성전 건축 기사로 간주해야 한다는 그의 제안은 유용하다. 더 나아가 발화와 발화수반 행위라는 화행 이론의 구분을 그 나름대로 풀어내는 방식도 환영할 만하다.

그렇지만 나는 그의 요점에 몇 가지 가벼운 이의를 제기할 것이다. 그리고 몇 가지 중요한 비판을 제시하려 한다. 그중 일부는 이미 내 글이나 월튼의 책에 대한 서평에서 다룬 것이다.

먼저, 비록 월튼이 발화와 발화수반 행위를 구분하는 데 주의를 기울이는 것이 옳겠지만, 그는 마치 발화 자체가 그다지 필수 요소는 아니라고 생각하는 것 같다. 하지만 때때로 발화수반 행위가 특정한 발화에 담긴 진리를 확증해주는 역할을 하는 경우도 있다. 그러므로 우리는 이러한 경우를 구별할 필요가 있다.[55] 더 나아가 월튼은 창세기 1장의 발화를

55_ 나는 이 주제에 관한 논평을 화행 이론에 관한 폭넓은 이론 유형 안에서 다뤘다. C. John Collins, *The God of Miracles: An Exegetical Examination of God's Action in the World* (Wheaton, IL: Crossway, 2000; Leicester: Inter-Varsity Press, 2001), 4장("Good-faith

그것이 지시하는 대상에 대한 "문자적" 혹은 "고대 과학적" 묘사로 여겨야 한다고 생각하는 듯하다. 이것은 창세기 1장의 장르로부터 연유하기 힘든 주장일 것이다. 다시 말해 창세기 1장은 세상을 창조하신 하나님의 성취를 깊이 경축하며 전례를 위해 마련된, 일종의 유사 전례 문헌이기 때문이다.[56] 이는 창세기 1장이 과학 언어를 사용한다기보다 일상적·시적 묘사를 보여줌을 의미한다.[57] 더 나아가 월튼은 현상학적 묘사에 호소하는 전통적인 주장(오랜 역사를 자랑하며 근대 과학의 이전 시기까지 거슬러 올라가는 주장)을 배제한다.[58]

두 번째 가벼운 이의를 제기해보겠다. 첫 번째 이의와 연관해볼 때 두 번째 반론은 "현대 기독교는 실용주의적 이신론을 수용해왔다"라는 월튼의 주장과 관련된다. 물론 그의 말은 많은 현대인에게 해당하는 말일 것이다. 하지만 기독교 스콜라주의 전통, 즉 하나님의 손길 아래 움직이는 "자연적" 인과 관계 및 모든 사건에 개입하시는 하나님의 직접적이고도 충만한 간섭을 주장하는 이 전통은 성서에 근거하는 적절한 추론 방식이며 자연과 기적에 관해 적절하게 사고하고 느낄 수 있도록 돕는 개념 틀

---

communication"); 같은 저자의 *Genesis 1-4: A Linguistic, Literary, and Theological Commentary* (Phillipsburg, NJ: P&R, 2006), 260-65을 보라.

56_ 내가 그렇게 한 것처럼 Walton 역시 Moshe Weinfeld, "Sabbath, Temple, and the Enthronement of the Lord-the Problem of the Sitz im Leben of Genesis 1:1-2:3," in *Mélanges Bibliques et Orientaux en l'Honneur de M. Henri Cazelles* (ed. A. Caquot and M. Delcor; AOAT 212; Neukirchen—Vluyn: Neukirchener, 1981), 501-12을 환기하고 있다. John H. Walton, *The Lost World of Genesis One: Ancient Cosmology and the Origins Debate* (Downers Grove, IL: InterVarsity Press, 2009), 91을 보라. Walton, *Genesis 1 as Ancient Cosmology* (Winona Lake, IN: Eisenbrauns, 2011), 191도 참조하라.

57_ 일상 언어, 시 언어, 과학 언어의 구분은 C. S. Lewis, "The Language of Religion," in *Christian Reflections* (ed. Walter Hooper; Grand Rapids: Eerdmans, 1967), 129-41을 보라.

58_ 예컨대 Vern S. Poythress, *Redeeming Science: A God-centered Approach* (Wheaton, IL: Crossway, 2006), 92 n. 3 (Aquinas와 Calvin까지 거슬러 올라간다)을 보라.

을 제공한다.[59]

마지막으로 독자들은 월튼이 "역사"라는 단어를 이 단어가 가진 일반 의미(저자가 독자로 하여금 믿게 하려고 기록한 기사)보다 다소 좁은 범위로 사용한다는 데 주의해야 할 것이다. 따라서 그는 "그것들이 역사 문헌이 아니라고 말한다고 해서 그것들이 사실이 아니라고 말하거나 과거를 참으로 반영하는 문헌이 아니라고 말하는 것도 아니다"라고 주장한다. 이와 같은 식으로 주장하는 사람들이 월튼뿐인 것은 아니다. 하지만 적어도 그는 더 넓은 범위로 이 단어를 사용하는 사람들을 위해 그가 주장하려는 바를 정확히 지적했어야 한다. 그들이 혼란을 겪지 않도록 말이다.

월튼의 방법론에 대한 더욱 심각한 비판은 다음에서 연유한다.

창세기 이야기의 세부 사항으로 들어가기 전에 다른 고대 근동 민족의 문헌들과 이스라엘의 그것을 비교하는 과정 전반에 관해 좀 더 고려하는 것이 좋겠다. 이러한 문헌상의 비교가 성서를 더 잘 이해하는 일에 도움이 된다는 데는 이견이 없다. 결국 성서 속 작품들은 참으로 목회적 필요를 충족시켜주었기 때문이다. 일반적으로 그러한 필요는 주님과 세상에서 살아가도록 그분이 요구하시는 삶의 방식에 신실하게 머물러 있는 태도와 관련된다. 다른 고대 근동의 문헌들은 현대 독자들로 하여금 고대에 살았던 하나님의 백성이 생존을 위해 분투하는 모습을 잘 이해할 수 있게 도와준다. 아울러 두 문헌 사이에 병행이 존재한다는 사실이 원문헌의 존재를 의미하는 것은 아니므로, 우리는 병행 문헌들을 찾으려는 노력을 정당화해야 한다. 더욱이 구약성서 내 기록들이 히브리어로 기록된 일관된 문헌들이며 단순히 우리가 타 문헌에서

59_ 이것이 내가 *The God of Miracles*에서 내린 전반적 결론이다.

발견한 내용을 보여주는 예시에 불과하지 않음을 잊지 말아야 한다. 그리고 성서와 병행을 이룬다고 생각되는 고대 근동 문헌들이 어떤 방식으로 히브리어 텍스트의 문맥(히브리어 단어, 문장, 문단뿐 아니라 텍스트 자체도 포함된다)과 조화를 이루는지 평가해야 한다. 평가가 그 반대로 이루어지면 안 된다.[60]

다시 말해 우리는 창세기 1-2장의 히브리어 본문을 계속 언급해야 하며, 이 창조 기사가 창세기 나머지 및 모세 오경, 더 나아가 성서 전체와 조화를 이룬다고 말해야 한다. 따라서 설사 어떤 사람들이 (물질의 기원 같은) 어떤 주제에 "무관심하다"고 하더라도 창세기가 물질의 창조를 언급한다는 점을 배제할 수는 없다. 성서 전체가 전달하고자 하는 의도에 적합한 한 그렇다는 말이다. 그리고 하나님을 야웨, 즉 초월자이시며 전능한 창조주로 간주하는 것은 당시 청중에게 꼭 필요한 내용이었을 것이다. (이를테면 하나님이 파라오와 그의 군대를 물리치시는 장면에서 잘 드러난다.) 더욱이 창조 기사에 인간의 기원이 결합되어 있다는 점은 하나님이 모든 세상을 향한 축복의 도구로 이스라엘을 부르신 소명에도 잘 부합한다.

게다가 나는 월튼이 왜 물질의 기원과 기능의 기원이 서로 유의미한 반론을 제기한다고 여기는지 모르겠다. 다른 글에서 이 점을 지적했으므로 여기서 상술할 필요는 없을 듯하다. 하지만 앞에서도 언급했듯이, 의심의 여지없이 창세기 1장은 물질 요소의 내적 작용에 관심을 두기보다는 회화적이고 현상적인 언어를 써서 기능과의 관련성에 중점을 두는 특징이 있다. 그렇다고 해서 그러한 태도가 물질적 요소에 대한 관심을 거부하라고 강요하는 것은 결코 아니다. 결국 기능을 수행하는 것은 물질로 존재하는 사물이기 때문이다. 나는 물질적 요소가 왜 월튼의 해석 전략에

60_ C. John Collins, *Did Adam and Eve Really Exist? Who They Were and Why You Should Care* (Wheaton, IL: Crossway, 2011), 139-40.

서 문제가 되는지 이해할 수 없다.

월튼은 제2성전기 유대교가 헬레니즘 세계와 상호 작용하면서 월튼 자신이 "물질의 기원"이라 부르는 요소에 대해 언급하는 방식을 잘 지적해준다. 하지만 월튼이 "헬레니즘이 고대 근동의 사고방식을 지워버린 것이다"라고 언급할 때, 그는 제2성전기의 사람들이 헬레니즘에 기반을 둔 사고를 주장하기 위해 창세기의 원래 의미를 포기했다고 암시하는 듯하다. 하지만 나는 제2성전기를 이렇게 특징짓는 월튼의 해석이 주의 깊은 분석을 견뎌낼 수 있을지 의심스럽다. (곧 출간될 골 1:17에 관한 연구를 포함해) 제2성전기의 해석 과정에 관한 내 연구는, 유대교 저자들이 철학적 의미를 유도해내었다고 말하는 편이 더 적절함을 시사한다. 그들이 유도해낸 철학적 의미는 성서 텍스트 내에 존재하는 내용이었지만, 그 시대 이전에는 굳이 해설할 필요가 없던 것이었을 뿐이다.

마지막으로 월튼이 자신의 학술 서적(『창세기 1장의 고대 우주론』[Genesis 1 as Ancient Cosmology])뿐 아니라 이 책에 기고한 글에서도 성막 건축 및 낙성식과 관련된 병행 문헌(출 35-40장)을 더는 비교하지 않는다는 점에 주의를 기울인다면 흥미로울 것이다. 하지만 그는 자신의 이전 책(『창세기 1장의 잃어버린 세계』[The Lost World of Genesis One])에서 그런 병행을 제시했다. 그의 책에 대한 서평에서 나는 그의 견해를 이렇게 논평했다.

출애굽기 39:32은 다음과 같이 창세기 2:1과 비슷한 용어를 사용한다. "이와 같이 성막 곧 회막의 모든 역사를 마치되…." 그런데도 월튼이 창세기 1장에서 물질의 기원은 중요하지 않다고 결론내린 것이 내게는 적잖이 당황스러웠다! 성막을 짓는 데 사용된 재료를 제외한다면, 출애굽기 35-39장에서 도대체 무엇을 말할 수 있겠는가? 그러므로 만약 출애굽기 39:23이 참으로 창세기 2:1의 "병행 문헌"이라면, 창세기 1:1은 만물이 최초로 존재하게 된 양상을 묘사하는 본문으로 간주하는 것이 더 이치에 맞을 것이다. 따라서 뒤따르는 2절은 "첫째 날"이 시작되었을 때의 상태를 알려준다고 볼 수 있다. 창세기 1장의 이 여섯 "날"은 인류가 살고, 사랑하며, 섬기기에 적합한 장소를 제공하시기 위해 지구의 만물을 형성하신 하나님의 활동을 보여준다. 그리고 알다시피 이것은 창조 이야기를 읽는, 꽤 전통적 방식이다. 이렇게 전통적 방식으로 창조 기사를 해석할 때 "물질의 기원"에 관한 핵심 사건은 창세기 1:1에 나타난다. 즉 나머지 창조 기사는 주로 이미 존재하는 물질을 형성하는 이야기인 것이다. 하지만 월튼은 이러한 형성 활동을 물질 창조의 기원과 한데 묶어버리는 듯한데, 이는 이해하기 어렵다. (여담이지만, 다른 고대 근동의 이야기들에 물질의 기원에 관한 언급이 부재한 것은 사실이지만, 그 이야기들은 물질이 그 기능을 잘 수행하기 위해 조직되고 형성되는 과정을 매우 강조한다는 점을 기억해야 한다.)[61]

게다가 안식일 계명(출 20:8-11)에 묘사된 노동 주간에는 이스라엘 백성이 자신의 땅에 있는 물질 요소들을 사용해 일하는 모습이 담겨 있다. 따라서 이러한 물질 요소들이 자기의 기능을 감당하는 것이다. 그러므로 나는 이런 타당한 관찰이 유용하고 유익하며, 월튼이 제시하는 견해 가운데 논쟁의 여지가 다분한 부분을 허물어뜨린다고 생각한다.

61_ C. John Collins, "Review of The Lost World of Genesis One," *Reformed Academic* (26 November 2009), 6 (http://reformedacademic.blogspot.com/2009/11/lost-world-of-genesis-one-book-review.html).

논평

트램퍼 롱맨

이 책의 각주 전반에 나타나듯이, 월튼은 창세기 전반의 풍성한 자료를 제시할 뿐 아니라 특히 창세기 1-2장과 관련된 많은 논의를 제시한다. 지금까지 그는 특별히 구약에서 고대 근동의 자료들을 사용하는 연구에 관한 논의에 상당 부분 이바지했다. 내 생각에 그의 기여는 지적이고 통찰력 있으며 유용하다. 아울러 이 책에 실린 그의 요약된 견해 역시 탁월하며 예외가 될 수 없다. 따라서 내 논평은 주로 그의 견해에 동조하며 단지 약간의 비판이 추가되리라 생각한다. 물론 (내 글에 대한 월튼의 논평을 근거로 판단해볼 때) 월튼과 나 사이에 어떤 견해차가 없는 것은 아니다. (분명히 견해차는 존재한다.) 하지만 우리의 견해는 상당히 일치하며, 이는 비록 우리가 창조 기사의 서로 다른 특징을 강조하는 양상을 보이며 때때로 서로 다른 용어를 사용함에도 그러하다.

나는 월튼이 성서를 해석하기 위해 제시하는 "유능하고 윤리적인 독서" 방식을 되짚어본다.[62] 복음주의 프로테스탄트는 모든 이가 동등하게 창조 기사의 의미에 접근할 수 있다고 간주하면서 성서 텍스트를 다룬다.

62_ 나는 "고결한 독서"에 대한 그의 강조에도 동의한다. 하지만 Walton 자신이 지적하듯이, 이 책에 실린 그의 글에서는 이를 다루지 않는다.

프로테스탄트는 성서를 해석하기 위해 성직자나 학자 혹은 엘리트 집단이 존재한다는 개념을 거부한다. 성서의 명확성(성서의 명료성에 관한 교리)과 충분성("오직 성서" 교리)뿐 아니라 "만인제사장 사상"에 대한 강력한 믿음은 일종의 역사·문학적 연구 방식이 필요하다고 역설하지만, 월튼은 그러한 견해에 의문을 제기한다. 하지만 이러한 전통적인 프로테스탄트 교리들은 월튼이 수행하는 형태의 연구에 이의를 제기하려는 의도를 전혀 드러내지 않았다. 다만 이러한 교리들은 성서의 독자들이 복음을 이해하기 위해 전문가가 되어야 할 필요가 없음을 보증한다. 우리 모두는 구세주가 필요한 죄인이며, 예수가 바로 그 구세주시다. 물론 성서에는 똑같이 명확한 다른 요소도 많이 존재한다. 그 다른 요소들 역시 심도 있는 학술 연구와 논의가 필요하지만, 현실은 그렇지 못하다. 한마디로 성서가 "우리를 위해" 기록되었을 뿐, "우리에게" 기록된 것은 아니라는 월튼의 주장이 옳다고 할 수 있다. 그러므로 월튼의 가장 중요한 통찰은 다음과 같다. 우리는 창세기 1-2장이 이스라엘을 둘러싼 고대 근동 문화의 "인지 환경"을 공유할 뿐, 현대의 과학적 세계관을 공유하는 것은 아님을 명심해야 한다. 따라서 창조 기사에서 과학을 읽는 것은 성서를 오해하는 것이다.

창세기 1-2장을 읽는 유능하고 윤리적인 독서 방식의 일부로서, 그는 장르에 관한 질문에 답하려 애쓴다. 이 부분에서 그는 많은 유용한 요점을 제시한다. 예컨대 "그것들을 내러티브라고 부르는 것은, 그것들을 역사 문헌이라고 부르는 것과는 다른 문제다"라는 그의 지적은 정확하며, 토드 비일의 글에 대해 내가 오류로 지적했던 내용 중 하나였다. 아울러 "그것들이 역사 문헌이 아니라고 말한다고 해서 그것들이 사실이 아니라고 말하거나 과거를 참으로 반영하는 문헌이 아니라고 말하는 것도 아니다"라는 그의 지적 역시 틀림없는 사실이다. 하지만 나는 창조 기사들을 역사 문헌으로 지칭하는 데 전혀 거리낌이 없다. 내 글에서도 말했지만, 나는 창조 기사를 "신학적 역사"라고 부른다. 이는 역사 문헌과 관련된 장르다. 월튼은 이러한 방식이 고대 텍스트에 현대의 범주를 강요하는 행동이라고 믿지만, 만약 적절히 규정되기만 한다면, 나는 창조 기사의 장르를 그렇게 다루는 데 전혀 문제가 없다고 생각한다.[63] 하지만 그도 지적하듯이 "따라서 장르에 이름을 붙이는 것은 중요하지 않다. 오히려 저자의 발화수반 행위를 이해하는 것이 중요하다. 그러기 위해 우리는 우리가 가진 자료가 허용하는 한 깊이 고대 근동의 환경을 이해하려고 노력해야 한다. 이는 고대인들이 우주를 설명했던 방식을 이해하고 그것이 어떻게 이스라엘인들의 방식과 비교되거나 대조되는지 알기 위해서라고 할 수 있다." 비록 우리가 서로 다른 장르 명칭을 사용하긴 하지만, 말하자면 월튼과 나는 창세기 1-2장의 문학 장르에 대해 동의한다고 할 수 있겠다.

아울러 나는 창세기 1-2장이 물질의 기원이 아닌 기능의 기원에 관심을 둔다는 월튼의 주장을 다시 떠올려보려고 한다. "이 말은 하나님이 물질의 기원과 아무런 관련이 없다는 의미가 아니다. 단지 창세기 1장이 물질의 기원과 관련된 이야기가 아니라고 주장할 따름이다"라는 월튼의 말을 생각해보자. 나는 월튼의 이 말이, 창조 기사는 하나님이 우주와 인간을 만드신 방법에 관심을 보이지 않는다는 내 견해와 비슷하다고 생각한다. 다만 그의 논지는 본문이 특별히 주의를 기울이는 부분은 물질의 기원이 아닌 기능이라고 말함으로써 내 견해를 더 보강해준다고 생각한다. 그리고 나는 첫 3일과 두 번째 3일의 관련성에 대한 그의 설명에 매우 공

63_ 나는 *Literary Approaches to Biblical Interpretation*, reprinted in *Foundations of Biblical Interpretation* (ed. M. Silva; Grand Rapids: Zondervan, 1996), 128-29에서 장르의 기능을 중시하는 측면과 문제 삼지 않는 측면이 지닌 논의에 대해 언급했다. 이 논의는 적어도 1987년부터 시작되었다.

감한다. 나는 "영역"이라는 단어와 그 영역에 사는 "거주자"라는 표현을 썼지만, 그는 "우주적 기능으로부터 중요한 기능체 중 일부와 그들이 가진 기능 중 일부로[의] 전환"이라는 용어를 사용한다.

마지막으로 우주와 성전의 관련성에 대한 그의 견해는 탁월하고 설득력 있으며, 장차 창조 기사에 대한 내 해석에 포함해보고 싶은 영역이다. 이 부분에서 나는 용어와 관련된, 사소한 의문점을 제기하려 한다. 그는 이 견해가 은유가 아니라 상호 일치에 관한 문제라고 말하는데, 이러한 진술은 은유에 관한 완곡한 견해를 저버릴 수도 있다. 그는 "은유로 암시되는 관계는 사소하거나 무작위적인 양상의 비교에 근거한다"라고 언급한다. 사실 "사랑은 강물이다" 같은 은유처럼 그의 견해를 충분히 입증해주는 예시도 있다. 하지만 "그가 택하신 백성과 언약 관계를 맺으시는, 왕이신 하나님"이라는 예처럼, 은유는 본질적이며 복잡하고 깊은 의미를 담을 수 있다. 그러므로 상호 일치는 "이것은 본질적으로 은유다"라고 말하려고 단지 생물학에서 차용된 (그리고 문학에서는 널리 사용되지 않는) 용어일 뿐이다. 하지만 내가 지적하고자 하는 문제는 먼저 제기한 문제보다 훨씬 심각하다. 이를테면 월튼은 은유를 뒤집을 수 없다고 주장한다. "사랑은 강물이다"라는 은유는 의미가 통하겠지만, "강물은 사랑이다"라고 하면 그렇지 않다는 식이다. 그는 "성전은 우주다"와 "우주는 성전이다"라는 은유를 우리가 둘 다 수용할 수 있다고 주장하려 한다. 이 측면을 나는 받아들이기 힘들다. 성전은 하나님이 세우신 인간의 기관이나 구조물로서 우주의 형태를 복제한 것이다. 기껏해야 우리는 성전이 우주라고 말하는 것과는 다른 방식으로 우주는 성전이라고 말할 수 있을 따름이다.

마지막으로 나는 아담과 하와에 대한 월튼의 해석을 언급하고 싶다. 나는 창세기 2-3장에서 아담과 하와가 원형의 역할을 한다는 그의 주장에 동의한다. 아울러 나는 이 부분에서 성서가 물질의 기원을 묘사하지 않고 있다고 주장하는 점에서도 그와 같다. "아담과 하와가 원형임을 인식한다고 해서 그것이 역사성에 관한 문제를 해결해주는 것은 아니"라는 그의 말조차 동의한다. 그는 계속해서 아담과 하와가 역사적 실제 인물이었음을 믿는다고 말한다. 따라서 그의 견해는, 비록 아담과 하와는 원형이지만, 그렇다고 그들이 당연히 역사적 인물이 아닌 것은 아니라는 주장이다. 그의 방식을 따라 말하자면, 내 견해는 이렇다. 아담과 하와는 원형이며, 원형으로 기능하기 때문에, 그들이 반드시 역사적 인물일 필요는 없다. 다시 말해 나는 그들이 역사적 인물인가 아닌가는 "신학적으로 중요하지 않다"라고 분명히 믿는다. (이 부분에 대해서는 내 글을 참조하라.) 이 논의는 계속될 것이며 또 그래야만 한다.

2

오늘날의 창세기 읽기

6장
기독교 대학에서 창세기 1장 가르치기
케네스 J. 터너

나는 "밥벌이"로 과목 번호 BIB 222인 "구약 문헌과 해석"을 가르친다. 우리 학교에서는 모든 학생이 이 과목을 듣게 한다. 나는 그중에서도 가장 중요한 부분을 맡고 있는데, 젊은 학생들이 다양한 직업과 삶의 자리를 준비하는 시기에 그들의 지성과 마음을 형성하는 특권이자 영광이 내게 주어져 있다. 그 특권 중 하나는 15주에 걸쳐 진행되는 수업을 통해 내가 가진 열정과 경험, 해석 방법론, 그리고 여러 사안에 대해 내가 질문하고 답하는 방식을 통해 그들이 성서를 이해하고 장차 받아들이는 데 영향을 받는다는 사실이다. 그것은 사실 겁나는 일이다. 때때로 나는 장차 내 면류관이 연자 맷돌(마 18:6)이 될까봐 두렵다. 아마도 나는 선생들에게 적용될, 더욱 엄격한 심판의 잣대에 관한 야고보 사도의 경고를 더욱 숙고해야 할 듯하다(약 3:1).

구약 학자가 복음주의자가 되기란 어려운 일이다. 걸림돌이 될 만한 요소가 너무나 많다. 우리 중 대다수는 한때 성서를 믿었던 친구들과 동료들이 주류 성서 학계의 압박에 마지못해 굴복하는 일을 많이 봐왔다. 주류 학계는 성서의 권위와 완전성을 굳건히 믿는 이들에게서 나타나는 지루한 일단의 문제점을 들이댄다. 복음주의신학회(Evangelical Theological Society)나 세계성서학회(Society of Biblical Literature) 같은 이름을 들어본 적조차 없는, 10대 후반에서 20대 초반의 젊은 친구들을 가르치면서 그런 학계에 참여하는 일은 훨씬 더 어렵다고 본다. 그러한 학회에서 발생하는 수많은 놀림 같은 건 차치하더라도 말이다. 하지만 천진난만하게 강의실에 앉아서 우리 같은 사람을 바라보며 하나님의 말씀을 알려주기를 기대하는 이들이 실제로 있다. 개인 연구에 빠져들도록 우리의 지성과 마음을 자극하는 아무런 정신적·영적 전쟁의 단서도 없는 채로 말이다.

나는 수업 시간에 창세기의 창조 기사를 다루는 일만큼 섬세함을 요청하는 난제는 없다고 생각한다. 아시다시피, 내가 일하는 학교의 역사는 그 일에 나름의 역할을 감당하고 있다.[1] 하지만 이 문제가 다면적이며 도처에 존재함을 부인할 수 없다. 사실은 이 문제가 심화된 것도 2001년에 인간의 게놈 지도가 완성된 이후의 일이었다. 아울러 이 문제가 교회에 소개되어 참여를 유도하고 그들이 관련된 반응을 내어놓을 필요성이 대두되었다. 앞으로 다가올 세대를 위해 대학의 강의실은 그러한 기회를 여는 한 매체가 될 수 있다.

나는 나와 같은 상황에 처한 사람들을 위해 이 글을 썼다. 성서 신학 분과에서 공부한 복음주의자로서 교회와 학계에서 일어나는 복잡한 논의에 대해 민감하며, 복음주의 신앙을 고백하는 대학에서 기초 성서 과목을

1_ 브라이언 칼리지는 1925년 벌어진 유명한 스콥스 재판에서 원고 측으로 활동했던 인물인 William Jennings Bryan의 이름을 따서 세워졌다. 웹 사이트 http://www.bryan.edu/historical.html에서 관련된 논의를 볼 수 있다. 브라이언 칼리지에는 교수들이 창조에 관해 다양한 관점을 유지할 수 있도록 허용하는 윤리 강령이 있다. 우리 학교는 1989년에 기원 연구 센터(Center for Origins Research, CORE)를 설립했으며, 이 기관은 젊은 지구 창조론에 근거해 생물학 연구를 수행한다. (http://www.bryan.edu/core.html). 그러므로 브라이언 칼리지는 창조에 관한 특정 관점을 지지하면서도 일반 교수들이 유연한 견해를 보이는 일을 허용하고 있다.

가르치는 바로 나 같은 사람 말이다. 약간이겠지만 내가 교육학적 측면에서 도움을 줄 수 있길 바란다. 아직 미숙하고 여전히 성장하고 있는 내 경험에 근거해서, 현대의 논의를 바탕으로 창세기 1장(창 1:1-2:3)의 창조 기사를 두고 씨름하고 있는 학생들을 돕는 데 관심 있는 분들을 돕고 싶다.[2] 그러므로 이 글은 학자들을 위해 주제를 발전시키는 글이 아님을 이해해주기 바란다. 당신이 더 좋은 선생이 되고 가르치는 학생들에게 더욱 민감하도록 이 글이 돕는 수단이 되길 기도한다.

나는 창조 기사의 유형을 참신하게 가르치기 위해 힘써왔다. 다음 가이드라인은 창세기 1장의 구조를 반영한다. 대부분은 이 개략적 구조를 다음과 같이 인식하고 있다. 프롤로그(창 1:1-2), 6일 창조(1:3-31), 창조의 정점인 하나님의 안식일(2:1-3). 그리고 6일의 창조 날들은 3+3의 패턴으로 나뉜다. 첫 3일은 형태를 조성하고 경계를 구분하는 날들이고, 뒤따르는 3일은 만들어진 형태를 채울 뿐 아니라 첫 3일 동안 준비된 공간에 거주할 생명체들을 만드는 과정이다.[3] 그러므로 내 글은 프롤로그를 다루면서 시작하고, 세 가지 방식의 구분법을 취급한다. 아울러 학생들의 지성에 지식을 채워주는 세 가지 방식을 다룬 뒤, 마지막으로 안식을 요청한다(볼드체로 강조된 표현은 창 1장의 각 날에 대응되는 언어유희다).

- 프롤로그: **태초에**…성서의 권위
- 방법 1: **강조가 있으라**…"누구를(무엇을)/왜"와 "어떻게/언제"를 구분

2_ 이 글 전반에서 나는 창 1장을 창 1:1-2:3을 가리키는 간단한 표현으로 사용한다. 내 논지는 주로 창 1장에 초점을 맞출 것이다. 물론 독자들은 자연스럽게 같은 사고방식과 원리를 창 2, 3장 및 계속되는 장들에 적용할 수 있을 것이다.

3_ 대부분의 사람은 첫째 날과 넷째 날(넷째 날 창조된 광명체들은 첫째 날 구분된 빛과 어두움 그리고 낮과 밤을 통제하는 역할을 한다), 둘째 날과 다섯째 날(바다의 물고기와 새들은 둘째 날 구분된 하늘과 바다를 채운다), 셋째 날과 여섯째 날([인간을 포함해] 땅의 짐승은 셋째 날 준비된 육지에 살며 식물을 먹는다)이 각각 서로 상응하는 병행임을 인식하고 있다.

하기

- 방법 2: **위와 아래 있는 문제들**…"성서 내 질문"과 "목양을 위한 질문" 구분하기
- 방법 3: **그 종류를 따라**…과학의 범주와 성서/신학의 범주 구분하기
- 방법 4: **빛의 근원**…번역 성서 사용하기
- 방법 5: **위와 아래의 특징들**…지적 설계 이론을 통해 학생들의 이해 능력 향상시키기
- 방법 6: **인간 대표자들**…접근 가능한 자원 공급하기
- 방법 7: **안식**…인내는 여전히 미덕이다.

창세기 1장과 관련해 여기에 제시된 세부 사항과 실례는 확장될 수 있다. 관련 문헌을 충분히 숙지한 교수라면 내가 제시하는 기본 요점에서 어느 부분을 구체화해야 할지 이해할 것이다. 마지막으로 나는 기독교 학자들이 견지해야 할 기본 원리를 지키면서 교수법을 수행해야 한다는 점을 전제하고자 한다. 그런 원리들은 정직, 균형, 각 견해에 대한 공정한 대우, 다른 의도에서 제기되는 질문에 응답하는 태도 같은 것들이다.

프롤로그: 태초에…성서의 권위

만약 성서의 첫 어구인 "태초에 하나님이"를 믿을 수 있는 사람이라면, 그는 성서에 말하는 것은 무엇이라도, 특히 성서 자체가 요구하는 것은 무엇이라도 믿을 수 있다는 말이 있다. 성서의 권위(성서의 신뢰성, 무류성, 무오성)를 수용하는 것은 복음주의를 견지하는 우리 믿음의 기본 원리다. 이런 가르침을 따르는 우리는 오랫동안 마음 속에서 일어나는 문제와 싸웠

을 뿐 아니라 학계에서도 씨름을 계속했다. 결국 우리는 그리스도의 가르침, 복음, 성서가 이치에 합당하며 정확하고 변호할 만한 진리를 담고 있다고 결론지었다. 여러 방식으로 우리는 새로운 긴장과 도전 혹은 논쟁에서 평정심을 유지하는 법을 배웠다. 결국 우리는 "다 잘 될 거야"라는 확고한 믿음을 견지해왔다.

잊지 말아야 할 것은, 우리가 가르치는 학생들이 이런 익숙한 경험을 우리와 공유하지 않는다는 점이다. 질문을 제기하고 소중히 간직해온 관점의 대안이 되는 해석을 제공하는 일은 용기를 잃게 만드는 행동이 될 수 있다. 우리가 가르치는 학생 중 다수는 철저하게 규격화되고 변증적 측면으로 치우친 창조관을 부모나 출석하는 교회로부터 물려받았다. 더욱이 창세기 1장의 "문자적" 해석이란 주제에 대해 대다수 사람이 알고 있거나 신경 쓰는 내용은 이렇다. 그들에게 "문자적" 해석이란 지구의 나이에 관해 "분명한" 결론(즉 지구의 나이는 젊다)을 내려주는 모든 견해이며, 하나님의 창조 과정을 설명해주는 모든 내용(즉 진화가 틀렸다)이다. 이와 다른 방식으로 생각하는 태도는 성서를 배신하고 이를 문화라는 가치에 "팔아넘기는" 행위다.

성서학 교수라면 자신이 성서를 믿는다는 사실을 수시로 학생들에게 알려야 한다. 이 사실을 학기 초에 그저 한번 언급하는 것만으로는 충분하지 않다. 성서의 무오성에 관한 학교의 사명 선언문이나 창조와 관련된 어떤 특정 견해를 학생들이 잘 알고 있다고 믿는 것은 어리숙한 태도다. 우리의 과제는 더욱 성숙한 태도로 성서 텍스트와 씨름하도록 학생들을 독려하는 것이며, 그런 식의 독려가 야기하게 될 심리적·영적 불안감에 대해 실제로 민감하게 대함으로써 균형을 유지해야 한다. 만약 성서의 권위가 누구에게나 열려 있다면, 학생들은 가장 분명한 질문이나 논리적 경과를 고려하지 않으려 할 것이다. 선생으로서 우리는 학생들이 뒤로 물러서는 태도를 보일 때 그들을 비합리적이라고 폄하하거나 과민한 태도를 보인다고 평가하는 식으로 그들을 포기할 수 없다. 다른 무엇보다 학생들이 성서에 대한 선생들의 신실한 태도를 직관적으로 알 수 있게 해야 한다.

나는 이렇게 논쟁이 되는 주제가 학기 초에 다뤄지는 현실이 불행한 일이라고 생각했다. 사실 창세기 1장은 성서의 맨 앞에 있기엔 너무 이른 감이 있다. 하지만 나는 창세기 1장이 앞에 있다는 명백한 단점이 가져오는 장점을 적어도 두 가지 측면에서 알게 되었다. 그리고 이 측면은 성서의 권위를 증진하는 역할을 한다. 첫째는 창조를 다루는 연구와 관련된 배경과 경험을 공유하는 데서 나타난다. 나는 종종 내 수업을 다음처럼 도발적인 질문으로 시작한다.

여러분 가운데 창조에는 오직 두 가지 선택 사항밖에 없다고 배운 분들이 얼마나 되죠? 그중 하나는 창세기가 참이며, 따라서 지구는 만 년 정도 되었다는 주장이죠. 다른 하나는 다윈이 옳았다는 주장입니다. 우리는 유인원 같은 생명체로부터 우연히, 그리고 자연 선택을 통해 수십억 년 동안 진화되었고, 하나님의 간섭은 전혀 없었다는 주장이죠. 자, 어때요?

돌아오는 반응이 무엇이든, 이 질문을 통해 나는 학생들이 창조에 관해 무엇을 배웠고 이 주제가 얼마나 화제거리가 되었는지도 물어볼 수 있다. 다양한 교회와 학교를 배경으로 하는 전형적인 수업의 역동성을 고려해보면, 내 학생들이 그들 사이에 다양한 견해가 있으며 관심도가 천차만별이라는 사실을 알고 깜짝 놀라는 모습을 발견하기란 그다지 어렵지 않다.

그 다음으로 나는 내 신앙을 나눈다. 나의 회심, 성서와 내 마음의 내적 충돌과 내가 이를 다루는 방식, 내 과학 지식, 내가 지켜온 보수적 태도 때문에 학계에 비친 내 모습이 근본주의자로 윤색된다는 점 등을 이야기한다.[4] 만약 별문제가 없다면, 이렇게 서로 이야기를 나눔으로써 선생은 학생들과 친근해지고, 강의가 진행됨에 따라 실망과 의심의 눈초리로 가득 차게 될지도 모르는 대부분의 학생이 좀 더 집중하게 되는 결과를 얻게 될 것이다.

둘째로 성서의 무오성 교리를 설명하는 데 도움이 된다. 학생들은 아마도 교리적으로 올바른 용어들을 알지도 모른다. 그렇다고 해서 그들의 지식이 내용상 신뢰할 만하거나 널리 공유된 것이라고 장담할 수는 없다. 디모데후서 3:16이나 "성서의 무오성에 대한 시카고 선언문"(Chicago Statement on Biblical Inerrancy), 혹은 당신이 가르치는 학교의 신앙고백을 인용하느라 굳이 시간을 낭비하려 들지 말자. 단지 이것들이 의미하거나 의미하지 않는 내용을 설명하되 특별히 당면한 주제에 맞춰 각각 진행하면 된다. 아울러 이 방식을 통해 당신은 앞으로 학기 중에 더욱 자세히 다루게 될 내용들을 소개할 수 있다. 그러한 세부 사항으로는 해석학, 장르, 역사적 배경, 저자의 의도 등이 있겠다. 나중에 설명하겠지만, 나는 창세기 1장을 이 수업에서 이후에 다루게 될 다양한 주제들을 다루는 시험 사례로 사용한다.

방법 1: 강조가 있으라…"누구를/왜"와 "어떻게/언제"를 구분하기

내 지도 교수님은 수업을 듣는 구약분과 학생들에게 이렇게 말씀하기를

4_ 선생 각자의 신앙 고백은 분명히 다르겠지만, 이 주제에 대한 선생의 견해에 영향을 미친 특정 양상을 언급하는 일은 도움이 된다. 예컨대 나는 18살에 회심했는데(나는 매우 엄격한 가톨릭 집안에서 자랐으므로 자연히 회의적이고 냉소적인 성격이었다), 학부에서 물리와 수학을 전공했으며 신학교에서 보수 신학으로 훈련받았고 (같은 학교에서) 고대 근동을 깊이 연구하는 분을 사사했다는 점은 모두 창 1장에 관한 내 사고에 영향을 미쳤다.

선호하셨다. "단지 진화론자들과 싸우기 위해 창세기 1장을 공부한다면, 마귀가 우리를 삼키려는 그 지점에서 정확히 당하게 될 거예요!"[5] 요점은 (창조의 방법과 시기에 초점을 맞추는) 최신 논의를 무시하라는 말이 아니라 그것을 상대화해서 다루라는 충고였다. 창조 기사의 핵심은 적절한 신학이다. 창조 기사는 하나님에 관한 이야기일 뿐 아니라 그분이 피조 세계와 맺는 관계를 다루는 이야기다. 만약 우리가 창세기 1장에 대한 논의를 예배로 마치지 못한다면, 무언가 잘못된 상황이며 무언가 놓친 것이다.

하지만 창조의 주체가 "누구인가"에 초점을 맞추면, 창조 기사는 하나님의 2가지 명칭을 소개하는 도입부가 된다. 야웨 하나님(엘로힘) 말이다 (참조. 창 2:4). 엘로힘(하나님)은 세계의 창조주이신 하나님께 초점을 맞춘다. 그는 주권자이시며, 하늘과 땅의 왕이시고, 모든 생명의 근원이시며, 우리가 기대야 할 재판관이시다. 야웨(주님)는 이스라엘의 신이 지닌 개인적 이름을 가리킨다. 본래 그분은 이스라엘을 이집트에서 구속하셨으며, 그들을 자신과 맺는 언약 관계 속으로 초청하셨다(출 19:3-6; 20:2). 비록 창세기 1장이 엘로힘만 사용하더라도 창세기 2장이 야웨를 언급한다는 점을 나란히 놓고 보면, 다른 신과 비길 수 없는 이 하나님의 위대한 복잡성을 볼 수 있다. 유일한 구속자이신 하나님이 바로 유일한 창조주시다. 그분은 자신이 선택한 백성에게 특별한 관심을 보이신다. 온 세상역시 그분의 관심사이긴 하지만 말이다. 하나님을 이렇게 표현하는 것은 구약성서에 현저하게 나타나는 창조와 언약이라는 주제와도 잘 어울린다. 비록 창조와 언약이라는 주제가 서로 자연스러운 긴장 관계를 유지하는 것처럼 보일 수도 있지만, 이 두 주제는 우주를 구속하시려는 하나님의 계획에서 이스라엘 백성이 해야 할 역할이라는 측면 안에 특별히

5_ 구약성서 해석에 관심을 갖도록 나를 이끌어주신 Daniel Block 교수님께 깊이 감사드린다. 이 글의 상당 부분은 그분과 함께 수업했던 첫 구약 시간 노트에 의존하고 있다.

잘 결합해 있다. 야웨의 "소유"이자 "거룩한 백성"(즉 특별하게 구분된 백성이다. 출 19:5-6을 보라)에게 주어진 궁극의 사명, 즉 "제사장 나라"(출 19:6)의 사명은 하나님이 베푸시는 복을 세상(창 12:3)에 전하는 것이며, 내가 알기로는 "여자의 후손"으로서 뱀을 물리치는 것이다(창 3:15). 이스라엘의 역사적 실패는 창조주이시며 구속주이신 예수 그리스도를 통해 승리로 바뀌었다. 그분은 하나님 나라를 드러내셨으며, 구속 사역을 성취하셨고, 사탄을 쳐서 이기셨다.

만약 하나님에 관한 수식어구가 더욱 폭넓은 성서 신학에 이바지할 수 있다면, "누구"에 관한 논의는 자연스럽게 "왜"에 초점을 맞추도록 발전할 것이다. 만약 성서를 기반으로 창세기 1장을 다루려면, 선생인 우리는 학생들과 함께 신학과 관련된 주제를 다루는 데 많은 시간을 할애해야 할 것이다. 나는 학생들에게 세 가지를 강조한다. 첫째, 너무 단순하게 들릴지도 모르겠지만, 창세기 1장은 하나님을 영화롭게 하려고 기록되었다. 하나님의 창조 행위에는 의도가 있으며, 질서 정연하고, 일관성 있으며, 목적이 있고, 선하다. 이는 하나님이 전능하시며, 지혜로우시고, 자애로우시며, 거룩하시고, 예배와 찬양을 받으시기에 합당한 분임을 의미한다. 창조 기사는 "송영 내러티브"로서 (심지어 히브리어가 아닌 우리말로 읽을 때조차) 특정한 운율에 맞춰 낭송해야 한다. 이 운율은 독자를 매료시키며 독자로 하여금 경배와 경이를 불러일으킨다. 비록 이 지점에서 강의할 때 창조 기사의 장르를 논하지는 않지만, 창조 기사를 낭송하는 느낌이 마치 미국 독립선언문의 고양된 언어를 낭송하는 느낌과 비슷하다고 말하곤 한다.

둘째, 창세기 1장은 우주의 기원에 관한 이방인의 관점에 대해 은연중에 도전한다. 역사적 배경을 배제하더라도, 고대 근동의 여러 우주생성론(예. 「에누마 엘리쉬」, 이집트의 「멤피스 창조 신화」, 비블로스의 필론이 기록한 「페니키아 우주론」 등)을 소개하는 일은 대부분의 학생에게는 낯선 일이지만, 그렇게 겁먹을 필요는 없다. 「에누마 엘리쉬」에서 선별된 단락[6]을 소개하고 간략하게나마 개관을 제공한다면 학생들이 논의할 준비 단계를 설정하는 데는 충분할 것이다. 내가 지적하고 싶은 부분은 이렇다. 비록 창세기 1장과 고대 근동의 문헌이 묘사하는 세상의 모습은 매우 유사하지만(예를 들면 3층 구조를 띤 우주 같은 것들이다. 간단한 그림을 그려서 설명해줄 수 있다), 묘사되는 신들은 상당히 다르다. 다음과 같은 큰 차이점을 지적할 수 있겠다. 예를 들어 일신론 대 다신론(성서는 해, 달, 바다를 신으로 묘사하지 않고 피조물로 묘사한다), 창조 행위의 주체인 하나님의 말씀 대 신들의 전쟁(예. 마르두크와 티아마트의 대립), 구조와 질서 대 혼돈과 사건, 성별이 없으신 하나님 대 (남성이든 여성이든) 성별이 있고 성적으로 자유로운 고대 근동의 신들, 하나님의 형상인 인간 대 신들의 노예인 인간, 하나님의 안식 대 고대 근동 신들의 끊임없는 불안 같은 것들이다.[7] 창세기 1장은 이스라엘에게 (그리고 우리에게도) 야웨가 "실제로는 존재하지도 않는" 그의 경쟁자들보다 강하고 더욱 선하다는 사실을 가르쳐준다. 이는 구약성서가 지속적으로 가르치는 교훈이다(예. 이집트에 내린 10가지 재앙[출 7-12장]; 갈멜 산에서 엘리야가 거짓 선지자들과 벌인 싸움[왕상 18장]).

셋째, 창세기 1장은 인간을 창조의 절정으로 드높여 경축한다. 성서 텍스트는 인간의 창조가 얼마나 특별했는지를 잘 드러내주는데, 이 사실은 매우 잘 알려져 있다. 이를테면 인간의 창조가 순서상 마지막인 것은,

---

6_ 예컨대 여섯 번째 토판 93-104줄, 129줄 이하와 같은 단락이다.

7_ Kenneth J. Turner, "The Kindness of God: A Theological Reflection of *Mîn*, 'Kind,'" in *Genesis Kinds: Creationism and the Origin of Species* (ed. Todd C. Wood and Paul A. Garner; Center for Origins Research in Creation; Eugene, OR.: Wipf & Stock, 2009), 31-64 을 보라. 거기서 나는 성서와 고대 근동 문헌 간 차이점을 요약해 제시했는데, 그중에는 피조물이 "종류"를 따라 창조되었다는 창 1장의 선언이 고대 근동의 예지 문서(omen text)에 나타나는 내용을 미묘하게나마 논박하고 있다는 주장도 포함되어 있다.

마치 나머지 창조 세계가 인간을 위해 준비된 것처럼 보이게 한다. 인간의 창조는 하나님의 정교한 활동이 빚어낸 결과다(창 1:26에서 "우리가"라는 표현을 사용한다는 점에 주목하자). 창조 기사는 인간의 창조를 묘사하면서 하나님의 다른 창조 활동보다 훨씬 더 강렬하고 광범위한 내용을 포함한다. 창조 기사는 "바라"라는 특별한 동사를 사용했는데, 이 단어는 항상 하나님의 특별한 창조 행위를 의미한다(참조. 창 1:1, 21, 27[3번]; 2:3). "심히 좋았더라"라는 최상급 표현으로 드러나는 하나님의 평가는 오직 인간의 창조 이후에만 나타난다(1:31). 아울러 인간은 하나님의 "형상"(26-27절)으로서 고양된 지위를 갖는다. 하나님의 형상(*imago Dei*, 이 개념은 각자의 관점에 의존한다. 예컨대 존재론적·기능적·관계적 양상 중 어디에 핵심을 두는가에 달렸다)이란 말에 대한 우리의 해석은, 학생들이 선생인 우리가 얼마나 개념들이 갖는 문학적·역사적 맥락에 충실한가를 알아차리게 해준다. 심지어 그 해석이 대중적 개념들과 상충한다고 하더라도 말이다.

내가 창조 기사와 관련된 주제와 논의를 가르칠 때 어떤 학생들은 방향을 다소 비틀고 싶을지도 모른다. 하지만 창세기 1장을 가르치는 일은 신학을 설명하는 데서 시작해야 할 뿐 아니라 이를 강조해야 한다는 것이 내 주장의 핵심이다. 이것이야말로 창세기 1장의 저자가 의도했던 바일 뿐 아니라 논쟁이 되는 주제들을 다루는 상황을 뒤로 미루는 데도 적합한 전략적 교수법이기도 하다. 나는 종종 분명한 어조로 이렇게 말한다.

여러분 가운데 이 모든 창조 기사가 진화와 무슨 관계인가, 지구의 나이는 얼마인가 등등 빨리 이러한 논의를 하고 싶어 하는 분들이 있겠죠. 하지만 좀 기다리세요! 이러한 질문에 대한 답을 찾는답시고 창조 기사나 성서의 어느 본문에 접근하는 식으로 시작해서는 안 됩니다. 우리는 먼저 성서 텍스트를 가지고 거기 기록된 용어 자체로 성서를 읽어야 합니다. 성서가 스스로 질문하게 하고, 성서가 스스로 대답하게 하세요. 여러분이 하나님과 그분의 창조에 관한 큰 개념들을 이해하게 되길 바랍니다. 그러한 개념들은 우리 모두가 동의할 수 있는 개념들이어야 하죠. 우리가 어떤 개념에 대해 의견이 서로 다르다는 점을 표명하기 전에 말이죠.

논쟁이 될 주제를 다루는 상황을 좀 더 뒤로 늦추기 위해서, 나는 창세기 1장과 2장의 차이점을 찾아보라고 제안한다. 또한 기독교 우주론과 인간론을 발견하도록 하기 위해 창세기 1-2장이 가진 분명한 의미를 찾아보게 한다.[8] 수업에 참여하는 학생들이 현대 과학이라는 피할 수 없는 논의와 마주치게 되기까지, 학생들은 서론의 수준이지만 이전보다 더 책임감 있고 성숙한 방식으로 성서를 접근하는 방법을 배우게 된다. 아울러 그들은 신학적으로 유도된 질문들을 더 잘 표현할 수 있게 될 것이다.

8_ 창세기 1장과 2장의 대조에는 다음과 같은 항목이 포함된다. 즉 문학 형태(일정 형태를 갖춘, 하나님의 위엄을 보여주는, 교리적 형태 대 형태상 자유로운, 세속적인, 역사기술적 형태); 하나님에 관한 묘사(초월적 묘사 대 내재적 묘사); 아담(ʾādām)의 의미(일반 인간[남자와 여자] 대 한 남자); 아담의 창조(하나님의 말씀으로, 하나님의 형상으로 특별하게 창조[bārāʾ]된 인간 대 흙으로 형성되어 "살아 있는 존재"로 "만들어진" 인간); 아담과 나머지 창조 세계의 관계(둘의 질적 차이가 강조됨["하나님의 형상으로 창조됨" 대 "종류대로 만들어짐"] 대 둘의 유사성이 강조됨["땅"〈ʾādāmāh〉으로부터 "살아 있는 존재"로 만들어짐]) 등등. 아울러 창조 기사의 기독교 우주론에는 창조의 모든 상태에 직접 간섭하시는 한 분 하나님에 관한 단언(무신론, 다신론, 자연주의에 대조된다), 창조 세계는 선하며 목적성을 갖는다는 점(이신론, 영지주의, 불가지론, 허무주의를 논박한다), 창조주와 창조 세계의 구분(범신론, 범재신론, 점성술을 논박함)이 포함되어 있다. 기독교 인간론에는 하나님이 직접 관여하심, 창조 세계 나머지보다 인간이 우월함, (모든) 인간의 존엄성, 남자와 여자의 구분, 인간의 생육 활동에 대한 분명한 언급, 인간의 전인성, 삶의 거룩함, 일의 신성함, 성 평등 등이 포함된다.

방법 2: 위와 아래 있는 문제들…
"성서 내 질문"과 "목양을 위한 질문" 구분하기

어느 시점이 되면, 나는 창조에 관해 다양하면서도 인기 있는 견해들을 칠판에 적을 것이다. 젊은 지구/우주 창조론과 무신론에 근거한 진화를 양 극단에 두고 그 사이에 여러 관점을 적는다. 오래된 우주/젊은 지구 창조, 오래된 지구 창조, 유신 진화 등이다(물론 각 견해를 나타내는 명칭이나 견해의 가짓수는 달라질 수 있다). 이후에 나는 용감한 대화 상대자를 찾아서 그에게 일련의 질문을 시작한다. **"학생이 선택한 관점은 뭐죠? 왜 그 관점을 택했습니까? 지금까지 우리가 나눈 수업 내용 중 학생의 관점을 혼란스럽게 했거나 다시 생각하게 한 내용은 뭐죠?"** 이러한 것들은 내가 "성서 내 질문"(biblical question)이라고 부르는 내용의 일부다. 다시 말해 "성서는 이 문제에 대해 뭘 가르쳐줄까요?"를 묻는 것이다.

성서적 관점을 견지하려면 그렇게 논의된 모든 것에서 자연스럽게 도출되는 내용을 다뤄야 한다. 결국 우리는 성서의 권위를 강조했으며 상당한 시간을 성서 텍스트를 다루는 데 할애했다. 하지만 이것은 일종의 준비 과정에 불과하다. 계속해서 나는 다른 종류의 질문을 던진다. **"만약 학생이 누군가와 사귀게 되었는데 그 친구가 다른 견해를 갖고 있다면 어떻게 할 거죠? 그와 헤어질 건가요? 만약 학생이 출석하는 교회 목사님이 다른 견해를 보인다면 어떻게 하죠? 교회를 떠날 건가요? 칠판에 적힌 이런 견해 중에서 어느 지점까지 허용할 건가요? 이를 테면 이렇게 말하는 거죠. '만약 당신이 이 선을 넘는다면, 나는 성서에 대한 네 판단이나 충실성에 의문을 제기할 거야. 아니면 네 구원까지도 의심할 테야!' 어떻게 생각해요?"** 이런 질문은 내가 "목양을 위한 질문"(pastoral question)이라고 부르는 내용의 일부다. 다시 말해 "어느 견해(들)까지 수용하는 것이 가능할까요? 개인적으로든 교회에서든 말입니다"를 묻는 것이다.

"목양을 위한 질문"은 다음과 같은 두 가지 이유 때문에 훨씬 더 어렵다. 첫째, 평범한 학생들은 주요 주제와 부차적 주제라는 구분법을 적용해 사고하는 훈련을 받지 못했다. 실제로 모든 내용을 거의 1차 관심사로 간주하게 하는 한 요소가 제기되는데, 이를테면 각각의 주해와 신학적 결정이 마치 성서의 무오성과 기독교 신앙을 위기에 빠뜨리는 것처럼 생각하는 태도다. 또 다른 요소로는, 성서를 해석하는 훈련이 전혀 안된 학생 다수의 경우, 모든 것을 2차 문제로 치부하기도 한다. 그렇다. 그들은 본능적으로 교단의 차이를 인식하며, 드러나는 견해차를 인식하고 있다. 하지만 그들은 대개 견해차가 의미하는 바를 놓고 깊이 사고하지 않는다. 다른 견해를 가진 이들과 교제할 때 그렇다는 말이다. 둘째, 성서 자체는 명백하고 분명하게 1차 문제, 2차 문제, 3차 문제를 구분해주지 않는다. 심지어 이러한 주제들을 심사숙고하는 학생들조차 그렇게 구분하는 방식에 동의하지 않기도 한다.

따라서 모든 선생은 자신의 선입관이 포함된 견해를 드러내야 하는 이 시점에서, 그렇게 함으로써 얻을 수 있는 효용성과 의미를 생각해야 한다. 한 사람의 선생으로서, 나는 자연주의적(무신론적) 진화론 대 나머지로 주요 구분이 이루어질 수 있다고 확신한다.[9] 비록 기독교인으로서 나는 선택할 수 있는 사항을 놓고 주해·해석학·신학 관련 씨름을 계속하는 것이 사실이지만, 이 모든 논의가 "집안 내" 싸움이라고 생각한다. 본문과 관련된 문제들은 사람들이 종종 인식하는 것보다 훨씬 더 복잡하다(방법

9_ 비록 이 관점이 보통은 지적 설계 이론을 옹호하는 이들 사이에서 공유되기는 하지만, 나는 모든 분류를 지적 설계라는 이름하에 두는 데는 반대한다. 목적론에 관한 다양한 견해로는 John H. Walton, *The Lost World of Genesis One: Ancient Cosmology and the Origins Debate* (Downers Grove, IL: InterVarsity Press, 2009), 114-18, 125-31, 152-61을 보라.

4를 보라). 현재 우리가 가진 성서 텍스트의 저자들과 마찬가지로 다양한 견해를 보이는 많은 성서학자와 일반인 모두는 성서(예컨대 성서의 무오성, 성서 저자의 의도, 주의 깊은 주해)와 교회 그리고 교회의 사명에 충실함을 입증하려 애쓴다. 단지 말로만 그렇게 하지 않는다는 뜻이다. 다시 말해 견해차는 성서 텍스트를 읽고 해석하려는 성실한 노력에 의해 얼마든지 일어날 수 있다. 누군가 내 견해에 동의하지 않으면 이는 그의 믿음을 의심할 만한 일이며 동기가 불순한 행동이라고 주장하는 것은 무자비한 행동이며 전혀 근거 없는 주장이다.

어떤 의미에서 "목양을 위한 질문"은 "성서 내 질문"보다 훨씬 더 중요하다. 성서 자체를 놓고 생각해봐도 그렇다. (어디까지가 기독교로서 교제가 가능한가를 가르는) 경계선을 설정하는 일은 세상에 대한 교회의 공동체적 증언을 위해 중요하다. 그리스도인의 연합과 복음은 성서를 믿는 신자들이 성서에 나타나는 세부 사항을 놓고 정직하게 논의를 진행할 수 있고 논쟁할 수 있을 때 가장 잘 증진된다고 할 수 있다. 그때 어떤 사람의 직업이 위태해지거나 누군가의 신앙 혹은 지성이 의문시되지 말아야 한다. 젊은 그리스도인 사이에서 의구심이 일어난다 해도, 이것들 역시 그들을 위한 증언의 일부가 될 수 있다. 우리는 이를 위해 계속 씨름해야 한다. 우리가 항상 확실한 것은 아니다. 우리가 늘 충실해야 할 분은 오직 그리스도시다.

방법 3: 그 종류를 따라…과학의 범주와 성서/신학의 범주 구분하기

우리가 마주하는 한 가지 문제점은, 창조에 관해 얼마나 많은 관점이 존재하는가라는 질문에 대해 과도한 단순화가 인기를 끌고 있는 현실이다.

창조에 관한 여러 관점이 2가지나 3가지, 때때로 4가지 정도의 선택 사항으로 압축되는 현상은 드물지 않으며, 때로는 그것들이 전부인 양 여겨지기도 한다.[10] 이런 현상은 장르에 대한 혼동과 뒤섞이는데, 장르에 대한 혼동은 과학이라는 꼬리표를 성서/신학이라는 꼬리표와 뒤섞어서 때때로 전자에 우선권을 부여한다.[11] 이 부분에 관심을 가진 일반인들은 대개 젊은 지구 창조론, 오래된/점진적 지구 창조론, 지적 설계, 유신 진화라는 분류법에 훨씬 더 익숙하다.[12] 심지어 "문자적"이나 "날-시대" 및 "구조 가설" 같은 용어들조차 여기저기서 사용되면서, 실제 초점이나 관심은 이를테

10_ 나는 박사 과정에 있던 한 학생이 제출한 글을 떠올린다. 그는 창조에 관한 기독교의 서로 다른 관점을 67가지로 정리했다! 이 책과 같이 "3/4/5가지 관점"이라는 제목 아래 "여러" 관점에 관해 논의하는 책들을 비판하려는 의도는 아니다. 이러한 종류의 책은 각 견해의 미묘한 차이를 잘 드러내야 할 뿐 아니라 다각도에서 나온 견해를 잘 결합해야 한다. 그 좋은 예로는 J. P. Moreland and John Mark Reynolds, eds., *Three Views on Creation and Evolution* (Counterpoints; Grand Rapids: Zondervan, 1999)인데, 이 책은 편집자들의 공이 크다고 할 수 있다. 이 책은 과학철학, 인식론, 신학, 성서와 관련된 내용을 젊은 지구 창조론, 오래된 지구 (점진적) 창조론, 유신 진화라는 일반 범주로 잘 정리해준다.

11_ 2012년 여름 "픽스트포인트" 재단(Fixed Point Foundation)의 주최로 열린 "태초에: 창조 날들에 관한 회의"(In the Beginning: A Conference on the Days of Creation)라는 제목의 회의는 그 좋은 본보기다. 비록 이 회의의 제목은 "창조의 날들"에 관해 초점을 맞추는 것처럼 보이지만, 세 가지 관점에 과학이라는 제목이 붙었다. 그것은 각각 "젊은 지구 창조론", "오래된 지구 창조론", "지적 설계-유신 진화"였다. 그리고 지적 설계와 유신 진화가 한데 묶이는 것은 흔한 일은 아니다. 비록 Michael Behe(그는 *Darwin's Black Box: The Biochemical Challenge to Evolution* [New York: Simon & Schuster, 1996]의 저자다)가 이 관점을 대표하기는 하지만, 지적 설계와 유신 진화는 유사한 관점들이 아니다. 공공 교육에서 나타나는 신 다윈주의에 대해 반론을 제기하는 지적 설계 운동은 기원에 관해 어떠한 특정 이론을 제시하지 않으며, 모든 주요 관점을 지지하는 사람들에 의해 대개 지지받는 이론이다. 심지어 성서 텍스트와 관련된 문제를 주로 다루는 책들에서도 과학은 주요 요소를 차지하며, 그런 책을 쓰는 저자들 모두가 구약 학자들인 것은 아니다. 예를 들어 David C. Hagopian, ed., *The Genesis Debate: Three Views on the Days of Creation* (Mission Viejo, CA.: Crux, 2001)의 경우, 창조의 날 하루를 문자 그대로 24시간으로 보는 관점과 긴 시대로 보는 관점, 일종의 틀로 간주하는 관점을 논의한다.

12_ 과학이라는 꼬리표는 환원주의라고도 표현될 수 있는데, 특히 "진화"의 함의와 관련해 그러하다. 소위 대진화(macro-evolution)가 마치 단일한 의미만 지니듯이 생각하는 것이 바로 이런 부류다.

면 지구의 나이 그리고/혹은 진화의 가능성에 관한 어떤 주장을 지지하거나 정당화하기 위해 과학(그리고 변증)에 집중되어 있다.

과학과 관련된 질문에 관심과 열정을 보이는 것은 잘못이 아니다. 하지만 성서 텍스트가 어떤 목적을 위한 수단이 될 때, 혹은 그런 관점들이 출발점이 되기보다 의미 자체가 될 수도 있음을 잊어버릴 때 문제가 발생한다. (어떤 사항을 강조하거나 우선권을 둘 때 잘못된 순서에 준하거나 혼동할 때를 말한다.) 어떤 이들은 너무 급하게 자기가 흥미를 느끼는 지점으로 넘어가는 바람에 성서 텍스트에 관해 세밀한 연구와 반영이 이루어진 이후에 그러한 의미를 도출해야 함에도 이에 실패하게 된다. 이 책과 이 책의 모태가 된 심포지엄의 관심사는 대개 이런 문제점에서 벗어나 있어 다행이다.

성서 텍스트에 우선권을 부여하려면 우리가 다루려는 분야들, 이를테면 주해, 해석, 장르 결정, 문학적 배경, 역사적 배경, 성서적 신학의 여러 측면에 충분히 집중하면서 (결론을 추측하기보다) 그것들을 분명하게 밝혀야 한다. 그리스도인들은 자신이 알려고 애쓰는 질문에 관한 대답을 찾으려 들기 이전에 먼저 성서 저자들이 관심을 가졌던 질문과 대답을 깨달아야 한다.[13] 내 글에 실린 방법 4~6은 이런 주제들을 학생들에게 어떻게 더욱 자세히 가르칠 수 있을지를 제시해준다.

창조에 관한 현대의 논의는 구약 학자들이 더 많이 참여하면서 발전하기 시작했다. 하지만 그리스도인 철학자들과 조직신학자들, 과학자들이 글쓰기든 대중 연설이든 관계없이 이 논의와 관련된 대중적 논의의 중심에 서 있는 듯하다. 이러한 현상은 당면한 주요 문제의 왜곡을 불러왔는데, 특별히 성서 해석에 관한 논의가 그러하다. 예를 들어 많은 이들은

13_ 조직 신학의 과제와 반대되는 성서 신학의 과제를 이해하도록 돕는 접근 가능한 자료로는 Elmer A. Martens, "Accessing the Theological Readings of a Biblical Book," *AUSS* 34.2 (1996): 233-49을 보라. 아울러 내 글 방법 5에 있는 논의를 참조하라.

창조에 관한 문제의 핵심이 창세기 1장의 단어인 "날"의 의미에 달려 있다고 생각한다. 따라서 젊은 지구 창조론자와 오래된 지구 창조론자를 구분하는 표현은 히브리어 단어인 "욤"("날")의 의미에 대한 각자의 견해와 동의어처럼 되었다. 이때 문자적 해석, 즉 "날"을 24시간으로 해석하는 견해가 한편에 위치한다면, 소위 말하는 "날-시대" 이론이 그 반대편에 위치한다. 누구든 이 단어가 의미하는 바를 결정하는 데 승리하는 쪽이 분명히 전체 논의에서 승리한다는 식이다. 그러나 뻔히 드러나는 문제는, 구약 학자들이 창세기 1장에 나타나는 "날"의 의미를 두고 그다지 논쟁하지 않는다는 점이다. 비록 예외가 존재하지만,[14] 전문적인 창세기 주석들은 창세기 1장의 "날"을 이해하는 데 거의 일관된 양상을 보인다. 창조 대 진화라는 현대 논쟁이 지닌 의미를 포함해 비록 이 문제에 대해 견해의 불일치가 깊은데도 그렇다는 말이다. "문자적" 및 "날-시대"라는 명칭은 성서신학의 관점에서 볼 때 오류다. 아울러 "날"에 관한 언어학적 논의는 핵심을 놓치고 있는 것이다.

이 책에 실린 주요 글들은 모두 구약 전문가들의 손에 의해 작성되었으며, 당면한 어려움에 처한 해석학적 실제 문제들에 관해 더욱 건전한 해석을 보여준다. 이들도 때때로 "욤"과 같은 개별 단어의 의미에 초점을 맞추기는 하지만, 앞에서 언급된 단어와 다른 일단의 단어들도 함께 다룬다. 이를테면 "에레츠"(땅, 육지), "바라"(창조하다), "아사"(하다, 만들다), "라키아"(돔형 덮개, 궁창) 같은 단어들 말이다. 아울러 그들은 창세기 1장의 장르뿐 아니라 더욱 큰 단락(예. 창 1-2장, 1-4장, 1-11장, 1-50장) 안에서 창세기 1장의 위치가 무엇인가에 주의를 기울인다. 더 나아가 그들은 고대 근동의 우주생성론과 성서의 상호 관련성을 살피는데, 이 경우 창세기에서

14_ 예컨대 구약 학자인 Gleason Archer는 Hagopian, ed., *Genesis Debate*에서 "날-시대 이론"을 지지한다.

병행을 이루는 주제들과 본문들 및 대조되는 주제들과 본문들을 찾으려고 노력한다. 아울러 그들은 상호텍스트성에 기반을 두고 다른 구약 단락들과 창조 기사의 관련성을 강조한다. 그리고 현대 과학이 의문을 제기할 때, 초점을 좀 더 해석학과 성서 해석이 지닌 함의에 맞춘다. (예컨대 롱맨이 유신 진화를 잠정적으로 수용하는 것과 같은 경우다).

우리는 학생들에게 새로운 이정표를 가르쳐야 하며, 그 이정표는 학생들의 관심을 성서 신학 안으로 이끌어야 한다. "창조론"(creationism)이나 "진화"(evolution)와 같은 과학 용어로 범주를 설정하면서 창조 기사를 가르치는 일은 뒤따르는 논의를 오도하게 된다. 한번 그런 방향으로 들어가게 되면, 되돌아 나오기가 극히 어렵다.

방법 4: 빛의 근원…번역 성서 사용하기

방법 4~6은 학생들에게 성서의 내용과 관련된 실례를 제공하는데, 이는 마지막 3일을 "채우는" 기사에 대응된다. 해석상의 어려움(방법 4), 더 큰 해석학적 문제들(방법 5), 접근 가능한 자료들(방법 6)이 이와 관련된 내용들이다.

방법 4는 가장 즐거우면서도 아마도 가장 중요한 단계일 것이다. 방법 4의 경우 창세기 1장의 여러 번역본을 다룸으로써 진행되는데, 학생들로 하여금 스스로 해석에 포함된 어려움을 발견하도록 허용하는 단계다. 다양한 영어 번역본을 사용하는 데는 각각의 목적이 있다(우리말의 경우 개역개정, 표준새번역, 공동번역, 쉬운성경 등 여러 한글 번역본을 사용할 수 있다—역주). 첫째, 영어 번역본을 사용함으로써 영어를 모국어로 하는 독자들이 기존의 해석과 다른 도전이 명백함을 인지하게 하기 위해서다. 아무리 성서에 대한 통찰에 이르는 열쇠를 쥔 대가에게 도움을 받는다고 해도 만약 일반 대중에게 곧장 히브리어나 그리스어를 계속 언급한다면 비효율적이다. 둘째, 다양한 번역본을 비교함으로써 다양성을 강조할 수 있으며, 성서 원어와 씨름하는 유능한 학자들 사이에서조차 해석상의 이견이 존재한다는 점을 알 수 있다. 이 작업은 정교한 균형을 요구하지만, 그 목적은 독자나 학생들이 성서의 기본적인 독법이 의문점을 낳는다는 사실을 스스로 확인하게 하는 데 있다. 그 의문점에 대한 대답은 해석상의 선택을 포함하는데, 종종 둘이나 그 이상의 항목이 존재할 가능성도 있다. 이런 사항 중 어느 것도 현대 과학과 관련된 문제를 다룰 필요가 없지만, 가능한 사항 가운데 어느 것을 택하느냐는 창조에 관한 개인의 견해 전반을 정립하는 데 어떻게든 영향을 미치게 된다.

(창 2-3장은 말할 것도 없고) 창세기 1장 전체를 다루는 데는 훨씬 많은 공간이 필요하지만, 나는 창세기 1:1-5(서언 및 첫째 날 관련 단락)과 관련된 두 가지 요점에만 주로 집중하려고 한다.[15] 창세기 1:1-3에 대한 몇몇 번역본이 이 논의를 다루는 데 유용할 것이다(영어 번역본으로 제시된 것을 우리말로 옮김—역주).

태초에, 하나님이 하늘과 땅을 창조하셨다. 땅은 형태가 없고 공허했으며, 흑암이 깊음 위에 있었다. 하나님의 영은 수면 위를 거닐고 계셨다. 그리고 하나님이 말씀하시기를 "빛이 있으라!" 하시니 빛이 생겼다(ESV).

15_ 나는 관련 문헌에서 대개 논의되지 않았던 주제로 학문적 논의를 한정하려 한다. 창 1:1-2를 번역하는 데 나타나는 여러 문제들에 대한 유용한 개관은 Kenneth A. Mathews, "Excursus: Translating 1:1-2," in *Genesis 1-11:26* (NAC 1A; Nashville: Broadman & Holman, 1996), 136-44에서 찾을 수 있다. 참조. "The First Day: Questions about Genesis 1" in Mark S. Smith, *The Priestly Vision of Genesis 1* (Minneapolis: Fortress, 2010), 41-85.

태초에, 하나님이 하늘과 땅을 창조하셨다. 땅은 형태가 없고 공허했으며, 흑암이 깊음 위에 있었다. 하나님의 영은 수면 위를 움직이고 계셨다. 그때 하나님이 말씀하시기를 "빛이 있으라!" 하시니 빛이 생겼다(NASB).

태초에 하나님이 하늘과 땅을 창조하셨을 때, 땅은 형태가 없고 공허했으며, 흑암이 깊음의 표면 위를 덮고 있었다. 하나님의 바람이 수면 위를 휩쓸고 있었다. 그때 하나님이 말씀하시기를 "빛이 있으라!" 하시니 빛이 생겼다(NRSV).

하나님이 하늘과 땅을 창조하셨을 때, 땅은 형태가 없고 공허했으며, 흑암이 깊음 위를 덮고 있었고, 하나님의 바람이 수면 위를 휩쓸고 있었다. 하나님이 말씀하시기를 "빛이 있으라!" 하시니 빛이 생겼다(NJPS).

태초에, 하나님이 하늘과 땅을 창조하셨을 때, 땅은 형태가 없는 불모지였으며, 흑암이 심연을 덮고 있었고, 강한 바람이 수면 위를 휩쓸고 있었다. 그때 하나님이 말씀하시기를 "빛이 있으라!" 하시니 빛이 생겼다(NAB).

첫 세 구절의 관계

학계에서는 전반적으로 다음과 같은 몇 가지 사항에 동의한다. "하늘과 땅"은 "만물" 혹은 "우주"[16]를 가리키는 양단법으로, 창세기 1:1의 "땅"은 2

16_ 구약은 이 구문을 일관되게 "우주"를 가리키는 의미로 사용한다(예. 창 2:1, 4; 14:19, 22; 시 121:2; 참조. 시 8편; 렘 51:48a). 양단법은 전체를 묘사하는 수사법으로, 서로 완전히 대척점에 서 있는 두 개념을 인용하지만(예컨대 "동쪽과 서쪽"—역주), 그 사이에 속한 모든 것을 포함하는 표현이다. 참조. 신 6:7("누워 있을 때"와 "일어날 때" = "항상"); 계 1:8; 21:6; 22:13("알파"와 "오메가" = "모든 것").

절의 "땅"과는 다소 다르게 사용되었다.[17] 첫째 날은 3절에서 시작하며, 6일의 창조 기간(창 1:3-31)은 2절에서 지적된 "문제"(형태가 없음, 공허함, 어둠)를 해소한다.[18]

그러나 적어도 두 가지 복잡한 문제가 분명하게 드러난다. 첫째, 1절과 2절의 관계는 무엇일까? 더욱 도발적으로 질문한다면, 어느 구절이 먼저 일어났는가? 1절인가, 2절인가? 우선 2절의 상태가 하나님이 1절에서 하신 창조 행위의 부산물이라고 생각할 수 있다. 하지만 2절이 하나님이 창조하기 시작하신 1절 이전의 상태를 묘사한다고 여기는 것도 가능하다(1절을 "~때"로 해석하는 NRSV, NJPS, NAB 번역본에 유의하라).[19]

둘째, 1절(혹은 1-2절)과 3절 이하(즉 창조의 6일)는 어떤 관계인가? 1절을 제목 혹은 주제로 보는 것이 타당한가? 이를테면 "태초에 하나님이 천지를 창조하시니라.···천지와 만물이 다 이루어지니라"(3-31절에서 창조 활동이 이루어진다). 하지만 3-31절의 창조 날들이 1-2절을 뒤따르는 창조라고 해석하는 것 역시 가능하다. 이 경우 첫째 날은 창조 초기 상태 이후에 나타난다(NASB, NRSV, NAB의 경우, 3절에 "그때"라는 번역이 들어가는 점에 유의하라).

17_ 훨씬 더 큰 차이점은 John H. Sailhamer, *Genesis Unbound: A Provocative New Look at the Creation Account* (2d ed.; Colorado Springs, CO: Dawson Media, 2011), 48ff.에서 찾아볼 수 있다. Sailhamer는 창 1:1의 "하늘과 땅"은 우주를 의미하지만 2절의 "땅"은 훨씬 좁은 의미에서 약속된 땅을 가리킨다고 해석한다. 영어 번역본들에서 차이를 발견하기란 쉽지 않지만, 비슷한 논의가 창 2:5에서도 제기될 수 있다(ESV와 CSB는 "육지"[land]로 번역하지만, 다른 번역본은 대부분 "땅"[earth]으로 번역한다).

18_ 409쪽 각주 3번을 보라.

19_ 후자의 해석이라고 해서 이른바 "무로부터의 창조" 교리를 부정할 필요가 없다. 비록 2절의 상태가 1절의 하나님의 "창조"보다 앞에 위치하더라도, 기독교 신학은 2절이 묘사하는 상태 역시 하나님에 의해 이전에 창조된 어떤 양상이라고 주장할 수 있다. 문제는 창 1장이 이 문제에 대해 언급하지 않는다는 점이다. 모든 구약 학자는 "창조하다"(*bārā'*)라는 동사 자체가 "무로부터의 창조"를 의미하지 않는다는 데 동의한다.

이러한 기본 요점이 다음과 같은 복잡한 세부 사항들을 결정하지도 않은 채 이루어지곤 한다. 이를테면 1절의 첫 히브리어 단어를 "태초에"/"시작하셨다"로 번역하는 문제, 1절 동사 "창조하다"의 의미,[20] 2절 "혼돈하고 공허하며"의 의미, 2절의 "깊음"/"심연"을 번역하는 문제, 2절의 "성령"/"바람"을 번역하는 문제, 또는 1-3절에 걸쳐 주절과 종속절의 거시구문론적 특성을 결정하는 문제 같은 것들이다. 해당 성서 텍스트는 매우 넓고 다양한 해석을 수용할 수 있다. 오늘날의 논의를 위해서라면 1-2절이 실제로 얼마나 오랜 기간을 의미하는지 물어볼 수도 있겠지만, 엄밀히 말해 이런 질문은 어떤 번역을 채택한다 해도 해답을 얻을 수 없다.

첫째 날 창조된 빛

앞에서 제시된 문제와 달리, 첫째 날 창조(창 1:3-5)의 영어 번역본 간에는 별다른 이견이 없다(여기서는 ESV 번역본을 대표로 사용해도 큰 문제가 없을 것이다).

> 그리고 하나님이 말씀하시기를 "빛이 있으라" 하시니 빛이 생겼다. 그 빛은 하나님이 보시기에 좋았다. 하나님이 빛을 어둠에서 구분하셨다. 하나님은 그 빛을 낮이라 부르셨으며, 어둠을 밤이라 부르셨다. 저녁이 되고 아침이 되니, 첫째 날이었다.

하지만 적어도 3가지 질문이 떠오른다. 첫째, 많은 고대 및 현대의 독자들이 물었듯이, 어떻게 빛이 첫째 날 존재할 수 있는가? 빛의 근원(해, 달)이 넷째 날(창 1:14-19)까지 만들어지지 않았는데도 말이다. 물론 하나

20_ 특히 *Lost World of Genesis One*, 38-46에서 Walton은 "창조하다"(바라) 동사를 물질의 창조가 아닌, 기능의 창조로 해석한다.

님은 태양 없이도 빛을 창조하시고 통제하실 수 있다. 하지만 그것이 핵심은 아니다. 그러나 이 모든 것을 한데 엮으려 하면 다음과 같이 여러 종류의 질문이 생겨난다. "해가 없는 상황에서 '날'은 무엇을 의미하는가?", "넷째 날은 왜 해와 달을 일반 단어인 '해'와 '달'로 부르지 않고 '광명'이라 부르는가?", "왜 '달'을 '광명'이라고 부르는가?" 우리가 알듯이 현대 과학에서 달은 태양 빛을 반사하는 위성에 불과하기 때문이다. "왜 별들은 세 번째 위치를 차지하는가?"(태양도 별의 하나가 아닌가?), "해와 달이 넷째 날 이전에 창조되었으나 단지 그날 우리 눈에 보인 것인가?" 이런 식으로 질문이 계속된다. (그리고 이를 설명하려는 이론들이 출현한다.) 단순한 사실은 이렇다. 첫째 날과 넷째 날 사용된 용어와 묘사를 오늘날 우리가 (그리고 고대 이스라엘인들이) 아는 바와 일치시키기란 어렵다. 현상적으로든 과학적으로든 어렵다는 말이다.

둘째, 빛은 과연 첫째 날 창조되었을까?[21] 우선, 이것은 사실 어리석은 질문이다. 이사야 45:7에서 하나님은 "나는 빛도 짓고"라고 말씀하실 뿐 아니라 "어둠도 창조하며"라고 말씀하신다. 어둠을 창조하는 행동은 첫째 날에 속한 활동이 아니다(어둠은 창 1:2이 말하듯이 첫째 날 이전에 이미 존재했다). 게다가 창세기 1:3은 빛을 "창조하다"나 "만들다"라는 동사를 언급하지 않는다. "빛이 있으라"라는 말은 오히려 이미 존재하는 (아마도 하나님의[?]) 빛과 같은 무언가를 언급하는 듯하다. 이러한 방식의 새로운 해석은 분명히 요한복음의 첫머리와도 조화를 이룬다. 요한복음 첫머리는 창세기 1장을 반영하지만, 그 빛을 (창조된 존재가 아닌) 하나님의 말씀과 동일시한다(요 1:1-9).[22] 이 경우가 어떻게 해석되든, 이러한 문제들에 어떻게 대답해야

21_ Smith, *Priestly Vision*, 71-79에 있는 논의와 관련 자료를 보라.

22_ 창조 때에 있었던 하나님의 빛을 이렇게 연결하는 방식은 창 1장에 대한 구약성서 본문들의 암시에서 이미 시작된다. 참고로 시 104편은 창 1장과 분명한 관련성을 보인다. "내 영혼아 여호와를

할지는 분명하지 않으며, 특히 성서 전체와 관련해서는 더욱 그러하다.

셋째, 첫째 날 언급된 빛은 실제 빛인가?[23] 3절에서 하나님이 빛을 창조하셨다는 개념은 받아들일 만하다. 4절에서 빛과 어둠을 나누셨다는 말은 그보다는 개연성이 약하다. 어떻게 빛과 어둠이 섞일 수 있겠는가? 빛의 부재가 곧 어둠 아닌가? 하지만 진짜 문제는 5절이다. 빛을 낮이라 부르고 어둠을 밤이라 부르는 구절 말이다. 문자 그대로 보면, 5절의 빛과 어둠은 물리적 실재거나 물질적 실재라기보다 시간을 나타내는 단위다(넷째 날[14절]의 "광명들"이 시간을 나타내는 기능을 한다는 점을 참조하라). 단위 전체를 고려한다면, 독자들에게는 해석상 결정을 내려야 하는 문제가 남아 있다. 만약 "빛"이 암시하는 바가 3-5절 내내 일정하다면, 5절의 표현, 즉 시간을 나타내는 개념이 4절(즉 낮과 밤의 분리)과 3절(시간이 창조됨[?])에도 적용될 수 있어야 한다. 그렇지 않다면, 독자들은 이 세 구절에 나타나는 빛이 서로 다른 의미로 자유롭게 사용되었을 가능성을 인정해야 한다.

이런 실례들은 아마도 훨씬 더 많을 것이다. 그것들은 성서 본문을 꼼꼼하게 탐구하는 가운데 나타날 뿐, 본문을 교묘하게 혼란에 빠트리려는 속임수가 아니다. 내가 제시한 질문들은 자연스러운 것이며 창조 기사 자체를 꼼꼼히 읽는 데서 연유한다. 이런 내용을 질문하고 선택할 수 있는 사항들을 진지하게 숙고하는 것은 진리의 말씀(딤후 2:15)을 다루는 정당한 방편 가운데 하나다. 선입견에 맞추기 위하여 성서 텍스트를 인위적

송축하라. 여호와 나의 하나님이여, 주는 심히 위대하시며 존귀와 권위로 옷 입으셨나이다. 주께서 옷을 입음 같이 빛을 입으시며, 하늘을 휘장 같이 치시며"(시 104:1-2). 더욱 복잡하긴 하지만 창 1장과 출 39-40장 사이에도 병행 문헌이 존재한다. 출애굽기 본문에서는 여호와의 "영광"이 성막을 가득 채우는데(출 40:34), 이는 창 1:3에서 창조 시에 나타난 빛과 일치할 것이다. 창조와 성막/성전과의 관련성은 이 책 여러 부분에서 입증되고 있으며, 이러한 병행이 있었을 가능성을 크게 시사한다.

23_ 이 부분이 바로 Walton이 수행한 연구의 분수령이다. 나는 주로 그의 견해를 따랐다. Walton, *Lost World of Genesis One*, 54-56을 보라.

으로 곡해할 때, 우리는 우리에게 주어진 책임을 포기하게 된다. 명백하고, 분명하며, 단순하고, 문자 그대로 해석한다는 미명하에 그렇게 하든, 현대 과학이란 미명하에 그렇게 하든, 마찬가지다.

방법 5: 위와 아래의 특징들…
지적 설계 이론을 통해 학생들의 이해 능력 향상시키기

창세기 1장의 첫 도입부를 가르치게 되면, 대부분의 학생은 다소 혼란스러워하거나 동요할 것이다. 나는 다음과 같은 방식을 제안한다. 그들의 동요를 무시하거나 우려를 곧바로 해소하려 들기보다 창세기 1장을 일종의 본보기로 삼아서 수업이 진행되는 동안 해석학과 관련된 주제들을 소개해주자.[24] 여기서는 저자의 의도 및 중복되는 세 가지 배경(문학적 배경, 역사적 배경, 신학적 배경)을 언급함으로써 간단한 본보기를 제시하려 한다.

저자의 의도

해석의 핵심 목표는 저자가 소통 행위를 통해 전달하려 했던 바를 가능한 한 최대한 복원하는 데 있다. 복음주의 성서관은 성서를 기록한 두 저자인 인간과 하나님을 모두 지지함으로써 이 기본 원리를 복잡하게 만든다. 하지만 인간의 의도와 하나님의 의도는 유기적으로 연결되어 있다. 다르게 생각해야 할 적절한 이유가 없는 한(예컨대 성서를 밀교의 예언쯤으로 간주하지 않는 한), 독자는 인간 저자의 의도가 하나님의 의도에 접근하거나 이

24_ 구약 연구뿐 아니라 나는 창세기 수업을 위해서도 기초 해석학 교재를 사용한다. 최근에는 Robert L. Plummer, *Forty Questions About Interpreting the Bible* (Grand Rapids: Kregel, 2010)을 사용했다.

를 드러내는 시작점이 된다고 간주해야 한다. 하나님께서는 인간 저자보다 더 많은 것을 염두에 두셨겠지만, 더 적게 의도하시지는 않았다. 그러므로 창세기 1장은 숨어 있는 의미를 해독하기 위해 어떤 마법의 열쇠가 필요한 본문이 아니다. 따라서 우리는 인간 저자를 고려할 뿐 아니라 그가 사용한 언어 관습 일체(예. 언어, 어휘, 장르), 역사·신학 관점(예. 이스라엘과 고대 근동 역사 문헌의 유사점과 차이점), 종교·목회적 관심사(저자가 염두에 둔 특별한 청중. 이때의 청중은 여러 세대에 걸친 언약 백성 공동체를 포함한다)를 고려함으로써 시작해야 한다. 성서라는 메타내러티브가 전개됨에 따라 계시도 점차 발전하는데, 이때 원저자의 의도는 확장되고 더욱 명료해질 수 있다. 계시가 발전해도 원저자의 의도는 수정되지 않으며, 다만 텍스트에 대한 우리의 잠정적 이해를 수정해줄 것이다.

문학적 배경

문학적 배경은 어떤 텍스트가 더 큰 단락과 장르 내에서 차지하는 위치를 의미한다. 창세기 1장은 어떤 개별 작품으로 우리 곁에 오지 않았다. 창세기 1장은 더욱 큰 집합체인 창세기, 오경, 창세기~열왕기하에 이르는 역사 내러티브, 구약, 그리고 성서 전체의 시작점이다. 개별 텍스트를 해석할 때는, (다양한 청중을 염두에 두면서) 이렇게 다양한 궤적과 단위 내에 존재하는 여러 관련성을 고려해야 한다.

장르는 여러 단계로 분석할 수 있다. 기초가 되는 한 가지 구분 방식은 시와 산문의 구별이다. 다른 방식으로는, 예컨대 역사 내러티브, 율법, 예언, 시, 지혜 문헌, 복음서, 서신, 묵시 문헌의 차이점을 구별할 수 있다.[25] 텍스트를 적절하게 해석하려면, 내가 어떤 형태의 텍스트를 다루고 있는

25_ 더욱 특정한 장르나 하위 장르를 고려할 수도 있다(예. 족보, 역대기, 잠언, 예언 신탁, 수수께끼, 드라마, 전기적 묘사, 설교 등).

지 이해하는 것이 핵심이다. 하지만 마찬가지로 장르에 관해 잘못된 가정을 펼치는 일을 피하는 것도 중요하다. (이 경우가 가장 그런 듯한데) 예를 들어 창세기 1장을 산문이나 역사 내러티브로 분류한다면, 본문이 해석되어야 할 방식을 어느 정도는 제한하게 된다. (이를테면 본문이 무언가 실제로 일어났던 사건을 말하고 있다고 주장하게 된다.) 그러나 장르를 그렇게 정한다고 해서 창세기 1장에 분명히 나타나는 시적 표현이나 비유, 의인법, 과장법, 혹은 그와 같은 표현들이 존재한다는 점을 무시할 수는 없다. 따라서 창세기 1장을 시편이나 비유처럼 해석할 수도 없지만, 또한 열왕기하처럼 간주하기도 곤란하다. 분명히 독자들은 창세기 1장이 정확히 어떤 종류인지를 결정하는 데 있어 서로 다른 결론에 도달할 것이다. 즉 더 폭넓은 해석상의 차이점이 발생할 수밖에 없다. 그러므로 우리는 "산문=문자(주의)적"이라는 단순한 등식을 피해야만 한다. 이를테면 창세기 1장을 더욱 문자적 방식으로 해석해야 한다고 주장하더라도 말이다.

역사적 배경

역사적 배경에 주의한다는 말은 실제 청중에게 말하는 실제 저자를 중요하게 취급한다는 뜻이다. 이 둘은 특정 시기에 특정 장소에 살았으며, 이런 특정성은 그들이 진리와 실재를 (영감을 받아) 표현하고 이해하는 데 영향을 미쳤다. 해석을 위한 기본 가정은 이렇다. 저자는 일반적으로 자신과 자신이 마주할 청중(독자)이 이해할 수 있도록 성서를 기록했다. 창세기 1장의 경우 이 말은 우리가 그들의 언어와 개념 세계 속으로 들어가야 한다는 뜻이다. 고대 이스라엘인들이 하나님, 인간, 그리고 나머지 피조 세계와 맺은 상호 관계에 관해 언급했고 생각했던 방식을 알아내기 위해서 말이다. 이스라엘이 이웃했던 고대 근동 민족들에게서 비롯된 다른 창조 이야기를 알고 있었는지 파악하는 일은 논의의 범위를 벗어나는 일이다. 오히려 우리가 따져봐야 할 사항 중 하나는, 어떤 개념이나 사상이 더욱 폭넓은 문화권에서 공유되었으며 어떤 내용이 변증을 위해 논박되었는지를 결정하는 일이다.[26] 하지만 가장 중요한 요점은 히브리어 성서를 곧바로 우리 현대인의 배경으로 이해하기 전에 먼저 히브리어 성서 자체가 기록된 원래의 배경에 비추어 이해해야 한다는 점이다.

신학적 배경

신학적 배경은 성서 신학, 조직 신학, 역사 신학 분과를 가리킨다. 이 폭넓은 렌즈들은 각각 작은 규모의 해석 작업(주해)을 수행하도록 도울 뿐 아니라 때때로 잠재된 함정을 교정하거나 경계하는 일을 한다. (역사가 진행되는 동안 유대인들과 그리스도인들이 어떻게 성서를 해석했는지 다루는) 역사 신학은 현대의 새로운 사조와 오만함을 경계하게 해준다. 꼭 다수가 채택하는 해석이 올바른 것은 아니다. 오히려 역사 신학은, 신실하고 현명하며 유능하고 성령의 조명하심을 받은 선조들이 없었더라면 우리가 온전히 설 수 없었음을 깨닫게 해준다. 만일 역사적으로 다수의 의견 일치가 존재한다면, 입증 책임은 소수 견해를 지지하는 사람들에게 부과된다. 창세기 1장과 관련된 문제는 역사적으로 의견 일치가 존재했는지에 대한 논쟁이다. 이 경우, 아마도 창조 기사를 문자적으로 해석하는 경향이 다수의 해석일 것이다. 이는 문자적 해석 자체는 존중받을 필요가 있으며, 상

26_ 신학 변증(예. 야웨와 다른 신들 사이에서 야웨를 변증하는 일)은 때에 따라 명백하게 드러날 수도 있고(예. 이집트에 내려진 재앙들, 왕상~왕하에 걸쳐 나타나는 엘리야와 엘리사 이야기) 미묘하게 드러날 수도 있다. 구조적 유사성(예. [왕과 제사장의] 직임이나 [성전, 희생 제사, 음식 관련 법] 제도에 관한 사상이 이스라엘과 고대 근동 민족 사이에 공유되는 일)이 이스라엘의 독특성(예. 이스라엘의 지성소에는 신의 모습을 나타내는 형상이 존재하지 않는 경우)에 의해 강조될 때 이런 미묘한 변증이 존재하는데, 이 경우들은 신학적 차이를 극명하게 보여준다. 창 1장은 세계의 구조에 대해 고대 근동 문화들과 용어를 공유하는 듯하지만, 하나님과 인간에 대한 개념화의 측면은 그들과 매우 다르다.

당한 정도의 반증이 입증되지 않는 한 거부되지 말아야 함을 의미한다.

모든 성서 자료를 조화시켜 어떤 문제에 대해 일관된 견해에 도달하게 하는 조직 신학은 이단을 막는 보호자 역할을 수행한다. 창세기 1장과 관련된 몇 가지 예는 이러한 역할이 작용하는 방식을 잘 보여준다. 예컨대 "무로부터의 창조" 교리는 반드시 보존되어야 한다. 우리가 "창조하다"(bārā') 동사나 1절과 2절의 관계를 어떻게 이해하든, 이 사실은 변하지 않는다. 성령이 (새가 빙빙 돌듯이) "운행하시는" 장면에 관한 묘사(2절)나 명령하시고 안식하시는 하나님에 관한 표현은 하나님에 관한 성서의 일부 관점을 유지하기 위해 제시된 은유거나 의인화로 간주해야 한다. 마찬가지로 하나님의 "형상"과 "모양"대로 창조된 인간이라는 개념에서 하나님의 육체를 떠올릴 수는 없다. 마지막으로 26절, 즉 "우리의 형상을 따라 우리의 모양대로 우리가 사람을 만들고…"에 등장하는 복수 형태는 다신교를 나타내는 표현일 수 없다.

성서 신학[27]은 여러 방식으로 조직 신학과 다르게 대상에 접근하면서 조직 신학의 오류를 교정할 뿐 아니라 조직 신학과 연결하는 다리 역할을 한다. 성서 신학은 다른 분과보다 귀납적·통시적·서술적이며, 다양한 성서 저자들과 장르 및 본문에 내재된 관심사에 의해 추동된다. 종합과 규범이라는 보상이 성서 신학의 목표이긴 하지만, 성서 신학이란 분과 자체는 주어진 주제에 대한 각각의 목소리 전체가 드러나기를 선호하므로 텍스트와 저자 사이에 있는 다양성과 긴장을 그대로 수용하기 쉽다. 창세

27_ "성서 신학"은 논쟁적인 용어다. 나는 T. Desmond Alexander et al., eds., *New Dictionary of Biblical Theology: Exploring the Unity and Diversity of Scripture* (Downers Grove, IL: InterVarsity Press, 2001)에 수록된 글 중 특별히 Brian S. Rosner가 쓴 "Biblical Theology"와 D. A. Carson이 쓴 "Systematic Theology and Biblical Theology"에서 채택된 의미로 "성서 신학"이라는 단어를 사용한다. 아울러 Martens, "Accessing the Theological Readings of a Biblical Book"과 Scott J. Hafemann, ed., *Biblical Theology: Retrospect and Prospect* (Downers Grove, IL: InterVarsity Press, 2002)에 있는 여러 글을 참조하라.

기 1장은 창조를 다루는 여러 텍스트 가운데 하나지만 중요한 텍스트이며, 창조에 관한 다른 텍스트와 함께 읽어야 한다. 이때 다른 텍스트라고 해서 창세기 1장의 순서와 관점 혹은 강조점을 복제했다고 생각할 필요는 없다.[28] 창조에 관한 성서의 관점은 이 모든 텍스트를 설명할 수 있어야 한다. 그리고 현대 문화와 관련된 조직 신학 과업을 수행하기 전에 실제로 그렇게 한다.

이렇게 다양한 배경(전술한 문학·역사·신학적 배경을 가리킴—역주)을 인식하는 일은 창세기 1장의 우주생성론과 우주론에 관한 조망을 어떻게 이해해야 할지를 두고 많은 질문을 제기한다. 심지어 숙련된 독자들이라도 서로 다른 결론에 도달할 수 있으며, 현대 과학이 고려하는 바와 전혀 상관없는 결론에 도달할 수 있다는 점은 전혀 놀라운 일이 아닐 것이다. 성서를 현대 과학과 연결하는 일은 또 다른 단계의 복잡성을 더하게 된다. 하지만 이러한 작업은 해석학의 문제일 뿐, 성서에 충실하지 못하거나 성서의 권위에 근본적 문제를 제기하는 일로 간주될 수 없다. 과학에 근거를 두고 창조를 점진적 양상으로 이해하는 일은 의심의 여지없이 성서에 나타나는 여러 묘사를 적절하게 재고하고 재해석한 영향이라고 할 수 있다. 오늘날에는 어느 누구도 해가 말 그대로 뜨고 지며, 그 자리에 서 있다(수 10:12-14)고 생각하거나 지구가 편평하고 우주의 중심이라고 여기지 않는다.[29] 현대 과학과 성서에 나타나는 세부 사항이 과학적

28_ 매력적인 예가 Smith, *Priestly Vision*, 11-37에 나타나는데, 여기에서 Smith는 창조에 관한 3가지 모델(하나님의 능력[시 74:12-17; 89:11-13], 하나님의 지혜[시 104편, 참조. 욥 38:1-11; 사 40:12-14, 잠 8:22-31], 하나님의 임재[시 8편])에 대해 논한다. 비록 복음주의에 기반을 둔 해석은 아니지만, Smith는 성서의 상호텍스트성에 관해 유용한 통찰을 제시한다.

29_ 창세기에서 창조의 날을 이해하기 위한 서론이자 관련 문헌인 John C. Lennox, *Seven Days That Divide the World: The Beginning According to Genesis and Science* (Grand Rapids: Zondervan, 2011), 15-38(『최초의 7일』, 새물결플러스 역간)에 실린 Copernicus와 Galileo에 관한 논의를 보라.

으로 조화(일치주의[30]로 불린다)를 이룬다고 주장하는 일은 열성적인 극단적 문자주의자들에게는 우스꽝스러운 일로 여겨질 것이다. 이렇게 볼 때, 현대 이론을 근간으로 성서의 모든 사항을 재해석할 수 있는 것은 아니지만, 저자의 의도를 확실하게 규명하고자 하는 공통 목표를 추구하는 모든 사람 가운데 나타나는 평화로운 대화와 진솔한 탐구 활동을 허용해야 하는 것은 당연한 일이다.

방법 6: 인간 대표자들…접근 가능한 자원 공급하기

유능한 학자들도 창조에 관해 복잡한 관점을 보일 뿐 아니라 서로 견해차가 존재하기 때문에, 초기에는 이 주제에 관심을 가졌던 학생들조차 어려운 주제를 회피하려 드는 경향이 나타날 것이다. 이때 그들은 안전한 견해를 지지하면서 숨거나 해당 견해를 포기하는 식으로 그렇게 하려 한다. 따라서 학생들이 여러 견해 사이에서 항해하는 법을 배우도록 도울 필요가 있다. 이 경우 선생이 제시하는 프레젠테이션은 중요한 역할을 한다. 아울러 수업 시간에 서로 다른 견해를 보이는 교수들이 서로 논쟁하는 시간을 갖는 것은 이를 지켜보는 학생들이 자신의 견해를 확립하는 데 도움이 된다.[31] 하지만 결국 이 수업은 계속될 수밖에 없다. 구약 수업에서 다뤄야 할 장이 아직도 928장이나 남아 있기 때문이다!

30_ Walton, *Lost World of Genesis One*, 16-22의 일치주의에 관한 논의를 보라. Walton은 이 책에서 일치주의라 할 만한 또 다른 예를 설명해준다(예. 고대인들은 문자 그대로 내장 기관을 지성과 감정, 인간성이 자리하는 자리로 간주했다).

31_ 내 동료 Jud Davis의 글에도 나타나듯이, 우리는 이 문제에 대해 서로 다른 관점을 보인다. 비록 우리는 동료이며 수많은 과제를 함께 수행하는 관계지만, 다양한 주제에 대해 학생들 앞에서 많은 논쟁을 벌이기도 한다.

나는 주로 내가 진행하는 성서 입문 강의를 듣는 학생들에게 하나의 주요 과제를 내도록 요구하지만, 각 학생이 특정 주제와 과제의 형태를 선택할 수 있도록 어느 정도 여지를 준다. 좀 더 단순한 과제 중 하나로는 책을 읽고 비평 위주의 서평을 제출하게 한다. 수업 계획서를 나눠주면서 읽어야 할 책 목록을 미리 지정해주는데, 그중 여럿은 창조에 관한 논쟁을 다룬다. 내게 주어진 시간 안에서 나는 창조에 관한 주제에 첫 시간을 할당하는데, 매학기마다 여러 학생이 어쩔 수 없이 이와 관련된 책을 선택하게 된다. 이렇게 나는 내가 가장 유용하다고 생각하는 자료들을 학생들이 접하도록 부드럽게 권하는 편이다. 그래서 그들이 바쁜 학과 공부의 일부로서 창조라는 주제를 깊이 다뤄볼 기회를 제공해왔다.

이 경우 관련 주제를 담은 책 목록을 선택하는 데는 특정한 기준이나 선호도를 고려해야 한다. 저자들이 복음주의에 충실하며 학문상으로도 견실하다는 점을 언급해야 할 뿐 아니라 이를 명백히 밝혀야 한다. 한편으로 복음주의에 충실하다는 말은 성서의 권위를 분명하게 지지하는 태도를 의미하며, 정통 신학에 충실하고 교회와 교회의 복음 전파 사명을 깊이 인식하는 자세를 의미한다. 그렇게 하면 학생들은 이러한 근본 문제에 관해 염려하지 않으면서도 주어진 책을 열심히 읽으며 충분한 주제를 발견하게 될 것이다. 다른 한 편으로 저자들은 성서 언어, 신학, 배경(그리고/혹은 책의 특성에 따라 과학철학 같은 분야)에 관한 전문가로서 합당한 모습을 보여주는 사람들이어야 한다. 비록 "학문적"이란 말이 열정이나 자기 관점을 강하게 견지하는 태도 같은 것과 상반되지는 않는다 해도, 그때의 어조는 공정해야 하며 그 태도는 자신이 견지하는 의제에 휩쓸리지 말아야 한다. 학생들은 비전문가들이 이 주제를 놓고 책, 블로그, 웹 사이트를 통해 전달하는 논의에도 충분히 접근할 수 있다. 물론 그들의 논의는 명료하다기보다는 대개 과열된 양상을 띠는 편이다. 따라서 학생들은 더 좋은 방식이 존재한다는 점을 깨달아야 한다.

그렇다 하더라도 선정된 책 자체는 비교적 짧고, 읽기 쉬우며, 최신의 자료여야 한다. 선생들은 우리가 입문 과정의 학생들을 상대하고 있다는 점을 기억해야 하며, 그들이 창조와 관련된 주제에 관심을 보이도록 노력해야 한다. 만약 우리가 학생들에게 학문적 주석, 고대 근동 문헌, 혹은 전문적 논문만을 보도록 강요한다면, 그들은 수업 초기부터 흥미를 잃고 말 것이다. 그렇다. 적절한 수준에 맞춰 저술할 수 있는 유능한 학자들의 글을 발견하기란 때때로 어렵다. 그러므로 이 모든 경우를 생각해서 우리가 학생들을 위해 책을 미리 조사하는 수고가 필요하다. 최근에 출간된 책들은 이전의 작업들을 소화하고 관련된 논의 및 논쟁과 소통할 수 있다는 이점이 있다.

이러한 기준을 적용할 때 가장 좋은 책은 물론 당신이 요즘 읽고 있는 책이겠지만, 학생들이 더불어 시작하기에 좋을 만한 도서의 목록을 여기에 제시하고자 한다.

- Richard F. Carlson and Tremper Longman III, *Science, Creation, and the Bible: Reconciling Rival Theories of Origins* (Downers Grove, IL: IVP Academic, 2010)

- C. John Collins, *Did Adam and Eve Really Exist? Who They Were and Why You Should Care* (Wheaton, IL: Crossway, 2011)

- C. John Collins, *Genesis 1-4: A Linguistic, Literary, and Theological Commentary* (Phillipsburg, NJ: P&R, 2006)

- C. John Collins, *Science and Faith: Friends or Foes?* (Wheaton, IL: Crossway, 2003)

- Peter Enns, *The Evolution of Adam: What the Bible Does and Doesn't Say about Human Origins* (Grand Rapids: Brazos, 2012): 『아담의 진화』, CLC 역간.

- John C. Lennox, *God's Undertaker: Has Science Buried God?* (Oxford: Lion Hudson, 2007)

- John C. Lennox, *Seven Days That Divide the World: The Beginning According to Genesis and Science* (Grand Rapids: Zondervan, 2011): 『최초의 7일』, 새물결플러스 역간.

- David G. Hagopian, ed., *The Genesis Debate: Three Views on the Days of Creation* (Mission Viejo, CA: Crux, 2001)

- Terry Mortenson and Thane H. Ury, eds., *Coming to Grips with Genesis: Biblical Authority and the Age of the Earth* (Green Forest, AR: Master, 2008)

- John H. Sailhamer, *Genesis Unbound: A Provocative New Look at the Creation Account* (2d ed.; Colorado Springs, CO: Dawson Media, 2011)

- John H. Walton, *The Lost World of Genesis One: Ancient Cosmology and the Origins Debate* (Downers Grove, IL: InterVarsity Press, 2009): 『창세기 1장의 잃어버린 세계』, 그리심 역간.

가르치는 상황이라면, 각각의 책에 대해 짧은 주석이 달린 서지 일람을 제공하는 것도 좋겠다. 학생들은 배움의 범위나 관점, 전문 사항에 대한 이해도(성서, 신학, 철학, 과학 등), 어조 등이 다양하기 때문이다.

방법 7: 안식…인내는 여전히 미덕이다

창세기 1장과 관련해 열정을 가지고 내가 학생들에게 마지막으로 요청하는 말은 무엇일까? 바로 "긴장 푸세요!"다. 비록 수동적이거나 게을러서는 안 되겠지만, 시간을 충분히 들이는 일의 가치에 대해 참으로 강조할 필요가 있다. 다시 말해 기다릴 필요가 있으며, 우리가 생각하는 견해와 반대되는 모든 증거를 정당하게 평가해야 한다. 성서의 권위는 결코 위험에 처해 있지 않다. 적어도 자료들을 적절하게 취급하기만 한다면, 그럴 위험이 없다는 뜻이다. 아울러 한 학기 동안 창세기 1장을 계속 다루는 작업은 관련된 논의를 확장해줄 뿐 아니라 학생들의 독서 능력과 해석 능력역시 향상시켜준다.

장기적으로 보면 어떨까? 수업을 들은 학생들이 학교를 졸업한 후에 하나님의 은혜와 진리를 전하는 청지기가 되어 교회에서 창조에 관해 계속 논의를 진행할 수 있도록 하려면 우리 선생들이 그들에게 무엇을 주어야 할까? 우리는 그들이 스스로 더 깊이 공부하고 성찰하는 데 보다 더 정진하며 논의를 날카롭게 다듬을 수 있도록 기본 도구를 제공할 수 있다고 확신한다. 아울러 우리는 두려움과 불안 대신 신뢰와 참을성을 견지하도록 그들을 격려해야 한다. 교회사가인 마크 놀(Mark Noll)은, 예수께서 우리에게 "와보라"라고 초대하신 사건을 과학에 적용하면서 과학 연구에 대한 자신의 긍정적 성향을 이렇게 피력했다.

소위 말해 종교와 과학의 대립에서 발생하는 문제 대부분은 성급한 결론을 내리는 데서 온다. 중세로 돌아가 보면, 알려진 대로 자연에서 수많은 것들이 새롭게 발견되었다. 그때 교회 지도자들의 반응은 대개 이랬다. "그것은 불가능합니다!" 하지만 얼마 후 다른 기독교인들이 나타나 "이렇게 보면, 그것이

가능합니다"라고 말하곤 했다. 마틴 루터도, 장 칼뱅도 지구가 태양의 주위를 돈다고 믿으려 하지 않았다. 하지만 두 세대 이후, 모든 루터파와 칼뱅주의자 및 가톨릭이 지구가 태양 주위를 돈다는 사실에 동의했다. 만약 사람들이 코페르니쿠스와 갈릴레이의 연구에 이렇게 반응했다면 매우 이상적이었을 것이다. "글쎄요, 비록 명백히 성서와 모순되는 듯하지만, 가능한 한 주의 깊이 신중하게 시간을 갖고 이 견해를 평가해봅시다." 오히려 일어났던 일은, 불필요한 교조주의적 반응이었다. 물론 현재 제기되는 문제들은 내가 상세히 논의할 수 있는 분야가 아니다. 역사가로서 나는 맹렬한 비난은 줄이고 더욱 끈기 있게 연구에 정진하는 것이 앞으로 필요한 최고의 길이라고 말할 수 있을 따름이다.[32]

놀의 충고는 매우 현명하다. (창세기에서든, 어디에서든) 정답을 찾는 일은 추구할 만한 목표다. 하지만 먼저 할 일은 올바른 질문을 제기하고 발생하게 될 대화를 허용하는 일이다.

32_ Mark Noll이 David Neff와 했던 인터뷰 "Mark Noll on the Foundation of the Evangelical Mind," *Christianity Today* 55.8 (August 2011), 26에서 발췌했다. 이 응답은 다음과 같은 즉석 질문, 즉 "특히 복음주의자들 사이에서 제기되는 과학 관련 논쟁과 관련해서, 당신은 '속도를 늦추자'라는 대답이 아마도 앞으로 취해야 할 가장 최선의 방법일 것이라고 주장하시는 듯한데, 어떠신가요?"에 대한 그의 개인적인 대답이었다. 이 인터뷰는 Noll의 책, *Jesus Christ and the Life of the Mind* (Grand Rapids: Eerdmans, 2011, 『그리스도와 지성』, IVP 역간)에 실려 있다.

브라이언 재단과 대릴 찰스 박사에게 감사를 전한다. 아울러 창세기 1-2
장에 관해 이렇게 흥미진진한 대화를 이끌어준 발제자들에게도 감사를
전하고 싶다. 창조에 관한 문제는 매우 중요하며 때때로 강경하고 자극적
인 발언을 서슴지 않게 만들기도 한다. 하지만 우리의 논의는 가족 안에
서 일어나는 종류와 비슷했다. 마치 가족 구성원끼리 정치에 관해 대화하
듯이 진짜 논쟁이 일어나고 서로 다름을 확인하지만, 결국 가족들끼리 결
속된다는 사실은 변하지 않는다. 마치 가족의 유대를 돈독하게 하는 데
만장일치의 사고방식이 필요하지 않듯이, 이 토론에는 이런 견해차를 허
용하기 위해 다양하고도 불가피한 여지가 존재한다. 차이는 때때로 우리
의 사고를 더욱 날카롭게 다듬어주므로, 나 역시 이런 맥락에서 견해차를
환영한다.

심포지엄과 그 결과물로 제출된 글들은 여러 측면에서 내 견해를 풍
성하게 해줬다. 첫째, 우주를 성전으로 간주하는 월튼이 자신의 견해를
상술해준 데 감사한다. 나는 랍비들이 비슷한 제안을 했던 사실을 알고
있었으며, 창세기 1장이 더 큰 문맥인 모세 오경의 전조가 되는 자료라는

데 경이로움을 느꼈다. 아울러 트렘퍼 롱맨은 내게 비전통적인 견해에 천착하는 이들이 그렇게 하는 데는 분명히 숭고한 이유가 있다는 점을 깨닫게 해줬다. 롱맨과 같은 이들은 자신의 견해가 정직한 구도자들이 불가능해 보이는 우주론 같은 데 걸려 넘어지지 않도록 돕는다고 믿고 있다. 기독교 외부에서 우리 기독교인들이 언급하는 내용을 어떻게 받아들일지 주의 깊게 고려하는 것이 우리의 올바른 태도일 것이다. 비록 내가 롱맨의 강한 주장에 거의 동의할 수 없다는 것은 분명하지만, 그가 논의를 전개하는 시작점은 나로 하여금 어떻게 이 어려운 주제를 정확하게 탐구해야 할지를 고심하게 했다. (만약 전통적 관점이 무언가 존재한다면 그) 전통적 관점이 복음주의에 해가 될까? 창조 기사를 문자 그대로 해석하는 방식이 전통적 관점에 해당할까? 전통적 관점은 창세기를 고대 근동 배경을 기반으로 해석하려는 시도를 거부하는 데 근거할까?

모든 사항을 고려하면, 나는 창세기 1-2장에 대해 4가지 기본 관점이 존재한다고 생각한다. 첫 번째는 신정통주의의 기본 관점으로서 창세기 1-2장이 우주가 비교적 오래되지 않았다고 주장하지만 그런 우주론이 불가능함을 과학이 입증했으므로, 그리스도인들은 이를 거부하거나 적어도 성서의 무오성이라는 전통 교리를 재정의해야 한다는 주장이다. 이 견해를 주장하는 이들(예. 엔즈, 폴 실리[Paul H. Seely])은 성서의 가르침에 오류가 없다고 인정하지만, 그렇다고 해서 우리가 이성을 포기하고 성서의 가르침을 무비판적으로 무엇이든 수용해야 하는 것은 아니라고 주장한다. 바울의 가르침에는 (그리고 이러한 문제에 대해서는 심지어 예수의 가르침마저도) 오류가 있을 수 있으므로, 이들은 성서에 오류가 있을 수 있다는 점을 인정해야 한다고 주장한다. 즉 그런 오류에 매일 필요는 없다는 의미다. 그들은 필연적으로 그리스도와 성서에 대해 성육신적 관점에 도달하게 된다.

두 번째는 아마도 복음주의 학계에서 가장 주류를 이루는 관점일 텐데, 창세기 1-2장은 우주가 비교적 오래되지 않았다는 주장과 관계없으며 따라서 지질학이 주장하는 오래된 지구 연대와도 아무런 문제를 일으키지 않는다는 주장이다. 존 월튼, 빅터 해밀턴, 리처드 에이버벡, 트렘퍼 롱맨, 존 콜린스 같은 이들이 여기 속한다. 더 급진적 견해를 주장하는 이들은 성서 텍스트가 아마도 거시 진화를 허용할 것이라고 제안한다. 만약 이것이 사실로 판명된다면, 복음주의자들에게는 과학계와 폭넓게 대화할 수 있는 장을 마련하는 셈이 될 것이다. 그리고 아마도 우리는 젊은 우주를 주장하는 우주론이란 성서가 주장하려는 바와는 거리가 멀다는 점을 확인하게 될 것이다. 이 관점을 지지하는 이들은 고대 근동의 병행 문헌과 성서 텍스트 안에 있는 몇몇 증거야말로 이 견해를 지지하는 증거라고 주장할 것이다.

세 번째 관점은, 창세기 1-2장이 우주가 오래되지 않았다고 참으로 주장하므로(이 점에서는 첫 번째 관점과 똑같다) 이것과 조화를 이루도록 지질학과 과학을 해석해야 한다는 주장이다. 토드 비일 같은 인물이나 모음집인 『창세기와 씨름하기』(Coming to Grips with Genesis)에 기고한 이들이 여기 해당한다.[1] 이 책에 따르면, 1800년대 전까지 거의 모든 이들은 성서에 나오는 인물들의 나이를 더하기만 해도 기본적으로 세상이 창조된 시기를 알 수 있다고 생각했다. 이 견해를 받아들이는 과학자들은, 과학계에 종사하는 다수가 물리적 자료를 자연주의 세계관에 발맞춰 해석하고 있으므로 그들이 자료를 곡해하고 있다고 믿는다.

네 번째는 (첫 번째와 세 번째 관점과 마찬가지로) 창세기 1-2장이 젊은 우주를 반영한다고 주장하는데, 이 관점에 따르면 창세기 1-2장은 자기

1_ 뒤따르는 논의를 참조하라.

가 완전히 옳다고 주장하는 어떤 책(성서를 말함―역주)에 속한다. 결국 창세기 1-2장의 우주론이 틀렸다고 밝혀졌으므로 그 책 자체도 분명히 허구라고 주장한다. 기독교 역시 다른 이방 종교가 그렇듯이 하나의 신화다. 그리스도라는 인물에게 희망을 거는 이들은 틀렸고, 결국 소멸할 것이라고 주장한다. 이 관점은 과거 복음전도자였던 찰스 템플턴(Charles Templeton)의 것으로서, 그가 기독교 신앙을 배반하게 된 결정적 요인이 바로 창세기 우주론의 문제였다.[2] 템플턴이 신앙에 작별을 고하게 된 것은 그가 프린스턴 대학교에 몸담았었던 이후의 일로서, 그때가 바로 찰스 하지(Charles Hodge)와 벤저민 워필드(Benjamin Warfield)가 두 번째 관점과 비슷한 견해를 포용했던 시기였음을 고려할 때 흥미로운 사실이다. 템플턴은 그들의 견해가 설득력이 없다고 생각했다.

성서의 이율배반과 최근 논의

하나님은 때때로 성서의 이율배반(antinomy)을 통해 자신의 진리를 계시하셨다. 하나님은 자신을 한 분으로 계시하시면서, 동시에 자신을 한 분 이상으로 계시하신다. 성서 텍스트에 이런 이율배반이 풍성하다는 점 때문에 교회는 삼위일체 신학을 정교하게 형성할 수 있었다. 예수는 완전한 인간이시며 또한 완전한 하나님이시다. 성서에 포함된 이러한 이율배반은 그리스도인들로 하여금 칼케돈 회의를 통해 기독론을 정립하게 했으며, 그리스도라는 단일한 위격 안에 어떤 속성의 교통(*communicatio idiomatum*)이 일어난다고 주장할 수 있었다. 나는 우리가 성서 텍스트 전

2_ Charles Templeton, *Farewell to God: My Reasons for Rejecting the Christian Faith* (Toronto: McClelland and Stewart, 1996).

체의 빛 아래 이런 이율배반을 숙고함으로써 매우 정밀하게 신학적으로 사고하기를 하나님이 원하신다고 믿는다. 이것이 바로 하나님이 성서를 그렇게 기록하신 한 이유였다. 이러한 성서의 이율배반을 통해, 하나님은 당신을 따르는 자들이 이율배반을 드러내는 성서의 양 측면을 균형 있게 다루면서 신학적 사고에 집중하기를 원하신다.

오래전부터 교회는 하나님의 계시가 두 권의 책으로 이루어져 있다고 인식해왔다. 하나는 말씀이며 다른 하나는 자연이었다.[3] 우주론과 관련해 이 둘은 명백하게 이율배반을 보인다. 첫 번째 책을 전통을 따라 문자 그대로 해석한다면, 하나님이 아담을 창조하셨으며 아담에게는 생물학적 의미에서 조상이 없다. 하나님의 창조는 비교적 최근인 과거에 일어났으며 6일 동안 진행되었는데, 이때의 하루는 성서 텍스트를 접한 원래 독자가 경험했던 하루와 마찬가지인 하루였다. 하지만 현대 과학의 거의 만장일치에 가까운 목소리에 따르면, 자연이라는 책은 하나님의 창조가 매우 긴 시대에 걸쳐 일어났음을 확증한다. 과학자 대부분은 생물학적 조상 없이 수천 년 전에 태어난 아담이라는 존재는 지지할 수 없는 개념이라고 생각한다. 이러한 긴장은 현대 그리스도인들에게 심각한 난제가 되었다. 그리스도인들은 성서 위에 군림하기보다 성서 밑에 복종하길 원하지만, 과학에 반대하기도 원치 않는다. 그렇다면 성서라는 책과 자연이라는 책의 명백한 이율배반과 관련해 우리는 과연 무엇을 할 수 있을까?

지난 200여 년 동안 복음주의 내에서는 복음주의에 속한 많은 구약 학

3_ 예컨대 Hieronymus Zanchius (1516-1590), *De Operibus Dei* (서문)을 보라. 이것은 Peter Harrison, "The 'Book of Nature' and Early Modern Science," in *The Book of Nature and Modern History* (ed. Klaas van Berkel and Arjo Vanderjagt; Groningen Studies in Cultural Change; Leuven: Peeters, 2006), 1에 인용되어 있다.

자들이—그들이 다수가 아닐 수도 있지만—성서가 전통적인 견해, 즉 문자 그대로 창조를 해석하는 관점을 가르치지 않는다고 주장함으로써 이러한 이율배반을 해소해왔다. 이들은 "간격 이론"과 "날-시대 이론"을 거쳐 마침내 "구조 가설" 같은 주장을 수용했다. 최근 학자들은 이 세 가지 이론을 세밀하게 구분하면서 창조 기사의 장르에 대한 고려, 고대 근동의 병행 문헌에 대한 인식, 그리고/혹은 창조 기사의 날을 유비로 간주하는 관점이 이러한 이율배반을 해결해준다고 주장한다. 이러한 6가지 범주나 개념, 곧 "간격 이론", "날-시대 이론", "구조 가설", 장르, 고대 근동의 병행 문헌, "유비적 날들" 개념은 다음과 같은 한 가지 기본 요점에 동의한다. 즉 창세기 1-2장이 실제 사건을 구성한다고 간주하는 것은 이를 기록한 첫 인간 저자의 의도도 아닐뿐더러 하나님의 의도도 아니다. 아울러 그리스도께서 오시기 4,000여 년 전에 어디선가 우주의 창조가 일어났다고 간주함으로써 성서의 우주론을 제한하는 144시간(창세기 1-11장의 족보 관련 기록과 구약에서 언급된 다른 연대 언급도 마찬가지다)을 실제 시간으로 간주하는 태도 역시 마찬가지다.

나는 새롭게 대세가 된 이 견해의 힘을 느낀다. 만약 이 견해가 옳다고 입증된다면, 이는 기독교 신앙의 걸림돌을 제거할 수도 있을 것이다. 그리스도인들은 지적인 과학자들에게 이렇게 말할 것이다. "우리는 성서가 젊은 지구 창조론을 지지한다고 믿지 않습니다." 그리고 그중 훨씬 더 진보적인 이들은 아마도 이렇게 말할 것이다. "우리는 당신들과 마찬가지로 진화와 다윈의 견해를 믿습니다." 이러한 견해를 통해 우리는 오늘날 세속의 주요 영역이 제기하는 의견에 더욱 쉽게 귀를 기울이게 될 것이다. 내가 이 관점을 지지할 수 있다면 얼마나 좋을까! 복음주의 사상가들이 이 견해를 발전시키려는 의지를 보인다는 점이 기쁘다. 이 관점이 창세기 1장이 가르치는 바라고 믿고 싶다. 하지만 그럴 수 없다. 내게는 여전히 풀리지 않고 남아 있는 7가지 어려운 점이 있다. 풀리지 않는 이 숙제 때문에 나는 창세기 1-2장을 비전통적으로 해석하는 최근의 다수 견해에 합류할 수 없다.

복음주의의 다수를 차지한 최근 견해에 합류하는 데 걸림돌이 되는 7가지

창조에 관한 예수의 관점과 더 많이 상호 논의해야 할 필요성

심포지엄을 마친 후 나타난 반응을 살펴볼 때, 복음주의 학자들의 현저한 관심 부족을 확인할 수 있었다. 나는 창조를 바라보는 예수의 시각과 관련한 주제를 다루는 노력이 철저히 결여되어 있음을 지적하고 있다. 예수의 관점이 창세기 1-2장을 해석하는 비전통적 관점과 어떠한 관련이 있는지를 다뤄야 한다. 예수께서 창세기 1-2장을 역사로 간주하셨으며 이를 우주의 시작과 관련지으셨다는 주장은 비이성적이지 않다.[4] 가장 명백한 진술은 마가복음 10:6의 "창조 때로부터 사람을 남자와 여자로 지으셨으니"(ἀπὸ δὲ ἀρχῆς κτίσεως ἄρσεν καὶ θῆλυ ἐποίησεν αὐτούς)이다. 이 구절을 문자 그대로 해석하면 다음 두 가지를 얻게 된다. 즉 예수는 모든 인간이 최초의 부부에게서 유래했다고 가르치셨으며, 그 부부는 "창조 때로부터"(ἀπὸ ἀρχῆς κτίσεως) 창조되었다. 이 본문은 창세기 1장의 "태초에"(in the

---

4_ 예수와 지구의 연대에 대한 주제는 Terry Mortenson, "Jesus, Evangelical Scholars, and the Age of the Earth," *The Master's Seminary Journal* 18 (2007): 69-98을 보라. 아울러 같은 저자의 글 "Jesus' View of the Age of the Earth," in *Coming to Grips with Genesis: Biblical Authority and the Age of the Earth* (ed. Terry Mortenson and Thane H. Ury; Green Forest, AR: Master, 2008), 315-46 및 Douglas F. Kelly, *Creation And Change: Genesis 1.1-2.4 in the Light of Changing Scientific Paradigms* (Fearn, Ross-shire, Scotland: Mentor, 1997), 129-34을 보라.

beginning)라는 문구를 반영한다. 더욱 엄격하게 문자적으로 말하면, 마소라 텍스트(בְּרֵאשִׁית)와 70인역(ἐν ἀρχῇ) 모두 관사가 없으므로 "처음에"(in beginning)로 표기해야 한다. 그러므로 예수의 가르침에 대해 다음과 같은 자명한 논리가 나타난다. 즉 예수는 아담과 하와가 이전에 존재했던 생물학적 조상에게서 진화했다는 개념을 배제한다. 아울러 예수는 그들이 창조된 시기를 우주의 시작과 연대적으로 근접한 것으로 간주한다. 이렇게 볼 때, 만약 창세기 1-2장에 대한 비전통적 해석이 정확하다면, 남자와 여자의 창조는 창조의 시작점에 발생한 일이 아니라 훨씬 더 이후에 일어난 일이 된다는 데 주의해야 한다. 예를 들어 만약 우주의 나이가 137억년이라면, 남자와 여자의 창조는 아마도 137억년 가운데 99.99997 퍼센트의 시간이 지난 뒤에야 일어난 일일 것이다. 유비를 써서 말하자면, 만약 우주의 역사 137억년이 하루라면, 예수가 오시기 이전 4,000년이나 이에 준하는 성서 기록상의 연대는 하루의 마지막 1초의 0.03에 해당한다. 아마도 예수는 어떤 사건을 그날의 극초반에 있었던 일로 보았음이 분명하다. 사실 그 사건이란 한밤중이 되기 전 1초도 되지 않는 시간에 일어났던 사건이었다. 존 콜린스는 예수와 비전통적 해석 사이에 있는 문제점을 인식하고 있는데, 이는 다음과 같은 그의 언급을 통해 확인해볼 수 있다.[5]

> 만약 이 논의가 정당하다면, 나는 해석에 곤란을 겪을 듯하다. 여러 이유로 창세기 1장에 관한 이 해석을 받아들일 수 없다고 이미 결론지었기 때문이다. 반대로 나는 그리스도에 관한 전통 기독교 교리를 확고히 믿으며, 이를 위협하려는 모든 행동에 두려움을 느낀다. 하지만 이 논의는 정당하지 않다. 영어

5_ C. John Collins, *Science and Faith: Friends or Foes?* (Wheaton, IL: Crossway, 2003), 106.

번역 "태초에"(in the beginning)가 분명해 보인다고 주장하는 방식으로 이 논의의 정당성을 확보하려 하지만, 그리스어 성서는 그 의미가 확실히 고정되어 있지 않다.

하지만 콜린스는 예수가 인용한 모든 인용문에 나타나는 "처음에"가 무관사라는 점을 놓치고 있다. 이 점은 마소라 텍스트와 70인역의 창세기 1장에서 공통으로 나타난다. 예수의 인용문에 나오는 "처음에"를 우리가 무엇으로 해석하든, 그것은 창세기 1:1의 "태초에"와 정확히 똑같다. 따라서 나는 예수가 창세기 1장과 같은 의미로 이 어구를 인용했다고 믿지 않아야 할 이유를 찾을 수 없다. 이를 논의하기 위해 예수가 가르친 바를 주의 깊게 살펴보도록 하자.

예수에 따르면 아담은 "태초에" 창조되었다(마 19:4, 8; 막 10:6).[6] 예수는 사탄이 "처음부터" 살인한 자라고 언급한다(요 8:44).[7] 누가복음 11:50-51은 "창세 이후로 흘린 모든 선지자의 피를"(τὸ αἷμα πάντων τῶν προφητῶν τὸ ἐκκεχυμένον ἀπὸ καταβολῆς κόσμου)[8]이라고 언급하면서 이를 "아벨의 피로부터 제단과 성전 사이에서 죽임을 당한 사가랴의 피까지"라고 해석한다. 만약 아담과 하와 앞에 인간의 진화 사건이 수백만 년에 걸쳐 일어났다면 이 언급이 사실일 수 있을까? 아담의 때 이전에 과연 살인자가 없을

6_ 마 19:4 "사람을 지으신 이가 본래 그들을 남자와 여자로 지으시고"(ὁ κτίσας ἀπ᾽ ἀρχῆς ἄρσεν καὶ θῆλυ ἐποίησεν αὐτούς)를 보라. 마 19:8 "본래는 그렇지 아니하니라"(ἀπ᾽ ἀρχῆς δὲ οὐ γέγονεν οὕτως)와 막 10:6 "창조 때로부터 사람을 남자와 여자로 지으셨으니"(ἀπὸ δὲ ἀρχῆς κτίσεως ἄρσεν καὶ θῆλυ ἐποίησεν αὐτούς) 역시 비슷하다.

7_ 요 8:44은 "그는 처음부터 살인한 자요"(ἐκεῖνος ἀνθρωποκτόνος ἦν ἀπ᾽ ἀρχῆς)라고 언급한다. 이는 사단이 "처음부터" 첫 살인자였음을 의미한다.

8_ William Arndt, Frederick W. Danker and Walter Bauer, *A Greek-English Lexicon of the New Testament and Other Early Christian Literature* (3d ed.; Chicago: University of Chicago Press, 2000), 561을 보라. Arndt는 눅 11:50-51을 "지금 여기, 세계, (질서 잡힌) 우주의 모든 것을 아우르는 총합"을 가리키는 표현으로 해석한다.

수 있었을까?

이 본문들은 예수가 창세기 1:1의 "처음에"(ἐν ἀρχῇ, בְּרֵאשִׁית)라는 언급을 사용할 때 이를 창세기 초반부에 일어난 사건들과 관련짓고 있음을 보여준다. 아담과 그의 인생에서 일어났던 사건들은 실제로 일어난 일이었으며, 또한 그 사건들은 "태초에" 일어났다. 아울러 예수가 요한복음 3:31에서 창세기 2:7의 문자적 의미에 의존하여 신학 논의를 전개할 때,[9] 본문은 예수가 하늘에서 내려왔으므로 하늘의 모든 일을 언급하고 있으며, 아담은 땅에서 왔으므로 땅의 일을 말한다고 말한다.[10] 다시 말해 예수는 아담이 생물학적 조상에게서 태어났다고 여기지 않았다. 오히려 아담이 땅의 흙으로 만들어졌다고 믿었다.

예수가 역사적 아담을 믿었으며 성서 저자들의 기록에 따라 세상이 수천 년 전에 창조되었다는 점을 믿었다는 사실은 엔즈 같은 이들조차 시인할 것이다.[11] 하지만 바로 이 점이 이 논쟁이 지닌 의의를 불러온다. 테리 모르텐슨(Terry Mortenson)과 테인 우라이(Thane Ury)의 글을 인용하는 토드 비일의 경우 예수의 가르침에 관한 탁월한 논지를 제시하는 몇몇 학자의 글을 인용하고 있지만, 안타깝게도 다른 저자들은 이런 논지를 거의

9_ "여호와 하나님이 땅의 흙으로 사람을 지으시고"(창 2:7a)에 상응하는 마소라 텍스트(וַיִּיצֶר יְהוָה אֱלֹהִים אֶת־הָאָדָם עָפָר מִן־הָאֲדָמָה)와 70인역(καὶ ἔπλασεν ὁ θεὸς τὸν ἄνθρωπον χοῦν ἀπὸ τῆς γῆς)을 "땅에서 난 이는 땅에 속하여 땅에 속한 것을 말하느니라. 하늘로부터 오시는 이는 [만물 위에 계시나니]"(ὁ ὢν ἐκ τῆς γῆς ἐκ τῆς γῆς ἐστιν καὶ ἐκ τῆς λαλεῖ. ὁ ἐκ τοῦ οὐρανοῦ ἐρχόμενος [ἐπάνω πάντων ἐστίν], 요 3:31)와 비교해보라. 요한복음의 다른 부분을 살펴보면, 20:22에서 예수가 "이 말씀을 하시고 그들을 향하사 숨을 내쉬며 이르시되"(τοῦτο εἰπὼν ἐνεφύσησεν καὶ λέγει αὐτοῖς) 하고 말하실 때, 그는 "생기를 그 코에 불어넣으시니"(καὶ ἐνεφύσησεν εἰς τὸ πρόσωπον αὐτοῦ πνοὴν ζωῆς)라는 창 2:7의 표현을 사용하신다. 또한 이 부분에서 예수는 겔 36:22-36, 37:9의 약속을 떠올렸을 수도 있다. "숨쉬다"(ἐμφυσάω)라는 단어는 70인역에서 거의 사용되지 않는 단어이기 때문이다. 따라서 분명히 예수는 창조를 염두에 두고 있었다.
10_ 바울 역시 고전 15:47-48에서 같은 교훈을 전한다.
11_ 예컨대 Peter Enns, *The Evolution of Adam: What the Bible Does and Doesn't Say about Human Origins* (Grand Rapids: Brazos, 2012), xiii 및 내가 계속 제시하는 내용을 보라.

다루지 않고 있다. 만약 예수께서 어떤 견해를 제시하셨다면, 우리는 그 견해에 따라야 한다. 분명히 이 논의에 관해 고려할 만한 논리적인 방식이 하나 있는데, 엔즈는 이를 다음과 같이 제시한다.

> 예수는 인간이었지만, 죄가 없었다. 하지만 이 말은, 그가 자신이 속했던 문화의 산물이 아니었으며 여느 인간이 보이는 한계를 지니지 않은 채 성육신했다는 뜻이 아니다. 예수가 인간으로 드러났다는 사실은 성육신의 한 단면, 한 부분을 보여줄 뿐이다. 즉 속죄와 부활이 이 측면에 달려 있다. 죄인이라는 특성을 제외하고, 그에게 부여되지 않은 인간의 속성은 없었다. 다시 말해 예수의 삶이 지닌 어떤 측면, 예수가 인간으로서 한계를 지녔다는 점을 시사하는 어떤 측면이라도 그가 인간임을 드러낼 뿐, 그가 죄인임을 보여주지는 않는다. 예를 들어 그가 피를 흘리셨고, 배고파하셨으며, 아파하셨고, 마지막 때가 언제 올지 모르셨으며, 세상이 편평하다고 생각하셨고, 끈 이론 같은 것을 이해하지 못하셨으며, 말하자면 프랑스어 같은 것을 하실 수 없었다는 점 같은 것들이다. 이런 점들이 예수가 하나님의 아들이 되는 데 문제를 일으키는 것은 전혀 아니지만, 그럼에도 우리와 함께 하시는 하나님의 현현인 임마누엘에 내재하는 속성의 일부다.[12]

많은 이들이 보기에 엔즈의 언급은 정통 기독론의 성육신과 일치하지 않는다. 솔직히 나는 삼위일체의 한 위격으로 연합된 분이시며 우주의 분자들을 굳건히 지탱하고 계셨던 예수께서 과연 지구가 편평하다고 생각하셨을지 궁금하다. 아니면, 아무것도 할 수 없는 아기로서 말구유에 누워 계셨을 때 그분은 별들을 하나씩 불러내셔서 각각 이름을 주신 그분이

12_ http://peterennsonline.com/2009/09/13/fleshing-out-an-incarnational-model-of-the-bible/.

아니셨던 것일까?[13] 엔즈의 설명은 예수가 단지 성육신한 인간이었으며, 육체의 형태로 살아갔던 그의 안에 거주하는 신성이 온전하지 않았다고 간주할 때만 받아들여질 수 있다(골 2:8-9의 논리와 **반대된다**). 하지만 단일한 위격을 지닌 예수 안에서 무한히 교통했던 것은 오히려 예수의 신성이었으며, 위격의 단일성으로 인해 예수는 구속받은 모든 인류에게 부과된 무한하고 영원한 처벌을 견뎌내실 수 있었다. 웨스트민스터 신학교의 레인 팁턴(Lane G. Tipton)은 이렇게 말한다.

정통에 근거하여 성육신을 다루는 유비는, 인성이 비록 실제라 하더라도 성자와 성령의 신성에 비해 부수적임을 나타낸다. 이는 하나님의 말씀의 성육신뿐 아니라 그 말씀의 영감/문서화됨(inscripturation)에 관한 측면에서도 마찬가지다.…엔즈의 성육신 모델과 그가 그것으로부터 이끌어내는 유비는

13_ Enns의 관점을 Gregory of Nazianzus의 *Theological Oration* 29.20, NPNF 2:309과 비교해 보라. 얼핏 보기에 후자의 주장은 구제할 길이 없는 가현설로 여겨지지만, 사실은 모든 신약 텍스트와 조화를 이루고 있으며 칼케돈 회의에 의해 바른 교훈으로 확정되었다. Wayne A. Grudem, *Systematic Theology: An Introduction to Biblical Doctrine* (Grand Rapids: Zondervan, 2004), 559-60을 보면, 그는 이렇게 말한다. "과연 예수께서 배 안에서 잠드셨을 때조차 그분은 계속해서 '그의 능력의 말씀으로 만물을 붙드시며'(히 1:3) 계셨고, 우주에 속한 만물은 그때에도 그분의 손 안에서 한데 보존되었는가(골 1:17)라고 누군가 질문한다면, 그 대답은 '예'일 것이다. 왜냐하면 그런 활동은 언제나 그랬으며 앞으로도 언제나 그렇듯이 삼위일체 하나님의 제2위격이신, 하나님의 영원하신 아들이 수행하시는 특별한 책무이기 때문이다. 성육신 교리가 '불가해하다는' 사실을 아는 이들은 때때로 이러한 질문을 던지기까지 하는데, 이를테면 예수가 베들레헴 말구유에 누워 있었을 때조차 '우주를 붙드실 수 있었는지'와 같은 질문이다. 이 질문 역시 그 대답은 '예'여야 한다. 예수는 단지 하나님이 될 잠재력이 있었거나 하나님이 그 안에서 특별하게 역사하는 인간 같은 존재가 아니었다. 오히려 그는 진실로 온전히 하나님이셨고, 하나님으로서 모든 속성을 소유하신 분이셨다. 그분은 '그리스도시며 주이신 구세주'이셨다(눅 2:11). 이를 불가능하다고 여기며 부정하는 이들은, 성서에 계시된 규정과는 다르게 하나님께 '가능한' 일이 무엇인지를 규정하는 사람들이다. 인간이 성육신을 이해할 수 없다고 말하는 것은 겸손함을 적절히 드러내는 표현일 뿐이다. 오히려 '[인간이신] 주님께 그것은 가능하지 않다'라는 식의 표현이 더 지적 교만에 가까울 뿐이다." 이와 관련된 논의를 더 보려면, Grudem이 인용하는 문헌을 참조하라.

성서뿐 아니라 칼케돈 회의의 내용과도 일치하지 않는다.[14]

정통 기독론의 범주로 볼 때, 그리스도가 창조에 관해 가르친 바는 성육신으로 인한 이해의 한계에서 온 오류이므로 거부해도 된다고 말하는 것이 어떻게 정당하다고 할 수 있는지 모르겠다. 내가 보기에 그런 관점은 예수의 완전한 신성을 이해하지 못한 데서 연유한다. 그러므로 아담과 초기 연대기에 관해 사뭇 다른 관점을 지지하는 이들에게 내가 묻고 싶은 질문은 이렇다. "당신의 견해도 결국 엔즈의 견해와 같은 맥락 아닌가?"

창조에 관한 바울의 관점과 더욱 상호 논의해야 할 필요성

바울 서신을 있는 그대로 읽어보면, 그가 아담과 하와를 역사적 인물로 믿었고, 이 두 사람이 모든 산 자의 조상이라고 생각했음을 알게 될 것이다. 로마서 5:12-21은 아담의 행동과 예수의 순종을 나란히 비교한다. 바울은 아레오바고 언덕에서도 비슷한 요점을 주장한다(행 17:22-26). 즉 아담은 바울 시대를 살았던 모든 이들의 유일한 생물학적 조상이었다. F. F. 브루스(F. F. Bruce)의 견해를 들어보자. "바울이 보기에 아담이 역사적 개인이며 모든 인간을 낳은 첫 남자라는 사실에는 의심의 여지가 없다. 하지만 아담은 그 이상이었다. 그는 자신의 히브리어 이름이 뜻하는 바, 즉 '인류'라는 말이 나타내는 바 그 자체였다. 모든 인류는 원래 아담 안에서 존재한다고 여겨진다."[15] 토머스 슈라이너(Thomas Schreiner)는 다음과 같이 유사한 관찰을 보여준다. "마침내 이 지점에서 아담이 역사적 인물인지 신화적 허구인지가 논의된다. 바울이 아담을 역사적 인물이라고 믿었

14_ Sara Pulliam, "Westminster Theological Suspension," in *Christianity Today* April 2008을 보라(온라인으로만 열람할 수 있다).

15_ F. F. Bruce, *1 and 2 Corinthians* (NCB; Grand Rapids: Eerdmans, 1981), 145-46.

다는 데는 의심의 여지가 없다."[16]

글리슨 아처(Gleason Archer)는 이렇게 지적한다.

논리적으로 보면, 로마서 5장의 권위를 수용하는 일은 실제로 불가능하다.…
인류 전체가 한 아버지에게서 유래했다고 추론하지 않으면 그렇다는 말이
다. 로마서 5장에서 아담은 그리스도와 대조된다. 그러므로 만약 그리스도가
역사적 개인이었다면, 아담 자신도 그래야만 한다. (그렇지 않다면 영감을 받
은 사도가 오류를 범했다는 말이 된다.)…그리스도와 사도들은 아담을 역사적
인물로 받아들였음이 분명하다. 앨런 리처드슨(Alan Richardson) 같은 이들
은 창세기 1-11장의 내러티브를 신약의 비유들과 비교했다. "비유는 문자적
으로 사실일 수도, 아닐 수도 있다(선한 사마리아인이 "말 그대로" 실제로 존재
했는지를 묻는 사람은 없다)." 하지만 신약의 비유와 창세기의 내러티브를 비
교하는 일은, 창세기 저자가 창세기 1-11장 내러티브를 단순한 유비로 보거
나 어떤 신학적 진리를 묘사하려 했으며, 그의 독자들에게 이 이야기들이 실
제로 발생한 역사였다는 느낌을 주지 않으려 했다는 전제를 포함한다. 예수
의 비유는 "하나님 나라는 ~와 같으니"라는 도입부로 시작한다는 특성이 있
다.…그러나 창세기 1-11장에 나열된 내러티브와 족보 목록에는 그러한 틀
이 없다. 세상과 인류의 시작이 일종의 비유라는 주장은 어디에도 나타나지
않는다.[17]

켄 메튜스(Ken Mathews) 역시 아처에 동의한다.

16_ Thomas R. Schreiner, *Romans* (BECNT 6; Grand Rapids: Baker Books, 1998), 292.
17_ Gleason L. Archer, *A Survey of Old Testament Introduction* (3d ed.; Chicago: Moody
Press, 1998), 213. Archer는 Richardson, *Genesis I-XI* (London: SCM, 1953), 28을 인용한다.

만약 우리가 창세기 앞부분을 신학적 비유나 이야기로 이해한다면, 역사에도, 우주에도 기반을 두지 못하는 창조 신학을 추구하는 셈이다. 모세가 이끌었던 공동체, 하나님을 역사의 주인으로 인식했던 그 공동체가 그러한 우주론을 받아들였을 리 없다. 창세기의 톨레도트 구조 역시 창세기 1장을 후대 이스라엘이 전제했던 실제 사건(출 20:8-11)으로 해석하도록 요청한다. 만약 창세기 1-3장이 실재와 관계없는 신학적 이야기라면, 창조 기사는 하나님이 만물을 창조하셨다는 점을 제외하고는 창조에 관해 아무런 정보도 제공하지 못하게 된다. 이는 창세기 1장이 자신의 목적, 즉 창조와 언약의 역사 사이에 실제 연결점을 세우는 서론 역할을 수행하는 기반을 허물어뜨린다. 왜냐하면 뒤에 이어지는 내용들은 분명히 역사에 기반을 두기 때문이다.···만약 창조 기사를 단지 신학적 이야기로만 간주한다면, 창세기가 지닌 역사적 의도와도 불일치 하게 된다. 족보를 적용하는 방식에서 볼 때, 창세기는 아담과 하와를 실제로 존재했던 역사적 인물로 대한다.[18]

만약 바울이 이런 내용들을 가르쳤다면, 그의 가르침은 아담 이전에 많은 사람이 존재했다는 주장을 분명히 배제한다. 바울의 견해는 아담이 단순히 문학적 허구에 불과하다는 개념을 배제할 것이다. 엔즈는 비전통적 견해의 가장 큰 어려움이 여기에 있음을 인식한다.[19] 결국 그는 최선의

18_ Kenneth A. Mathews, *Genesis 1-11:26* (NAC 1A; Nashville: Broadman & Holman, 2001), 110-11.

19_ Enns, *Evolution of Adam*, 117에 따르면 다음과 같다. "지금까지 살펴본 내용 가운데 몇 가지— 창세기에 존재하는 아담 이야기의 모호성, 구약 성서에서 아담의 기능이 부재하다는 사실, 다른 고대 해석자들이 아담 이야기에 창조성을 불어넣은 방식, 일반적으로 바울이 구약을 창조적으로 사용하는 방식—에 주의하면서, 우리는 아담 이야기를 사용하는 바울의 관점을 다룰 것이다. 이 경우, 창세기에 관한 문자적 해석을 기대하기보다 그가 창세기 이야기를 변형시킨 방식을 살펴볼 것이다. 바울이 아담에 대해 언급한 바가 무엇이든, 그것은 창세기 자체에서 아담이 의미하는 바를 결정하지 않으며, 특히 현대 세계에서 논의되는 인간의 기원과 관련된 문제에 대해서는 더욱 확실히 그러하다. 바울 역시 고대인의 사고방식을 가진 한 명의 고대인이었다. 비록 그가 성령의

방책이 바울의 견해를 거부하는 것이라고 말한다.

인간의 기원에 대해 우리가 가진 과학적 증거와 고대의 기원 이야기의 특성에 대해 우리가 가진 문학적 증거가 압도적으로 설득력 있다는 점을 생각해볼 때, 바울이 아담을 이해했던 방식처럼 첫 번째 인간을 한 명으로 간주하는 믿음은 적절한 선택이 될 수 없다.···앞에서 나는, 바울이 그랬듯이, 이미 "아담"을 첫 번째 인간으로 간주하지 않고 첫 번째 "영적인" 인간(혹은 인간의 무리)으로 간주하는 시도에 대해 언급했다. 아담에게는 영혼을 비롯해 다른 요소들이 주어졌으며, 그는 인간의 "우두머리"로서 대표자의 역할을 한다. 하지만 내 생각에 그러한 피조물은 바울의 견해와 관계없다. 바울과 진화를 대화의 자리에 앉히려 하는 다른 해결책만큼이나 그렇다는 말이다.

엔즈의 이 모든 언급은 바울이 과연 그러한 내용을 가르쳤느냐는 문제를 두드러지게 만든다. 그리고 만약 바울이 실제로 그랬다면, 우리는 어떻게 반응해야 할까? 바울의 가르침을 거부해야 하는가? 트렘퍼 롱맨은 이렇게 말한다.

신약성서 저자들이 우리가 말하는 소위 신약의 역사적·문법적 주해를 수행하지 않았다는 점 역시 기억해야 한다. 코너 커닝햄(Conor Cunningham)이 『다윈의 경건한 생각』(*Darwin's Pious Idea*, 397쪽)에서 말하듯이 "바울은 아담 이야기 안에서 혹은 그 이야기 자체를 위해 해석 작업을 수행하지 않았다. 그는 예수를 아담 이야기라는 이미지를 사용하여 해석했다."[20]

감동을 받았더라도 말이다. 성서를 하나님의 말씀으로 존중하는 행동은 배경 안에서 텍스트를 포용하는 자세를 낳는다."
20_ 이 책에 실린 Longman의 글 각주 42번을 보라.

과연 바울의 주해가 틀렸다는 말인지 아닌지, 롱맨의 제안이 내게는 불분명하다. 이런 식의 견해를 보이려면 창조에 관한 바울의 주해보다 더 뛰어난 주해 능력을 우리가 소유할 수 있다고 가정해야 하는가? 이 견해가 "사도 바울"과 어떻게 연결될 수 있겠는가? (이를테면 그를 하나님을 대신해서 권위를 부여받은 대변인 정도로 취급해야 할까?) 이 견해가 성서를 하나님이 인간에게 베푸신 완전한 소통 방식으로 간주하는 견해와 어떻게 연결될 수 있겠는가?

창세기 1-11장을 주석한 고대·중세·현대 주석가들과 더 많이 소통할 필요성

어떤 현자가 이렇게 말한 적이 있다. "만약 당신과 견해를 공유할 수 있는 주석가를 고대, 중세, 현대에서 적어도 한 명씩 찾지 못한다면, 그것은 아마도 당신의 견해가 틀렸기 때문일 것이다." 이 말에 담긴 의미를 깊이 숙고한 결과, 나는 시간이 갈수록 그 말이 참이라고 확신하게 되었다. 만약 그러한 예를 발견하지 못한다면, "내가 발견하기 전에는 모든 사람이 이 부분을 놓치고 있었다"라고 말할 수밖에 없을 것이다.

따라서 질문은 이렇다. 창세기 1-11장이 고대 우주론과 양립한다는 주장을 지지해주는 고대의 증거가 있는가? 그리스도인들이 이 텍스트를 대할 때 첫 창조로부터 예수에게 이르기까지 엄청난 기간이 걸렸다고 해석해야 한다는 주장을 확증해주는 저자가 있는가? 다음은 이 문제에 대해 서로 다른 전통을 지닌 여러 학자들의 견해를 나타낸 것이다. 우선, 현대 개신교 학자인 제임스 무크(James R. Mook)의 견해를 들어보자. 그는 이렇게 요약한다.

교부들의 글을 읽어보면, 비록 그들이 창조의 날들에 관해 다양한 견해를 보여주지만, 창조가 지닌 **신학적** 의미에 분명히 우선순위를 두고 있다는 점을 자연스럽게 관찰할 수 있다. 그렇지만 그들은 분명히 지구가 일순간 창조되었으며 6,000년 정도 전에 창조되었다고 단언한다. 그들은 로스나 다른 현대 학자들이 제기하는 "오래된 지구"란 관점이 들어설 여지를 주지 않는다.[21]

로마 가톨릭 학자인 빅터 와르쿨위츠(Victor P. Warkulwiz)는 이렇게 말한다. "오래된 우주를 믿었던 교부는 없었다."[22] 비록 보수 개신교의 성서 해석을 공개적으로 무시하긴 했지만, 정교회의 세라핌 로즈(Seraphim Rose, 1934-1982) 역시 다음과 같이 말한다.[23]

몇몇 순진한 "신학자들"은 창조의 6일이 불특정하게 긴 기간을 나타낸다고 주장하곤 하는데, 그들에 따르면, 이때의 기간은 지층의 서로 다른 부분에 대응된다. 물론 이 견해는 터무니없는 소리다. 왜냐하면 지층은 여섯 개로 쉽게 구분되는 층으로 이루어지지 않았으며, 다섯 개든 네 개든 그런 식으로 구분될 수 없기 때문이다.…사실 이렇게 말하면 너무나 당연한 말일지도 모르겠지만, 거룩한 교부들 역시 창조의 하루가 참으로 24시간이었다고 말씀하신다.[24]

21_ James R. Mook, "The Church Fathers on Genesis, the Flood, and the Age of the Earth," in *Coming to Grips with Genesis: Biblical Authority and the Age of the Earth* (ed. Terry Mortenson and Thane H. Ury; Green Forest, AR: Master, 2008), 26.

22_ Victor P. Warkulwiz, *The Doctrines of Genesis 1-11: A Compendium and Defense of Traditional Catholic Theology on Origins* (Caryville, TN: The John Paul II Institute of Christian Spirituality, 2007), 189. Warkulwiz는 이렇게 말한다(165 n. b). "교황청 성서위원회는 1909년 간행물을 통해, 창세기 첫 세 장은 '객관적 실재에 기반을 두지 않는 풍유와 비유를 포함한다'라는 주장을 거부한다. 성서 위원회에 따르면, 오히려 창세기 첫 세 장은 '종교적·철학적 진리를 심어주려고 기록된 역사'다." ([Henry Denzinger, *Enchiridion Symbolorum*] DZ, no. 2122)

23_ Seraphim Rose, *Genesis, Creation, and Early Man: The Orthodox Christian Vision* (Platina, CA: Saint Herman of Alaska Brotherhood, 2000). 71, 84, 161 및 401 역시 참조하라.

24_ Rose, *Genesis*, 326-27.

로버트 대브니(Robert L. Dabney)는 1871년에 이런 기록을 남겼다.

창조의 날들을 상징으로 간주하는 이들은…그들의 견해가 단지 지질학 때문에 생긴 어려움을 해소하기 위해 궁리해낸 해석이 아니라고 힘주어 주장한다. 오히려 그런 해석이 많은 "교부들"에 의해 발전되었다는 것이다. 그들이 인용하는 문장들을 살펴본 후에 우리는 이렇게 말할 수밖에 없다. 즉 서로 다른 교부들에 관한 모호한 언급들이 그들의 주장을 지지해주는 것은 아니다. 왜냐하면 교부들은 상징주의자들이 설명하는 이론을 전혀 채택할 수 없었기 때문이다.[25]

요하네스 게하더스 보스(Johannes Geerhardus Vos, 1903-1982)는 다음과 같이 관찰한다. "사실 창세기의 진술을 지질학 이론과 조화시키려는 갈망에서 오는 압박을 배제한다면, 창조의 날들이 그렇게 긴 기간을 나타낸다고 말하는 이들이 거의 없으리라고 말하는 편이 안전할 것이다."[26] 한편 앨버트 몰러(Albert Mohler)는 이렇게 말한다.

창세기 1:1-2:3을 통해 우리가 발견하는 것은 창조의 순차적 패턴, 즉 명료한 계획이다. 이 텍스트를 있는 그대로 해석하면, 하루가 24시간으로 구성된 7일이 있었고, 그중 6일 동안 창조 활동이 있었으며, 마지막 날에 하나님의 안식이 있었음을 알 수 있다. 이 견해는 적어도 19세기 초반까지는 기독교회에서 거리낌 없이 합의되었던 견해였다.[27]

25_ R. L. Dabney, *Lectures in Systematic Theology* (repr.; Grand Rapids: Baker, 1985), 255.

26_ Johannes Geerhardus Vos, *Genesis* (Pittsburgh: Crown & Covenant Publishers, 2006), 2223.

27_ http://biologos.org/resources/albert-mohlerwhy-does-the-universe-look-so-old와 웹방송인 http://www.christianity.com/ligonier/?speaker=mohler2에서 Mohler의 견해가 기록

다시 말해 우리는 이런 식으로 질문할 수 있다. 창세기 1-3장이 원래 창조 이후에 오랜 시간이 경과되었음을 입증해준다고 해석하는 견해를 지지해주는 옛 정통이 과연 있는가? 창세기 1-11장이 연대기적 역사를 나타내지 않는다는 견해를 지지해주는 옛 정통이 과연 있는가? 창조로부터 아브라함에 이르는 창세기 족보가 역사적 연대기를 의미하는 것은 아니라는 견해를 지지해주는 증거가 있는가? 오리게네스조차도 "오래된 지구"라는 개념을 지지하지는 않았다. 왜냐하면 그는 다음과 같이 말하기 때문이다.

> 그렇게 말한다는 점을 볼 때, 켈수스(Celsus)는 세상이 창조되지 않았다는 견해를 주장하는 이들에게 동조한다고 볼 수 있다. 자신의 의도를 감춘 채 말이다. 그는 모세가 기록한 창조 기사에 불신을 제기하려는 비밀스러운 열망을 품었다. 모세의 창조 기사가 세상이 창조된 지 채 1만 년도 되지 않았다고 가르쳐주는데도 말이다.[28]

마찬가지로 락탄티우스(Lactantius, 250-325) 역시 이렇게 말한다.

> 플라톤과 다른 많은 이들은…세상이 이렇게 아름답게 자리를 잡은 이후로 수많은 세월이 흘렀다고 말했다.…하지만 성서가 참된 진리를 알려주듯이, 우리는 세상의 시작과 끝을 안다.…그러므로 세상이 시작된 지 엄청난 세월이 흘렀다고 철학자들이 짐작하도록 내버려두자. 우리는 세상이 아직 6천년도 채 지나지 않았음을 알기 때문이다.[29]

된 녹취록을 확인해볼 수 있다.

28_ Origen, *Against Celsus* 1:19, *ANF* 4:404.

29_ Lactantius, *Institutes* 7.14, *ANF* 7. 아울러 이 글들에 대한 해석이 실린 Mook, "Fathers," 28을

히브리어에 익숙했던 시리아의 에프렘(Ephrem the Syrian, 306-373)은 이렇게 관찰했다.

비록 빛과 구름이 눈 깜짝할 사이에 창조되었지만, 첫째 날에도 낮과 밤은 각각 12시간에 걸쳐 완성되었다.[30]

창조되는 데는 1분도 지나지 않았지만, 풀들은 마치 자란지 수개월이 지난 것처럼 보였다. 마찬가지로 나무들도 땅에서 솟아난지 비록 하루밖에 되지 않았지만, 수십 년은 족히 지나 완전히 자란 듯 보였으며, 열매도 이미 나뭇가지에 맺혀 있었다. 풀들은 이틀이 지난 뒤에 창조될 동물들을 위한 먹이로 마련되었다. 4일 뒤에 낙원에서 쫓겨날 아담과 그의 후손이 먹을 새로운 곡식들도 그렇게 준비되었다.[31]

바실리오스(Basil the Great, ca. 330-379)는 이렇게 말한다.

"저녁이 되고 아침이 되니 이는 첫째 날이니라." 따라서 저녁은 낮과 밤의 일반 경계가 된다. 같은 방식으로 아침은 밤이 끝나고 낮이 다가옴을 알려준다.…그러므로 역사가 형성된 이래로 이 법칙은 장차 나타날 날들의 기반이 되었다. 그리고 저녁과 아침은 하루를 의미했다.…그러므로 만약 이 말이 "하루"를 의미한다면, 이는 낮과 밤을 측정해 결정하고 낮과 밤이 포함되는 시간을 한데 포함하려는 바람에서 나온 것이다. 이제 24시간이 하루라는 시간의 공간을 채워주게 되었다. 우리가 낮과 밤이라고 말할 때의 하루 말이다.…비

보라.

30_ Ephrem the Syrian, *Commentary on Genesis* 1.1, FC 91:74.
31_ Andrew Louth and Marco Conti, *Genesis 1-11* (ACCS OT 1; Downers Grove, IL: InterVarsity Press, 2001), 15. *Commentary on Genesis* 1.22.1-2에서 인용함.

록 24시간이 하루의 길이를 나타낸다고 하지만, 실제로 하루는 하늘이 한 지점에서 출발해서 그 지점으로 다시 돌아오기까지의 시간을 의미한다.[32]

암브로시우스(Ambrose, 337[340]-397)는 다음과 같이 가르친다.

성서는 낮과 밤을 포함해 24시간에 날이라는 이름을 붙여야 한다는 법칙을 세웠다. 하루의 길이가 24시간이 된 것이다.…그러므로 딱 한 번의 시간 주기가 지나갔다면, 단지 하루만이 지난 것이다. 그렇게 저녁과 아침이 창조되었다. 성서는 한 번의 낮과 한 번의 밤이라는 간격을 의도한 것이다.[33]

심지어 아우구스티누스(354-430)는 다음과 같이 확증한다. "아담이라고 불린 첫 번째 사람이 존재한 이래 6,000년도 채 지나지 않았으므로, 진실로 판명된 바와 다를 뿐 아니라 그와 반대되는 시공 개념에 관한 어떤 지식을 제시하여 우리를 설득하고자 하는 이들을 논박하기보다는 비웃어야 하지 않겠는가?"[34] 그리고 그는 이렇게 강조한다. "그들도 거짓 문서에 그렇게 속은 것이다. 그러한 문서들은 거룩한 문헌을 감히 들먹이면서 역사가 아주 오래되었다고 선언하지만, 우리가 알기로 역사는 아직 6,000년도 채 흐르지 않았다."[35]

다수의 교부는 창조의 날들이 다가오는 역사의 전조가 된다고 믿었다. 그중 많은 이가 70인역을 사용했는데, 그들은 예수가 오기 전까지 약

32_ Basil, *Hexaemeron* 2:8, *NPNF* 8:64-65

33_ Ambrose, *Hexaemeron* 1.10.3-7, FC 42:42-43.

34_ Augustine, *City of God* 18.40.1, *NPNF* 2:384. 이것을 Augustine, *City of God* 11.4-7, *NPNF* 2:206-9와 비교해보라.

35_ Augustine, *City of God* 12.10.2, *NPNF* 2:232. 아울러 Augustine, *City of God* 16.8, *NPNF* 2:314-15을 보라.

6,000년도 흐르지 않았다고 생각했다. 히브리어 성서는 그 기간을 대략 4,000년으로 간주한다. 라틴어 불가타 성서를 주로 사용했던 이들 가운데 일부는, 창조가 즉시 일어났으며 6일이 실제로는 하루였다고 주장했다. 그렇지만 그들은 그 모두가 성서 텍스트가 가르치는 교훈이라고 믿었다. 인간의 창조 때로부터 그들이 살았던 시기까지의 기간에 대한 성서의 언급을 따랐던 것이다. 다시 말해 그들은 창세기 1-11장이 연대기적 역사를 포함하며, 창조가 비교적 최근에 일어난 일임을 지지한다고 해석했다.[36] 비드(The Venerable Bede, 673-735)는 이렇게 말한다. "이 지점에서 하루가 완성된다. 다시 말해 하루가 24시간으로 구성되는 것이다."[37] 루터는 다음과 같은 수사적 질문을 던진다. "1,000년 전에 당신은 누구였는가? 6,000년 전에 하늘과 땅은 어땠는가? 아무것도 아니었다. 마치 결코 창조되지 않을 것이 아무것도 없듯이 말이다."[38]

비슷한 언급이 라티머(Latimer, 1485-1555), 칼뱅(Calvin, 1509-1565), 우르시누스(Ursinus, 1534-1583), 에인즈워스(Ainsworth, 1571-1622), 라이트푸트(Lightfoot, 1602-1675)를 비롯해 웨스트민스터 신앙고백서를 작성하는 데 참여했던 대다수 목회자들(1643-1646)에게서 나타난다.[39] 그들은 다음

36_ 아울러 Victorinus, *On the Creation of the World*, ANF 7:341을 보라.

37_ Michael Glerup, *Commentaries on Genesis 1-3* (Ancient Christian Texts; Downers Grove, IL: InterVarsity Press, 2010), 118.

38_ Martin Luther, *Luther's Works* (ed. Jaroslav Pelikan; trans. George V. Schick; 55 vols.; Saint Louis, MO: Concordia, 1958), 43:210; 아울러 Luther, *Works*, 1:5을 보라.

39_ Hugh Latimer and John Watkins, *The Sermons of the Right Reverend Father in God, and Constant Martyr of Jesus Christ, Hugh Latimer* (London: James Duncan, 1824), 2:235-6; John Calvin, *Institutes of the Christian Religion* (trans. Henry Beveridge; Bellingham, WA: Logos, 1997), 1:14.1; Zacharias Ursinus, *The Commentary of Dr. Zacharias Ursinus on the Heidelberg Catechism* (trans. G. W. Williard; 2d ed.; Columbus, OH: Scott & Bascom, 1852), 145; Henry Ainsworth, *Annotations on the Pentateuch* (Ligonier, PA: Soli Deo Gloria, 1991), 1:6; 및 John Lightfoot, *The Whole Works of Rev. John Lightfoot* (ed. John Rogers Pitman; London: J. F. Dove, 1822), 2:333-34을 보라.

과 같이 가르친다.

> [창조 내러티브]는 상징이 아니라 역사로 보인다. 따라서 내러티브가 다루는 모든 세부 사항을 명백히 드러나는 그대로 받아들여야 한다는 점이야말로 먼저 강력하게 전제해야 할 사항이다.…거룩한 저자는 우리가 "저녁이 되고 아침이 되니"를 자연스럽게 받아들여 하루가 저녁과 아침으로 구성되었다고 묘사함으로써 문자적 해석 앞에서 그저 입을 다물 수밖에 없게 만드는 듯하다.…그리고 창세기의 저자가 저녁과 아침을 첫째 날 혹은 둘째 날 등으로 이름붙임으로써 의도했던 바는, 밤이 한 번 시작되고 낮이 한 번 시작되는 각각의 시기가 한 번씩만 포함되는 시간을 하루로 여겨야 한다는 것뿐이었다. 하지만 이 점잖은 사람들(문자적 해석에 반대하는 이들을 가리키는 듯하다—역주)은 이 표현을 결코 그렇게 해석하지 않는다. 반대로, 본문을 있는 그대로 해석하면 전혀 이런 문제를 겪지 않는다. 한 번의 저녁과 한 번의 아침이 지나갈 때, 우리는 시민으로서 우리에게 주어진 하루가 있음을 알게 된다. 왜냐하면 그 사이에 있는 시간들만이 하루를 구성하기 때문이다.[40]

이 논의를 현대로 가져오면, 우리는 게르하르트 하젤(Gerhard F. Hasel, 1935-1994)의 다음과 같은 결론을 확인해볼 수 있다.

> 이 글에서 나는 창조의 "날들"이 의미하는 바를 조사했다. 비유적 해석, 즉 창조의 "날들"을 비문자적으로 해석하기를 선호하면서 관련된 주요 쟁점을 고려했다.…문헌 간 비교, 문학적 요소, 언어 및 다른 요소들을 고려하여 축적된 증거를 종합해볼 때, 창세기 1장의 "날" 즉 "욤"이라는 단어는 한결같이 실제

40_ Dabney, *Lectures*, 254-55.

24시간으로 된 하루를 가리킨다는 유일한 결론에 도달하게 된다.[41]

만약 오래된 지구 창조론 그리고/혹은 유신 진화가 창조 기사를 다루는 적절한 해석 방식이라면, 분명한 언어를 사용할 뿐 아니라 많은 인용문을 제시하여 성서 텍스트가 그렇게 가르친다고 명확하게 제시해주는 훌륭한 학자들이 역사상 많이 존재해서 우리가 그들의 글을 여러 웹 사이트와 책 페이지 사이사이에서 발견할 수 있어야 한다고 생각한다.

더 나아가 문자적 해석이 창세기 1장의 원 저자가 의도한 바라고 믿는 사람들은 비단 고대의 학자들만이 아니다. 옥스퍼드 대학교 교수였던 제임스 바르(James Barr)의 다음과 같은 언급을 고려해보자.[42]

내가 아는 한, 창세기 1-11장의 저자가(혹은 저자들이) (a) 창조는 연속된 6일 동안 일어났으며 그 하루는 오늘날 우리가 경험하는 24시간과 똑같고, (b) 창세기 족보에 포함된 인물들의 나이는 단순한 덧셈을 통해 세상이 형성된 시기로부터 성서 이야기의 최근 장면에 이르는 데 해당하는 연대기를 제공하며, (c) 노아의 홍수는 전 세계에 걸쳐 일어났고 노아의 방주에 탄 인간과 동물을 제외한 모든 인간과 동물이 멸망했다는 개념을 자기(혹은 자기들의) 독자들에게 전달하고자 했다는 점을 부인하는 뛰어난 구약 학자는 없다. 세계 최고의 학교들에 소속된 구약 교수 가운데 그런 인물은 없다는 뜻이다. 아니면 이를 부정하면서, 창조의 "날들"이 긴 시대를 나타낸다고 주장함으로써 변증을 시도하려고 하거나, 성서의 연대가 실제로는 연대순을 따르지 않으며 노아의 홍수는 단지 메소포타미아 지역에서 국지적으로 발생했다는 주장 같

41_ Gerhard Hasel, "The 'Days' of Creation in Genesis 1: Literal 'Days' or Figurative 'Periods/Epochs' of Time?" *Origins* 21 (1994):534.

42_ 여러 책이 Barr의 견해를 인용하고 있다. 예컨대 Collins, *Science and Faith*, 365을 보라.

은 것들은, 내가 아는 한 어떤 교수도 진지하게 취급하지 않는 견해다.[43]

또한 바르는 다른 곳에서 이렇게 언급한다. "사실 자연스러운 주해로 간주될만한 유일한 주해는 문자적 해석이다. 그것이 바로 저자가 의도했던 바라는 뜻이다.…성서 저자는 연대와 역법(曆法)에 관심을 두었다."[44] 실제로 그는 다음과 같이 단정적으로 말한다.

하지만 일반적으로 구약은 창조가 이루어진 날짜를 대략 기원전 5,000~4,000년 사이의 어딘가로 간주하는 것이 분명하다. 비록 좀 더 낮은 숫자이긴 하지만, 유대인들의 달력은 여전히 이를 근거로 작성되고 있다.…성서의 세계관에 따르면, 오늘날(1983년)을 기준으로 볼 때 세상이 창조된 시기는 대략 6,000년 정도 되었다고 볼 수 있다.[45]

달리 말해서 그는 세계에서 가장 뛰어난 학자군에 속하는 히브리어 학자들의 경우 분명히 연대기적 관점이 성서 저자(들)의 의도라고 간주한다. 그는 계속해서 이렇게 말한다.

우리는 문자적 의도와 역사적·사실적 진리를 구분해야 한다. 성서의 수치는 우리에게 주어진 역사적·과학적 혹은 사실적 진리라기보다 문자적으로 의도된 내용이다. 성서 저자들에게 1년은 우리에게도 여전히 똑같은 1년을 의미한다. 성서의 연대가 물론 실제 사실에 상응하는 것은 아니다. 다시 말해 성서의 연대 전부 혹은 일부는 전설이거나 신화적 양상에 해당하지만, 성서 저

43_ Collins, *Science and Faith*, 364-65을 보라.

44_ James Barr, *Fundamentalism* (Philadelphia: Westminster Press, 1978), 42.

45_ James Barr, *Beyond Fundamentalism* (Philadelphia: Westminster Press, 1984), 131; 아울러 137쪽도 보라.

자들은 이를 실제 사실과 관련된 연대라고 믿었음이 거의 확실하다. 현대에 들어와서 우리가 이런 단락들을 "문자적으로 해석해서는 안 된다"라고 말하기 시작했는데, 이런 말은 사실 비겁한 편의주의적 발상에서 나왔다. 그런 말은 우리로 하여금 성서 연대 자체는 문자적으로 받아들이도록 의도되었지만 실제로 그 연대들이 사실은 아니라는 점을 말하지 않아도 되게 하려는 수단에 불과하다. 성서의 연대는 문자 그대로 실제 숫자로 의도되었다. 성서의 연대는 연대기적 언급이었을 뿐 다른 식으로 이해될 여지가 없다.…물론 이렇게 말한다고 해서 성서의 숫자들이 상징이기도 하다는 사실을 부인하는 것은 아니다. 성서의 연대 가운데 일부는 분명히 상징이다. 그러나 상징이라고 해서 문자적 의미와 동떨어진 상징이 아니라, 오히려 문자적 의미에서 상징이다.…이를테면 에녹이 365년을 살았다는 사실 자체가 바로 상징이며, 혹은 더욱 정확하게 말해서 성서 저자가 에녹이 실제로 365년에 해당하는 기간 동안 살았다고 생각했다는 사실이 바로 상징인 것이다.[46]

나는 성서 비평 학자들의 솔직한 평가야말로 가장 뛰어난 비평학자들조차 창세기 1장의 저자가(혹은 저자들이) 일반적인 날과 역사를 의도했다고 믿는다는 점을 알려준다고 생각한다. 그러므로 나는 성서 텍스트가 역사로 읽히도록 기록되지 않았다는 점을 성서 자체가 분명히 가르쳐준다는 주장을 수용하기 어렵다. 나는 그러한 주장을 입증하는 증거가 얼마간 존재할 여지를 부인하지는 않지만, 거기에 동의하려면 훨씬 더 많은 입증 작업이 필요할 것이다.

46_ James Barr, "Biblical Chronology: Legend or Science?" (The Ethel M. Wood Lecture 1987; London: University of London, 1987), 5.

창세기 1-2장에 관한 고대 문서들과 번역본들을 더 많이 살펴야 할 필요성

히브리어 텍스트를 번역한 이들이 그것을 역사로 간주하면서 번역본에 숫자들을 더해 넣었다는 증거를 발견할 수 있는데, 이런 현상은 심지어 초기 번역본에서도 나타난다. 신학적 어려움을 피하거나 다른 연대기 텍스트의 숫자와 맞추기 위해 해당 숫자들을 "고쳤던" 번역자들이 있었기 때문이다.[47] 그런 어려움 가운데 하나는 마소라 텍스트의 연대기 문제로서, 이를 테면 아브라함의 연대가 그의 조상인 셈의 연대와 150년 정도 겹쳐진다는 점 같은 것들이다. (물론 나이가 겹친다는 사실 자체로는 문제가 없다.) 마소라 텍스트에 따르면, 아브라함은 노아가 죽은 지 2년 후에 출생했으며, 셈보다 겨우 25년을 더 살았는데,[48] 아브라함과 셈이 활동한 시기가 이렇게 겹치는 것은 데라와 아브라함의 우상숭배가 훨씬 더 악한 행동이었음을 시사한다. 이는 참되신 하나님을 선포했던 홍수 사건을 경험했던 사람이 여전히 남아 있었음을 의미하기 때문이다(창 11:10-26; 수 24:2). 따라서 70인역의 번역자들은 셈과 아브라함이 서로 700년 이상 떨어져 존재하도록, 겹쳐지는 연대를 수정했다. 또 다른 예로 사마리아 오경은 홍수 이전의 연대를 줄이는데, 라멕의 나이도 줄여서 그가 홍수가 일어난 해에 죽도록 본문을 수정한다. 아울러 사마리아 오경은 데라가 205세에 죽었다는 마소라 텍스트의 기록을 145세로 수정하는데, 이는 데라가 아

47_ Travis R. Freeman, "Do the Genesis 5 and 11 Genealogies Contain Gaps?" in *Coming to Grips with Genesis: Biblical Authority and the Age of the Earth* (ed. Terry Mortenson and Thane H. Ury; Green Forest, AR: Master, 2008), 310을 보면 다음과 같은 언급이 등장한다. "70인역 번역자들은 왕궁에 살았던 유대인들이었으며, 파라오는 그들이 먹고 살 음식을 제공했다. 그들이 성서 연대를 마네토(Manetho, 고대 이집트 역사가. 이집트 역사를 정리한 인물로 알려져 있으며, 그가 제정한 고대 이집트 왕조 분류법은 현재까지도 쓰이고 있다―역주)가 부풀려놓은 연대에 가깝게 고치도록 강요당했다는 사실에는 의심의 여지가 없다."
48_ 마소라 텍스트 연대를 계산해보면, 셈은 천지가 창조된 지 2158년 뒤에 죽었으며, 아브라함은 2183년 뒤에 죽었다.

브라함을 70세에 낳았으나 아브라함이 하란을 떠난 때가 75세였다는 마소라 텍스트의 기록에 명백한 문제가 있기 때문이다. 쿰란 텍스트를 살펴보면, 데라가 145세에 하란으로 이주했으며 아브라함은 데라가 죽기 60년 전에 하란을 떠났다고 본문을 수정하고 있다.[49] 필론은 다른 설명을 제시한다.[50] 핵심은 이런 번역본들이 모든 종류의 연대기적 관련성을 수립하려는 유대인 번역자들의 노력을 보여준다는 데 있다. 몇몇은 이를 원창조의 시기까지로 소급해서 적용한다. 이러한 번역본들은 연대를 조절해서까지 연대표에 들어맞게 해야 한다고 생각했던 서기관들의 심리를 보여준다. 하지만 만약 창조에 관한 비전통적 관점이 정확하다면, 성서 텍스트에 이러한 내용들이 의도되었을 리 없으며, 해석과 관련해 이러한 종류의 논의를 오늘날 해야 할 필요도 없을 것이다. 만약 그렇다면, 히브리어 텍스트에 친숙한 고대 번역자들이 그렇게 했던 이유란 도대체 무엇이었겠는가?

성서의 무오성과 비전통적 견해를 더욱 분명하게 밝혀야 할 필요성

나는 복음주의자들이 성서의 무오성에 충실하면서도 성서를 학문적으로 성실하게 연구하는 데 깊이 감사하고 있다. 그러나 창세기 1-2장을 비전통적으로 해석하게 되면, 이 해석 때문에 많은 사람이 성서의 무오성 교리에 의문을 제기하게 되는 경향이 생긴다는 문제점을 지적하려 한다. 성서의 무오성에 관한 최근의 저서에서 그레고리 비일(G. K. Beale)은 이렇

49_ Geza Vermes, *The Dead Sea Scrolls in English* (rev. and extended 4th ed.; Sheffield: Sheffield Academic Press, 1995), 301-2은 이를 다음과 같이 번역한다. "[데라가 그들과 함께] 갈대아 우르에서 [떠나] 하란으로 갔을 때 [그는] 14[7]세였다(11:31). 아[브라함은] 7[0]세였고 5년 동안 하란에서 살았다. 그 후 아브라함은 가나안 땅으로 떠났다. 6[5]세에…암소와 숫양…불[뭉치]가 지나갔을 때…."

50_ Philo, *Som.* 1.47을 *Mig.* 1.177과 비교해보라.

게 말한다.

"성서의 권위에 대한 복음주의적 관점"이 무엇인지를 다시 정의하려는 시도
가 진행되고 있다. 1949년 복음주의신학회가 설립되면서 그 강령이 다음과
같은 내용을 기초로 형성되었다. "오직 성서만이, 그리고 성서 안에 있는 내
용 전체가 기록된 하나님의 말씀이며 하나님이 직접 기록하셨으므로 무오하
다."…[복음주의신학회의] 내규는…"성서의 무오성에 대한 시카고 선언"의
"내용과 의미가 복음주의신학회 강령의 기저에 놓인 성서의 무오성과 연결
됨"을 회원들에게 반드시 언급하고 있다.[51]

"성서의 무오성에 대한 시카고 선언"은 제12조에서 다음과 같이 우주
론 문제를 다룬다.

우리는 성서의 무류성과 무오성이 영적, 종교적, 혹은 구속에 관한 주제에 한
정되며 역사와 과학 분야에는 해당되지 않는다는 견해를 거부한다. 더 나아
가 우리는 지구의 역사가 창조와 홍수에 관한 성서의 가르침을 뒤집을 수 있
을 것이라는 과학의 가설을 거부한다.

"시카고 선언"에 서명한 학자들은 언급된 예외 사항을 확인하고 서명
할 자유가 있었다. "시카고 선언"을 받아들인 학자 중에는 몇몇 사항에 대
해 다소 주저한 이들도 있었다. 달라스 신학교에서 발행하는 도서관 기록
물을 살펴보면 이러한 성향을 확인해볼 수 있다. 마찬가지로 19세기의 대
브니 역시 창조에 관한 웨스트민스터 신앙고백서의 조항을 수용하지 않

51_ G. K. Beale, *The Erosion of Inerrancy in Evangelicalism: Responding to New Challenges
to Biblical Authority* (Wheaton, IL: Crossway, 2008), 19; see also 161218.

왔던 사람들에게 다음과 같이 적절하게 충고하고 있다.

> 저는 요즘 등장한 이론들이 교회의 기준과 얼마나 명백히 충돌하는지 여러
> 분이 인식해야 한다고 간청합니다.…우리의 신앙고백은 영감된 것이 아닙니
> 다. 만약 우리의 신앙고백이 참되지 않다면, 그것을 반박해야 할 것입니다.
> 하지만 여러분이 그러한 이론 가운데 어떤 것이라도 수용하고자 한다면, 제
> 가 보기에 여러분은 일반적인 정직함이 요구하는 다음 두 가지 일을 할 듯합
> 니다. 첫째는 노회에 관한 사항인데, 강도권을 받거나 목사로 안수받으려 할
> 때 당신이 창조에 관한 이 조항들을 믿지 않는다는 사실을 [알려야 합니다].
> 노회는 이 조항들이 우리의 교리 체계에 필수적인지를 판단하겠지요. 둘째
> 로 당신이 교회의 지도자가 되자마자 적법한 영향력을 행사하기 위해 당신
> 은 이 조항들을 거짓으로 판명해온 우리 신앙의 기준에서 그것들을 빼내려
> 하겠지요.[52]

비전통적 견해를 수용하려면 "시카고 선언" 제12조를 거부해야 하는
가? 비전통적 해석을 지지하는 이들이 이에 대해 명확한 견해를 표명한
다면, 아마도 관련된 논의가 더 진행될 수 있을 것이다. 성서 원저자의 의
도라는 관점에서 볼 때, 나는 헨리 모리스(Henry Morris)가 제안한 제12조
가 비전통적 해석을 배제한다고 생각한다.

창세기 1장과 모세 오경에 나타나는 "욤 에하드"를 더 연구해야 할 필요성

나는 "날-시대 이론", 하나님의 노동 주간, 시간 순서를 따르지 않는 24시
간으로 구성된 날들을 주장하는 해석들이 아니라 전통적인 해석이 히브

52_ Dabney, *Lectures*, 256.

리어 성서의 창조 기사를 해석하는 가장 자연스러운 독법이라고 생각한다. 예를 들어보자. 창세기 1:5에 등장하는 어구 "날 1"(day one)은 히브리어로 "욤 에하드"(yôm 'eḥād)인데, 이는 히브리어 성서에서 10번 나타난다.[53] 일반적이고 자연스러운 독법은 "하루/한 날"이다. 창세기 27:45을 고려해보자. "어찌 하루(yôm 'eḥād)에 너희 둘을 잃으랴?" 33:13은 이렇다. "하루(yôm 'eḥād)만 지나치게 몰면 모든 떼가 죽으리니." 민수기 11:19-20은 다음과 같이 말한다. "하루(yôm 'eḥād)나 이틀이나 닷새나 열흘이나 스무 날만 먹을 뿐 아니라 냄새도 싫어하기까지 한 달 동안 먹게 하시리니…." 이런 용례들을 살펴보면 "욤 에하드"가 긴 시간을 의미한다는 주장은 근본적으로 옳지 않다. "날-시대 이론"을 수용하는 학자들을 찾기 어려운 이유 가운데 하나가 여기에 있다. 만약 "욤 에하드"가 다른 문맥에서 일반적으로 "하루/한 날"을 의미한다면, 그것이 다른 식으로 해석될 수 있다는 명백한 증거가 있지 않은 한, 다른 문맥에서 나타나는 용례를 기준으로 삼아야 한다.

창세기 1-2장을 비전통적으로 해석하는 이들은 자신들이 압도적인 증거를 발견했다고 믿는다. 이 책에 기고한 이들은 각각 자신이 찾은 경우를 제시하고 있다. 나는 이렇게 묻고 싶다. "당신들 외에 누가 그렇게 압도적인 증거를 발견했는가? 그것이 고대 번역본들 안에 포함되어 있는가? 랍비 대부분이 그렇게 해석했는가? 당신들이 말하는 그 압도적인 증거가 그렇게 확실해서 탁월한 고대 유대인들이 원창조의 연대기를 구성하기 위해 여러 숫자들을 첨가했는가? 그리스어와 라틴어를 사용했던 교

53_ 창 1:5; 27:45; 33:13; 민 11:19; 삼상 9:15; 27:1; 스 10:17; 사 9:13; 욘 3:4; 슥 14:7. 슥 14:7은 계 21:23과 22:5에서 인용된다. 하나님의 무시간적 영원성이 시간에 한정되는 창조 세계 안으로 유입된다. 다시 말해 영원하신 하나님의 무시간성이 창조가 시작된 첫 주간, 즉 한정적인 날들 안으로 유입되는 모습을 보여주는 플롯의 대칭을 의미한다.

부들이 그런 압도적인 증거를 발견했는가? 이런 압도적인 증거 때문에 오늘날의 비평학자들이 전통적 해석은 원래 저자/편집자의 의도가 아니라고 믿는가?"

창세기 1:5의 "욤 에하드"를 "첫째 날/1일" 외에 다른 의미로 해석하는 고대 번역본은 존재하지 않는다(그 가운데 일부는 널리 알려져 있다). 70인역,[54] 라틴어 불가타 성서,[55] 페쉬타,[56] 파리 타르굼,[57] 바티칸 타르굼,[58] 뉘른

54_ 70인역을 따르면 "καὶ ἐγένετο ἑσπέρα καὶ ἐγένετο πρωί ἡμέρα μία"이다. Pietersma와 Hiebert는 다음과 같이 번역한다. "저녁이 되고 아침이 되니 이는 첫째 날이니라."

55_ R. Weber et al., *Biblia Sacra Iuxta Vulgatam Versionem* (Stuttgart: Deutsche Bibelgesellschaft, 1994), 4에 따르면, 해당 본문은 다음과 같다. "*Factumque est vespere et mane dies unus.*" Douay-Rheims, *The Holy Bible, Translated from the Latin Vulgate* (Bellingham, WA: Logos Research Systems, Inc., 2009)는 창 1:5을 이렇게 해석한다. "저녁이 되고 아침이 되니 이는 첫째 날이니라."

56_ 로고스 소프트웨어(버전 4.0)에 실린 S. P. Brock et al., *The Old Testament in Syriac: According to the Peshitta Version* (Vetus Testamentum Syriace; Leiden: Brill, 1972)에 따르면, "ܚܕ ܝܘܡܐ ܩܕܡܝܐ ܨܦܪܐ ܘܗܘܐ ܪܡܫܐ ܘܗܘܐ"이다. *Aramaic Old Testament: Commonly Known as the Peshitta Tanakh* (Eugene, OR: Wipf & Stock, 2003), 1에도 수록되어 있다. George M. Lamsa, *Holy Bible: From the Ancient Eastern Text* (San Francisco: Harper & Row, 1968), 7은 이를 다음과 같이 해석한다. "저녁이 되고 아침이 되니 이는 첫째 날이니라."

57_ 로고스 소프트웨어(버전 4.0)에 실린 Stephen A. Kaufman, *Fragment Targum, Recension P, MS Paris 110. A Palestinian Aramaic Version* (Comprehensive Aramaic Lexicon Project; Hebrew Union College, 2005)에 따르면, "יום קדמאי והוה רמש והוה צפר והוה סדר עובד והוה בראשית"이다. 나는 이를 다음과 같이 번역한다. "저녁이 되고 아침이 되니, 그것이 태초에 첫째 날 일이 진행된 순서였다."

58_ 로고스 소프트웨어(버전 4.0)에 실린 Stephen A. Kaufman, *Fragment Targum, Recension VLN, Vatican Ebr. 440, Nuernberg and Leipzig B.H. Fol. 1* (Comprehensive Aramaic Lexicon Project; Hebrew Union College, 2005)에 따르면, "והוה רמש והוה עפר סדר עובד בראשית יום קדמאי"이다. 나는 이를 다음과 같이 번역한다. "저녁이 되고 아침이 되니, 그것이 태초에 첫째 날 일이 진행된 순서였다."

베르크 타르굼, 네오피티 타르굼,[59] 위요나단 타르굼,[60] 타르굼 옹켈로스[61] 같은 번역 성서들이 전통적인 번역을 따른다. (번역이라기보다 패러프레이즈라고 할 수 있는) 후자의 보기들을 보면, 이를 쓴 저자들이 "욤 에하드"가 어떤 긴 시대나 하나님이 일하신 노동일을 의미한다고 여긴 것이 아니라 평범한 하루를 의미한다고 간주했음을 알 수 있다. 사실 심지어 타르굼 옹켈로스는 이렇게 기록한다. "그리고 주께서 말씀하셨다. '낮 시간과 밤 시간을 구분하기 위해 하늘의 궁창에 광명들이 있으라. 그리고 그 광명들로 하여금 징조와 고정된 시간을 이루게 해서 **인간이 그것들을 보고 날과 해**

59_ 로고스 소프트웨어(버전 4.0)에 실린 Stephen A. Kaufman, *Targum Neofiti* (Comprehensive Aramaic Lexicon Project; Hebrew Union College, 2005)의 Neofiti Targum에 따르면, "קדמא יום בראשית עבד והוה רמש "והוא 이다. 이에 대한 전문적 번역은 Martin McNamara, *Targum Neofiti 1: Genesis* (The Aramaic Bible; Collegeville, MN: Liturgical Press, 1992), 53을 보라. McNamara는 이렇게 해석한다. "저녁이 되며 아침이 되니, 창조 사역의 질서 안에서 첫째 날에 일어난 일이었다."

McNamara, *Targum*, 53 n. 8은 이렇게 덧붙인다. "'창조 사역의 질서'라는 말은 회당에서 마아마다(*ma'amadah*) 때 이 단락이 낭송되었음을 암시할 가능성이 있다. 이 단락은 이스라엘 백성 가운데 존재했던 어떤 분파를 제사장들의 성전 행렬과 연결 짓는다."

60_ Stephen A. Kaufman, *Targum Pseudo-Jonathan* (Comprehensive Aramaic Lexicon Project; Hebrew Union College, 2005)에 따르면, "חדא יומא צפר והוה רמש "והוה 이다. 이에 대한 전문적 번역은 Michael Maher, *Targum Pseudo-Jonathan* (The Aramaic Bible; Collegeville, MN: Liturgical Press, 1992), 17을 보라. 그는 이렇게 해석한다. "저녁이 되고 아침이 되니 이는 첫째 날이니라." Maher, *Targum*, 17 n. 12은 이렇게 덧붙인다. "위요나단 문서와 옹켈로스는 '욤 에하드'라는 말을 '하루'(one day)와 같은 식으로 문자 그대로 해석하지만, 네오피티, 파리, 바티칸, 뉘른베르크 타르굼은 이를 '첫째 날'(the first day)로 번역했다. 따라서 '하루'를 '둘째 날', '셋째 날' 등과 같은 선상에 두었다. 5절에서 사용된 '하루'는 여러 가지 추론을 낳는 원인이 되었다(참조. *Gen. R.* 3.8; Josephus, *Ant.* 1 §29; *Gen. R.* 3.9; *b. Nazir* 7a [21])."

61_ 로고스 소프트웨어(버전 4.0)에 실린 Stephen A. Kaufman, *Targum Onkelos* (Comprehensive Aramaic Lexicon Project; Hebrew Union College, 2005)에 따르면, "חד יום צפר והוה רמש והוה "이다. 타르굼 옹켈로스에 대한 전문적 번역은, Bernard Grossfeld, *Targum Onkelos to Genesis* (The Aramaic Bible; Collegeville, MN: Liturgical Press, 1988), 42를 보라. 그는 이렇게 해석한다. "저녁이 되고 아침이 되니, 하루였다."

를 셀 수 있게 하라.”[62] 위요나단 문서는 비슷한 방식으로 이 명령문을 패러프레이즈하면서 “낮을 밤에서 분리하기 위해, 그리고 그것들이 징조이자 축일을 나타내는 표시가 되기 위해, 날짜를 계산하기 위해…하나님이 두 개의 큰 광명을 만드셨으며, 그 두 광명은 한 시간의 1/672 부분이 모자라는 21시간 동안 똑같이 영광스러운 상태에 있었다”라고 반복해서 언급한다.[63]

요세푸스는 「유대 고대사」(Antiquities)를 통해 홍수가 일어난 해뿐 아니라 창조가 일어난 해에 관한 정보까지 제시하고 있다. 다음의 기록을 살펴보자.

솔로몬은 왕위에 오른 지 제4년에 성전 건축을 시작했다.…이스라엘이 출애굽한 지 592년이 지난 후였으며, 아브라함이 메소포타미아에서 가나안에 도착한 지 1,002년이 지난 후였고, 홍수가 일어난 지 1,440년이 지난 후였다. 첫 사람 아담의 창조로부터 솔로몬이 성전을 짓기까지는 모두 합쳐 3,102년이 지나갔다.[64]

「바빌로니아 탈무드」(Babylonian Talmud) b. Ḥag. 12a은 유대 랍비들이 창조의 날들을 일반적인 날들로 여겼다고 말한다.

첫째 날 10가지가 창조되었다. 그것들은 다음과 같다. 하늘과 땅, 혼돈과 황폐함, 빛과 어두움, 바람과 물, 낮의 길이와 밤의 길이.…낮의 길이와 밤의 길이

62_ Grossfeld, *Onkelos*, 42 번역을 참조했다. 원문은 "בְּהוֹן יוֹמִין וּשְׁנִין וְיִהוֹן לְאָתִין וּלְזִמְנִין וּלְמִמְנֵי" 이다.

63_ Maher, *Pseudo-Jonathan*, 18에 이 번역이 나타난다.

64_ *Ant*. 8:6062. 해당 본문은 H. St. J. Thackeray, *Josephus in Nine Volumes* (LCL; Cambridge, MA: Harvard University Press, 1978), 5:603에 있다. 아울러 Josephus, *Ant*. 1.27-29, 33, 48, 109을 보라.

는 "저녁이 되고 아침이 되니 이는 첫째 날이니라"(창 1:5)에서 나타난다.[65]

여기서 한 가지 질문이 우리의 관심을 끈다. 만약 "하루"와 창세기 1-11장 텍스트가 모세와 하나님에 의해 의도되어 역사를 연대순으로 묘사하려는 목적을 지니지 않았다면, 왜 거의 대부분의 고대인들이 이를 발견하지 못했는가? 와르쿨위츠는 다음과 같이 적절하게 말한다. "만약 모세가 수천 년에 달하는 긴 시기라는 의미를 전달하려 했다면, 그랬다면 유신 진화론자들이 우리로 하여금 믿게 만들었을 수도 있지만, 아마도 모세는 다른 표현을 효과적으로 사용해서 더욱 분명하게 그런 메시지를 전달했을 것이 틀림없다. 이를테면 그는 '길고 불특정한 기간'을 가리키는 히브리어 '올람'('olām)을 사용했을 것이다."[66]

마소라 텍스트에서 "올람"이 종종 "시대"를 의미한다는 사실은 분명하다.[67] "시대"를 가리키는 말의 복수형 표현은 쿰란 문헌에서 10번 정도 나

65_ Jacob Neusner, *The Babylonian Talmud: A Translation and Commentary* (Peabody, MA: Hendrickson, 2011), 7:45.46. 또한 *b. Naz.* 1.3b-c를 보라.

66_ Warkulwiz, *Genesis*, 169. 특별히 164-88을 보면, "교리 6: 하나님은 세상을 평범한 6일 동안 만드셨다"라는 언급이 나타나며, 189-219을 보면 "교리 7: 하나님이 세상을 수천 년 전에 만드셨다"라는 주장이 나타난다.

67_ 시 145:13, "주의 나라는 영원한(כָּל־עֹלָמִים) 나라이니"와 단 9:24, "영원한 의(צֶדֶק עֹלָמִים)가 드러나며"를 보라. 아울러 신 32:7은 "옛날을(יְמוֹת עוֹלָם) 기억하라"라고 언급한다. 혹은 전 1:10의 "보라 이것이 새 것이라 할 것이 있으랴 우리가 있기 오래 전(לְעֹלָמִים) 세대들에도 이미 있었느니라"를 보라. 욥 22:15는 다음과 같다. "네가 악인이 밟던 옛적 길(אֹרַח עוֹלָם, 문자적으로는 '오래된 길'을 가리킨다)을 지키려느냐." 계 20:10은 "세세토록"(εἰς τοὺς αἰῶνας τῶν αἰώνων)이란 표현을 사용한다. 히브리어로 이는 לְעוֹלְמֵי עוֹלָמִים "עַד־עוֹלְמֵי "이거나 עַד־עוֹלָם עוֹלָמִים"일 것이다. 페쉬타는 비슷한 표현, 즉 "세세토록"(ܠܥܠܡ ܥܠܡܝܢ)을 써서 같은 의미를 반영하고 있다.

관련된 요점은 Allan A. MacRae, "Olam," *TWOT* 672을 보라. 그는 이렇게 말한다. "비록 '올람'이 매우 먼 미래까지 이어지는 불확실한 지속성을 가리키는 표현으로 300회 이상 사용되고 있지만, 이 단어의 의미는 미래에 한정되지 않는다. 과거를 가리켜 언급하는 표현임이 명백한 보기가 적어도 20회 이상 등장하기 때문이다. 그런 표현은 일반적으로 매우 오래된 어떤 것을 가리키는 표현으로 사용되기는 하지만, 끝도 없이 먼 과거를 가리키는 표현으로 사용되는 일은 극히 드

타나는데, 그 용례들은 이 단어가 여러 시대를 가리키는 표현으로 사용될 수 있다는 점을 보여준다.[68] 하지만 만약 "올람"이 영원과 관련되어 있으므로 부적당하다면, 모세는 이사야 61:4의 "세대와 세대"(*dôr wādôr*),[69] 혹은 요엘 2:2의 "이후에도 대대로"(*'ad-šĕnê dôr wādôr*),[70] 혹은 레위기 25:51의 "남은 해가 많으면"(*rabbôt baššānîm*) 같은 식의 표현을 사용했을 것이다.[71] 아니면, 전도서 6:13의 "사는 날이 많을지라도"(*ûšānîm rabbôt*) 같은 표현을 사용했어야 한다.[72]

다시 말해 모세는 "시대 1", "시대 2", "시대 3"과 같은 식의 표현을 썼을 수도 있었겠지만, 그렇게 하지 않았다. 만약 모세가 그렇게 기록했다면, 초기 교회의 교부 대부분은 세상의 역사가 겨우 수천 년 밖에 되지 않았다고 가르치지도 않았을 것이다. 하지만 그들은 그렇게 가르쳤다. 만약 모세가 "시대 1"과 같이 기록했다면, 고대의 대다수 랍비들도 세상이 창조된 지 아주 오랜 시간이 지난 것은 아니라고 확증하지도 않았을 것이다.[73] 하지만 모세는 그렇게 기록하지 않았으며, 바로 그것이 전통적으로 다수의 랍비와 기독교 해석자들이 19세기 초까지 지구가 근래에 창조되었다는 견해를 지지했던 이유였다. 사실 정통 유대교는 2011년 추분이 창조연대로 5772년의 시작이라고 주장하기까지 한다.

다른 견해를 보이는 이들이 적게나마 존재하는 것은 분명하다. 하지만

물다."

68_ 1Q19 Frag. 2:6; 1Q20 2:4, 7; 4:3; 10:10; 16:12, 14; 20:13; 21:10; 21:12.

69_ דּוֹר וָדוֹר

70_ עַד־שְׁנֵי דּוֹר וָדוֹר

71_ רַבּוֹת בַּשָּׁנִים

72_ וּשְׁנִים רַבּוֹת

73_ 이를테면 Seder Olam(BCE 2세기에 기록된 것으로 추정되는 문서. 창조부터 알렉산드로스 대왕의 통치 기간까지 일어난 성서 사건의 연대를 제시한다—역주)과 Mordechai Cogan, "Chronology, Hebrew Bible," *ABD* 1:1002-11에 인용된 글들을 보라.

오래된 지구 그리고/혹은 유신 진화를 지지하려면, 전형적인 대다수의 랍비들이 자기 언어인 히브리어로 된 성서를 해석할 때 지구가 근래에 창조되었다는 점을 인정하는 방식으로 성서를 읽지 않았다는 사실을 입증해야 한다. 똑같은 가정이 요세푸스, 70인역, 페쉬타, 타르굼 저자들에게도 성립한다. 아울러 오래된 지구나 유신 진화를 주장하려는 현대 학자들은 1800년대 초까지 성서를 해석했던 사람들 대부분이 이 점에 대해서 모세와 하나님의 의도를 곡해했다는 점을 입증해야 한다. 하지만 비전통적 해석을 지지하는 이들은 이 문제에 대해 불분명한 대답만을 내게 남겨주었을 뿐이다.

젊은 지구를 주장하는 그리스도인 과학자들의 논의에 더 귀 기울일 필요성

많은 그리스도인은 우주가 최근에 형성되었다는 주장이 그저 불가능한 얘기라는 생각을 품은 채 창세기 1-2장에 관한 논의에 돌입한다. 데이터를 살펴본 뒤 창조 질서가 매우 오래되었다는 주장과 다른 이야기를 꺼내는 사람들은 과학적으로 생각할 줄 모르는 사람들에나 해당한다고 믿는 것이다. 이러한 생각을 가진 채, 교회가 과거에 성서의 진리를 수호한다는 명목하에 싸웠다는 점만을 고려하곤 한다. 그리고 나는 그리스도인들이 한 가지 견해를 비슷한 방식으로 강요하는 듯한 인상을 주는 관점에 대해 매우 회의적인 반응을 보인다는 사실을 안다. 이런 초기의 거부 반응은 아마도 정당할 것이다. 하지만 우주의 나이가 과학적으로 오래되었다고 주장해야 할 필요성에 의심을 품으면서도 훌륭한 과학적 지성을 소유한 사람들이 있다는 사실을 지적하고자 한다. 그 가운데 어떤 이들은 매우 인상적이며 충분한 자격을 지닌 학자이고 세계적으로도 중요한 연구자의 위치를 지니고 있기도 하다. 그러므로 우리는 **미리** 젊은 우주론의 가능성을 포기하지 않으면서도 관련된 모든 논의를 주의 깊게 살펴볼 지혜가 있어야 하지 않을까?[74]

이율배반과 과거

교회가 과거에 이율배반을 마주할 때, 자기가 옳다고 주장하는 두 진영의 견해에 대해 가장 공정하게 대하는 해결책은 한쪽 견해를 채택하는 일이었다. 나는 이 방식을 사용해서 우리가 지금 논의하고 있는 이율배반적인 주제를 다루는 지침으로 삼고자 한다. (1) 젊은 지구 창조와 과학이 말하는 137억년이라는 우주 나이 사이에 어떤 중간 지대가 존재할 수 있을까? (2) 아담에게는 생물학적 조상이 없었다는 주장과 인간이 진화 과정의 정점이라는 주장 사이에 어떤 중간 지대가 존재할 수 있을까?

방금 언급한 두 번째 요점을 고려해보면, 나는 진화와 타협점을 찾을 여지를 도무지 발견할 수 없다. 웨인 그루뎀(Wayne Grudem)의 글을 보면 같은 견해가 등장한다.

얼핏 보기에는 "하나님이 진화를 사용하셔서 원하시는 결과가 나타나게 하셨다"라는 말이 별로 어렵지 않게 느껴질지도 모른다.…하지만…유신 진화를 받아들이는 일은 다음과 같이 성서의 가르침 중 많은 부분에서 충돌을 일으킨다.

74_ 어떤 이들은 이렇게 응답할지도 모르겠다. "지구 나이를 6,000년으로 간주하기보다 훨씬 더 긴 시대를 상정하는 매우 유능한 고고학자들을 생각해야 하지 않을까?" 나는 이렇게 말하고 싶다. 만약 그런 이론들이 정확하다면, 물론 그들은 내 견해를 배제할 수 있다. 하지만 역사를 거슬러 올라가서 더 오래전으로 가정하면 가정할수록, 당연히 어떤 이론이든 더 많은 가정이 존재하지 않겠는가? 이런 이론들은 수많은 텍스트와 과거의 유물들로부터 추론하고 해석하는 데 근거하지 않겠는가? 각각의 견해는 서로 다른 해석에 대해 열려 있으니 말이다.

1. 아담과 하와는 첫 번째 인류가 아니었다. 단지 그들은 신석기 시대에 살았던 두 명의 농부였다. 그들이 살았던 때, 그들이 살았던 땅에는 대략 천만 명에 달하는 다른 인간이 살고 있었고, 하나님은 단지 그들에게 개인적으로 자신을 계시하셨을 뿐이었다.

2. 다른 인간들도 이미 그들의 방식대로 하나님이나 다른 신을 예배하고 섬기기 시작했다.

3. 아담은 "땅의 흙으로"(창 2:7) 하나님에 의해 특별하게 창조되지 않았으며, 단지 두 명의 남녀 사이에서 태어났을 뿐이었다.

4. 하와도 "여호와 하나님이 아담에게서 취하신 그 갈빗대"(창 2:22)에서 직접 창조되지 않았으며, 단지 두 명의 남녀 사이에서 태어났다.

5. 그때나 지금이나 많은 인간은 아담과 하와에게서 태어난 존재가 아니다.

6. 아담과 하와의 죄는 첫 번째 죄가 아니었다.

7. 인간의 육체적 죽음은 아담과 하와가 죄를 범하기 오래 전부터 이미 있었다. 죽음은 생명을 가진 존재에게 항상 존재했던 삶의 방식 가운데 일부였다.

8. 하나님이 아담의 죄 때문에 땅을 저주하실 때, 그분은 자연 세계에 어떤 변화를 강요하시지 않으셨다.[75]

그루뎀은 그 외에도 이 관점들 때문에 일어나는 여러 문제점을 지적하는데, 나는 그의 견해가 설득력 있다고 생각한다.

나는 생명체들의 DNA 사이에 존재하는 유사성이 설계자의 지성에 따른 결과라고 주장하는 지적 설계론자들의 견해에도 동의한다.[76] 아울러

75_ *Should Christians Embrace Evolution? Biblical and Scientific Responses* (ed. Norman C. Nevin; Phillipsburg, NJ: P&R, 2011), 9에서 발췌함.

76_ Stephen C. Meyer, *Signature in the Cell: DNA and the Evidence for Intelligent Design* (New York: HarperOne, 2009); John F. Ashton, *In Six Days: Why Fifty Scientists Choose to Believe in Creation* (Green Forest, AR: Master, 2001); and Jay W. Richards, *God and Evo-*

나는 2011년 12월에 전 세계에 걸쳐 명망 있는 대학교에서 연구하는 수백 명의 과학자들이 참여한 "다윈주의에 대한 과학적 반대" 서명에 주목하고 있다.[77] 더 나아가 성서에 있는 어떤 연대 수치를 보더라도 시간 그리고/혹은 시간의 영향이라는 것이 하나님의 임재와는 무관함을 알 수 있다. 이를테면 성서는 하나님께는 천 년이 하루와 같고, 하루가 천 년과 같다고 확증해준다(시 90:4; 벧후 3:8). 다시 말해 하나님은 우리가 경험하는 것과 같은 방식으로 시간을 경험하시지 않는다. 이 점에 대해 루터는 다음과 같이 흥미로운 주장을 제안한다.

하나님 앞에서는 시간에 대한 언급이 없으므로, 그분 앞에서는 천 년이라도 마치 하루에 불과할 것이 틀림없다. 그러므로 마지막 날 전에 마지막으로 창조될 첫 사람 아담은 인간으로서 하나님과 가장 가까운 존재였다.…아담으로부터 시작해서 우리는 마지막 날까지 한 해 한 해씩 더해나가야 한다. 그러나 하나님이 보시기에 만물은 그저 한 더미에 불과하다. 우리에게 길게 느껴지는 바는 하나님에게는 짧으며, 그 반대도 마찬가지다. 여기에는 어떤 측정이나 수치가 들어설 여지가 없다.[78]

하나님과 시간에 대한 루터의 가르침은 다소 이상하지만, 하나님의 어린양이 세상의 기초가 놓이기도 "전에" 죽임을 당했다는 성서의 가르침을 고려할 때, 그의 가르침은 더욱 확장된다. 이 사건은 세계가 창조된 지 수천 년 후에 일어났던 일이지만, 성서는 이미 일어났었던 일로 묘사하고

---

lution (Seattle: Discovery Institute Press, 2010).

77_ http://www.discovery.org/scripts/viewDB/filesDB-download.php?command=download&id=660을 보라.

78_ Luther, *Works*, 30:196.

있다(계 13:8).[79] 요한계시록 본문과 예수는 세상의 심판과 죄인의 구원에 대해 비슷한 내용을 언급하는데,[80] 아이작 왓츠(Isaac Watts)는 이를 다음과 같이 잘 설명해준다.

> 이런 의미에서 우리 주 예수 그리스도는 "세상의 기초가 놓이기도 전에 죽임을 당하신 어린양"으로 묘사된다.…심지어 "하나님이 세상의 기초를 놓으시기도 전에" 그렇게 되셨다. 에베소서 1:4-5를 보라. 그분은 **죽임 당하신 어린양**으로 나타났다.…만물이 과거에 있었든지, 현재 있든지, 앞으로 있든지 관계없이, 그것들을 한눈에 통달하시는 하나님께 그렇게 나타났다는 의미다.[81]

마찬가지로 아론의 지팡이, 곧 죽은 지팡이가 하나님의 직접적인 임재 안에 놓였을 때, 그것은 살아났을 뿐 아니라(즉 시간의 효과가 분명하게 역행되는 사건이다) 가지가 자라고 잎이 맺혀 살구 열매를 맺었다(민 17:2-8). 즉 몇 달 혹은 심지어 몇 년에 걸쳐 성취될 일이라도 하나님의 임재 안에 있다면 하룻밤에도 완성되는 것이다. 관찰자가 특별히 과거를 들여다보는 시점에서는, 겨우 몇 시간만이 흘렀을 뿐이다. 과학에 따른다면 이런 성장이 일어나려면 대체 얼마의 시간이 흘렀어야 했겠는가?

79_ 그리스어 "죽임을 당한 어린 양의 생명책에 창세 이후로 이름이 기록되지 못하고"(οὐ γέγραπται τὸ ὄνομα αὐτοῦ ἐν τῷ βιβλίῳ τῆς ζωῆς τοῦ ἀρνίου τοῦ ἐσφαγμένου ἀπὸ καταβολῆς κόσμου)에 주의하라. 관련된 논의는 G. K. Beale, *The Book of Revelation: A Commentary on the Greek Text* (Grand Rapids: Eerdmans, 1999), 702에서 볼 수 있다. 나는 이 구절이 단순히 여기서 "선포된" 내용이 아니라고 생각한다. 오히려 이 구절은 이 일이 하나님께는 이미 일어난 일임을 알려준다. 유사한 논의는 벧전 1:19-20을 보라.

80_ 예컨대 요 3:18을 보라. 또한 롬 8:30, "또 미리 정하신 그들을 또한 부르시고 부르신 그들을 또한 의롭다 하시고 의롭다 하신 그들을 또한 영화롭게 하셨느니라"(οὓς δὲ προώρισεν, τούτους καὶ ἐκάλεσεν· καὶ οὓς ἐκάλεσεν, τούτους καὶ ἐδικαίωσεν· οὓς δὲ ἐδικαίωσεν, τούτους καὶ ἐδόξασεν)를 보라. 바울은 이 사건들이 미래에 일어날 일임에도 이미 일어난 일로 묘사한다.

81_ Isaac Watts, *The Works of Isaac Watts* (Leeds: Edward Baines, 1812), 2:224-25.

모세는 40일 동안 하나님의 임재 가운데 머물렀다. 하지만 40일의 효과는 그의 몸이 느끼기에 단지 짧은 순간에 일어난 일에 불과한 것으로 여겨졌다(모세는 40일 동안 음식도 먹지 않았고, 물도 마시지 않았으며, 분명히 잠을 자지도 않았다[출 24:18; 34:28]). 시간의 흐름 속에서 나타나는 하나님의 신비한 효과는 물을 포도주로 바꾸는 예수의 기적에서도 나타난다(요 2:1-11). 우리는 기적이 단숨에 일어났다는 이야기를 듣지만, 물이 포도주로 바뀌었다는 측면에서 물은 포도주가 되기까지 수개월의 과정을 거친 것이다. 오늘날의 양조업자라면 물이 변해서 좋은 포도주가 되기까지 과연 얼마의 시간이 걸린다고 말했을까?

시리아의 에프렘이 이미 오래 전에 원창조와 관련해 이런 질문을 제기했다.[82] 하나님이 나무를 창조하셨을 때, 성서는 그 일이 즉시 이루어졌다고 말한다. 만약 카메라를 그 자리에 설치할 수 있었다면 그 장면은 어떻게 비췄을까? 일반 성장 과정이 단 한 번 혹은 한 시간이나 하루로 축약되었을까? 나무가 싹을 틔울 때부터 자라서 열매를 맺을 때까지 이런 과정이 단번에 진행되었을까? 만약 이런 일이 짧은 기간에 일어난다면, 그 나무를 잘랐을 때 드러나는 나이테는 이 나무가 몇 살이라고 말해줄까? 어떤 의미에서 나무의 나이테를 측량한 값이든 실제로 그 나무가 자란 짧은 기간이든, 시간에 구애받지 않으시는 하나님의 임재를 생각할 때 그 시간은 나무에 실제로 일어난 일을 묘사하는 참된 양상이 아닐까?

내가 교류하는 지질학자 중에는 창조에 관한 전통적 관점이 지질학 기록과 조화를 이룰 수 있다고 믿는 이들도 있다. 그들도 일반 학문 영역에서 박사 학위를 소지한 이들이며, 나는 그들과 교류한다는 사실이 기쁘다. 그들 가운데 일부는 지질학에서 명성을 얻기도 했다. 나는 그들이 이

82_ Ephrem the Syrian, *Genesis* 1.22.1, FC 91: 74.

주제에 전문성을 띠고 있다고 믿는 편이다. 물론 내게는 지질학에 종사하는 다른 친구들도 있다. 그들도 복음주의 그리스도인이며, "과학이 그렇게 오래되었듯이" 세상도 그렇게 오래된 것처럼 보인다고 내게 말한다. 사실 나는 성서를 연구하는 이일뿐, 그들의 말을 평가할 만한 위치에 있지 않다. 하지만 만약 창조가 매우 오래되었다는 표지가 존재한다면, 내가 고려할 수 있는 바는 이럴 듯하다. 하나님은 성서 자료와 과학 자료 사이에서 20~21세기 그리스도인들이 마주하는 이율배반에 대해 아셨다. 나는 하나님이 이런 이율배반을 통해 하나님 자신에 관해 무언가 매우 정확한 것을 알려주시려 하셨다고 믿는다. 이를테면 하나님의 무시간적 임재가 물질 창조와 관련될 때 그 창조는 다소 이상한 일을 일으키는데, 그 일에는 시대를 나타내는 표시가 배어 있다. 비록 실제로 걸린 시간은 짧지만, 긴 시대를 나타내는 것처럼 보이는 것이다. 하나님은 짧은 시간에 그런 광대한 시간을 담으심으로써 자신의 무시간성과 무한한 위대하심을 입증하신다.

가야할 길

창세기 1장이 우주적 성전을 가리킨다는 존 월튼의 주장이 설득력 있게 들리는 것은, 창세기 1장이 성막에 계신 하나님에 대한 이스라엘의 경험을 토대로 우주의 창조를 전개하기 때문이다.[83] 하지만 이 주장에는 여러

83_ 에덴 이야기에 나타나는 성소와 관련된 상징을 나타내는 개념들은 Gordon J. Wenham, "Sanctuary Symbolism in the Garden of Eden Story," in *I Studied Inscriptions From Before the Flood: Ancient Near Eastern, Literary, and Linguistic Approaches to Genesis 1-11* (ed. Richard S. Hess and David T. Tsumura; Winona Lake, IN: Eisenbrauns, 1994), 399-404을 보라.

요소를 설명해야 할 여지가 여전히 많다고 보인다. 첫째, "하늘"과 "하늘의 하늘"의 차이는 "성소"와 "지성소"의 차이와 유사하다.[84] 둘째, "하늘"과 "하늘의 하늘"을 구분하는 성서 개념인 "궁창"(라키아, 창 1:6)이 지성소와 성소 사이를 분리하는 휘장과 어떻게 연결되는지를 보여야 한다. 아우구스티누스도 논의했듯이, 자연과 초자연 세계를 나누는 경계를 아울러 논해야 한다.[85] 셋째, 따라서 창조 주간에 있었던 7번의 빛은 일곱 금 촛대와 관련되어야 한다.[86] 창세기 1장을 성서의 나머지 계시를 위한 전조로 간주하는 것은 역사상 많은 이들의 해석에서 나타나는 바이기도 하다. 또한 신약성서 자체가 창세기 1-2장에 나오는 다수의 언어를 새 언약을 통해 이루어지는 구원의 전조로 여기기도 한다.[87]

우리가 가진 성서적·신학적 논의의 풍성함 때문에 나는 더 많은 배움을 향유하고자 갈망한다. 나는 우리가 학자로서 창세기 1-2장과 성서의 나머지 부분의 세 가지 관련성을 더 깊이 관찰했으면 좋겠다. 그 세 가지는 다음과 같다. 첫째, 하나님이 태초에 창조하실 때 물을 나누신 사건을

84_ 신 10:14; 왕상 8:27; 대하 2:5, "하늘과 하늘의 하늘"(הַשָּׁמַיִם וּשְׁמֵי הַשָּׁמַיִם); 대하 6:18; 느 9:6; 시 148:4을 보라. 아울러 레 21:22, "지성물이든지 성물이든지"(מִקׇּדְשֵׁי הַקֳּדָשִׁים וּמִן־הַקֳּדָשִׁים)도 보라.

85_ Augustine, *Against the Manichaeans* 1.11.17, FC 84:64을 보라.

에스겔이 "라키아"를 이렇게 이해한 것이 확실하다(겔 1:22-26). 창 1:7의 "윗물"은 아마도 "놋대야"(출 30:18)와 관련된 듯하다. 이 놋대야는 솔로몬이 놋으로 만든 바다 모양의 형상으로서 솔로몬의 보좌 앞에 놓인 매끄러운 바닥을 가리키기도 하며(왕하 16:17), 에스겔의 환상에 나오는 매끄러운 궁창, 즉 이스라엘 백성을 하나님에게서 분리하는 역할을 하는 물질을 가리키기도 하고(겔 1:22-26), 하늘의 수정 같은 바다를 가리키기도 한다(계 4:6). 하늘과 궁창 사이가 마치 성막과 같은 모습을 하고 있다고 말할 수도 있겠다. "라키아"는 "하늘"(שָׁמַיִם)을 "하늘의 하늘"(שְׁמֵי הַשָּׁמַיִם)로부터 분리하는 역할을 하는데, 이는 성막/성전의 장막이 "성소"(הַקֳּדָשׁ)와 "지성소"(קֳדֶשׁ הַקֳּדָשִׁים)를 구분하는 역할을 하는 것과 마찬가지다.

86_ 세부사항은 Carl J. Davis, "The New Testament and Genesis 13: Apostolic Exegesis and Christocentric Soteriology," a paper presented at the 2011 national ETS meeting, Atlanta, 18 November 2010을 보라.

87_ 예컨대 사 9:1-2과 창 1:1-5를 근거로, 요 1:1-5 혹은 고전 4:6과 창 1:1-5을 비교하라.

모세가 홍해를 가른 사건과 관련지어 연구하는 것이다.[88] 이런 방식으로 관찰했을 때, 창세기 1장은 하나님이 잠재적으로 구속의 공간이 될 곳을 창조하셨다고 말해준다. 마치 홍해를 갈라서 어떤 이들을 위해서는 구원의 공간을 만드시고 하나님께 대항하는 다른 이들에게는 멸망이 될 장소를 만드셨듯이 말이다. 이러한 연관성을 통해 우리는 창세기 1장이 이후에 일어날 다른 사건의 전조임을 관찰할 수 있다. 아울러 성서 텍스트 가운데 난해한 부분일지라도 본문에 대한 성서 신학적 접근을 통해 만족스러운 해답을 찾을 수 있다는 사실도 보게 된다.

둘째, 야웨께서 시내산에서 주신 "열 개의 언급"과 창조를 수행하실 때 하셨던 "열 개의 언급"의 관련성을 살펴야 한다.[89] 초기 유대교의 해석을 따라 존 세일해머(John Sailhamer)는 이렇게 말한다.

> 창세기 1장의 창조 기사가 시내산에서 언약이 수여되는 사건의 전조라는 사실은 이미 알려져 있다. 이를 나타내는 가장 분명한 표지는 "열 개의 언급"으로 나타나는 창조 명령이다. 마치 언약 전체가 "열 개의 언급"(עֲשֶׂרֶת הַדְּבָרִים, 즉 "십계명". 출 34:28)으로 진술되었듯이 우주 전체도 "열 개의 언급"(וַיֹּאמֶר אֱלֹהִים, 즉 "여호와께서 이르시되"가 창세기 1장에 10번[창 1:3, 6, 9, 11, 14, 20, 24, 26, 28, 29] 나타난다)으로 창조되었다.[90]

88_ 오경에서 "물과 물 사이"에 있다고 묘사되는, 다른 유일한 대상에는 무엇이 있는가?(창 1:6; 출 14:22) 그것은 홍해를 건넌 이스라엘이 아니었는가? 이 일은 하나님의 영이 관련되신 일 아니었는가?(창 1:2; 출 15:10) 그리고 마른 땅이 나타나지 않았는가?(창 1:9; 출 14:16) 바다가 갈라졌을 때 물이 굳어지지 않았는가?(출 15:8)

89_ Mathews, *Genesis 1-11:26*, 398 n. 114을 보라. 그는 이 견해를 언급하면서 John H. Sailhamer, "Genesis," *The Expositor's Bible Commentary* (ed. Frank E. Gaebelein; 12 vols.; Grand Rapids: Zondervan, 1990), 2.93-94을 인용한다.

90_ Sailhamer, "Genesis," 2:94.

만약 오경에서 창조 이후에 일어나는 사건에 대해 창조 기사가 전조가 된다는 점을 주장한다 해도, 다른 사건들에 대해서도 하나님이 전조를 마련해두셨다고 말할 수 있을까? 예를 들어 하나님이 아담과 하와가 에덴에서 추방된 이야기를 이스라엘이 약속의 땅에서 쫓겨난 사건의 전조로 두셨는가? 여인의 후손이 초기에는 셋이었지만, 나아가 아브라함의 더 큰 후손을 의미하며, 궁극적으로는 다윗과 그의 자손인 예수 그리스도를 의미하는가? 이처럼 후대의 의미가 창세기 1-2장의 초기 의미와 어떻게 연결될 수 있을까?

마지막 연결점은 창세기 1-3장이 그리스도와 새 언약의 전조를 포함한다는 것인데, 나는 이를 에베소서 5:31-32에서 착상하게 되었다. 신약이 어떻게 구약을 인용할까? 관련 연구를 통해 나는 이런 과제들이 성서의 저자이신 하나님의 의도를 고려하는 측면에서 창세기 1-2장을 해석하는 데 훨씬 더 밝은 빛을 비춰 주리라고 확신하게 되었다.

결론

나는 다수의 복음주의 구약 학자들이 발전시킨 최근의 논의, 즉 과학과 성서라는 이율배반에 대한 해결책보다 더 좋은 해답이 있으리라 믿는다. 이런 믿음은 나 개인의 견해일 뿐 브라이언 칼리지나 브라이언 재단의 공식 견해는 아니다. 내 견해는 "집안 내" 논의에서 나타나는 많은 견해 가운데 하나일 뿐이다. 성숙한 논의를 보여주는 한 가지 지표는 난제들을 다룰 때 솔직하게 견해를 밝히는 태도다. 나는 이 책이야말로 그런 성숙한 논의 가운데 하나라고 생각한다. 이 책은 창세기의 앞 장을 둘러싼 해석 문제가 포함된 주제들을 다루는 시도로서, 건전하고 굳건하며 철저한 연구를 보여준다.

나는 비일의 견해가 설득력 있다고 판단하며, 아울러 내 의견을 그의 견해에 덧붙였다. 이런 측면에서 전통적 관점이 가진 장점은 세 가지라고 생각되는데, (1) 전통적 관점은 성서 텍스트를 문자 그대로 해석하는 방식이며, (2) 비전통적 견해와는 달리 고대, 중세, 1800년대 이전 견해들의 풍성한 지지를 받고, (3) 창세기 원저자(들)의 본래 의도라는 측면에서 현대 비평학계의 관점과도 부합하기 때문이다. 따라서 이 관점은 복음주의권에서 창조 기사를 논할 때마다 계속 지지받는 견해로서 한 자리를 차지해왔을 뿐 아니라 그 이상이었다. 복음주의적 관점으로 창세기 텍스트를 연구할 때 우리는 본문을 주의 깊게 분석해야 한다. 종교개혁자들의 후예로서 그렇게 말할 때 나는 "개혁은 항상 이루어져야 한다"(*semper reformanda*)라는 종교개혁자들의 금언을 믿으며, 기독교 전통에서 널리 수용된 견해조차도 "이 견해가 성서에 부합하는가"라는 질문에 종속돼야 한다고 믿는다. 두 번째 계시(과학을 의미함—역주)가 너무나 분명하게 입증해주므로 그리스도인이라면 창세기 1-2장에 대한 전통적 해석에 수정을 가해야 한다는 주장이 복음주의 안에 넓게 퍼져 있다. 그러나 나는 첫 번째 계시(성서를 의미함—역주)가 이 점에 대해 너무나 분명하므로, "두 번째 계시를 재고할 다른 방법은 없는가?"라고 질문하게 된다.

이 책에 수록된 글 가운데 내가 동의하고 싶은 부분이 많이 있다. 이를테면 아담, 노아, 아브라함, 궁극적으로 메시아의 문학적 기능에 대한 콜린스의 논의에는 설득력이 있다. 비록 그 문학적 기능에 담긴 의미를 해석하는 데는 의견이 약간 다르지만 말이다. 아울러 창조의 날들의 구조에 관해 에이버벡과 롱맨이 제시하는 내용에도 동의한다. 비록 그들이 그것을 문자적 내용과 실제 역사에 담긴 일종의 상징으로 여기는 데는 다소 불만이 있지만 말이다. 마지막으로 나는 해밀턴의 서론을 언급하고 싶다.

나는 그가 이 책에 실린 모든 견해와 상호 작용하면서 내리는 평가를 반추할 뿐 아니라, 성서가 영감되었을 뿐 성서에 대한 우리의 해석이 영감된 것은 아니라는 그의 조언에도 깊이 공감한다.

전통적인 견해가 거센 반박에 직면하지 않을 수 없다는 사실을 인정한다. 하지만 솔직히 말하면, 창세기 1-2장에 관한 모든 견해가 그런 도전에 직면해 있다. 내 글은 단지 그런 주요 난점 가운데 몇 가지 해결책만을 부분적으로 제안할 뿐이다. 아울러 나는 내 견해가 잘 전달되었으리라고 믿지만 오해받을 수도 있으며, 만약 그렇다면 이는 인간의 타락에서 연유한 우리의 공통 한계 때문임을 내 동료들이 이해해주리라 믿는다. 이번 컨퍼런스와 이를 통해 출간된 이 책에 실린 글들을 읽게 되어서 너무 기뻤다. 다가오는 시간에도 하나님이 당신의 교회인 우리가 당신의 말씀에 담긴 진리를 더욱 잘 이해하도록 우리를 이끄실 것이라고 믿기에, 나는 이 대화가 계속되기를 희망한다.

참고문헌

Ainsworth, Henry. *Annotations on the Pentateuch*. Ligonier, PA: Soli Deo Gloria, 1991.

Ambrose. *Hexameron, Paradise, and Cain and Abel*. In vol. 42 of *Fathers of the Church*. Edited by John J. Savage. Washington, DC: Catholic University of America Press, 1961.

Aramaic Old Testament: Commonly Known as the Peshitta Tanakh. Eugene, OR: Wipf & Stock, 2003.

Archer, Gleason L. *A Survey of Old Testament Introduction*. 3d ed. Chicago: Moody Press, 1998.

Arndt, William, Frederick W. Danker, and Walter Bauer. *A Greek-English Lexicon of the New Testament and Other Early Christian Literature*. 3d ed. Chicago: University of Chicago Press, 2000.

Ashton, John F. *In Six Days: Why Fifty Scientists Choose to Believe in Creation*. Green Forest, AR: Master, 2001.

Athanasius. *Four Discourses Against the Arians*. In vol. 4 of *A Select Library of Nicene and Post-Nicene Fathers of the Christian Church*. Second series. Edited by Philip Schaff and Henry Wace. Edinburgh: T&T Clark, 1991.

Augustine. *On The Trinity*. In vol. 45 of *Fathers of the Church*. Edited by Stephen McKenna. Washington, DC.: Catholic University of America Press, 1963.

_____. *The City of God*. In vol. 2 of *A Select Library of Nicene and Post-Nicene Fathers of the Christian Church*. Edited by Philip Schaff. Edinburgh: T&T Clark, 1988.

Barr, James. "Biblical Chronology, Legend or Science?" The Ethel M. Wood Lecture 1987. London: University of London, 1987.

_____. *Beyond Fundamentalism*. Philadelphia: Westminster Press, 1984.

_____. *Fundamentalism*. Philadelphia: Westminster Press, 1978.

Basil the Great. *Hexaemeron*. In vol. 8 of *A Select Library of Nicene and Post-Nicene Fathers of the Christian Church*. Second Series. Edited by Philip Schaff and Henry Wace. Edinburgh: T&T Clark, 1989.

Beale, G. K. *The Book of Revelation: A Commentary on the Greek Text*. Grand Rapids: Eerdmans, 1999.

_____. *The Erosion of Inerrancy in Evangelicalism: Responding to New Challenges to Biblical Authority*. Wheaton, IL: Crossway, 2008.

Brown, Francis, Samuel Rolles Driver, and Charles Augustus Briggs, *Hebrew-Aramaic and English Lexicon of the Old Testament*. Complete and unabridged. Based upon several works of Wilhelm Gesenius. 2d ed. Oxford: Oxford University Press, 1952.

Bruce, F. F. *1 and 2 Corinthians*. NCB. Grand Rapids: Eerdmans, 1987.

Calvin, John. *Institutes of the Christian Religion*. Translated by Henry Beveridge. Bellingham, WA: Logos, 1997.

Cogan, Mordechai. "Chronology, Hebrew Bible." Pages 1002–11 in vol.

1 of *The Anchor Bible Dictionary*. Edited by David Noel Freedman. 6 vols. New York: Doubleday, 1992.

Collins, C. John. "Reading Genesis 1:1-2:3 as an Act of Communication: Discourse Analysis and Literal Interpretation." Pages 131-51 in *Did God Create in Six Days?* Edited by Joseph A. Pipa Jr. and David W. Hall. Taylors, SC: Southern Presbyterian Press, 1999.

_____. *Science and Faith*. Friends or Foes? Wheaton, IL: Crossway, 2003.

Dabney, Robert L. *Lectures in Systematic Theology*. Reprint ed. Grand Rapids: Baker, 1985.

Enns, Peter. *The Evolution of Adam: What the Bible Does and Doesn't Say About Human Origins*. Grand Rapids: Brazos, 2012.

Ephrem the Syrian. *Selected Prose Works: Commentary on Genesis, Commentary on Exodus, Homily on Our Lord, Letter to Publius*. In vol. 91 of *Fathers of the Church*. Edited by Kathleen McVey. Translated by Edward G. Mathews. Washington, DC: Catholic University of America Press, 1994.

Freedman, H. *Midrash Rabbah. Genesis*. 3d ed. New York: Soncino, 1983.

Freeman, Travis R. "Do the Genesis 5 and 11 Genealogies Contain Gaps?" Pages 279-313 in *Coming to Grips with Genesis: Biblical Authority and the Age of the Earth*. Edited by Terry Mortenson and Thane H. Ury. Green Forest, AR: Master, 2008.

Glerup, Michael. *Commentaries on Genesis 1-3*. Ancient Christian Texts. Downers Grove, IL: InterVarsity Press, 2010.

Gregory Nazianzen. *Select Orations of Saint Gregory Nazianzen*. In vol. 7 of *A Select Library of Nicene and Post-Nicene Fathers of the Christian Church*. Second Series. Edited by Philip Schaff and Henry Wace. Edinburgh: T&T Clark, 1989.

Grossfeld, Bernard. *Targum Onkelos to Genesis*. The Aramaic Bible 6. Collegeville, MN: Liturgical Press, 1988.

Harrison, Peter. "The 'Book of Nature' and Early Modern Science." Pages 1-6 in *The Book of Nature in Early Modern and Modern History*. Groningen Studies in Cultural Change 17. Edited by Klaas van Berkel and Arjo Vanderjagt. Leuven: Peeters, 2006.

Hasel, Gerhard. "The 'Days' of Creation in Genesis 1: Literal 'Days' or Figurative 'Periods/Epochs' of Time?" *Origins* 21 (1994): 54.

Hilary of Poitiers. *On the Trinity*. In vol. 9 of *A Select Library of Nicene and Post- Nicene Fathers of the Christian Church*. Edited by Philip Schaff and Henry Wace. Edinburgh: T&T Clark, 1989.

Josephus. Translated by H. St. John Thackeray et al. 10 vols. LCL. Cambridge, MA: Harvard University Press, 1926965.

Kaufman, Stephen A. *Fragment Targum, Recension P, MS Paris 110. A Palestinian Aramaic Version*. Comprehensive Aramaic Lexicon Project; Hebrew Union College, 2005.

_____. *Fragment Targum, Recension VLN, Vatican Ebr. 440, Nuernberg and Leipzig B.H. Fol. 1*. Comprehensive Aramaic Lexicon Project; Hebrew Union College, 2005.

_____. *Targum Neofiti*. Comprehensive Aramaic Lexicon Project; Hebrew Union College, 2005.

_____. *Targum Pseudo-Jonathan*. Comprehensive Aramaic Lexicon Project; Hebrew Union College, 2005.

_____. *Targum Onkelos*. Comprehensive Aramaic Lexicon Project; Hebrew Union College, 2005.

Kelly, Douglas F. *Creation and Change: Genesis 1.1-2.4 in the Light of Changing Scientific Paradigms*. Fearn, Ross-shire, Scotland: Mentor, 1997.

Lactantius. *The Divine Institutes*. In vol. 7 of *The Ante-Nicene Fathers. Translations of the Writings of the Fathers Down to A.D. 325*. Edited by Alexander Roberts and James Donaldson. Edinburgh: T&T Clark, 1989.

Lamsa, George M. *Holy Bible: From the Ancient Eastern Text*. Philadelphia: A. J. Holman, 1933.

Latimer, Hugh, and John Watkins. *The Sermons of the Right Reverend Father in God, and Constant Martyr of Jesus Christ, Hugh Latimer*. London: James Duncan, 1824.

Lightfoot, John. *The Whole Works of Rev. John Lightfoot*. Edited by John Rogers Pitman. London: J. F. Dove, 1822.

Louth, Andrew, and Marco Conti. *Genesis 1-11*. ACCS OT 1. Downers Grove, IL: InterVarsity Press, 2001.

Luther, Martin. *Luther's Works*. Edited by Jaroslav Pelikan. Translated by George V. Schick. 55 vols. Saint Louis, MO: Concordia, 1958.

MacRae, Allan A. "Olam." In *The Theological Wordbook of the Old Testament*. Edited by R. Laird Harris, Gleason L. Archer Jr., and Bruce K. Waltke. Chicago: Moody Press, 1980.

Maher, Michael. *Targum Pseudo-Jonathan*. The Aramaic Bible 1B. Collegeville, MN: Liturgical Press, 1992.

Mathews, Kenneth A. *Genesis 1-11:26*. NAC 1A. Nashville: Broadman & Holman, 1996.

McNamara, Martin. *Targum Neofiti 1: Genesis*. The Aramaic Bible 1A. Collegeville, MN: Liturgical Press, 1992.

Meyer, Stephen C. *Signature in the Cell: DNA and the Evidence for Intelligent Design*. New York: HarperOne, 2009.

Mook, James R. "The Church Fathers on Genesis, the Flood, and the Age of the Earth." Pages 23-51 in *Coming to Grips with Genesis: Biblical Authority and the Age of the Earth*. Edited by Terry Mortenson and Thane H. Ury. Green Forest, AR: Master, 2008.

Mortenson, Terry. "Christian Theodicy in Light of Genesis and Modern Science." *Answers Research Journal* 2 (2009): 151-67.

_____. "Jesus, Evangelical Scholars, and the Age of the Earth." *The Master's Seminary Journal* 18 (2007): 698.

_____. "Jesus' View of the Age of the Earth." Pages 315-46 in *Coming to Grips with Genesis: Biblical Authority and the Age of the Earth*. Edited by Terry Mortenson and Thane H. Ury. Green Forest, AR: Master, 2008.

_____, and Thane H. Ury, eds. *Coming to Grips with Genesis: Biblical Authority and the Age of the Earth*. Green Forest, AR: Master, 2008.

Nevin, Norman C., ed. *Should Christians Embrace Evolution? Biblical and Scientific Responses*. Phillipsburg, NJ: P&R, 2011.

Neusner, Jacob. *The Babylonian Talmud: A Translation and*

Commentary. 22 vols. Peabody, MA: Hendrickson, 2011.

Origen. *Against Celsus*. In vol. 4 of *The Ante-Nicene Fathers. Translations of the Writings of the Fathers Down to A.D. 325*. Edited by Alexander Roberts and James Donaldson. Edinburgh: T&T Clark, 1989.

Peshitta Institute Leiden. *The Peshitta*. Logos Library System Version 4.0. 2012. Print ed.: Peshitta Institute Leiden, The Peshitta. Leiden: Brill, 2008.

Philo. Translated by F. H. Colson et al. 12 vols. LCL. Cambridge, MA: Harvard University Press, 1929953.

Richards, Jay W. *God and Evolution*. Seattle: Discovery Institute Press, 2010.

Rose, Seraphim. *Genesis, Creation, and Early Man: The Orthodox Christian Vision*. Platina, CA: Saint Herman of Alaska Brotherhood, 2000.

Sailhamer, John H. "Genesis." In vol. 2 of *The Expositor's Bible Commentary*. Edited by Frank E. Gaebelein. 12 vols. Grand Rapids: Zondervan, 1990.

Schreiner, Thomas R. *Romans*. BECNT 6. Grand Rapids: Baker Books, 1998.

Templeton, Charles. *Farewell to God: My Reasons for Rejecting the Christian Faith*. Toronto: McClelland and Stewart, 1996.

Ursinus, Zacharias. *The Commentary of Dr. Zacharias Ursinus on the Heidelberg Catechism*. Translated by G. W. Williard. 2d ed. Columbus, OH: Scott & Bascom, 1852.

Vermes, Geza. *The Dead Sea Scrolls in English*. Rev. and extended 4th ed. Sheffield: Sheffield Academic Press, 1995.

Victorinus. *On the Creation of the World*. In vol. 7 of *The Ante-Nicene Fathers. Translations of the Writings of the Fathers Down to A.D. 325*. Edited by Alexander Roberts and James Donaldson. Edinburgh: T&T Clark, 1989.

Vos, Johannes Geerhardus. *Genesis*. Pittsburgh: Crown & Covenant Publishers, 2006.

Walton, John H. *Genesis*. NIV Application Commentary. Grand Rapids: Zondervan, 2001.

_____. *The Lost World of Genesis One: Ancient Cosmology and the Origins Debate*. Downers Grove, IL: InterVarsity Press, 2009.

Warkulwiz, Victor P. *The Doctrines of Genesis 1-11: A Compendium and Defense of Traditional Catholic Theology on Origins*. Caryville, TN: The John Paul II Institute of Christian Spirituality, 2007.

Watts, Isaac. *The Works of Isaac Watts*. Leeds: Edward Baines, 1812.

► 성서 색인
►

창조 기사 논쟁

복음주의자들의 대화

Copyright ⓒ 새물결플러스 2016

1쇄 발행	2016년 3월 20일
3쇄 발행	2022년 5월 23일
지은이	빅터 P. 해밀턴·리처드 E. 에이버벡·토드 S. 비일·C. 존 콜린스 트렘퍼 롱맨·존 H. 월튼·케네스 J. 터너·주드 데이비스
옮긴이	최정호
펴낸이	김요한
펴낸곳	새물결플러스
편 집	왕희광 정인철 노재현 정혜인 이형일 나유영 노동래
디자인	박인미 황진주
마케팅	박성민 이원혁
총 무	김명화 이성순
영 상	최정호 곽상원
아카데미	차상희
홈페이지	www.holywaveplus.com
이메일	hwpbooks@hwpbooks.com
출판등록	2008년 8월 21일 제2008-24호
주 소	(우) 04118 서울시 마포구 마포대로19길 33
전 화	02) 2652-3161
팩 스	02) 2652-3191

ISBN 979-11-86409-47-3 93230

책값은 뒤표지에 있습니다.